Carl Bader

Die katholische Kirche im Grossherzogthum Baden

Carl Bader

Die katholische Kirche im Grossherzogthum Baden

ISBN/EAN: 9783743319677

Hergestellt in Europa, USA, Kanada, Australien, Japan

Cover: Foto ©Lupo / pixelio.de

Manufactured and distributed by brebook publishing software (www.brebook.com)

Carl Bader

Die katholische Kirche im Grossherzogthum Baden

Die katholische Kirche

im

Großherzogthum Baden.

Von

Dr. Carl Bader,

Großh. Baurath.

Testimonium veritati, non amicitiae reddas.

Freiburg im Breisgau.

Herder'sche Verlagshandlung.

1860.

Vorwort.

Die Stellung der katholischen Kirche im Großherzogthum Baden ist bisher keine feste gewesen und das Unheil der schwankenden Zustände war von dem Staat nicht weniger als von der Kirche empfunden. Um einen festen Bestand der Verhältnisse zu schaffen, hat die großh. badische Regierung mit dem heiligen Stuhl die Uebereinkunft vom 28. Juni 1859 abgeschlossen, und es hat dieser Staatsact Beurtheilungen hervorgerufen, die sich schroff und feindlich gegenüberstehen.

Die kräftigste Vertheidigung oder die schwerste Anklage einer Handlung liegt jederzeit in der genauen Darstellung der Zustände und der Verhältnisse, aus welchen diese Handlung hervorging. — Genau besehen ist die Uebereinkunft der großh. badischen Regierung mit dem heiligen Stuhle lediglich nur der Vergleich über die Gegenstände des langen Streites, welchen jene mit dem Erzbischof von Freiburg geführt hat; sie hat sich daher aus den Zuständen und aus den Verhältnissen der katholischen Kirche im Großherzogthum Baden entwickelt, und diese getreu und gewissenhaft darzustellen — das ist die Aufgabe der vorliegenden Schrift.

Soll der Leser diese Verhältnisse richtig auffassen, so muß er wissen, was die Kirche und was der moderne Staat will. Wenn ich aber bestrebt war, diese beiderseitigen Forderungen bestimmt und klar zu bezeichnen, so habe ich selbstverständlich den Kennern des Kirchenrechtes und des Staatsrechtes nicht etwas sagen wollen, was sie nicht wüßten; noch weniger habe ich mich in Controversen einlassen wollen; und so habe ich denn einfach nur die Sätze angeführt, welche durch vollgültige Autoritäten festgestellt sind, oder mir als solche erschienen. — Wenn die Schrift sich auf viele Actenstücke bezieht, so sind die meisten derselben schon früher veröffentlicht worden [1];

---

[1] Die Schriften, aus welchen ich das erwähnte Material geschöpft habe, würden ein großes Verzeichniß machen; ich will deren nur einige anführen:
Die katholischen Zustände in Baden. Regensburg 1841.
Die Abhandlungen über den badischen Kirchenstreit in drei Heften der Deutschen Vierteljahresschrift vom Jahr 1854.
Die gemischten Ehen in der Erzbiöcese Freiburg. Regensburg 1846.
Der Streit über die gemischten Ehen und das Kirchenhoheitsrecht. Karlsruhe 1847.
Das badische Volksschulwesen, eine Sammlung der hierüber geltenden Gesetze und Verordnungen. 1856.
Instructionen und allgemeine Verfügungen für die Gelehrten- und höheren Bürgerschulen. 1840.
Lehrplan für den katholischen Religionsunterricht an den Gelehrten- und höheren Bürgerschulen. 1843.
und noch andere; sowie endlich die Sammlungen der unzähligen Gesetze und Verordnungen im Großherzogthum Baden. — Uebrigens kann ich die Versicherung beifügen, daß alle angeführten Schriftstücke authentisch sind.

diese habe ich mühsam zusammengesucht, und die anderen sind mir schon in früherer Zeit auf verschiedenen Wegen zugekommen.

Die vorliegende Schrift ist durch keine äußere Beziehung veranlaßt und ihre Haltung ist durch keine fremde Einwirkung bestimmt worden. — Unabhängig von jeder besondern Rücksicht habe ich meinen Standpunkt in vollkommener Freiheit gewählt; er konnte nicht der kirchliche, aber er konnte noch weniger der bureaukratische sein — er ist der Standpunkt einer politischen Auffassung, von welcher ich glaube, daß sie gesund, und darum in unserer schweren Zeit mehr als in jeder andern geboten sei.

So wird die Kirchenbehörde von dieser bescheidenen Arbeit nicht eine theologische Beweisführung verlangen — die Staatsbehörde wird mir die landläufigen Redensarten von ihrer hohen Weisheit erlassen — und die Kammern werden nicht eine feierliche Anerkennung ihrer Unfehlbarkeit fordern.

Geschrieben im April 1860.

Inhalt.

	Seite
I. Allgemeine Darstellung der Kirchenverhältnisse bis zum Abschluß der Uebereinkunft vom 28. Juni 1859	1
II. Standpunkt und Richtung der folgenden Erörterungen	35
III. Die erzbischöfliche Kirche	53
1) Besetzung des erzbischöflichen Stuhles und der Canonikate	53
2) Ausstattung der erzbischöflichen Kirche	61
3) Das Capitel und das Ordinariat	67
IV. Provincial- und Diöcesansynoden	78
V. Der kirchliche Verkehr oder das Placet	87
VI. Die Verwaltung des Cultus	99
VII. Die Verwaltung der Sacramente	106
1) Die Ehe und die Ehegesetze	106
2) Die Ehehindernisse und die Dispensen	114
3) Die gemischten Ehen	122
VIII. Die Erziehung der Geistlichen	145
1) Die Seminarien nach den Bestimmungen des Concils von Trient	145
2) Die Knabenseminarien oder die niederen Convicte	154
3) Das theologische Collegium	160
4) Das Priesterseminarium	171
IX. Die Universität Freiburg	175
X. Die Weihetitel	185
XI. Die Dienstprüfungen der Geistlichen oder die sogenannten Pfarrconcurse	190
XII. Die Verleihung der Pfarren und Pfründen	197
XIII. Die Schulen und der Religionsunterricht an denselben	211
XIV. Religiöse Orden und Vereine	236

	Seite
XV. Die kirchliche Gerichtsbarkeit	246
1) Die kirchliche Gerichtsbarkeit in Streitsachen	247
2) Die kirchliche Gerichtsbarkeit in Strafsachen	253
A. Die kirchliche Strafgewalt über Geistliche	255
B. Die kirchliche Strafgewalt über Laien	264
3) Verwaltung der geistlichen Gerichtsbarkeit	268
XVI. Die Verwaltung des Kirchenvermögens	272
XVII. Der moderne Staat und die Kirche	299
XVIII. Die Rechtsverhältnisse der Uebereinkunft	322
1) Die staatsbürgerlichen Rechte	323
2) Das Staatskirchenrecht	325
3) Die Eigenschaft und die Kraft der früheren Gesetze	332
4) Die Gültigkeit des canonischen Rechtes	334
5) Rechtliche Eigenschaft der Uebereinkunft	340
6) Die Zuständigkeit der Landstände	349
XIX. Wirkung und Folgen der Uebereinkunft	353
1) Die politische Freiheit	356
2) Der Einfluß der Kirchengewalt auf die Regierung des Staates	361
3) Ausdehnung und Mißbrauch der geistlichen Macht	363
4) Klöster und geistliche Orden	371
5) Denk- und Lehrfreiheit	376
6) Die protestantische Kirche und die Protestanten	386
7) Der confessionelle Friede	391
XX. Die Bewegung und die gegenwärtige Regierung	395
Schlußwort	400
Anhang	403

I.

Allgemeine Darstellung der Kirchenverhältnisse bis zum Abschluß der Uebereinkunft vom 28. Juni 1859.

Die Regierung des Großherzogs von Baden hat wahrlich nicht aus eigenem Belieben die Vereinbarung mit dem päpstlichen Stuhl abgeschlossen; sie hat sich lang genug gegen diese Vereinbarung gesträubt, aber sie hat sich eben am Ende einer Nothwendigkeit unterworfen, welche der Entwicklungsgang des Staatswesens erzeugt hat. — Man kann nicht fragen, ob die Regelung der katholischen Kirchenverhältnisse überhaupt nothwendig geworden — denn die Antwort ist zum Voraus durch Zustände gegeben, welche für alle Verhältnisse störend und darum unhaltbar waren. Eine feste Ordnung der Dinge mußte geschaffen werden, aber man konnte auf das nicht zurückgehen, was bisher thatsächlich gewesen, und man mußte die Grundsätze aufgeben, in welchen der Ursprung der verwirrenden Thatsachen lag.

Hätte die Staatsgewalt auch das uralte Recht wieder als geltendes aufnehmen wollen, so hätte sie nicht die Zerwürfnisse bemeistert, jede einzelne Bestimmung wäre in ihrer Durchführung ein Streitpunkt geworden; — ihre Macht konnte nicht den Zwiespalt der Meinung besiegen, aber sie konnte auch keinen Richter anerkennen. Wer konnte die Meinungen ausgleichen, wo sollte man authentische Auslegungen für die Entscheidung der Streitpunkte holen?

Durch das Aussterben der baden-badischen Linie im Jahr 1771 waren dem Haus Baden-Durlach zuerst katholische Lande zugefallen; durch den Frieden von Lüneville verlor dieses Haus seine Besitzungen auf der linken Seite des Rheines und als Entschädigung überwies ihm der Reichsdeputations-Hauptschluß das Bisthum Constanz, den größten Theil der Pfalz, die Reste der Bisthümer Straßburg und Basel, zwei hessische Aemter am Oberrhein, elf Stifte und Abteien und sieben Reichsstädte. — Der Markgraf Karl Friedrich hatte die Kirchensachen seiner katholischen Unterthanen mit Gerechtigkeit und Einsicht behandelt, jetzt aber war das Verhältniß größer geworden, die bisherige patriarchalische Verwaltung konnte nicht mehr genügen, — es war eine bestimmte Gestaltung des Verhältnisses nothwendig. Der Reichsdeputationsschluß wurde am 25. Februar 1803 unterzeichnet, aber schon einige Wochen früher erließ der Markgraf seine Organisations-Edicte, welche auch in unseren Tagen noch als Grundgesetze der kirchlichen Verhältnisse betrachtet werden[1]. Den Katholiken wurde die freie Religionsübung gewährt, der bisherige Diöcesanverband wurde erhalten, den geistlichen Gerichten ihre Zuständigkeit, der Kirche der Besitz und der Genuß ihrer Güter zugesichert. Das Edict versprach die strenge Beobachtung der Reichsgesetze; es war im Allgemeinen nicht unbillig, aber in der Auffassung jener Zeit enthielt es eben doch schon manche Verfügungen, welche, dem Geist der katholischen Kirchenverfassung widerstrebend, die Keime künftiger Streitsachen waren.

Zur Ausübung der landesherrlichen Rechte bildete der Markgraf Karl Friedrich eine **katholische Kirchencommission** aus zwei geistlichen und mehreren weltlichen Räthen, und legte den Sitz derselben nach **Bruchsal**, in die Residenz des früheren Fürstbischofs von Speier. Dieser Commission war „die Verwaltung aller Staatsrechte in Kirchen- und Schulsachen, soweit sie dem landesherrlichen Amte anhingen", anvertraut und ihr Geschäftskreis wurde dahin bestimmt, daß sie die staatliche Aufsicht in Kirchen- und Schulsachen, die Revision der, unmittelbar unter dem Staate stehenden, Kirchenfonds und milden Stif-

---

[1] Das erste Organisations-Edict ist vom 4. Februar, das zweite vom 6. Februar, das dritte vom 11. Februar, das vierte vom 14. Februar 1803, und eine Reihe anderer.

tungen und die Oberrevision des in Privatverwaltung befindlichen Kirchenvermögens besorgen sollte. Der Kurfürst glaubte, seinen katholischen Unterthanen noch eine andere Gewähr für die Aufrechthaltung ihrer kirchlichen Rechte geben zu müssen, und deßhalb errichtete er in seinem geheimen Rath, aus dessen katholischen Mitgliedern, eine katholische Conferenz, welche die Vorträge vorbereiten, die Aufrechthaltung des reichsgesetzmäßigen Standes der Katholiken gewähren und deren Rechte gegen jede Beeinträchtigung schützen sollte [1].

Der Preßburger Friede vom 26. Dezember 1805 riß Oesterreich die sogenannten Vorlande ab, von welchen Baden die Stadt Constanz, das Breisgau und die Ortenau erhielt. Das römische Reich deutscher Nation zerfiel und die Trümmer desselben zerschlugen den Bestand unzähliger Reichsstände. Die Rheinbundsacte vom 12. Juli 1806 machte den Kurfürsten zum Großherzog und gab ihm den Odenwald, die Baar, das Hegau, das Klettgau, — den größten Theil der Besitzungen der Fürsten von Fürstenberg, von Leiningen, Löwenstein-Wertheim und Salm-Reifferscheidt; später erwarb der Großherzog das Fürstenthum Heitersheim mit anderen Besitzungen des Deutschordens und die Landgrafschaft Nellenburg. In dem neuen Großherzogthum Baden bekannten sich zum katholischen Glauben mehr als zwei Drittheile der Bevölkerung, eingetheilt in 728 Pfarreien, welche in sechs verschiedenen Bisthümern lagen [2]. Zur Zeit der Säcu-

---

[1] Im ersten Organisations-Edict. Nach dem Wortlaut des Edicts sollte die katholische Kirchenconferenz „diejenigen Gegenstände, welche die Aufrechthaltung der Kirchenverfassung und des Kirchenguts betreffen, durch ein gemeinschaftliches schriftliches Gutachten zu dem Vortrag in den Geheimrathssitzungen vorbereiten und Uns somit Gewähr leisten, daß Wir nicht in die Lage kommen, über Etwas, was etwa in den reichsgesetzmäßigen Stand des Religionstheils Veränderungen einführen kann, ohne hinlängliche und unbefangene Berathung zu resolviren, und Uns sichern, nicht gegen Unseren Willen hierin einem Religionstheil mit Unseren Entschließungen zu nahe zu treten." — Die Instruction für die kathol. Kirchen-Commission in Bruchsal wurde in der „Kirchen-Commissionsordnung" vom 31. October 1803 gegeben.

[2] Constanz, Straßburg, Speier, Worms, Würzburg und Regensburg.

larisation lebten noch drei Bischöfe, aber diese waren gealtert, schwach und mißmuthig, bekümmerten sich nicht mehr um die kleinen Reste ihrer ehemaligen Sprengel und überließen die Verwaltung den Vicariaten. Einem solchen zu Constanz war mit der Verwaltung seiner Diöcese noch jene des diesseitigen Theiles des Bisthums Basel übertragen; das Vicariat in Bruchsal verwaltete den badischen Antheil der Diöcesen Speier und Würzburg und wurde nach dem Tode des letzten Fürstbischofs von Speier von dem Fürsten Primas v. Dalberg zur Fortführung der Geschäfte ermächtiget. Bei dieser Zerrissenheit und bei der damaligen Unmöglichkeit, eine einheitliche Kirchenregierung zu schaffen, mußte freilich wohl die Staatsgewalt eintreten.

Die badische Regierung beburfte einer festen Ordnung und nicht weniger beburfte derselben das Land. Der neue Staat hatte eine große Menge von Verordnungen, aber noch keine Grundgesetze erhalten und solche sollten nun gegeben werden durch eine Reihe von Edicten. Das erste dieser sogenannten Constitutions-Edicte, vom 14. Mai 1807, betraf die „kirchliche Staatsverfassung im Großherzogthum", es bildete demnach das zweite Gesetz für die Verhältnisse der Kirche und insbesondere für deren Stellung zum Staate. Dieses Edict, noch jetzt als ein Grundgesetz betrachtet, ist in mildem, versöhnendem Geist und in gerechter Gesinnung, aber in unrichtiger Auffassung gedacht; denn es soll für drei christliche Kirchen gelten und auch für die Synagogen. Viele seiner Verfügungen stehen im Widerspruch mit der Kirchenverfassung des einen Theiles, ohne deßhalb besser für jene des anderen zu passen; allerdings ist die protestantische Auffassung des Kirchenwesens vorherrschend, und eben darum sind aus diesem Gesetz gar viele Verordnungen und Regierungshandlungen hervorgegangen, welche die katholische Kirche nothwendig als Bedrückungen ansehen mußte.

Wenn das Constitutions-Edict zu seiner Ausführung besonderer Organe beburfte, so waren diese durch die katholische Conferenz im geheimen Rath und durch die Kirchen-Commission zu Bruchsal gegeben; aber jene war abgestorben, weil sich der Minister unmittelbar der obern Aufsicht über die Kirche bemächtiget hatte, — diese konnte, als untergeordnetes Organ, nicht mehr genügen, denn sie hatte ihren Sitz nicht in der Hauptstadt und mochte darum sehr leicht eine gewisse Selbstständigkeit in Anspruch nehmen, wenn es nöthig wurde, den Umfang ihrer Befugnisse zu erweitern. — Die badische Regierung bildete nun im Jahr 1809 das **katholische Kirchendepartement**. Im Sinn des Großherzogs **Karl Friedrich** sollte dieses immer nur eine berathende Stelle des Ministeriums sein, und so lang er lebte wurde diese Stellung, wenigstens der Form nach, bewahrt; aber mit dem Leben des Fürsten war auch sein Geist geschieden, und da schuf man im Jahr 1812 die **katholische Kirchensection** im Ministerium des Innern, gab dieser ein eigenes Verfügungsrecht und dadurch eine thatsächliche Herrschaft über die Kirche, aber nicht die geringste Selbstständigkeit den höheren Staatsbehörden gegenüber. — Ein untergeordneter Theil des staatlichen Aufsichtsrechtes wurde den Kreisdirectorien und von diesen wieder ein Theil den Aemtern übertragen [1]. Man schuf die landesherrlichen Decanate, welche ursprünglich zur obern Leitung der Schulen bestimmt, dennoch zur Führung rein kirchlicher Dinge verwendet, ihren eigenen Geschäftskreis verwirrten.

Die beiden sogenannten Grundgesetze waren durch ihre protestantische Auffassung der Verhältnisse allerdings ungenügend und einseitig, aber viel Uebles wäre nicht gekommen, wenn man sie nur mit der loyalen Gesinnung ausgelegt hätte, mit welcher der Regent sie gegeben. Die Ausführung der Gesetze war unendlich viel schlimmer, als diese. Mit dem System jener Zeit, mit der Staatslehre des Rheinbundes, mit dem Streben zur unbegrenzten bürcaukratischen Allmacht verband sich die Unduldsamkeit der altbadischen Beamten und ihr Haß und ihre Feindschaft gegen Alles, was katholisch hieß [2]. Die Landstände waren

---

[1] Organisations-Rescript vom 26. November 1809.
[2] Wir könnten als Folgen dieses Hasses manche sehr arge und lächerliche Dinge anführen, welche jetzt noch nicht aus dem Andenken des Volkes verlöscht sind. Diese Dinge waren großentheils Mitursache der üblen Stimmung, die in der Mehrzahl der Bevölkerung herrschte und deren Mißmuth über ihre Zutheilung an das Großherzogthum unterhielt.

aufgehoben, der Adel als Körperschaft vernichtet, die Freiheit
der Städte zerstört [1], — nur die Kirche bestand noch mit ihren
körperschaftlichen Rechten. Man konnte diese Körperschaft nicht
aufheben, aber ihrer zersplitterten und schwachen Verwaltung
stand geschlossen das Beamtenthum gegenüber mit seiner materiellen Macht, mit seinen Begriffen der Staatshoheit und mit
seinem Haß gegen jede körperschaftliche Einrichtung. Die Zeit
hatte den Bereich der Majestätsrechte zur unbeschränkten Herrschaft gesteigert und das Beamtenthum hatte der sogenannten
„Kirchenherrlichkeit" (jura in sacra) eine Ausdehnung gegeben,
die bisher unbekannt war. Die katholische Kirchensection
war zusammengesetzt aus Laien, welche das rechte Verhältniß
der Kirche zum Staat nicht aufzufassen vermochten, und diesen
waren Geistliche beigegeben, welche in der verneinenden Richtung
der Zeit die Verfassung und die Gesetze ihrer Kirche nicht ehrten; das eigentliche Organ der büreaukratischen Staatsallmacht,
erweiterte sie ohne Unterlaß ihren Geschäftskreis, so daß sie
bald die wichtigsten Rechte des Bischofs ausübte und die schwachen Vicariate konnten es nicht hindern. Die Verneinung des
religiösen Princips, das Anstreben gegen alles Positive war in
all' ihren Handlungen zu erkennen. — Die staatliche Kirchenbehörde war ein Werkzeug der büreaukratischen Staatsallmacht,
und eben deßhalb ein Organ der Verneinung geworden; sie
brachte die Schulen in die verderbliche Richtung der Zeit, in
den Gymnasien lehrte man die sogenannte Vernunftreligion und
die jungen Theologen wurden, in der Mißachtung, wenn nicht
der Kirche, doch ihrer Gebräuche erzogen.

Nach dem Sturze der französischen Herrschaft waren die
Zustände nicht besser geworden, denn in größerer Freiheit suchte
man nun auszubilden, was der Rheinbund im Innern seiner
Staaten geschaffen hatte. Die kirchlichen Anstalten waren zer-
stört, die gesetzlichen Vertreter und Schutzherren der kirchlichen
Rechte waren machtlos oder nicht mehr vorhanden; an die
Stelle von Kaiser und Reich war ein lockerer völkerrecht-
licher Verein der deutschen Staaten getreten; er war nicht

---

[1] Siebentes Constitutions-Edict.

der Nachfolger der Pflichten, welche die Nation dem Kaiser auferlegt und nicht der Rechte, die sie ihm gewährt hatte, und wenn die Fürsten in die Nachfolge dieser Rechte und Pflichten eingetreten sind, so waren es ihre eigenen Regierungen, welche die Rechte der Kirche verletzten. — Diese wurde nun thatsächlich eine Anstalt des Staates, und wenn man noch Form und Namen bestehen ließ, so wollte man offenbar jene Anschauung geltend machen, welche auf dem Gebiete des protestantischen Kirchenrechtes, als das sogenannte Territorialsystem, ihren bestimmten Ausdruck gefunden hat [1].

Wie weit man in der Ausführung dieses Systemes auch vorgeschritten war, wie sehr man auf den Bestand der neu geschaffenen Verhältnisse vertrauen mochte, so konnte sie doch nicht immer nur thatsächlich bleiben. Der Papst war in die Regierung des Kirchenstaates wieder eingesetzt und er konnte wieder handeln als Oberhaupt der katholischen Kirche. Noch vermochte man nicht die deutsche Kirche von dem römischen Primat loszureißen, und darum sollte der päpstliche Stuhl die thatsächlichen Verhältnisse anerkennen, und darum wollte man Bischöfe als Organe der Staatsgewalt haben. Folgerichtig sah es die Regierung recht gerne, daß im Jahr 1815 der Erzbischof v. Dalberg den Generalvicar v. Wessenberg zu seinem Coadjutor mit dem Recht der Nachfolge ernannte. Sie legte diese Ernennung dem heiligen Stuhle zur Bestätigung vor und es lag in ihrem Sinn, daß der designirte Coadjutor von den Resten des Domcapitels zu Constanz zum Capitelsvicar gewählt wurde. Man war bereits in der Verblendung weit genug gekommen, um nicht einzusehen, daß der heilige Stuhl einen Mann nicht annehmen konnte, welcher gerade eben erst die Gründung einer deutschen Nationalkirche, folglich die Trennung von der Allgemeinheit der römisch-katholischen Kirche, zwar nicht der Form, aber doch dem Wesen nach, offen in Vorschlag gebracht, und die der Verwaltung seines Amtes in der Richtung zu diesem

---

[1] Um die Wahrheit dieses Satzes bestätiget zu finden, sehe man das Kirchenrecht von J. H. Böhmer, sowie auch Emil Ludwig Richter, Lehrbuch des katholischen und evangelischen Kirchenrechts. 3te Aufl. 1848. § 31 u. 39.

Ziele geführt hatte[1]. Der Papst verwarf die Wahl des Freiherrn v. Wessenberg durch ein Breve vom 5. März 1817 und entwickelte die Gründe seines Beschlusses in einem Schreiben an den Großherzog Karl vom 21. März 1817. Wessenberg reiste nach Rom, aber er leistete dort weder den verlangten Widerruf, noch stellte er durch Niederlegung seines Amtes den verlangten Beweis seines geistlichen Gehorsams, und der heilige Stuhl hielt die Verwerfung aufrecht. — Man muß jetzt noch beklagen, daß eine so schöne Kraft dem Dienst der Kirche entzogen, daß einem Manne so rein in seinen Sitten, so achtungswerth durch seine ganze Persönlichkeit die Zukunft genommen, und daß seiner Thätigkeit der entsprechende Wirkungskreis verschlossen war, — aber der Unbefangene mußte damals schon einsehen, daß der römische Hof gethan hatte, wie er nicht anders hatte thun können.

Der Erzbischof v. Dalberg beschloß in Regensburg sein wechselvolles Leben. Das Domcapitel von Constanz nahm dem Herrn v. Wessenberg seine Vollmachten ab, aber er behielt die Leitung der Geschäfte und zwar mit Genehmigung der badischen Regierung. Das Ministerium des Königs von Baiern war in lebhafter Unterhandlung mit dem päpstlichen Stuhl, und die Regierungen der anderen süddeutschen Staaten erkannten, daß eine formelle Ordnung der kirchlichen Verhältnisse eine unvermeidliche Nothwendigkeit geworden war. Nach der Rückkehr des Herrn von Wessenberg von Rom hatte das badische Ministerium eine amtliche Denkschrift über die Verhandlungen mit dem römischen Stuhl und deren Ausgang, eigentlich für die Decane des Landes bestimmt, den Regierungen der benachbarten Staaten mitgetheilt. Hatte diese Denkschrift auch nicht das Zu-

---

[1] Schon auf dem Wiener Congresse in einer eigenen Schrift: „Die deutsche Kirche, ein Vorschlag zu ihrer neuen Begründung und Einrichtung. Freiburg i. B. im April 1815." Ob eine frühere Schrift: „Ideen zu einer Organisation der deutschen Kirche. Frankfurt 1814." auch, wie man behauptet hat, von Wessenberg geschrieben worden ist, wüßte ich nicht zu sagen. — Zu den Amtshandlungen, welche damit in Verbindung gebracht wurden, gehörten unter anderen auch seine willkürlichen Veränderungen des Cultus.

sammentreten dieser Regierungen bewirkt, so hatte sie doch einen bedeutenden Einfluß auf die Wahl des Standpunktes ausgeübt, welchen sie später einnahmen. Im Jahr 1818 trat zu Frankfurt a. M. eine Conferenz zusammen, welche aus Commissären von Würtemberg, Baden, den beiden Hessen, Nassau, den sächsischen Häusern, Mecklenburg, Oldenburg und den freien Städten Frankfurt, Bremen und Lübeck bestand. Auch Baiern war eingeladen worden, aber es lehnte die Theilnahme ab, weil unter dem 5. Juni 1817 sein Concordat unterzeichnet und unter dem 24. October desselben Jahres ratificirt worden war. Der Geist dieser Conferenz zeigte sich gleich im Anfang ihres Zusammentretens als derjenige, welcher in der Behandlung der kirchlichen Angelegenheiten bisher in all' diesen Staaten mehr oder weniger offen geherrscht hat.[1] In einer Beilage zur siebenzehnten Sitzung vom 30. April 1818 wurden die Ergebnisse der Verhandlungen zusammengestellt; in Folge späterer Instructionen wurden sie in der achtzehnten und neunzehnten Sitzung in manchen Punkten geändert, und in der sechsundzwanzigsten Sitzung vom 3. October 1818 wurden sie noch einmal durchberathen und in endgültige Fassung gebracht.

So waren aus dieser Conferenz zu Frankfurt die Grundzüge zu einer Vereinbarung über die Verhältnisse der katholischen Kirche in den deutschen Bundesstaaten hervorgegangen. Diese hatten manche Bestimmungen bis in die kleinsten Einzelnheiten ausgeführt, andere aber nur allgemein und durchaus unvollständig aufgenommen[2], und zum

---

[1] Der königl. würtembergische Bevollmächtigte, Freiherr v. Wangenheim, führte den Vorsitz in dieser Conferenz, und er eröffnete die Verhandlung mit der Erklärung: „Von der päpstlichen Curie werde ein System der Ungerechtigkeit geübt, ihre Politik treibe Spiel mit dem Heiligen; billigen Anträgen bei Reorganisation der Kirchensachen werde mit Berufsversäumung und mit gewöhnlicher Hartnäckigkeit entgegen gearbeitet;" es wurde sogar ziemlich unverhüllt angedeutet, man müsse den Papst mit einem Schisma bedrohen, um ihn gefügig zu machen.

[2] Der würtembergische Präsidialgesandte der Conferenz hat in der angefügten Rede gesagt: „Punkte, wo Rom durchaus nicht nachgeben will, sollen weggelassen oder nur in allgemeinen Ausdrücken gefaßt werden; —

Ueberfluß noch ein subsidiarisches Recht festgestellt, indem sie am Ende die Erklärung enthält, daß „für alle in diesen Grundzügen über die Verhältnisse der katholischen Kirche in den deutschen Bundesstaaten nicht enthaltenen Bestimmungen das Acceptationsinstrument der Basler Conciliarbeschlüsse und das österreichische Kirchenrecht als weitere Grundlage angenommen" sei. Jeder Canonist weiß, daß der Papst Eugen IV. den Basler Reformdecreten die Annahme nur provisorisch und für so lange zugestanden hatte, als ein Concordat oder ein Concilium nicht Anderes beschlossen haben würde [1], daß nach dem Tode dieses Papstes zwischen seinem Nachfolger, Nikolaus V., und dem Kaiser von Deutschland, Friedrich III., am 17. Februar 1448 ein Vertrag in Wien abgeschlossen und unter dem Namen des **Wiener** oder des **Aschaffenburger Concordates** in die Reichsgesetze aufgenommen worden ist [2]. Dieser Vertrag hob die Basler Decrete auf, und entschiedener noch verwarf deren Bestimmungen das Concilium zu Tridenti. Wenn man nun unter dem österreichischen Kirchenrechte die einseitigen Verordnungen des Kaisers Joseph verstand, so waren auch diese großentheils wieder aufgehoben worden, und alle Reformen, welche die kirchliche Autorität nicht anerkannt hatte, konnten nimmermehr die Grundlage eines neuen Rechtszustandes werden.

Die Beschlüsse der Frankfurter Conferenz faßten so ziemlich Alles zusammen, was früher in der gallicanischen Freiheit, in der Emser Punctation [3] und in der Josephinischen Gesetzgebung

---

wo man eher in dem Einzelnen der Anwendung als in ausgesprochenen Principien Nachgeben erwarten kann, sei jenes mehr als dieses zu betreiben."

[1] „Donec per Legatum concordatum fuerit, vel per Concilium, quod convocare proponimus, aliter fuerit ordinatum.

[2] Reichstags-Abschiede von 1497 § 24, von 1498 § 57 und von 1500 Tit. 45; Reichshofraths-Ordnung von 1654 Tit. VII. § 24.

[3] Bekanntlich eine am 25. August 1786 zwischen den Erzbischöfen von Mainz, Köln, Trier und Salzburg abgeschlossene Uebereinkunft, um die erzbischöfliche Jurisdiction übermäßig auszudehnen und die Rechte des Papstes zu beschränken. Obwohl der Kaiser Joseph II. dieses Streben

erfunden und theilweise durchgeführt worden war. Man wollte die Metropolitan-Verfassung nach einer größern Ausdehnung herstellen, als sie irgend jemals bestanden hatte. — Dem Metropoliten wurde die Befugniß zuerkannt, gegen den Willen des Papstes Bischöfe zu bestätigen und einzusetzen; den Provinzial- oder Nationalsynoden sollte das Recht eingeräumt werden, die Formen des Glaubensbekenntnisses zu vereinfachen, d. h. abzuändern; — die Bischöfe sollten die dem Papste reservirten Fälle erledigen können, überhaupt die höchste geistliche Autorität, allerdings unter strenger Bevormundung der Staatsgewalt, ausüben [1]. Die durchgreifende Idee dieser Arbeit ist offenbar eine **deutsche Nationalkirche** mit Freiheiten, den gallicanischen ähnlich, nur viel weiter getrieben, und darum die Einleitung zu einer Spaltung und in Folge dieser zur Suprematie der Staatsgewalt. Andererseits aber waren auch Bestimmungen vereinbart, welche immer als zweckmäßig erkannt und von der Kirche stets verlangt wurden. Auf den Grund dieser Bestimmungen hätte allerdings wohl eine Uebereinkunft mit dem päpstlichen Stuhl, deren Nothwendigkeit die Frankfurter Conferenz anerkannte, bewirkt werden können.

Aus diesen Grundzügen, deren Unstatthaftigkeit auch protestantische Schriftsteller anerkennen [2], wurden einerseits die „**Grundbestimmungen für ein organisches Staatskirchengesetz**" festgestellt, andererseits aber eine Declaration ausgearbeitet, welche den Unterhandlungen in Rom die Grundlage geben sollte. In dem Staatsvertrag vom 7. October 1818 aber wurde vereinbart, daß kein einzelner Staat einseitig mit dem heil. Stuhle unterhandeln dürfe, und im Jahre 1819 wurde eine Gesandtschaft nach Rom gesendet, um diese

---

unterstützte, so scheiterte der Plan dennoch an dem Widerstande der deutschen Bischöfe, welcher auch den Erzbischof von Trier bestimmte, sich von der Uebereinkunft loszusagen.
[1] Siehe Grundzüge §§ 52. 15. 18. 22.
[2] Siehe Mohl, Staatsrecht des Königreichs Würtemberg. II. Thl. § 214. S. 535, und Richter, Lehrbuch des katholischen und evangelischen Kirchenrechts. § 35. S. 76.

Unterhandlungen zu führen [1]. Am 24. März 1819 überreichten diese Gesandten dem Papste die Frankfurter Declaration, damit er sie als ein kirchliches Grundgesetz in den betreffenden Staaten anerkenne und bestätige. Der Papst verwarf diese Vorlage, und der Staatssecretär Cardinal Consalvi begründete diesen Beschluß in einer ausführlichen Note vom 10. August 1819. Diese unter dem Namen „Darlegung der Gesinnungen Seiner Heiligkeit" allgemein bekannte Note [2] bezeichnet die Grundsätze der Uebereinkunft der betreffenden Staaten; sie zeigte, daß sie mit dem Glauben, mit der Verfassung und dem Rechte der katholischen Kirche in vollkommenem Widerspruch stehe; gab aber die bestimmte Erklärung, daß der Papst, wenn er diese Grundsätze verwerfen müsse, doch andererseits zu allen Zugeständnissen bereit sei, welche die Kirchengesetze noch immer gestatten. Die Declaration wurde zurückgezogen und es begannen in Frankfurt neue Verhandlungen, aus welchen die sogenannte Kirchenpragmatik entstand, welche wieder alle jene vom Papste verworfenen Grundsätze aufnahm.

Der Großherzog Ludwig, welcher am 8. December 1818 den Thron bestiegen, war zu scharfsinnig, um nicht die dringende Nothwendigkeit einer festen Anordnung des Kirchenwesens zu erkennen und einzusehen, daß nur allein durch die Vereinbarung mit dem päpstlichen Stuhle ein dauernder Zustand erwirkt werden könne. Diese Einsicht war ihm auch nicht erst jetzt geworden, denn schon zwölf Jahre früher hatte sein Vater, der Großherzog Karl Friedrich, diese Nothwendigkeit anerkannt [3]; er hatte Unterhandlungen in Aussicht gestellt, aber sie waren unmöglich geworden in den furchtbaren Bewegungen, unmöglich in den Ereignissen jener Zeit. Weil nun der Groß-

---

[1] Die Gesandtschaft bestand aus den Freiherren v. Schmitz-Grollenburg und v. Türkheim.

[2] Sie ist in italienischer Sprache abgefaßt und führt den Titel: Esposizione dei sentimenti di Sua Santità sulla dichiarazione dei principi e stati protestanti riuniti della Confederazione Germanica.

[3] Constitutions-Edict über die kirchliche Staatsverfassung vom 14. Mai 1807, § 20.

herzog Ludwig den festen Willen hatte; so wurden die Unterhandlungen in Rom wieder aufgenommen, aber schriftlich geführt; — der päpstliche Stuhl ließ sich, nach der herkömmlichen Art, nicht auf Darlegung von Grundsätzen ein, sondern verlangte einfach, die Fürsten sollten vorerst die Bisthümer und Capitel dotiren, und als diese darauf eingegangen waren, so erschien endlich die Umschreibungsbulle für die oberrheinische Kirchenprovinz fast gleichzeitig mit jener für Preußen [1]. Durch diese Bulle wurde eigentlich nur die Begrenzung der Sprengel und die Ausstattung der bischöflichen Kirchen festgestellt, über die rechtliche Organisation aber nur die allgemeine Vorschrift ertheilt, daß die betreffenden Bischöfe einen wahren, wirklichen und körperlichen Besitz von dem Regimente, der Verwaltung und jeglichem Diöcesanrecht ergreifen sollten.

Die bischöflichen Stühle waren nun bezeichnet und die Regierungen wollten sie wirklich errichten, aber sie wollten die Durchführung ihres Systemes sichern, selbst für den Fall, daß diese Stühle mit widerspenstigen oder ungefügigen Bischöfen besetzt wären. — Die Bevollmächtigten der oberrheinischen Regierungen traten wieder zusammen, und am 8. Februar 1822, also sechs Monate nach der Ausfertigung der Umgrenzungsbulle, wurde ein neuer Staatsvertrag unterzeichnet, welcher die gemeinsame Genehmigung der Bestimmungen über die Errichtung und Ausstattung der Bisthümer, aber auch die gegenseitige Verpflichtung enthielt, daß in allen anderen Punkten die Grundsätze festgehalten werden sollten, welche im Jahre 1818 vereinbart worden waren. — Dem zufolge entwarf man die sogenannten Fundationsinstrumente, welche die „Bedingungen" der staatlichen Fundation der Bisthümer enthielten; man vereinbarte ferner die sogenannte Kirchenpragmatik und eine landesherrliche Verordnung. Diese sollte öffentlich verkündet, jene sollten den Bischöfen und den Capiteln zur Nachachtung mitgetheilt und die vorgeschlagenen Bischöfe darauf

---

[1] Die Bulle für die oberrheinische Kirchenprovinz „Provida solersque" vom 16. August 1821; die preußische „De salute animarum" vom 16. Juli 1821.

verpflichtet werden. Die Fürsten stellten nun ihre Candidaten auf, und im Großherzogthum Baden wurde auf Befehl des Großherzogs der künftige Erzbischof von den landesherrlichen Decanen gewählt. — So sehr nun aber auch der Staatsvertrag mit seinen Bestimmungen geheim gehalten wurde, so erhielt der Papst dennoch Kenntniß davon; — er verweigerte allen designirten Bischöfen die Bestätigung und insbesondere dem Erzbischofe von Freiburg, weil den Landdecanen canonisch ein Wahlrecht nicht zusteht [1].

Der Großherzog Ludwig war es nun, welcher die anderen Fürsten bestimmte, dem heil. Stuhle Zusicherungen zu machen, um die Unterhandlungen wieder in Gang zu setzen. Diese wurden im September 1824 wieder aufgenommen und soweit fortgeführt, daß man sich über die Annahme eines päpstlichen Ultimatums verständigte. — So erschien denn die bekannte Bulle von Leo XII.: „Ad Dominici gregis custodiam" vom 11. April 1827. — Der Großherzog von Baden erließ unter dem 3. Juni 1827 ein Schreiben an den Papst, in welchem er seine Zufriedenheit über das Ergebniß der langjährigen Arbeiten aussprach und die große Wichtigkeit der Sache für seine katholischen Unterthanen mit voller Würdigung anerkannte [2]. Der Papst bestätigte nun die Bischöfe, welche die Regierungen in Vorschlag gebracht hatten, und im Großherzogthum war Dr. Bernhard Boll, Pfarrer am Münster zu Freiburg, der erste Erzbischof und Metropolit der oberrheinischen Kirchenprovinz. Am 16. October 1827 wurde das Fundationsinstrument des Erzbisthums unterzeichnet; und an demselben Tage wurden die beiden Bullen verkündet, jedoch wurde bei der Verkündung

---

[1] Note des päpstlichen Stuhles vom 27. Februar 1823.

[2] In diesem Schreiben ist folgende sehr bezeichnende Stelle: „... Aussi depuis de longues années le but d'un de mes plus ardents désirs était de procurer au grand nombre de mes sujets bien-aimés, qui professent la religion catholique, les bienfaits d'un état légal et réglé dans leurs institutions religieuses qui répondent à leurs besoins spirituels en tranquillisant les consciences et en prêtant un appui solide à la véritable piété par l'activité réunie et bienfaisante du clergé."

die landesherrliche Genehmigung beschränkt auf die Bestimmungen, welche „die Bildung der oberrheinischen Kirchenprovinz, die Begrenzung, Ausstattung und Errichtung der dazu gehörigen fünf Bisthümer mit ihren Domcapiteln, sowie die Besetzung der erzbischöflichen und bischöflichen Stühle und die domstiftischen Präbenden zum Gegenstande haben"[1]. — Der Erzbischof wurde am 21. October 1827 geweiht und eingesetzt.

Diese schneidenden Widersprüche zu erörtern, hat diese Darstellung keinen Beruf; so viel steht fest, daß der päpstliche Stuhl durch die Erklärung der Unterhändler eine Sicherheit zu haben vermeinte; — er glaubte, die Regierungen haben die Grundsätze der Kirchenpragmatik aufgegeben und die Verwahrung der Hoheitsrechte in den Unterhandlungen werde nicht benützt werden, um diese Grundsätze in der oberrheinischen Kirchenprovinz wieder zur Geltung zu bringen. Nur diese natürliche Voraussetzung erklärt den offenbaren Fehler, daß die Vereinbarung, beziehungsweise die Bulle „Ad Dominici gregis custodiam" die bischöflichen Rechte nur im Allgemeinen verwahrt; daß sie nur die volle Jurisdiction der Bischöfe nach Bestimmung der jetzt geltenden Canones und nach der bestehenden Disciplin festgesetzt hat, ohne auf die einzelnen Punkte einzugehen[2]. Nun waren aber gerade diese Canones und diese Disciplin von den Regierungen nicht anerkannt, nun war gerade die willkürliche Beschränkung der bischöflichen Rechte der Gegenstand des Streites, das Streben der Regierungen gewesen, und diese hatten niemals den Entschluß aufgegeben, die Grundsätze der Frankfurter Kirchenpragmatik in jedem Falle durchzuführen.

Im Jahre 1801 hatte der erste Consul von Frankreich mit dem Papste ein Concorbat auf billige Grundlagen abgeschlossen, aber im Jahre 1802 erschienen die berühmten organischen

---

[1] Regierungsblatt 1827. Nr. XXIII.
[2] Art. VI. Liberum erit, cum Sancta Sede de negotiis Ecclesiasticis communicare, atque Archiepiscopus in sua Dioecesi et Provincia Ecclesiastica, uti et Episcopi in propria quisque Dioecesi *pleno jure Episcopalem jurisdictionem exercebunt*, quae juxta Canones nunc vigentes et praesentem Ecclesiae disciplinam eisdem competit.

Artikel, welche die Bestimmungen des Concordats großentheils wieder aufhoben; — im Jahre 1817 errichtete der König von Bayern ein Concordat, aber im Jahre 1818 erließ dessen Regierung das „Edict über die äußeren Rechtsverhältnisse des Königreichs Bayern in Beziehung auf Religion und kirchliche Gesellschaften" und hob damit die Vereinbarung in all' den Punkten auf, welche ihrem System nicht paßten. Diese Beispiele waren für die Staaten der oberrheinischen Kirchenprovinz nicht verloren; denn als die Bischöfe eingesetzt waren, verkündeten sie den Verordnungsentwurf vom Jahre 1822. Im Großherzogthum Baden geschah diese Verkündung unter dem 30. Januar 1830 als Verordnung, „das landesherrliche Schutz- und Aufsichtsrecht über die katholische Kirche betreffend," eine Verordnung, welche nicht nur die Feststellung der fast unbeschränkten Oberherrlichkeit des Staates über die Kirche enthält, sondern recht gut sehen läßt, daß die Idee einer sogenannten deutschen Nationalkirche, d. h. einer Kirchenspaltung, im Hintergrunde stand [1].

Die Urtheile aller unbefangenen Männer über diese Verordnung haben darin übereingestimmt, daß sie der Vereinbarung mit dem päpstlichen Stuhle ihrem Wesen nach widerspreche und die Kirche zur Staatsanstalt mache. Eine bekannte Schrift spricht

---

[1] Die Kirchenpragmatik enthält 48 Artikel, die Verordnung vom 30. Januar aber nur 39. Diese enthält demnach drei Viertheile von jener und übergeht diejenigen Bestimmungen, welche durch die päpstlichen Bullen geordnet und angenommen waren, oder diejenigen, welche man nach dem Rathe des Hrn. v. Wessenberg schon in der Verhandlung mit dem Papste hatte übergehen müssen. Eine genaue Vergleichung zeigt eine wunderbare Uebereinstimmung der Pragmatik und der Verordnung mit den Vorschlägen in Koch, Kirchenrechtliche Untersuchung über die Grundlage zu den künftigen katholisch-kirchlichen Einrichtungen in Deutschland, Frankfurt 1816; ferner in Wessenberg, Ideen zur Organisation der deutschen Kirche, Frankfurt 1814 und Die deutsche Kirche, Freiburg 1815, und ebenso in dem oftgenannten Buche Werkmeister, Entwurf einer neuen Verfassung der deutschen katholischen Kirche in dem deutschen Staatenbund, 1816. — Diese Uebereinstimmung zeigt aber deutlich genug, was man eigentlich wollte.

sich darüber aus, wie folgt: „Die Verordnung vom 30. Januar 1830 gesteht den Katholiken das freie Bekenntniß ihres Glaubens und die öffentliche Ausübung ihres Cultus zu, hebt aber diese Bestimmung theilweise wieder auf. — Die Ausübung der Majestätsrechte in ihrem vollen Umfange ist so allgemein ausgedrückt, die Fassung so in's Unendliche dehnbar, daß sie entweder alle übrigen Bestimmungen in Frage stellt, oder daß sie eine leere Formel wird, welche die Wirksamkeit der staatlichen Rechte schwächt. — Wenn alle von der geistlichen Gewalt ausgehenden Anordnungen der Staatsgenehmigung unterworfen sind, so unterliegt ihr auch die Glaubenslehre und der Cultus; denn die Staatsbehörden können verhindern, daß dieser oder jener Katechismus, dieses oder jenes Andachtsbuch von dem Ordinariate vorgeschrieben werde; und wenn auch allgemein kirchliche Anordnungen, Erlasse, welche rein zeitliche Gegenstände betreffen, nur mit Staatsbewilligung bekannt gemacht werden dürfen, so hängt die Religionsübung der Katholiken von den weltlichen Behörden ab, denn diese entscheiden mittelbar, ob die Pfarrer nach erzbischöflicher Vorschrift Messe lesen, Kinder taufen u. s. w., und ob die Katholiken vorgeschriebene Feiertage halten sollen oder nicht. — Erklärt die Regierung, daß auch angenommene Bullen nur so lange verbindende Kraft und Gültigkeit haben, als nicht im Staate durch neue Verordnungen etwas Anderes eingeführt wird, so kann die Regierung die Bulle der Begrenzung und die der Errichtung der Bisthümer außer Kraft setzen und das Erzbisthum aufheben, sobald es ihr beliebt. Dürfen kirchliche Streitigkeiten der Katholiken nicht außerhalb der Provinz und nicht vor auswärtigen Richtern verhandelt werden, so ist der canonische Instanzenzug aufgehoben, der Papst hat kein Entscheidungsrecht mehr, und der Metropolit steht in Beziehung auf die Ausübung der richterlichen Gewalt nicht mehr unter dem Oberhaupte der Kirche. Da aber von den Entscheidungen des Erzbischofs die Berufung an die Landesbehörden gestattet ist, so sind diese an die Stelle des Papstes getreten. Daß jeder Geistliche in der Ausübung seiner Berufspflichten von dem betreffenden Staat unterstützt wird, und daß die, dem Erzbischofe zukommenden, Metropolitanrechte unter dem

Gesammtschutze der vereinten Staaten stehen, — darauf wird man sich vergeblich berufen, denn die Ausdehnung der Majestätsrechte ist durch keine Clausel begrenzt, und darum wird in Collisionsfällen die weltliche Regierung thun, was dem Staatswohl nach ihrer Auffassung zusagt. — Wo ist nun die Religions- und Gewissensfreiheit, welche die Verfassungsurkunde zusagt? — Wenn wir die äußersten Folgen gezogen haben, so haben wir eine Art der Kritik angewendet, welche die strengen Wissenschaften gestatten, die moralischen aber fordern"[1].

Gegen diese Verordnung protestirte der Erzbischof von Freiburg unterm 10. Februar 1830 und ebenso die Suffraganbischöfe. Selbstverständlich nahm der Papst diesen Gewaltstreich nicht ruhig hin, und unter dem 30. Juni 1830 erschien seine Protestation, welche den Bischöfen verwies, daß sie versäumt hatten, sogleich an ihn zu berichten, und ihnen befahl, diese Willkürhandlung der Gewalt mit gesetzlichen Mitteln zu bekämpfen und deren irrige Grundsätze und verderbliche Folgen den Regierungen sowohl als den Gläubigen darzustellen. Der Papst drückte seinen Schmerz aus über die „höchst klägliche Knechtschaft der Kirche"; er nannte die Verordnung ein Aergerniß und beklagte sich über die Verletzung der öffentlichen Treue [2].

---

[1] Die katholische Kirche und die badische Regierung. (Eine thatsächliche Darstellung des Kirchenstreites.) Deutsche Vierteljahrsschrift. Januar — März 1854. Nr. 65. S. 289 ff.

[2] Breve vom 10. Juni 1830 „Pervenerat non ita": „Libera est institutione divina, nullique obnoxia terrenae potestati intemerata Sponsa immaculati Agni Christi Jesu. At per profanas illas novitates in *probrosam redigitur miserrimamque servitutem.* (Art. XII.) ... Sed tamen illud etiam accedit ad Vos confirmandos, quod *initis inter sanctam Sedem et Principes ipsos conventionibus causa, quam defenditis, in nititur; obligata quippe publice fide polliciti sunt se plane liberam* in suis regionibus Ecclesiam Catholicam praestaturas, tum, quod pertinet ad Fidelium cum summo Ecclesiae ipsius Capite de negotiis ecclesiasticis commercium, tum, quod ad plenum jus Archiepiscopi et Episcoporum omnis Episcopalis jurisdictionis ex vigentium Canonum praescripto, ex praesentis disciplinae Ecclesiasticae legibus exercendae." (Art. V.) — Das Breve schließt mit den Worten: „De istarum Ecclesiarum conditione *ex tanto rerum novarum*

Alle diese Protestationen, alle Bitten, Vorwürfe und Beschwerden waren fruchtlos; die Frankfurter Kirchenpragmatik unter der Form der Verordnung vom 30. Januar. 1830 blieb das positive Kirchenrecht in der oberrheinischen Provinz, und der Vollzug war noch viel schlimmer, als das Gesetz. Da war es denn natürlich, daß die Kirche und ihre Organe dieses Recht nicht als geltend anerkannten und daß sie alle Handlungen, die daraus hervorgingen, nur als Acte thatsächlicher Gewalt betrachten mußten.

Der Großherzog Leopold war ein gerechter, billiger und wohlwollender Fürst; er war der katholischen Kirche nicht abgeneigt und verabscheute jede Vergewaltigung und jede Verletzung des Rechtes; der Großherzog wollte nicht die Staatsallmacht der Bureaukraten, aber sie wurde getragen von einer bekannten Partei, und diese erhob sich fast über die Rechte der Krone. Der Regent hat in mancher Milderung des Systems, in mancher Handlung der Gerechtigkeit und des Wohlwollens eine innere Befriedigung gefunden, aber er konnte das Unrecht nicht hindern, welches seine Diener verübten; sein guter Wille mußte dem Geiste der Zeit weichen, und dieser war der Geist der Verneinung. So wurden denn die Zustände tagtäglich schlimmer; das Verhältniß der Kirche war vollkommene Abhängigkeit, die Staatsgewalt hatte die Kirchenregierung und ihr Organ übte die bischöflichen Rechte. In dem Gefühle, daß seine Kraft im Kampfe gegen diese Verhältnisse nicht mehr ausreiche, legte der Erzbischof Bernhard seine Würde in die Hände des Oberhauptes der Kirche nieder, damit ein Nachfolger, kräftiger als er, den schweren Kampf führen könne. Wenige Monate später nahm ihm der Tod die Bürde ab, die er nicht mehr zu tragen vermochte [1]. So starb der erste Metropolit der ober-

---

scandalo incredibiliter solliciti, responsum a Vobis quam citissimum exspectamus, sive illud votis Nostris consentaneum, ut consolemur dolorem Nostrum, sive, quod Deus advertat, adversum, ut ea capere consilio possimus, quae a Nobis Apostolici Officii munus omnino postulat." (Art. VII.)

[1] Das Schreiben des Erzbischofs Bernhard Boll an den Papst Gregor XVI. vom 29. Septbr. 1835. Er schildert zuerst den traurigen Zu-

rheinischen Kirchenprovinz; der zweite hatte den Sitz fünf Jahre und zwei Monate inne gehabt und diese ganze Zeit unter Protestationen, Vorstellungen, Bitten, unter Nachgeben und Fügen verlebt; der dritte Erzbischof endlich war berufen, den Kampf zwischen der weltlichen Gewalt und der Kirche zum offenen Ausbruch zu bringen.

Durch Staatsministerialbeschluß vom 5. Januar 1845 wurde die Stellung der katholischen Kirchensection verändert, das Organ der staatlichen Kirchenoberherrlichkeit trat in die Reihe der Centralbehörden, untergeordnet dem Ministerium des Innern, mit der Benennung **katholischer Oberkirchenrath**. Diese Stelle hatte längst schon ihren ursprünglichen Charakter verloren; längst schon war sie nicht mehr eine berathende Stelle des Ministeriums; längst schon verwaltete sie vollkommen selbstständig das Kirchenvermögen, erließ Verfügungen und Befehle, verkehrte mit allen Behörden, berichtete schriftlich an das Ministerium, und längst schon war der Director von den Ministerialsitzungen ausgeschlossen. Die Veränderung lag deßhalb nur in der Form, aber eben diese Form war verletzend, weil nun die Genehmigung der Beschlüsse des Erzbischofs, weil das ganze Kirchenregiment von einer Mittelstelle abhing, welche sich von der Stellung anderer, als z. B. der Forstpolizei-, der Wasser- und Straßenbau-Direction, durch nichts unterschied und somit der Erzbischof, unbeschadet seines Ranges, gewissermaßen mit einem Forstmeister oder einem Wasser- und Straßenbau-Inspector dienstlich auf eine Linie gesetzt war. — Das System der bureaukratischen Kirchenregierung, die Conflicte, die Forderungen und die geringen Zugeständnisse, welche der Erzbischof immer nach unsäglicher Mühe errang, will ich nicht in den Einzeln-

---

stand der Kirche und sagt am Ende: „... et si hisce gemitibus octogenarius jam senecio, undique circumdatus infirmitate, mente quidem sana, sed ob officii pastoralis gravitatem et reddendam tremendo judici rationem eo magis anxia, supplices preces adjungam, *ut liceat mihi in paternas Sanctitatis Tuae manus episcopale munus resignare,* ut sedi metripolitanae de meliori atque saniori pastore provideri queat, isque a beatudine Tua acceptus et confirmatus, fructus in agno ecclesiastico metere uberiores possit.

heiten erörtern und anführen. Was dem Zwecke gegenwärtiger Schrift nothwendig ist, das wird später seinen Platz finden; hier genüge die Bemerkung, daß alle die Zugeständnisse, wenn auch Verbesserungen im Einzelnen, doch die ganze Haltung und das gegenseitige Verhältniß nicht änderten. Mochte der Regent wohlwollend und sein Ministerium von billiger Gesinnung sein, beide, Wohlwollen und Gerechtigkeitsgefühl, waren unfruchtbar, denn die Regierung und die Kammern waren von einer Partei beherrscht, deren grimmiger Haß gegen die katholische Kirche bei dem Ronge'schen Wesen ungezügelt in der zweiten Kammer hervortrat.

Im November des Jahres 1848 versammelten sich die deutschen Bischöfe in Würzburg und erließen von dort unter dem 14. November jene berühmte Denkschrift, welche die Bedürfnisse und diesen gemäß die Forderungen der Kirche auf den Grund ihrer alten Verfassung mit Kraft und Entschiedenheit darstellt. Es war die Idee der inneren Freiheit, welche damals die Geister bewegte; diese Freiheit war den Bürgern verkündet und die Kirche wollte die ihrige erringen. Der Umschwung der Meinungen war ungeheuer; wahrhaft verblendet mußte ein Staatsmann sein, der da glaubte, daß nach diesem Umschwung eine Kirchenordnung nach dem Muster der Frankfurter Pragmatik noch länger haltbar sein konnte — und dennoch bestand diese Verblendung. Die Ereignisse des Jahres 1849 hatten die Krankheit der Gesellschaft geoffenbart, und die Organe der Staatsgewalt sahen, daß diese mit all' ihrer Allmacht die tiefen Schäden nicht zu heilen vermöge; die ganze Welt sah das Heilmittel in der Religion. Auch die Staatsmänner jener Zeit jammerten über die Irreligiosität des Volkes; sie sahen im Unglauben eine Quelle des Uebels; sie wünschten die Wirksamkeit der Kirche, — aber Glaube und Religion sollte nur Mittel werden, um ihre Allmacht wieder zu gründen, und die Kirche sollte eine höhere Polizeianstalt sein.

Wie frühere Anfragen und Motionen in der badischen Kammer erfolglos gewesen waren, so hatte auch jene, welche der Domdecan v. Hirscher am 5. November 1850 in der ersten Kammer stellte, keinen andern Erfolg, als daß der Vorstand des

Ministeriums des Innern ausweichende Antworten gab und auf eine gemeinschaftliche Behandlung der Kirchensache durch die Regierungen der betreffenden Staaten verwies, welche sich zur Errichtung der oberrheinischen Kirchenprovinz vereinigt hatten. Die Motion, welche von dem Domdecan v. Hirscher am 18. November 1850 in der ersten Kammer gestellt wurde, hat eine Adresse bewirkt, welche den Großherzog anflehte, die dringenden Bitten, welche die katholische Kirche im Interesse ihrer Selbstständigkeit und ihrer Wirksamkeit stellt, schon jetzt — sei es durch eine Verordnung oder durch ein provisorisches Gesetz — zu genehmigen. Diese Adresse rief in der zweiten Kammer einen Commissionsbericht hervor, welcher in manchen Dingen wohlmeinend und billig, dennoch wieder die alten Grundsätze der modernen Staatsomnipotenz festhielt. Der Bericht selbst aber veranlaßte eine Verhandlung, welche nicht wohl ungebührlicher sein konnte. Da der bestehende Zustand unmöglich länger zu halten war und da von der Regierung gar nichts geschah, um diesen Zustand zu bessern, so sammelten sich im März des Jahres 1851 die Bischöfe der oberrheinischen Kirchenprovinz an dem Sitze ihres Metropoliten und erließen eine Denkschrift an die betreffenden Regierungen, in welcher sie die Uebelstände und die unnatürlichen Verhältnisse bezeichneten und im Namen der Kirche ihre Forderungen stellten. Es war ein ganzes Jahr verflossen, und sie hatten noch keine Antwort erhalten; aber folgerecht mit der Aeußerung des Ministerialpräsidenten traten im Anfange des Jahres 1852 die Commissarien der vereinten Regierungen in Karlsruhe zusammen und die Bischöfe versammelten sich zu gleicher Zeit in Freiburg. Jene gingen unverrichteter Dinge auseinander, diese erließen unterm 10. Februar 1852 eine kräftige Vorstellung an die betreffenden Regierungen, welche hervorhob, daß es sich nicht um die Hebung einzelner Mißlichkeiten, wie sie auch bei concordatmäßiger. Regelung des Verhältnisses zwischen Kirche und Staat hie und da vorkommen können, sondern um die Abschaffung eines ganzen principienhaft aufgestellten Systems handle, dessen reelle und consequente Handhabung den vollständigen Ruin der Kirche herbeiführen müßte.

Die Regierungen befanden sich allerdings in einer eigenthümlichen Lage; mit ihren Bischöfen wollten sie nicht unterhandeln, denn nach ihrer Auffassung waren diese auch in ihrer kirchlichen Stellung der Staatsgewalt unterworfen. An den Papst wollte man sich noch weniger wenden, denn „ein fremder Souverän durfte doch nicht angerufen werden, um eine unmittelbare Einwirkung in die inneren Angelegenheiten souveräner Staaten auszuüben". So wurde in amtlichen und halbamtlichen Zeitungsartikeln, in Staatsschriften und in Mittheilungen an die Vertretungen erklärt; konnte man aber das bisherige System nicht halten, so blieb nichts übrig, als eine neue Ordnung zu octroyiren; und das hat man versucht.

Gegen Ende des Jahres 1852 traten die Commissäre der Staaten der oberrheinischen Kirchenprovinz, mit Ausnahme von Frankfurt, wieder in Karlsruhe zusammen; sie hatten dießmal bestimmtere Instructionen und die Verhandlungen nahmen einen rascheren Gang. Die Commission setzte sich in keinerlei Berührung mit den bestehenden Kirchenbehörden, und doch sollten aus ihren Verhandlungen Bestimmungen hervorgehen, welche für die Regierungen sowohl als für die Kirche verbindlich sein sollten. Diese Bestimmungen wurden in den ersten Tagen des März 1853 von den betreffenden Staaten ihren Bischöfen mitgetheilt. Eine Staatsschrift vom 5. März erwiederte die Denkschrift der Bischöfe, und dieser Erwiederung waren Verordnungen beigeschlossen, deren einige, vom 1. März datirt, zu gleicher Zeit im badischen Regierungsblatte erschienen, andere als Entwürfe den Bischöfen zur gutachtlichen Erklärung mitgetheilt wurden.

Diese Verordnungen enthielten allerdings einige Zugeständnisse, aber diese Zugeständnisse sollten wieder nur als Ausfluß der Staatsgewalt erscheinen, welche den bisherigen Grundsatz ihrer Oberherrlichkeit festhielt. Die Bischöfe traten in Freiburg zusammen und erließen unterm 12. April 1853 eine Protestation gegen diese Verordnungen. Sie versammelten sich wieder einige Monate später und erließen unterm 18. Juni 1853 ihre zweite Denkschrift, in welcher sie ihre Forderungen ausführlich begründeten.

Die Bischöfe hatten erklärt, daß sie so handeln würden, als

ob ihre Forderungen wirklich erfüllt wären; und als der Erzbischof von Freiburg damit Ernst machte und thatsächlich vorging, da wollte die Regierung ihre Oberherrlichkeit mit Gewalt aufrecht halten. — Der unglückselige Kirchenstreit im Großherzogthum Baden ist in all' seinen Phasen, mit all' seinen Ereignissen bekannt. Es ist unnüß, denselben hier nochmals, wenn auch nur übersichtlich, darstellen zu wollen [1].

Erst durch diesen Kirchenstreit kam man in Karlsruhe und in den anderen Residenzen zur Einsicht, daß die Kirche wirklich eine Macht sei; man mußte zugestehen, daß einem wirklichen Rechtsstande nur ein Verwaltungssystem entgegenstehe, und die Auffassung der katholischen Kirche als einer Landesanstalt war nicht mehr zu halten. — Die preußische Verfassung hatte der katholischen Kirche ihre Freiheit gewährt; sie durfte sich nach ihren eigenen Gesetzen regieren. Der Kaiser von Oesterreich unterhandelte sein Concordat, der König von Würtemberg unterhandelte mit dem Bischof von Rottenburg, und in Kurhessen waren fast alle Forderungen der Kirche durch die Ausführung der Verfassung erfüllt [2].

Als die badische Regierung einsah, daß die Gewalt nicht

---

[1] Der badische Kirchenstreit ist dargestellt in der **deutschen Vierteljahrsschrift**: „**Die katholische Kirche und die badische Regierung**", Januar—März 1854. Nr. 65; ferner: „**Der Kirchenstreit im Großherzogthum Baden über die Verwaltung des katholisch-kirchlichen Stiftungsvermögens**", October — December 1854. Nr. 68.

[2] Aus diesem Grunde ist der zweiten Denkschrift des oberrheinischen Episcopats die folgende Schlußbemerkung beigefügt: „Schließlich hat der mitunterzeichnete Bischof von Fulda zu erklären, daß er größtentheils das Alles besißt, was in dieser Denkschrift reclamirt wird, und daß er im Vertrauen zu der erleuchteten Einsicht seiner allerhöchsten Regierung, im Hinblick auf die in einem hohen Ministerial-Erlaß vom 24. März 1851 ihm gewordene beruhigende Eröffnung die zuversichtliche Hoffnung hegen darf, in Bälde Alles nach Recht und Billigkeit in seinem Bisthum so geordnet zu sehen, daß unzweideutige gesetzliche Bestimmungen die glücklichste Eintracht zwischen der Staats- und Kirchengewalt für immer befestigen. Seine Mitunterschrift hat daher der Hauptsache nach nur die Bedeutung und den Zweck, die volle Gemeinsamkeit jener Ueberzeugungen und Ge-

mehr ausreichte, um ihr System aufrecht zu halten; als sie einsah, daß eine neue Ordnung nicht mehr als Ausfluß der Staatsgewalt octroyirt werden konnte, da war auch eine Vereinbarung mit dem Erzbischofe nicht mehr zu erreichen. Hätte man sich in Karlsruhe auch frei gemacht von der Abneigung, mit „einem Unterthanen" in Unterhandlung zu treten; wäre man klar darüber geworden, daß das Unterthanenverhältniß allerdings für die Person, aber nicht für die kirchliche Stellung des Bischofs bestehe, so war doch der Kirchenstreit so sehr zu seinem Aeußersten getrieben worden, daß der Versuch einer unmittelbaren Vereinbarung mit dem Erzbischofe beiden Theilen widerstreben mußte. Es hätte eine solche auch zu keinem Ergebniß geführt, denn sie hätte immer nur durch die Genehmigung des heil. Stuhles Rechtskraft gewonnen. Die inneren Zustände waren aber schwierig geworden. Die Bevölkerung war gespalten, die Gemeinden häufig in sich selber getrennt, einige in vollem Widerstande gegen die Regierung, andere nach und nach zur Mißachtung der Religion, der Zwiespalt bis in das Innere der Familien getrieben. Die Ausübung der Seelsorge war gestört; viele Pfarrer waren ihren Gemeinden entfremdet und deren Vorstände zwischen die Pfarrer und die Staatsbehörden gestellt. Durch Anwendung des provisorischen Gesetzes vom 24. Juli 1852 war das Land in einen Ausnahmsstand gesetzt, — überall war Jagd nach Schriften, waren Haussuchungen, Verhaftungen und polizeiliche Hetzen in ihrer gehässigsten Art. Die Regierung war in der Nothwendigkeit, Gewaltmaßregeln zu gebrauchen, und diese, selbst die militärischen Executionen, hatten sich als unwirksam erwiesen. Dadurch ward das Ansehen der Staatsbehörde untergraben, diese selbst vernichteten das Ansehen der Kirchenbehörden, somit waren die geistigen Bande zerrissen, und man sah der vollkommenen Verwilderung des Volkes entgegen. — Die benachbarten Regierungen waren aufmerksam und bedenklich geworden, man konnte von denselben ernstliche Vorstellungen erwarten. — Das

finnungen mit denen seines hochwürdigsten Herrn Metropoliten und seiner Herren Mitbischöfe zu beurkunden."

Land mußte aus diesen Zuständen herauskommen, und somit blieb der Regierung nichts Anderes übrig, als die Sache mit dem heil. Stuhl zu verhandeln.

Das badische Ministerium hatte, man muß ihm die Gerechtigkeit widerfahren lassen, die Nothwendigkeit einer Unterhandlung mit dem päpstlichen Stuhl schon früher erkannt, als der Kirchenstreit seine höchste Höhe erreicht hatte. Im Januar 1854 wurden mit dem Erzbischof Verhandlungen über die Herstellung eines provisorischen Zustandes gepflogen. Es war damit den beiden Theilen vollkommener Ernst, da aber der damalige Minister des Innern von dem Erzbischof ein Zugeständniß forderte, welches zu gewähren die Kirchengesetze ihm verboten, so führten diese Unterhandlungen zu keinem Ergebniß[1]. In einem Schreiben vom 25. Januar 1854 zeigte der Minister d. J. dem Erzbischof an, daß die Regierung zur Einleitung der Verhandlung mit dem päpstlichen Stuhl die nöthigen Schritte gethan habe; es scheint aber außer Zweifel zu sein, daß man in Rom die Aufhebung der Verordnungen vom 7. November 1853 als unerläßliche Bedingung für die Aufnahme der Unterhandlungen verlangte. — Die Regierung hatte nun auch eingesehen, wie die Gewaltmaßregeln sich als unausführbar erwiesen hatten, und so war es gerade kein großes Opfer, als das Ministerium unterm 25. März 1854 die Verordnung aufhob, welche den Erzbischof der unmittelbaren Aufsicht eines Polizeibeamten unterworfen hatte, ohne daß dieser den Kirchenbann gegen den großh. Commissär und die Glieder des Oberkirchenrathes gelöst hätte. Dieser Beschluß wurde dem Erzbischof durch einen Erlaß des Ministeriums d. J. vom 27. März mitgetheilt, welcher besonders hervorhob, daß die Maßregeln zur Ausübung des oberhoheitlichen Schutz- und Aufsichtsrechtes über die katholische Kirche nun beseitiget seien, obgleich die jüngsten Verhandlungen über die

---

[1] Die actenmäßige Darstellung dieser höchst interessanten Unterhandlungen in dem erwähnten Aufsatz der „Deutschen Vierteljahrsschrift" 1854, Nr. 66. April bis Juni. „Unterhandlungen zwischen der großh. bad. Regierung und dem Erzbischof von Freiburg zur Beilegung des Kirchenstreites."

"interimistische" Beilegung des bedauerlichen Conflictes nicht herbeizuführen vermochten. Durch denselben Erlaß wurde der Erzbischof benachrichtiget, daß in kürzester Zeit ein außerordentlicher Gesandter in der Person des Grafen von Leiningen sich nach Rom begeben werde, "um mit dem päpstlichen Stuhle selbst wegen definitiver Ordnung der kirchlichen Verhältnisse im Großherzogthum Unterhandlungen einzuleiten, die wohl die Sicherung eines dauernden Friedens gewärtigen lassen." Niemanden konnte dieser Entschluß der Regierung angenehmer sein, als eben dem Erzbischof, denn was man in Rom verfügte, dem mußte er sich unterwerfen; — daß man in Rom mit der größten Milde unterhandeln, aber kein eigentliches Recht aufgeben würde, das stand über allem Zweifel, und daß man dort seine Haltung billige, das hatte ihm der heilige Vater bereits feierlich erklärt[1]. — Ganz eigenthümlich aber erscheint es, daß der angeführte Ministerial-Erlaß sich mit einer gewissen Derbheit gegen eine "wesentliche Aenderung in ihrem bisherigen Standpunkte" verwahrte, während doch gerade durch die Unterhandlungen mit dem Erzbischof, und mehr noch durch die mit dem römischen Hof dieser Standpunkt vollkommen aufgegeben worden war.

Leider war der Friede noch immer nicht hergestellt. Der Streit über die Verwaltung des kirchlichen Stiftungsvermögens brachte eine unglaubliche Verwirrung in alle Verhältnisse. Die Regierung mußte zu den heftigsten Gewaltmaßregeln schreiten; am 22. Mai 1854 wurde bekanntlich der Erzbischof verhaftet, und damit war der Wendepunkt des Streites erreicht.

Der Graf v. Leiningen-Billigheim fand am römischen Hof wohl für seine Person, nicht aber für seine Sache eine günstige Aufnahme. Er hatte keine Vollmachten zur eigentlichen Unterhandlung und er war nur beauftragt dem päpstlichen Stuhl Erklärungen abzugeben; — seine Stellung war eine peinliche. Als die Verhaftung des Erzbischofs in Rom bekannt geworden war, richtete der Cardinal-Staatssecretär Antonelli eine Note

---

[1] Durch ein besonderes Breve vom 9. Januar 1854: "Antequam ad nos pervenirent."

an den Grafen, in Ausdrücken abgefaßt, so scharf und bestimmt, wie sie selten in einem diplomatischen Schriftstück und am wenigsten in einem solchen vorkommen, welches vom päpstlichen Stuhl ausgeht. Sie rechtfertigt das Verfahren des Erzbischofes von Freiburg; denn es war, sagt sie, „ein solches, wie es ihm das Recht und die Pflicht in einer dringenden Noth der Kirche auferlegte, und zu welcher ihn seine Verpflichtungen nöthigten. Daraus möge man Anlaß nehmen, zu überlegen, ob in Folge einer Pastoralhandlung, welche auf ein so würdiges Ziel gerichtet war, je zu befürchten gewesen wäre, daß der erlauchte Prälat (**illustre prelato**) von der badischen Regierung einen gehässigen und schmählichen Vorwurf des Mißbrauches seiner Gewalt zum Schaden der öffentlichen Ordnung sich hätte zuziehen sollen, wie er mit großem Unrecht gegen ihn erhoben worden sei 2c." — Die päpstliche Note wurde unterm 12. Juni von der badischen Gesandtschaft erwidert; sie suchte das Verfahren der Regierung zu rechtfertigen und die Verhaftung des Erzbischofs zu entschuldigen, bat aber, daß man die Unterhandlungen über die Regelung der kirchlichen Verhältnisse in Gang setzen möchte. In der Erwiderung vom 24. Juni, an den Grafen v. Leiningen und und an den Staatsrath Brunner gerichtet, sprach der Cardinal-Staatssecretär die Bereitwilligkeit des heiligen Stuhles zur Aufnahme der erwähnten Unterhandlungen aus, erklärte jedoch mit Bestimmtheit, daß diese keineswegs beginnen könnten, ehe der Erzbischof von Freiburg in seinen Rechtsstand wieder eingesetzt, das Verfahren gegen ihn, sowie die Untersuchungen und Erkenntnisse, welche in Folge erzbischöflicher Anordnungen eingeleitet oder erkannt worden, aufgehoben, — ehe den Geistlichen, welche der Erzbischof zur Verwaltung der Seelsorge berufen, die bestimmten Gebühren verabfolgt, dem Erzbischof das Recht zugestanden worden sei, bis zum endlichen Abschluß der Verhandlungen, die erledigten Pfründen mit Verwesern zu besetzen und deren Gebühren auf die betreffenden Kassen anzuweisen. Die Note erklärte ferner: ehe der päpstliche Stuhl auf die Unterhandlungen eingehe, müsse die Verwaltung des Kirchenvermögens, unter Leitung der Geistlichen, in den früheren Stand wieder hergestellt und die Verordnungen, welche diesen aufgehoben, ausdrücklich widerrufen werden. Nach langem Zaudern sind diese Bedingungen von der badischen Regierung einfach und vollständig angenommen und unterm 8. August 1854 dem Erzbischof mitgetheilt worden.

Die Sendung des Grafen v. Leiningen war beendigt, — er war von Rom zurückgekehrt, aber der Staatsrath Brunner war dort geblieben mit Vollmachten zur Feststellung des sogenannten Interims, d. h. des provisorischen Zustandes, welcher bis zum Abschluß der Verhandlungen bestehen sollte. Da die Regierung die Bedingungen angenommen hatte, so unterlag dieß keinen weiteren Schwierigkeiten. Das Interim wurde in Rom festgestellt, der Staatsrath Brunner kehrte zurück, der Erzbischof von Freiburg wurde angewiesen, die Bedingungen desselben gewissenhaft zu halten und es wurde im November 1854 in Vollzug gesetzt.

Es war viel Unheil nöthig gewesen, um das badische Ministerium zu überzeugen, daß die katholische Kirche eine selbstberechtigte Weltanstalt sei, und daß ihr eine Macht innewohne, mit welcher man sich verständigen müsse. — Es mochte in Karlsruhe auch noch manches Schwanken der Meinungen die Beschlüsse des Ministeriums unsicher machen, aber es konnte sich über die Lage der Dinge nicht täuschen; dieses Interim konnte nicht ewig bestehen; der provisorische Zustand zeigte in den ersten Monaten eine Unzahl von Widerwärtigkeiten; eine definitive Ordnung der Dinge war von den Bedürfnissen des Landes geboten, und nur allein die Unterhandlung mit dem päpstlichen Hof konnte eine solche Ordnung erwirken. Nach langen Berathungen wurden in Karlsruhe die Bedingungen aufgestellt, welche man der Unterhandlung zu Grunde legen wollte, und auf diese Bedingungen mußten nun die größern Verhältnisse anderer Staaten einwirken. In Folge der Verfassung übten die preußischen Bischöfe ihre Rechte in größerem Umfang, als ihn die oberrheinischen gefordert hatten; in Frankreich waren die organischen Artikel keineswegs aufgehoben, aber man wendete sie nicht mehr an, man ließ in den meisten Dingen die Bischöfe gewähren; — das österreichische Concordat wurde am 18. August 1855 unterzeichnet und man kannte bereits die

Grundlagen der würtembergischen Unterhandlungen in Rom. Das Großherzogthum Baden, dessen Bevölkerung zu mehr als zwei Drittheilen aus Katholiken besteht, konnte sich nicht vereinzeln, konnte sich nicht den andern entgegenstellen. So war der Boden ein anderer geworden, und als das Ministerium diese Aenderung erkannte, so mußte es auch einsehen, daß nicht Hinhalten, nicht Verzögerung, sondern daß eine rasche Beendigung des Geschäftes von den Interessen der Dynastie und des Landes geboten sei.

Wir können jetzt mit wenigen Worten den allgemeinen Gang der Unterhandlungen andeuten. Eine Aufführung der Einzelnheiten hielt ich für nutzlos, auch wenn ich sie wüßte.

Im Jahr 1855 ging der Staatsrath Brunner als Bevollmächtigter des Großherzogthums Baden nach Rom, er war mit umfassenden Instructionen zum Abschluß einer Uebereinkunft versehen. Den Unterhandlungen des badischen Bevollmächtigten war durch jene des würtembergischen vorgearbeitet; denn die betreffenden Verhältnisse in beiden Ländern waren in allen wesentlichen Dingen sich ähnlich. Im Laufe des Jahres 1856 hatten der päpstliche und der badische Bevollmächtigte sich über die meisten Punkte vereinbart; es standen die Patronatsrechte und die Vertheilung des Verleihungsrechtes der Beneficien zwischen der Regierung und dem Erzbischof in Frage, und um diese zu lösen, kam man von beiden Seiten dahin überein, daß eine genaue Untersuchung zuerst des thatsächlichen Bestandes und hierauf der betreffenden Rechtstitel stattfinden solle. Die badische Regierung und der Erzbischof von Freiburg stellten Commissarien auf, aber die Arbeiten derselben waren in keinem Fall leicht, denn sie forderten die Beischaffung und die Sichtung eines ungeheuren Materiales. Es mußten die verschiedenen unzähligen Differenzen der beiderseitigen Auffassungen ausgeglichen werden, und die Arbeit nahm daher eine geraume Zeit in Anspruch. Da nun in dieser Zeit die eigentlichen Verhandlungen in Rom stille standen, so faßte man dort den zweckmäßigen Entschluß, die bereits vereinbarten Punkte in dem Entwurf eines Instrumentes zusammenzustellen, — aber ehe diese Arbeit zu Ende gebracht war, starb der badische Bevollmächtigte im Sommer des Jahres 1857.

Nach dem Tode des Staatsrathes Brunner wurde diese Zusammenstellung oder dieser Entwurf dem großherzogl. Hof mitgetheilt; dieser aber wollte keinen anderen Bevollmächtigten absenden, ehe die Untersuchung über das Besetzungsrecht der Pfründen vollendet, und über die Bestimmungen des eingesendeten Entwurfes ein endgültiger Beschluß gefaßt war. Darüber kam das Jahr 1858, und im Frühling dieses Jahres gingen die neuen Bevollmächtigten des Großherzogs von Baden nach Rom. Sie hatten ausführliche Instructionen, welche, obwohl sehr bestimmt, den Unterhandlungen doch einen gehörigen Spielraum ließen. Alle früher vereinbarten Bestimmungen wurden noch einmal durchgesprochen, aber, einige untergeordnete Dinge ausgenommen, drehte sich die Unterhandlung hauptsächlich um das Patronats- und um das Collaturrecht — und gerade darin waren die großherzogl. Bevollmächtigten sehr zähe. Gegen Ende des Jahres 1858 stellte der päpstliche Stuhl sein Ultimatum. Die Bevollmächtigten glaubten darüber eine besondere Entschließung ihrer Regierung einholen zu müssen; diese ließ sehr lange auf sich warten, als sie aber im Jahr 1859 in Rom angekommen war, so konnte der endliche Abschluß nicht lange mehr ausstehen, denn die Zeitverhältnisse waren schwierig geworden und der heilige Stuhl machte Zugeständnisse bis an die Grenze seiner gesetzlichen Macht. — Wer die Einzelnheiten dieser Unterhandlung kennte, der würde sehen, wie sorgfältig und zähe die badischen Bevollmächtigten nicht allein die Rechte, sondern alle nur halbwegs haltbaren Ansprüche der Regierung verfochten, und wie ängstlich sie jeden Schatten abwehrten, der auf das Gebiet der staatlichen Hoheitsrechte fallen konnte. Die Vereinbarung mit dem päpstlichen Stuhl wurde am 28. Juni 1859 unterzeichnet, durch die Bulle vom 19. October Aeterni Pastoris vicaria von dem Papste vollzogen und unterm 5. December 1859 von dem Großherzog von Baden verkündet.

Diese Uebereinkunft ist derjenigen, welche zwei Jahre früher von Würtemberg abgeschlossen worden ist, durchaus ähnlich und in sehr vielen Artikeln, bis auf den Wortlaut, dieselbe. Es ist das sehr natürlich; denn die beiden Staaten hatten dieselben Grundlagen für ihre Unterhandlungen gehabt; — die Erectionsbulle vom Jahr

1827 gilt für die ganze oberrheinische Kirchenprovinz; wie Baden, so hat Würtemberg in einer ganz gleichlautenden Verordnung die Bestimmungen der Frankfurter Pragmatik verkündet; im Jahr 1853 hat die würtembergische Regierung ebenso wie die badische die erste Denkschrift des oberrheinischen Episcopates beantwortet und dieselben Zugeständnisse gemacht. — Die Errichtungsbulle vom Jahr 1827 ist in allen ihren Punkten aufrecht erhalten, sie ist die Grundlage der beiden neuern Verträge und diese enthalten eigentlich nur die genauere Ausführung derjenigen Punkte, welche jene frühere Vereinbarung nur im Allgemeinen aufgeführt hat.

Das Verfahren bei der Besetzung des erzbischöflichen Stuhles, der Canonicate und der Präbenden an der Domkirche bleibt gänzlich unverändert. Was die Uebereinkunft über die reale Dotation des Erzbisthums verfügt, ist wieder nichts anderes, als was man vor mehr als einem Menschenalter vereinbart, aber nicht vollzogen worden ist. — Die Bestimmungen der Erectionsbulle, welche von Seiten der Regierung nicht anerkannt, wenigstens nicht vollzogen worden waren[1], sind theilweis in die neue Uebereinkunft als Eingangsformel der betreffenden Artikel wörtlich aufgenommen und dann durch die besonderen Bestimmungen weiter ausgeführt[2]. Neue Bestimmungen enthält die Convention nur wenige, denn was über die Aufsicht der Kirchengewalt, über die katholisch-theologische Facultät in Freiburg und über die Anstalten zur Erziehung der Geistlichen vereinbart worden ist, — das lag nach dem Urtheil aller Canonisten, wenn auch nicht bestimmt ausgesprochen, doch vollkommen folgerecht, in den allgemeinen Bestimmungen der früheren Vereinbarung. Streng genommen sind die Bestimmungen über die Verwaltung des Kirchenvermögens nur organische Verfügungen, durch welche der Grundsatz des kirchlichen Eigenthums

---

[1] Darunter sind die oft erwähnten Art. V. und VI. der Bulle „Ad Dominici gregis custodiam" gemeint.

[2] In der badischen Uebereinkunft vom 28. Juni 1853 die Art. IV. bis VI.; in der würtembergischen vom 8. April 1857 ebenso die Art. IV. bis V.

festgehalten und das nothwendige Aufsichtsrecht der weltlichen Regierung in bestimmte Formen gebracht wird [1]. Die Freiheit des Verkehrs der Bischöfe mit dem heiligen Vater, der Geistlichkeit, dem Volk, sowie mit den Staatsbehörden ist ebenfalls nichts anderes, als was die Bulle vom Jahr 1827 enthielt [2]. Wenn endlich die beiden Conventionen aussprechen, daß alle Verordnungen und Verfügungen, welche mit dieser Vereinbarung im Widerspruch stehen, nunmehr außer Kraft treten, so sind damit offenbar die Verordnungen vom 30. Januar 1830, vom 1. März 1853 und alle Verfügungen gemeint, die aus jener hervorgegangen sind. Werden gesetzliche Bestimmungen berührt, so hat sich die Regierung verpflichtet, dieselben, soweit sie der Vereinbarung entgegenstehen, auf gesetzlichem Wege zu ändern [3]. Die Bestimmung aber, welche in dem letzten Artikel beider Conventionen verfügt, daß Schwierigkeiten, welche über deren Inhalt sich ergeben, zwischen dem heil. Stuhl und den betreffenden Regenten durch freundschaftliche Unterhandlung beigelegt werden sollen, ist eigentlich nur wieder die Feststellung des Verfahrens, welches in der letzten Zeit eingehalten worden ist.

In dem Schluß der Bulle vom 19. October 1859: Aeterni Pastoris vicaria ermahnt der päpstliche Stuhl den Erzbischof, sowie alle Katholiken, Geistliche sowohl als Laien, die Bestimmungen der Vereinbarung nach ihren Kräften aufrecht zu erhalten und gewissenhaft zu befolgen; er erklärt, daß die Uebereinkunft weder im Einzelnen noch im Ganzen wegen irgend eines Fehlers angefochten werden könne, sondern daß dieselbe stets gültig und wirksam sein und bleiben, ihre vollständigen und ungeschmälerten Wirkungen erlangen und behalten und unverbrüchlich beobachtet werden solle, so lang die in dem Vertrage ausgedrückten Bedingungen und Verabredungen gehalten werden. — Alle Beschlüsse von Kirchenversammlungen, alle

---

[1] In der badischen Convention die Art. VII.—XI. und XII.—XXI.; in der württembergischen Art. V. und VII.—X. und XII.
[2] In der Bulle Ad Dominici gregis custodiam Art. VI. Liberum erit etc. und in der neuen badischen Convention Art. VI. und XXII.; in der württembergischen Art. VI. und XI.
[3] Badische Convention Art. XXIII.; württembergische Art. XII.

Verfügungen und Verordnungen der apostolischen Kanzlei, alle Privilegien, Indulte und apostolische Schreiben, welche den Bestimmungen dieses Vertrages widersprechen, sollen außer Kraft gesetzt sein; — dagegen erklärt der heilige Stuhl auch für ungültig und nichtig, was von irgend einer Autorität wissentlich oder unwissentlich gegen die Bestimmungen dieser Vereinbarung unternommen oder verfügt werden möchte. Die Bulle Cum in sublimi Principis, datirt vom 22. Juli 1857, welche die würtembergische Convention vom 8. April 1857 einführt, enthält in ihrem Schluß dieselben Befehle und Verwahrungen des heiligen Stuhles.

Halbamtliche Blätter haben den wesentlichen Inhalt der badischen Uebereinkunft bekannt gemacht, ehe sie von der Regierung verkündet war, und sie haben Erläuterungen zu derselben gegeben, welche man als den Ausdruck der Auffassung der Regierung annehmen muß. Das badische Ministerium hat diese Uebereinkunft den Ständen zur Kenntnißnahme vorgelegt und auf eine ehrenhaft loyale Weise der Vorlage die wichtigsten Noten, die Instruction für den Erzbischof und andere Actenstücke beigefügt, welche dieselbe Kraft und Wirksamkeit haben, als ob sie wörtlich in der Uebereinkunft aufgenommen wären.

Die Vereinbarung vom 28. Juli 1859 schlichtet zunächst nur die Streitpunkte zwischen der Staatsgewalt und dem Episcopate; — ob sie der Kirche ihre freie Bewegung und Wirksamkeit sichere, ob sie der Staatsgewalt das nothwendige Aufsichtsrecht und eine zweckmäßige Mitwirkung gestatte, ob sie einerseits die Uebergriffe ehrgeiziger Priester, andererseits jene einer herrschsüchtigen Bureaukratie unmöglich mache, — das Alles dürfte sich aus den Darstellungen der vereinbarten Punkte und aus den Betrachtungen ergeben, welche diese Darstellungen hervorrufen; — beide fordern aber, daß man vorerst ihren Standpunkt und ihre Richtung bezeichne.

II.

Standpunkt und Richtung der folgenden Erörterungen.

Die Regelung der kirchlichen Angelegenheiten durch die Uebereinkunft des Großherzogs von Baden mit dem päpstlichen Stuhl hat eine lebhafte Bewegung hervorgerufen; kein Mann, der eine Gesinnung bekennt, kann sich derselben entziehen, und darum hat auch jeder ein Recht in der wirbelnden Bewegung seine eigene Richtung zu suchen; — dem Recht aber entspringt die Pflicht, daß er seine Gesinnungen offen darlege, unzweideutig und ohne Scheu. — Aus dem Gang einer Erörterung läßt sich allerdings die Gesinnung und der Standpunkt des Mannes erkennen, der eine schwebende Frage behandelt; was aber nicht bestimmt und deutlich ausgesprochen ist, das unterliegt Deutungen, die immer zweifelhaft und meistens unrichtig sind, weil sie aus den Auffassungen Anderer folgen. Sich so aussprechen, daß mannigfache Deutungen möglich sind, — seiner innersten Gesinnung so vieldeutigen Ausdruck geben, daß man jeder andern Zugeständnisse machen kann — das ist freilich wohl eine Kunst; aber diese Kunst ist unwürdig in den Verhältnissen des gewöhnlichen Verkehres, und niederträchtig und verderblich in den Bewegungen des öffentlichen Lebens. — Kein Mensch kann behaupten, daß seine Auffassungen einer gegebenen Frage die wahren seien, aber jeder soll nur das aussprechen, was er für wahr hält, — ob er es damit der Masse — ob er es nur Wenigen recht mache, — ob die blinde Parteisucht ihn lobe oder schelte — das darf ihn nicht kümmern. Heutzutag ist man immer bereit, Männer, Meinungen und Sachen mit gewissen Schlagwörtern abzufertigen; diese haben, wer will es verkennen, auch ihre Berechtigung, aber sie dienen der Lüge und stiften Unheil, weil ein jeder sie versteht, wie er will und die Begriffe nach seinem Bedürfniß modelt und dreht. Auf eine unbefangene Erörterung der Meinungen will man sich nicht einlassen, man will in gegebenen Fällen die Unterscheidungslehren der kirchlichen und der politischen Bekenntnisse nicht feststellen; — hier nennt man den Mann und seine Lehre liberal oder radical, dort heißt man sie reactionär und ultramontan; — auf der einen Seite sind die Freimaurer, auf der anderen die Jesuiten, und siehe da, — mit diesen Bezeichnungen ist Alles gethan.

Das liberale Princip und der historische Grundsatz, in reiner und klarer Auffassung, stehen sich nicht feindlich gegenüber; jenes verficht die Freiheit des Menschen und die Rechte des Bürgers, es verneint, daß gewisse Zustände in Ewigkeit fortbestehen müssen, weil sie einmal bestanden haben, und darum will es den Fortschritt. — Die historische Lehre achtet das positive Recht um seiner selbst willen, und sie will solches nicht der rohen Gewalt unterwerfen. Von ihrem Standpunkt und aus ihrem Wesen anerkennt sie die geschichtliche Entwicklung, also den natürlichen Fortschritt, — aber was man an dem Bestehenden ändert, das will sie geändert wissen auf dem Weg und durch die Mittel der bestehenden Gesetze. Wohl wirft man gerne das liberale Princip mit dem Princip der Zerstörung zusammen, wohl glaubt man, daß der Mann liberalen Bekenntnisses das positive Recht nur dort achte, wo es ihm paßt, und daß er sich darum nicht kümmere, wenn es ihn hindert; daß er nicht nur das geschichtliche Recht, sondern die Idee des Rechtes verneine, daß er nicht nur die sichtbare Kirche als die Verkörperung der Religion, sondern daß er die Religion selber verläugne, daß er überall nur zerstören wolle, ohne im Stande zu sein, Etwas selber zu bauen. — Es ist ein großes Unrecht, den Mann liberaler Richtung mit dem zerstörenden Radicalen, aber größeres Unrecht ist es noch, den Bekenner der historischen Lehre mit den Selben einer finstern Herrschaft der Willkür zusammenzuwerfen.

Man ist in unseren Tagen so überaus freigebig mit der Bezeichnung eines Ultramontanen, daß es. ganz sonderbar erscheinen mag, wenn man nach dem Begriff eines Wortes frägt, mit welchem der allgemeine Gebrauch ganze Klassen von Menschen und eine bestimmte Richtung im politischen und kirchlichen Leben bezeichnet. Hätte das Wort eine geschichtliche Bedeutung, so würde es die Meinung bezeichnen, welche dem Papst, als dem Oberhaupte der Kirche, eine unumschränkte Gewalt beilegt, kraft deren er in allen Sprengeln Bischof, der Bischof selbst aber nur sein Mandatar ist, allein berechtiget und befugt zur Ausübung dessen, was er ihm, als seinem Vollzugsbeamten, überlassen oder auftragen will [1]. Diesen Ursprung und diese einfache Bedeutung hat aber das viel gebrauchte Wort keineswegs in der Handwerks=sprache einer modernen Partei, denn diese heißt ultramontan einen jeden Katholiken, der seinen Glauben und seine Ehrfurcht für die große Anstalt der Kirche bekennt. Versteht man nun aber unter dem ultramontanen Wesen nur allein den leben=digen Glauben des Katholiken? — O nein! — Ultramontanes Wesen ist der Inbegriff alles dessen, was thöricht, dumm, ver=werflich und schlecht ist, in religiösen wie in politischen Dingen. Der Ultramontane in dumpfem Aberglauben verabscheut den freien Gedanken, und den Gebrauch der Vernunft hält er für Sünde; — er ist der eigentliche Feind des Christenthums, denn er verdreht dessen Lehre und stellt die Entscheidung und die Be=fehle des römischen Bischofs über die Wahrheiten des göttlichen Wortes. Die Ultramontanen wollen die Völker in Finsterniß werfen, sie anerkennen nicht die Selbstbestimmung des sittlichen Menschen, Tugend ist ihnen nur der blinde Gehorsam für die Entscheidungen in Rom, und Sünde, was man dort für Sünde erklärt. — Für sie gibt es keine andere Macht als die Kirche, und es sind die Diener der Kirche, welche eine unumschränkte Herrschaft über alle menschlichen Verhältnisse ausüben sollen.

Diese Doctrin wird natürlicher Weise auch auf die Ver=hältnisse des Staatslebens übergetragen. — Die Ultramontanen kennen kein Volk und keine Persönlichkeit des Staates, sie wissen nur von einer Gewalt, die Gott eingesetzt hat, und die deßhalb nothwendig dem göttlichen Willen unterthan ist, wie ihn die Kirche unmittelbar empfängt und verkündet. Da es keinen Volkswillen gibt, so gibt es auch keine politische Freiheit; — unveränderlich und unantastbar wie die Dogmen der Kirche ist Alles, was unter der Einwirkung oder mit der Genehmigung

---

[1] Das Papal= und Episcopalsystem, beide aus der Kirchenge=schichte sehr wohl bekannt, aber keines von beiden jemals zur vollkom=menen Geltung gebracht.

der Kirche gemacht ist; was außerhalb dieser Einwirkung entstand, das ist ungültig, besteht nur thatsächlich, hat keine Berechtigung. — So ist die Staatsgewalt auch eine, durch Vermittlung der Kirche, von Gott übertragene Gewalt, und allmächtig in ihrem besondern Gebiet, muß sie nur der Oberherrlichkeit der Kirche sich beugen und sie ist vollkommen unbeschränkt in allen Dingen, welche die göttliche Gewalt der Kirche sich nicht vorbehalten hat. Das Streben zu bürgerlicher und politischer Freiheit ist Sünde, und wenn die Staatsgewalt in dieser Sünde nicht auch ein Verbrechen erkennt, so kommt dieß allein daher, daß die positiven Gesetze den höheren Forderungen der obersten Macht nicht unmittelbar entflossen sind, und zum Unheil der Gesellschaft so lang geduldet werden müssen, als man sie nicht zu ändern vermag. Der Ultramontane hat kein Vaterland, alle Völker sind nur Abtheilungen der Menschheit, welche in dem Gebiete der Kirche lebt; in dieser gibt es keine Nationalität, und die einzelne Abtheilung, die wir Volk oder Staat nennen, kann keine andere Selbstständigkeit ansprechen, als die Besonderheit, welche die Kirche ihr gestatten mag.

Weil nun solcher Wahnwitz bei Menschen, die essen und trinken und gehen und schlafen wie andere Menschen, doch ohne äußere Beweggründe, ohne Hoffnungen und Vortheile nicht denkbar ist, so sind die Ultramontanen eigentlich ganz schlaue Leute, welche ihren Vortheil oder den Vortheil gewisser Stände oder Körperschaften verfolgen, deren Uebermacht und Reichthum sie selbst mächtig und reich macht. Die Ultramontanen wollen ihr besonderes Christenthum, wollen die Kirche und die Macht des Papstes nur als Mittel gebrauchen, um einen Zustand der Dinge herbeizuführen, in welchem sie mit ihren Genossen und Werkzeugen das Vorrecht der Herrschaft und des Genusses ohne Störung zu behaupten vermögen. — Damit man sich aber auch an ungeheuren Ideen erlabe, hat man den Führern der Ultramontanen den Plan untergelegt, eine allgemeine Theokratie, d. h. eine oligarchische Weltherrschaft zu gründen [1].

---

[1] Die obige Schilderung der Ultramontanen und ihres Wesens hat der Verfasser nicht etwa aus sich selber geschöpft, sondern er hat sie aus

Es mag unter den Katholiken so viel krankhafter Wahnsinn und so viel fanatische Schwindelei geben, als unter den Protestanten; — wir wissen es ja, es gibt Leute, welchen Luther nicht protestantisch, und andere, welchen der Papst nicht katholisch genug ist; — aber gewiß ist es auch, daß fanatische Unduldsamkeit bei den Katholiken seltener ist, und daß jeder Uebergriff des Fanatismus bei diesen viel leichter unterdrückt werden kann, als bei jenen. Was man die Lehre der Ultramontanen nennt, das ist der Lehre der katholischen Kirche im Wesen, im Grundsatz und in den einzelnen Bestimmungen zuwider. Es ist der grellste Widerspruch, welchen Unwissenheit oder böse Absicht einer klaren und bestimmten Gesetzgebung entgegen zu stellen vermag, und dennoch hat man sich nicht gescheut, den Katholiken, welcher seine Kirche ehrt, in die Klasse der Wahnsinnigen zu werfen, man hat jeden, welcher die ewige Einheit der großen Weltanstalt über die protestantische Zerrissenheit, den Glauben über die Verneinung des Heiligen stellt, mit dem Titel eines Ultramontanen beehrt, und man hat zur Verbreitung jener Lügen kein Mittel gescheut. — Wer sich noch frei zu seinem Glauben bekennt, wer seine Kirche ehrt und die Werke und den Glauben seiner Altvorderen achtet — der soll in der öffentlichen Meinung verderben, und verächtlich sollen seine Mitbürger sich von ihm wenden; er soll verlassen werden, so daß ihm nur noch die menschenleere, dumpfige Kirche offen bleibt, um darin die Klagen über sein vereinzeltes Dasein zu seufzen. Wer aber, in der Gemeinschaft der katholischen Kirche geboren, ihre Lehre verlacht, ihren Cultus verhöhnt und ihre Rechte verneint, — wer auf den Gräbern seiner Väter deren Andenken beschimpft, — der mag Gnade finden, denn er ist nicht ultramontan. Nicht die Zeit will das so, sondern nur eine wohl bekannte Partei, welche die größten Ideen und die edelsten Empfindungen für ihre kleinlichen, selbstsüchtigen Zwecke benützt und das Gute für ihre Vortheile ausbeutet.

---

bekannten und weit verbreiteten Schriften, die für ein großes Publikum bestimmt sind, herausgelesen und zusammengestellt.

Es ist die Partei, welche die liberale Lehre dadurch beschimpft, daß sie dieselbe zu ihrem Banner gewählt hat.

Was geistig ist, kann nur in voller Freiheit gedeihen; wer diese geistige Freiheit erstrebt, den hat die katholische Kirche noch niemals gehindert, und wer derselben fähig ist, dem wird sie die Kirche viel weniger verkümmern, als der Zwang, welche deren Feinde ausüben oder ausüben möchten. — Wenn die Freiheit des Bürgers nur innerhalb eines gewissen Umfanges möglich ist, so wird dieser Umfang sich mit der Bildung und mit dem religiösen Gefühle des Bürgers erweitern. — Pflegt beide im rechten Sinn, und ihr habt dem wahren Fortschritt seine Bahnen geöffnet. Die Begriffe des Volkes und des Volks= willens sind heutzutage festgestellt, das Recht, diesen Willen zur Geltung zu bringen, steht nicht mehr in Frage, und die öffent= liche Meinung, von jeher ein Element der Volkskraft, ist heut= zutag ein Bestandtheil des Staatslebens geworden. Wie das allgemeine Interesse der Nation aus den einzelnen Interessen entsteht, so bildet sich die öffentliche Meinung aus den einzelnen Meinungen und darum soll die seinige ein Jeder ohne Zwang, fassen und ohne Hinderniß aussprechen, wie er jene in Freiheit besorgt.

Zustände, welche durch eine Reihe von Thatsachen sich fest= gestellt haben, sind auch Gottes Fügung, aber die vollendete Thatsache ist darum noch immer kein Recht, denn dieses ent= springt der sittlichen Idee, auf welcher der große staatliche Verein freier Menschen beruht. Die Idee des Rechtes gewinnt eine positive Gestaltung durch die Gesetze; aber es gibt Rechte, welche die Gesetzgebung des Staates nicht verleiht, und es sind das nicht nur die Grundrechte des Menschen, es sind auch Rechte der Anstalten, die älter sind als alle bestehenden Staaten. Eine solche Anstalt ist die katholische Kirche, die vor anderthalb tausend Jahren bestanden hat, gerade so, wie sie heut noch besteht; eine Genossenschaft von zweihundert Millionen Menschen; über den ganzen Erdkreis verbreitet, hat sie ihr Wesen und ihre Einheit bewahrt; ohne Unterlaß angegriffen und fort= während verfolgt, ist sie am Ende immer siegreich gewesen. Die innere Kraft ihrer Organisation war stärker als die Macht ihrer Feinde; alle Weltstürme hat sie überstanden, und alle Staaten und alle Dynastien überlebt.

Das protestantische Wesen ist der Entwicklung des katholischen nützlich. Wir wünschen, daß die protestantischen Christen sich auch ihre Kirche bauen; wir wünschen, daß sie die Einheit gewinnen, welche ihre edelsten Geister seit dreihundert Jahren vergebens gesucht haben. Wenn sie diese aber nicht erringen, so ist das kein Grund, daß wir das aufgeben, was wir länger als ein Jahrtausend besitzen. Wenn der Bürger des modernen Staates jetzt offenbar zur Selbstregierung hinstrebt, so ist das ein edles Bestreben. Die Berechtigung, welche die physische Person besitzt, kann man der moralischen nicht absprechen und wenn der Einzelne diese Berechtigung zur Geltung bringen darf, so kann es der Körperschaft nicht verwehrt sein. — Das wesentlich Verschiedene mit gleichen Maßen messen und nach gleichen Vorschriften behandeln, das ist ein anerkannter Fehler der heutigen Staaten und ihrer Bureaukratie. Hab' ich schon oft diesen Fehler getadelt, so will ich nicht selber in denselben verfallen und darum ohne Rückhalt anerkennen, daß eine folgenreiche Verschiedenheit zwischen dem Verhältniß des einzelnen Bürgers oder einer kleinen Gemeinschaft und jenen einer reichen und moralisch mächtigen Körperschaft besteht. Ist aber diese Verschiedenheit zugestanden, so bedarf es keiner weitläufigen Erörterung, um für die Staatsgewalt die Nothwendigkeit einer Aufsicht und der sorgsamen Wahrung ihrer eigenen Machtvollkommenheit gegenüber dem großen Körper zu erweisen. Der Polizeistaat hat sich überlebt; unsere Zeit wird vielleicht ohne heftige Kämpfe den Rechtsstaat erringen, — aber weil dieser die reine Idee des Rechtes verwirklichen soll, so darf er in seinem eigenen Wesen sich nicht beschränken, in seinem Leben sich nicht hindern lassen. Auch er muß seine Macht frei ausüben können, und diese Freiheit muß er sich wahren; der Polizeistaat mag willkürlich in fremde Gebiete übergreifen, — der Rechtsstaat aber wird das fremde heilig halten und für den Schutz des eigenen nur gesetzliche Bürgschaften nehmen. Das Schutzrecht des Staates über die Kirche (jus advocatiae) ist eine unmittelbare Folge seiner Pflicht, die ihm auferlegt,

den anerkannten Rechtsstand zu schützen, und das **Aufsichtsrecht** (jus inspectionis) ist nur die Ausübung seiner Verbindlichkeit, die Uebergriffe jeder andern Gewalt zu hindern und
sich die Freiheit auf dem eigenen Boden zu sichern. Will die
Staatsgewalt das Mittel der Sicherheit in der Beschränkung
fremder Rechte suchen, will sie die Freiheit mit der Herrschaft
verwechseln; so ist sie mit der Grundidee ihres Wesens in Widerspruch getreten, und dieser Widerspruch macht sie innerlich schwach,
wie mächtig sie auch nach Außen erscheine.

Wenn die Kirche als moralische Persönlichkeit behandelt wird
wie jeder andere Bürger, wenn sie frei in dem Staatsgebiete
steht wie dieser, und Alles thun oder lassen kann, was die
bürgerlichen Gesetze erlauben oder nicht verbieten; wenn die
Staatsgewalt nur allein einen Rechtsstand aufrecht hält, welcher
in das Innere der Anstalt so wenig als in das innere Familien-
leben des Einzelnen eingreift, — so ist das ein Verhältniß,
wie es aus dem abstracten Begriff des staatlichen Vereins
hervorgeht und wie es auch in einer heidnischen Gemeinschaft
sehr gut bestehen könnte. Der Staat kann das sittliche Princip
aufgeben, aber niemals die Kirche; kraft dieses sittlichen Princips kann sie ihren Beruf ohne fremde Hülfe erfüllen, wenn
man sie nur frei läßt, und so ist, — auch die in Würzburg
versammelten Bischöfe haben es anerkannt, — die vollkommene
Trennung der beiden Gewalten noch immer viel heilsamer, als
die bureaukratische Bevormundung [1]. Wohl gefällt man sich
darin, zu sagen, der Staat habe keine Religion, und man
glaubt damit eine große Idee ausgesprochen zu haben; sieht
man aber die Sache recht an, so ist das eine Redensart, die

---

[1] Die versammelten Bischöfe in Würzburg erklären daher: „Eine
Trennung vom Staate herbeizuführen, d. h. von der öffentlichen, nothwendig auf sittlicher und religiöser Grundlage ruhenden Ordnung, liegt
nicht im Willen der Kirche. Wenn auch der Staat sich von ihr trennt,
so wird die Kirche, ohne es zu billigen, geschehen lassen, was sie nicht
hindern kann; sie wird jedoch die von ihr selbst und im wechselseitigen
Einverständniß geknüpften Zusammenhangsfäden ihrerseits nicht trennen,
wo nicht etwa die Pflicht der Selbsterhaltung dieß geböte." Denkschrift
der vereinigten Bischöfe.

eine furchtbare und verderbliche Tragweite hat, wenn sie nicht vollkommen inhaltslos ist. — So lange die Welt steht, war noch kein Staat ohne Religion, und auch die nordamerikanischen Freistaaten, die man als Beispiele anführt, sind nicht ohne Religion. In Europa sind alle Staaten im Christenthum und aus demselben entstanden, und sie können sich des christlichen Charakters nicht entkleiden, auch wenn sie alle bestehenden Verhältnisse zertrümmern. Die Franzosen haben es einmal versucht, aber mitten in den Gräueln der Schreckenszeit mußte Robespierre wieder das Dasein Gottes und die Unsterblichkeit der Seele decretiren [1], und als die Fluth der Umwälzung zurückgegangen, da war Frankreich wieder christlich wie zuvor. „Da der Staat ein sittliches Gemeinwesen ist, auf sittlicher Gesinnung ruht und sittliche Ideen realisirt, die sittliche Lebenswürdigung aber in unzertrennbarem Zusammenhang mit der religiösen steht, so muß der Staat eines christlichen Volkes sich wesentlich unterscheiden von jedem andern, sowohl nach der Gesinnung, auf der er ruht, als nach den Ideen, die er realisirt, und dieß ist es, was wir den christlichen Staat nennen. Sein Begriff ist also nicht sowohl, daß er die christliche Religion zum Zwecke hat, — denn diese ist jedenfalls nur Einer seiner Zwecke, — sondern vielmehr, daß er die christliche Religion zum Maßstabe des Urtheils hat, nach welchem er seine anderweiten Ziele anstrebt, seine anderweiten Lebensverhältnisse ordnet" [2]. — Dem christlichen Staat kann das äußere Rechtsverhältniß, kann die gewissermaßen negative Beziehung zur Kirche durchaus nicht genügen. Man mag das vollkommen anerkennen und dennoch fragen, welches die Natur und die wirkliche Form dieser Be-

---

[1] Die merkwürdige Rede von Robespierre, mit welcher er am 18. Floréal II. (7. Mai 1794) dem Nationalconvent das betreffende Gesetz vorschlug, enthält eine Menge von Citaten alter Philosophen, und heftige Ausfälle gegen die Encyklopädisten. Der Vorschlag wurde angenommen, und das Gesetz unter wenig geänderter Fassung ausgefertigt.

[2] Siehe Rechts- und Staatslehre auf der Grundlage christlicher Weltanschauung, von Friedrich Julius Stahl. Zweite Abtheilung. Heidelberg 1846. Zweiter Abschnitt. Kap. V. S. 153 flg.

ziehung sein müsse? — Soll Eine christliche Kirche die herrschende sein? —

So viel man das Wort auch gebraucht, so hat man sich noch wenig Mühe gegeben, um scharf dessen Begriff zu bestimmen. Eine Kirche zur herrschenden machen, heißt das, sie zur alleinigen machen? — jede Kirche, keine ausgenommen, will die alleinige und allgemeine werden, wollte sie es nicht, so würde sie die Gebote christlicher Liebe verletzen, oder sie würde selbst die Wahrheit ihrer Lehre bezweifeln. Jede Kirche soll und muß dahin streben, daß ihre Lehre als die wahre anerkannt werde, daß die Zeitgenossen sich zu dieser Lehre bekennen, und daß die gesammte Menschheit ihrer Segnungen theilhaftig werde. Das ist der Gesichtspunkt, aus welchem jede positive Religion, die der Vedas und des Koran nicht weniger als die der Bibel, und im Christenthum das protestantische und das griechische nicht weniger als das katholische Bekenntniß ihre allein seligmachende Kraft als eine Folge der Wahrheit ansprechen. Solche Herrschaft kann die Staatsgewalt mit all' ihrer Macht einer Kirche nicht erwerben. Sie allein kann mit geistigen Mitteln erstreben, was Hoffnung von weltlichem Vortheil und Glück, was Furcht vor Nachtheil und Unglück niemals zu bewirken vermochten. Die Kirche zuerst müßte mit all' ihren Kräften widerstreben, wenn die Regierung eines Staates auf den unglückseligen Gedanken käme, ihre Verbreitung mit den Mitteln seiner Gewalt oder seines Ansehens zu unterstützen.

Das moderne Staatsrecht verwirft die sogenannte Staatsreligion, und es verwirft sie mit vollkommenem Recht. Keine Kirche kann wünschen, eine Staatskirche zu sein, denn wäre sie es, so wäre die Staatsgewalt nicht etwa ihr Diener, sondern ihr Meister und Herr, und sie selbst würde unvermeidlich nur ein Mittel für die weltlichen Zwecke, ein Knecht der unumschränkten Gewalt. Hat die Kirche von Urbeginn die Menschenwürde geschützt, hat sie, es ist unumstößlich gewiß, die Hörigkeit der Menschen verdammt, hat sie das Loos der Unterdrückten gemildert und die Völker zur höhern Gesittung geführt, so kann sie jetzt nicht die geistige Unfreiheit wollen und in ihrem eigenen, wohlerkannten Interesse muß sie einen rohen Zwang der Gewissen verwerfen; — sie selbst will frei, und darum will sie keine Staatskirche sein. — Der einzelne Mensch, wenn er ein Christ sein will, muß einer bestimmten Abtheilung des Christenthums angehören; aber nicht so die mystische Person des Staates. Er allein kann für sich auffassen, was allen Christen gemein ist, und in dieser allgemein christlichen Auffassung findet er keinen Rechtsgrund, um die Rechte einer christlichen Gemeinschaft zu verkümmern, wohl aber viele, um einer solchen, die sich neu bilden will, die Anerkennung und die Verleihung der Körperschaftsrechte zu versagen. Die katholische Kirche kann um ihrer selbst willen nicht wollen, daß man einer andern anerkannten christlichen Gemeinschaft die freie Religionsübung beschränke, oder deren Bekenner von dem Vollgenuß bürgerlicher oder politischer Rechte ausschließe, und ist es vielleicht jemals so gewesen, heutzutage kann sie es nicht mehr wünschen. — Wenn nun aber die Katholiken verlangen, daß auch die Protestanten eine solche Herrschaft, einen solchen, von jeder Rechtsanschauung verworfenen, Zwang nicht mehr ausüben, haben sie Unrecht? —

„Die Läugnung des christlichen Staates beruht darauf, daß man entweder den Staat als bloßen Schutz des Mein und Dein von der Sitte, oder daß man die Sitte von der Religion löst." So sagt Friedrich Julius Stahl [1], und er hat damit das Rechte getroffen. — Die Sitte ist die Gestaltung, welche das Gewissen des Menschen seinem äußeren Leben gibt; das Gewissen wird vom Glauben beherrscht und darum geht die Sitte aus dem Glauben hervor. Ist der Staat der Hüter der nationalen Einheit, der Spender der Gerechtigkeit und der Wahrer des Friedens, so wahrt die Kirche den Glauben, schützt die Reinheit des Gewissens und hütet die Sitte. Aus der Sitte entspringen die Gesetze, durch die Sitte erhalten sie ihre Macht, oder sie werden unmächtig, wenn sie mit ihr in Widerspruch sind. Der Staat kann seinen Bürgern nur die besten von denjenigen Gesetzen geben, die sie ertragen können,

---

[1] Stahl, a. a. O. S. 154.

und was sie zu ertragen vermögen, das wird von der Sitte bestimmt [1]. — So berühren Staat und Kirche naturnothwendig sich in den Kreisen ihrer eigenthümlichen Wirkung, und weil sie sich berühren müssen, so sollen sie sich nicht trennen.

Wenn der Staat und die Kirche nicht getrennt bestehen sollen, welches ist denn die äußere Form und die positive Wirkung ihrer Verbindung? — Ihr wollt, sagt man uns, die Kirchenherrlichkeit in einer gewissen Ausdehnung nicht anerkennen; ihr betrachtet euere Kirche als einen selbstberechtigten Körper, dessen Haupt neben dem Staatsoberhaupt, dessen Diener neben den Organen der Staatsgewalt sieht? — Ihr verwahret euch dagegen, daß dieser große, selbstständige Körper Theil nehme an der Ausübung der Staatsgewalt, ihr versagt ihm jede unmittelbare Einwirkung auf die Verhältnisse und auf die Handlungen der staatlichen Gemeinschaft; — wir verstehen, sagen solche Frager, die Unterordnung der Kirche unter den Staat, — wir begreifen eine entscheidende Theilnahme der Kirchengewalt an der Leitung der staatlichen Verhältnisse, aber wir verstehen nicht die Verbindung beider Gewalten, wenn nicht eine der obigen Beziehungen besteht.

Das Band zwischen Kirche und Staat ist eines von jenen Dingen, welche das Gemüth leichter auffaßt, als sie der Verstand in bestimmte Denkformen zu bringen vermag. Soll ich es versuchen, die Idee dieser Verbindung mit einiger Klarheit auszusprechen, so mag der Leser gestatten, daß ich für einen Augenblick auf ferner liegende Grundanschauungen zurückgehe.

Ist die Kirche ein göttliches Institut, so erkennt sie auch

---

[1] „On demanda à Solon si les lois qu'il avait données aux Athéniens étaient les meilleures. „Je leur ai donné, répondit-il. les meilleures de celles qu'ils pouvaient souffrir;" belle parole, qui devrait être entendue de tous les législateurs. Quand la sagesse divine dit au peuple juif: „Je vous ai donné des préceptes qui ne sont pas bons", cela signifie qu'ils n'avaient qu'une bonté relative, ce qui est l'éponge de toutes les difficultés que l'on peut faire sur les lois de Moïse." *Montesquieu, De l'esprit des lois. Liv. XIX. Chap. 21.*

in dem Staat eine göttliche Ordnung. Nicht der Mensch hat den Staat erfunden, nur dessen Entwicklung ist sein Werk; er, wie die Kirche, entspringt der Nothwendigkeit menschlicher Gemeinschaft; beide haben eine sittliche Mission, und eigentlich dieselbe, denn beide sollen die Menschheit zu einer immer höhern Stufe der Gesittung erheben. Will der eine die Idee des Rechtes durchführen und der Menschen zeitliche Wohlfahrt besorgen; so gibt die andere dem eingebornen Streben zum Ewigen den positiven Ausdruck und die sichtbare Gestaltung. Die Kirche, ein *sociales* Institut im höhern Sinn, tritt in geschlossene Kreise der Menschheit, und begegnet einer andern socialen Ordnung; — sie begegnet dem Staate. — Dieser soll die Regeln geben für die Beziehungen der Einzelnen unter sich und zur Gesammtheit, sowie für die größern Beziehungen zwischen ihm und andern Völkern, er soll das Recht schaffen und aus den socialen Interessen der Einzelnen das Gemeinsame herausziehen. Jene ist die Anstalt zur Entsündigung und zur Heiligung der Menschheit. Der Staat besorgt die materiellen Interessen, und darum erzwingt er die Anerkennung seiner Ansprüche durch materielle Gewalt, — die Kirche herrscht als geistige Macht durch das Gewissen und durch das religiöse Bewußtsein ihrer Glieder. Beide treffen in all' den Punkten zusammen, wo zeitliche Wohlfahrt und geistliche Veredlung, wo Recht und Sitte, wo Rechtsgefühl und Gewissen sich berühren, und diese sind die Punkte, von welchen die Wege ihrer gemeinschaftlichen Gänge auslaufen.

Man wird sagen: diese allgemeinen Gedanken schwimmen im leeren Raum und sie seien nicht mehr als schöne Redensarten, wenn man nicht ganz bestimmte Sätze daraus zu ziehen wisse, welche das gegenseitige Verhältniß für gegebene Fälle bestimme. — Dieser Vorwurf ist nicht ganz ohne Wahrheit; denn was man mit dem Gemüth erfaßt, das läßt sich schwer in den gewöhnlichen Formen der Sprache ausdrücken; und für die Idee, die in solcher Auffassung liegt, kann man schwer den positiven Ausdruck finden; — wer jedoch diese Idee im Gemüth aufgenommen hat, der wird im bestimmten Falle mit dem Verstand das Rechte schon finden. Einige positive Sätze mögen als Beispiele das gegenseitige Verhältniß der beiden Ordnungen deutlicher machen.

In dem christlichen Staat soll die Majestät der Religion auch vom Throne herab anerkannt, geehrt und geschirmt werden; — im christlichen Staat muß die Kirche verlangen, daß die Staatsgewalt niemals Etwas gebiete, was ihre Vorschriften verwehren, und daß sie umgekehrt niemals Handlungen verbiete, welche die Kirche ihren Angehörigen zur Pflicht macht. — Die Kirche muß verlangen, daß ihren Vorschriften die weltliche Obrigkeit keine hemmenden Verfügungen entgegen stelle, sondern daß sie vielmehr ihre Wirksamkeit durch bürgerliche Verordnungen unterstütze. — Die weltliche Gewalt muß das Lehramt, den Cultus und die Disciplin der Kirche beschützen; sie muß äußere Störungen und Rechtsverletzungen von Staatswegen strafen, und wenn es Noth thut, die geistliche Gewalt innerhalb deren Schranken auch durch Zwang aufrecht halten. Dieser Schutz, welchen die Kirche genießt, macht ihr das Vertrauen zur Pflicht, und die Willfährigkeit, ihre Einrichtungen mit den Forderungen des Staatswohles in Einklang zu bringen und allen gerechten Wünschen und Anforderungen so weit entgegen zu kommen, als ihre eigene Selbstständigkeit es gestattet. Die Kirche muß der nationalen Gemeinschaft ihre Weihe ertheilen, sie muß Recht und Gesetz heiligen, und Verbrechen und Vergehen als Sünde behandeln. Die gegenseitige Anerkennung vorausgesetzt, hat der Staat entschieden das Recht, im Einverständniß und unter Mitwirkung der Kirchenoberen dahin zu streben, daß die äußeren Einrichtungen der Kirche, soweit es ihrem Wesen nach möglich ist, den nationalen Bedürfnissen, vielleicht den nationalen Eigenthümlichkeiten angepaßt werden, aber er darf nicht diese Einrichtungen, wo sie mit den bürgerlichen Verhältnissen zusammentreffen, aus eigener Machtvollkommenheit und nach den jeweiligen Ansichten seiner Organe gestalten. — Die weltliche Gewalt soll fortwährend Kenntniß nehmen von Allem, was sich in dem kirchlichen Leben ereignet; sie soll die Einwirkungen auf die bürgerlichen Zustände überwachen, sie soll für anerkannte Gebrechen und Uebelstände die Abhülfe von der geistlichen Gewalt fordern, aber sie soll diese nicht einer Vormundschaft unter=

werfen — sie soll ihr wohlbegründetes Aufsichtsrecht nicht in eine unmittelbare gewaltsame Leitung verwandeln. Das Staatsoberhaupt muß Beschwerden seiner Unterthanen über Mißbrauch der geistlichen Amtsgewalt annehmen, aber die Behandlung der Sache den Kirchenbehörden als allein zuständig überlassen und nicht durch irgend ein Verfahren die Entscheidung an sich reißen. — Die Staatsgewalt darf keinen Eingriff in ihre Gerechtsame dulden, sie muß die Kirchenbehörden in ihre Schranken zurückweisen, aber sie soll nicht deren legale Erkenntnisse und Verfügungen einer einseitigen Auslegung und Entscheidung durch ihre eigenen Organe unterwerfen. — Geistliche Verordnungen, welche das äußere Leben und die Disciplin der Kirche betreffen, mag der Staat seiner Einsicht und Genehmigung unterstellen, soweit sie das außerkirchliche Leben berühren, oder die Mitwirkung seiner Gewalt ansprechen; aber nimmer soll er Anordnungen, die aus gemeingültigen Kirchengesetzen hervorgehen, von seiner Genehmigung, und nimmer soll er den Verkehr der Häupter der Kirche unter sich und mit ihren Gläubigen von seinem Gefallen abhängig machen. — Mit der freien beiderseitigen Anerkennung des eigenthümlichen Berufes mögen die beiden socialen Gewalten sich selbstständig entwickeln und „einträchtig wie hülfreiche Glieder des einigen Körpers sollen sie beide — jede in ihrem Kreise — sich in wechselseitiger Unterstützung entfalten, nicht aber in schroffe Gegensätze verlaufen" [1].

Die angeführten Sätze sind nur wenige Folgerungen aus der Idee des Verhältnisses zwischen der Kirche und dem christlichen Staat; man könnte deren noch weit mehr anführen und sie würden die Idee in ihrer Erscheinung noch immer nicht vollkommener darstellen, als man aus den Sätzen des bürgerlichen Rechtes das Verhältniß zwischen Gatten und Gattin oder zwischen Kindern und Eltern darstellen kann. In der freien, aufrichtigen Verständigung liegt das eigentliche Wesen der Gemeinsamkeit der beiden socialen Gewalten, und wenn eine solche Gemeinsamkeit dem Heil des Menschen und der Wohlfahrt des

---

[1] S. Dr. Michael Permaneder's Handbuch des gemeingültigen kathol. Kirchenrechts ꝛc. Landshut 1846. I. Thl. Abſch. IV. § 51. S. 61.

Die katholische Kirche.

Bürgers nothwendig ist, so kann man in jeder positiven Uebereinkunft eines weltlichen Regenten mit dem Oberhaupt der Kirche nur eine einzelne Handlung dieser nothwendigen Verständigung erkennen.

Liebt der katholische Bürger sein Vaterland weniger, als es andere lieben? — Die Erwiederung wäre noch lächerlicher als die Frage, wenn es in den heutigen Wirren nicht so viele Stimmen gäbe, welche den Katholiken geradezu die Vaterlandsliebe absprechen. Sie sagen: der Katholik unterwerfe sich und alle Verhältnisse der Religionsgesellschaft einem fremden Oberhaupte, welches seinen besonderen Willen und seine besonderen Interessen habe; dadurch gebe nun dieser Katholik die Unabhängigkeit der staatlichen Verbindung auf, zu der er gehört; über die Souveränität des Staates stelle er eine andere Souveränität; der Katholik habe kein Vaterland, er habe nur eine Kirche. — Möge Gottes Barmherzigkeit den schlechten Menschen verzeihen, die solche sündhafte Lügen verbreiten, und möge seine Gnade den gesunden Verstand denjenigen wieder herstellen, welche so wahnwitzigen Erfindungen des Hasses Gehör geben! Jene wollen die Wahrheit nicht sehen, darum für diese allein die wenigen Worte, die Pflichtgefühl zu sprechen gebietet, — auch wenn sie ohne Wirkung verhallen.

Allerdings ist die katholische Kirche nicht die Anstalt eines einzelnen Staates oder eines einzelnen Volkes; allerdings umfaßt sie die Menschheit als ein Ganzes, aus welcher sich bestimmte Theile zu besondern Staaten ausscheiden. Der Bürger hat nicht aufgehört ein Mensch zu sein, und wenn er als solcher der engern Ordnung des socialen Lebens angehört, so steht er mit einer andern Eigenschaft, mit andern Pflichten und Rechten in jener weitern Ordnung. Die Kirche als die große geistige Ordnung der Gesellschaft mag die Beziehungen der Nationen oder Staaten milder machen, sie mag die Idee einer höhern Gerechtigkeit, sie mag die christliche Liebe in dem Verkehr der Nationen zur Geltung bringen, aber sie läßt deren besondere Interessen gänzlich unverändert, sie hat nichts zu thun mit ihren Handlungen. Der Staat mag stark oder schwach, das Volk mag reich oder arm sein, der Einzelne bleibt der Kirche immer derselbe; und dieser Einzelne kann mit aller Liebe der einen Ordnung angehören, ohne von der andern sich auszuschließen. Wenn ich für das Heil der Kirche arbeite, so verwend' ich einen Theil meiner Kraft, auf welchen der Staat keinen Anspruch hat; ihm gehört der andere Theil, und wenn ich diesen dem staatlichen Gemeinwesen widme, so kann ich immer ein treuer Sohn der Kirche sein. Ich gehorche dem weltlichen Regenten in dem ganzen Umfang seiner gesetzlichen Gewalt und bin dennoch ein treues Glied in dem Hause meiner Familie, an dessen Schwelle die Macht der Regierungsgewalt aufhört. So gehört mein geistlicher Gehorsam der Kirche und ich bin ein guter Bürger des Staates, lebe und wirke auf seinem Gebiete, dessen Grenzen die kirchliche Macht nicht überschreitet.

Was geistig ist, schwebt über den Schranken menschlicher Institute; auch die Wissenschaft und die Kunst gehören keiner einzelnen Nation. Deutschland kann mit Großbritannien im Hader, mit Frankreich im Kriege sein; ich kann in jenem meine geistigen Kräfte verzehren und in diesem mein Blut verspritzen, und ich kann doch die englischen Geschichtschreiber und die französischen Naturforscher bewundern, von ihnen das Wahre aufnehmen, also mich ihrer geistigen Ueberlegenheit unterwerfen. Es ist wenig, was der Papst mir befiehlt, und was er befiehlt, berührt niemals die Idee des Vaterlandes. Er ist der Vertreter der katholischen Einheit, aber diese Einheit setzt sich aus den Nationalitäten zusammen und keine hat darum ihr eigenthümliches Leben oder ihre besondern Ansprüche aufgegeben. Der Papst ist unfehlbar wie der oberste Gerichtshof eines jeglichen Staates und, wie dieser, nur mächtig und frei in einem streng geschlossenen Gebiete bestimmter Gesetze. Die Bischöfe aber sind mehr als nur die Mandatare des heil. Vaters, mehr als die Vollzieher seiner Befehle. Der Bischof ist der Vorstand seines Sprengels durch besondere Sendung, er verwaltet sein Amt aus eigenem Recht und der Papst gibt ihm nicht das Recht, er anerkennt es nur im Namen der Kirche. Sind die französischen Bischöfe keine Franzosen oder die spanischen keine Spanier? — Kein gesunder Mensch hat noch dem Franzosen oder dem Spanier, weil er katholisch ist, seine glühende Vaterlandsliebe abgesprochen; es ist ein trauriges Zeichen, daß es deutschem Parteihasse einfallen mußte, Lästerungen gegen Deutsche zu schleudern, über die man lachen müßte, wenn sie nicht so verderblich wären, wie die heuchelnde Unsittlichkeit, aus der sie entstehen.

Von Rom können in unserer Zeit keine Befehle und keine Vorschriften ausgehen, welche die Unabhängigkeit der weltlichen Regierung gefährden. Die Bischöfe haben weite Gewalt in ihren Sprengeln; darum erhalten sie nur selten Weisungen von dem heil. Stuhl, und wenn sie welche erhalten, so betreffen diese immer nur Dinge, über welche auch in protestantischen Staaten der weltliche Regent als solcher keine Gewalt hat. Welche Bullen, welche Breven, welche Rundschreiben u. s. w. könnten mich hindern, für die zeitliche Wohlfahrt meines Vaterlandes zu arbeiten, für sein Recht zu kämpfen, für seine Ehre zu sterben? Die Kirche verdammt den Krieg, aber sie segnet den Krieger, und sie fragt nicht, für welche Sache er kämpft. Der Diener der Kirche tritt zu dem Verwundeten, sei er Deutscher, Franzose, Italiener oder Spanier — er weiß es nicht, er tröstet den Leidenden, er betet mit ihm, er weckt sein Vertrauen auf Gottes Gnade, und wenn er den letzten Seufzer verhaucht hat, so betet er für das Heil seiner Seele. — Haben von jeher die Katholiken schlechter als die Protestanten für des Vaterlandes Unabhängigkeit und Ehre gefochten? Waren es in der neuesten Zeit die deutschen Katholiken, welche den finstern Plänen eines katholischen Selbstherrschers sich willig gefügt haben? Haben gewisse Parteimänner im Frühjahre des Jahres 1859 nicht selbst gesagt: die Bewegung im südlichen Deutschland sei eine katholische, d. h. in ihrer Sprache, eine ultramontane gewesen? — Wenn ich die nationale Besonderheit liebe, zu der ich gehöre; wenn ich mein Vaterland über alles Zeitliche stelle, so ist das der Kirche ganz recht, denn darum befolge ich doch ihre Gebote.

Damit habe ich nun für die Auffassung der gegebenen Verhältnisse den Standpunkt und für meine Betrachtungen die Richtung gezeichnet; — nennt mich jetzt einen Ultramontanen, wenn es euch gefällt, ich werde darum meinen Standpunkt und meine Richtung nicht ändern; ich werde nicht weniger gewissenhaft die Thatsachen darstellen und nicht weniger frei die Bedeutung dieser Thatsachen beleuchten.

Möge der Leser nun freundlich der Erörterung der einzelnen Verhältnisse folgen, welche die Uebereinkunft vom 28. Juni 1859 ordnet oder bestimmt.

III.
Die erzbischöfliche Kirche.

1. **Besetzung des erzbischöflichen Stuhles und der Canonikate.**

Durch die früheren Verhandlungen mit dem päpstlichen Stuhle wurde die folgende Bestimmung vereinbart:

„So oft die erzbischöflichen oder bischöflichen Sitze erledigt sind, wird das Capitel der betreffenden Kirche innerhalb eines Monats, vom Tage der Erledigung an gerechnet, dem betreffenden Landesherrn die Namen der Candidaten unter den Diöcesangeistlichen vorlegen, welche dasselbe für würdig und geeignet hält, die erzbischöfliche oder die bischöfliche Kirche nach den Vorschriften der heil. Canones fromm und weise zu regieren. Wenn unter diesen Candidaten sich einer befände, welcher dem Landesherrn **minder genehm** wäre, so wird das Capitel diesen aus dem Verzeichniß streichen; doch soll noch eine hinreichende Zahl von Candidaten übrig bleiben, aus welcher der neue Kirchenvorstand erwählt werden kann. Hierauf wird das Capitel die Wahl eines der übrigen Candidaten zum Erzbischofe oder Bischofe nach den gewöhnlichen canonischen Formen vornehmen und die Urkunde dieser Wahl innerhalb eines Monats dem Papste einsenden" [1].

---

[1] Errichtungsbulle der oberrheinischen Kirchenprovinz Leo's XII. vom 11. April 1827: „Ad Dominici gregis custodiam", Art. I.

Die Breven, welche der Papst Leo XII. unter dem 21. und 28. März 1827 erließ, wiederholen rein und einfach die Bestimmungen der Bulle, schärfen deren genaue Befolgung ein, ohne irgend etwas zu ändern und zuzusetzen, und beziehen sich durchaus nur auf die damalige erste Besetzung der Domcapitel und auf die später eintretenden Bischofswahlen.

Das Fundationsinstrument vom 16. October 1827, nach dem Entwurfe vom Jahre 1822 abgefaßt, änderte diese Bestimmungen in wesentlichen Punkten. Es schrieb vor: das Capitel sei verpflichtet, nur eine solche Person zu wählen, von welcher es vor dem feierlichen Wahlacte sich die Gewißheit verschafft habe, daß dieselbe die vorgeschriebenen Eigenschaften besitze und dem Landesherrn wohlgefällig sei. — Die Bulle, d. h. die Uebereinkunft, bestimmte einfach nur: das Capitel solle von der Wahl diejenigen Candidaten ausschließen, welche der Landesherr nicht haben wolle; das Fundationsinstrument aber schreibt dem Capitel die Wahl desjenigen vor, welchen der Landesherr wünscht. — Das Instrument enthält ferner die Bestimmung, daß der Großherzog zu der Wahlhandlung einen landesherrlichen Commissär abordnen werde, „ohne dessen Zustimmung die Wahl nicht verkündet, noch irgend ein Schritt zu deren Vollziehung geschehen" dürfe [1]. — Gewiß ist die Staatsgewalt befugt, von Allem Kenntniß zu nehmen, was in den Versammlungen der Kirchengesellschaften verhandelt wird; es muß ihr sehr daran liegen, diese Befugniß bei einer so folgenreichen Handlung auszuüben; und so ist denn die Gegenwart eines landesherrlichen Commissärs bei dem Wahlacte keineswegs von der Kirche verworfen. Ein solcher Commissär soll aber nur beobachten, er soll nur Zeuge sein, daß die vorgeschriebenen Formen eingehalten worden sind, und er soll weder mittelbar noch unmittelbar irgend auf die Wahlhandlung einwirken, denn eine jede Einwirkung würde den Act ungültig machen. — Die Bestimmung, daß ohne die Zustimmung des Commissärs die Wahl nicht verkündet, noch irgend etwas für deren Vollziehung gethan werden dürfe, ist allerdings sehr bedenklich, aber sie läßt sich dadurch

---

[1] Fundationsinstrument, Abthl. I. § 1. 2.

rechtfertigen, daß der Commissär das Recht haben müsse, die äußeren Wirkungen einer Handlung, welche er für unregelmäßig vollzogen erachtet, einzustellen, um die Entscheidung derjenigen Autorität einzuholen, welcher die Entscheidung von Rechtswegen zusteht.

Das Fundationsinstrument enthält über die Persönlichkeit des zu wählenden Erzbischofs noch mehrere Bestimmungen, welche in der Bulle nicht aufgenommen waren; wenn nun eine derselben vorschreibt, daß der Candidat, welcher die übrigen canonischen Eigenschaften besitzt, entweder die Seelsorge, ein akademisches Lehramt oder sonst eine öffentliche Stelle mit Verdienst und Auszeichnung verwaltet habe, so stimmt dieß mit den Beschlüssen des tridentinischen Conciliums überein [1].

Die Unregelmäßigkeiten und besonders die Eingriffe des landesherrlichen Commissärs in die Wahl des zweiten Erzbischofs, welche im Anfange des Monats Mai 1836 vorgenommen worden ist, sind notorisch, und Jedermann weiß, daß der Papst wegen dieser Unregelmäßigkeiten und Eingriffe den Wahlact für nichtig erklärt, den Gewählten jedoch in Berücksichtigung seiner Frömmigkeit und der anderen günstigen Ergebnisse des Informativprocesses bestätiget hat. Was aber einmal vorgekommen war, das konnte bei irgend einer Gelegenheit wieder eintreten, und so erhoben sich die vereinigten Bischöfe der oberrheinischen Provinz in ihrer Denkschrift vom März 1851 gegen die bisherige Vollziehung des Wahlactes und forderten, daß die Aufstellung der Candidatenliste, sowie überhaupt das ganze kirchliche Wahlgeschäft von weltlicher Einmischung jeder Art befreit werde.

---

[1] *Concil. Trid. Sess. XXII.* (am 17. September 1562) *Decret. De reform. Cap. II.* — *Quinam ad cathedrales ecclesias assumendi*, bezeichnet zuerst andere canonische Erfordernisse.
... Scientia vero practer haec ejusmodi polleat, ut muneris sibi injungendi necessitati possit satisfacere. Ideoque antea in universitate studiorum magister sive doctor aut licentiatus in sacra theologia vel jure canonico merit sit promotus, aut publico alicujus academiae testimonio ad alios docendos ostendatur.

Die Regierung lehnte diese Forderung ab; und in ihrer Erwiederung vom 5. März 1853 ist ein Mißverständniß bemerklich, welches die Regierung zu der Meinung veranlaßt hat, daß die Bischöfe beabsichtigt haben, die Befugnisse des Regenten zu schmälern. — Unglücklicher Weise hat aber die Staatsschrift nicht allein auf die Errichtungsbulle und das päpstliche Breve vom 28. Mai 1827, sondern auch auf die Bestimmungen des Fundationsinstruments hingewiesen, gegen welche ja gerade die Beschwerde des Episcopates gerichtet war. Wenn nun die erwähnte Staatsschrift ausspricht, die Regierung „müsse darauf halten, daß es, dem zur Wahl berufenen, Domcapitel vollkommen frei bleibe, auf welchem Wege es sich Gewißheit verschaffen wolle, daß die Wahl eine dem Landesherrn wohlgefällige Person treffe", so ist damit ziemlich unumwunden ausgesprochen, daß die Bezeichnung der „wohlgefälligen" Personen noch vor der Aufstellung der Wahlliste eingeholt werden müsse, eine Verfügung, welche mit dem Sinne und dem Wortlaute der Errichtungsbulle in geradem Widerspruch steht. — In ihrer zweiten Denkschrift vom 18. Juni 1853 haben die Bischöfe ihre Beschwerde weiter ausgeführt; sie haben darin erklärt, daß die Anwesenheit eines landesherrlichen Commissärs bei der Wahlhandlung, selbst wenn dieser sich nur passiv verhalte, nach den Kirchengesetzen ein Nichtigkeitsgrund des Wahlactes sei; und darauf gründet sich die Bitte, daß die Wahl des Bischofs ohne jegliche Einwirkung der Staatsgewalt streng nach der Vorschrift der Errichtungsbulle vorgenommen werde.

Die Ernennung der Mitglieder des Domcapitels veranlaßte dieselbe Beschwerde. Die Errichtungsbulle bestimmt: wenn die Stelle eines Decans, eines Capitularen oder eines Vicars an der Domkirche erledigt sei, solle abwechselnd der Bischof und das Capitel eine Liste von vier canonisch befähigten Candidaten aufstellen und diese dem Landesherrn mittheilen. Sei diesem einer der Candidaten minder genehm, so solle er aus der Liste gestrichen werden; aus den übrigen solle dann der Bischof, beziehungsweise das Capitel einen Candidaten für die erledigte Stelle ernennen, und dem Ernannten solle jener sofort die canonische Institution ertheilen [1]. — Das Fundationsinstrument dagegen verfügt, „daß der Erzbischof, beziehungsweise das Domcapitel verpflichtet sei, nur eine solche Person zu ernennen, von welcher sie sich die Gewißheit verschafft haben, daß dieselbe die erforderlichen Eigenschaften besitze, sich durch Klugheit empfehle und dem Landesherrn wohlgefällig sei". — Das war also wieder dieselbe Umkehr der vereinbarten Bestimmung, welcher noch beigefügt war, daß der Regent sich vorbehalte, „zu dieser Verhandlung einen besondern Commissär abzuordnen und der darauf erfolgten Ernennung die landesherrliche Bestätigung zu ertheilen" [2].

Gegen diese einseitige Verfügung protestirten die vereinigten Bischöfe; ihre erste Denkschrift erklärte: sie seien nicht im Stande, diese Verfügungen mit den Bestimmungen der Bulle in Einklang zu bringen und sie müßten deßhalb für künftige Fälle Einsprache dagegen einlegen, daß nach gehörig gemachter Vorlage der Candidatenliste und nach erfolgter landesherrlicher Erklärung die von dem Bischof oder dem Domcapitel vollzogene Ernennung noch einer nachträglichen landesherrlichen Bestätigung unterworfen werde. — Die Regierung in ihrer Staatsschrift vom 5. März 1853 erwiederte, daß wenn das Recht des Landesherrn, ihm minder angenehme Namen aus der Candidatenliste entfernen zu lassen, auf nur ein en beschränkt werden solle, so stehe dieß mit der unzweideutigen Bestimmung der Errichtungsbulle in Widerspruch, und sie erklärte ferner, daß sie sich mit Entschiedenheit das Recht beilege, einen Jeden, welcher im Staate ein öffentliches Amt mit äußerer Wirksamkeit übernehme, in diesem Amte zu bestätigen.

Die Bischöfe verwahrten sich in ihrer zweiten Denkschrift ausdrücklich gegen die Deutung, als bestritten sie dem Landesherrn das Recht, mehr als einen Candidaten zu streichen; sie bestanden aber darauf, daß nach Ausübung des Ausschließungsrechtes noch eine Anzahl von Candidaten stehen bleibe, welche eine Wahl überhaupt möglich mache; die Bischöfe erklärten fer-

---

[1] Errichtungsbulle, Art. IV.
[2] Fundationsinstrument, Abthl. II. § 6.

ner, sie müssen allerdings anerkennen, daß Niemand ein öffentliches Amt übernehmen könne, der nicht von der Regierung in diesem Amte bestätiget sei; hier handle es sich aber nicht um ein Staatsamt, sondern um ein Kirchenamt, dessen öffentliche Anerkennung die Anerkennung der Kirche selbst sei; und der Staat könne nur fordern, daß ihm die Kirche genügende und authentische Mittheilungen mache von den Anstellungen, die sie vollziehe. Wiederholt bezeichnet der Episcopat als ungesetzlich und unstatthaft den Einfluß der Regierung auf die Aufstellung der Candidatenliste und die Anwesenheit eines landesherrlichen Commissärs bei der Wahlhandlung.

Aus dem Angeführten geht nun hervor, daß die Bischöfe ihrerseits nur die getreue Ausführung der klaren Bestimmungen der Errichtungsbulle ansprachen, während andererseits die badische Regierung behauptete, daß sie diese Bestimmung nicht verletzt habe. Bemerkt man nun, daß die Wahl des dritten, jetzigen, Erzbischofs am 15. Juni 1842 auf gänzlich regelmäßige Weise vorgegangen war, daß der Großherzog Leopold nicht einen einzigen Candidaten verworfen, und daß sein Commissär sich auf keine Weise in die Wahl gemischt hatte; so ersieht man, daß für die neue Vereinbarung der sichere Boden gegeben war. Man konnte in Rom die feste Voraussetzung machen, daß die Regierung künftig die Bestimmungen der früheren Vereinbarung gewissenhaft vollziehen, und demnach jede Einmischung in die Wahl des Erzbischofs, sowie in die Ernennung der Glieder des Domcapitels vermeiden werde. — Das Bestätigungsrecht für die letztern hebt sich durch die Anerkennung der Autonomie der Kirchengewalt von selbst auf; und das Hoheitsrecht ist durch die frühere Uebereinkunft so vollständig gewahrt, daß die neue einer größeren Gewähr nicht bedurfte.

Beide Theile konnten damit zufrieden sein, daß in Betreff des erzbischöflichen Stuhles von Freiburg, der Canonikate und Präbenden an der Domkirche, die Bestimmungen der früheren Vereinbarung aufrecht erhalten wurden [1]. Damit jedoch kein

---

[1] Uebereinkunft zwischen Papst Pius IX. und dem Großherzog Friedrich von Baden vom 28. Juni 1859 Art. I.

Zweifel und keine Ungewißheit bestehe, wurde in der Instruction dem Erzbischof erklärt: es sei des heil. Stuhles Absicht, daß an den apostolischen Sendschreiben, welche in der Form von Breven von Leo XII. unter dem 21. und 28. Mai 1827 erlassen worden sind, „in dem Sinne festgehalten werde, welchen die Worte geben."

Das römische Pontificale enthält die Formel des Eides, welchen der Erzbischof bei seiner Einsetzung dem Papst schwört; außer diesem aber soll er einen solchen auch dem Landesherrn schwören. — Es ist dieß ein alter Brauch, dessen Spuren sich schon im siebenten Jahrhundert finden sollen [1]. — Im Frankenreiche wurde bis auf Karl den Großen solcher Eid niemals gefordert, dieser begnügte sich mit dem einfachen Versprechen der Treue; die förmliche Beeidigung der Bischöfe scheint jedoch im neunten Jahrhundert, unter Ludwig dem Frommen, in Folge der Investitur als Lehenseid in Uebung gekommen zu sein. — Sofort schwuren alle deutschen Bischöfe dem Kaiser den Eid der Lehenstreue (sacramentum fidelitatis), welcher nach dem Wormser Concordat von 1122 auch den Unterthänigkeits- oder Huldigungseid (homagium) vertreten mußte. „So erhielt sich dieses Kind des Feudalwesens bis zur Stunde, obschon das Reich längst aufgehört, und keine Lehen mehr für den Krummstab übrig sind" [2]. — Jetzt leisten allerwärts die Bischöfe bei Uebernahme ihres Amtes den Eid der Treue und des bürgerlichen Gehorsams, mit welchem meistens das Versprechen verbunden ist, daß sie sich nicht in geheime Gesellschaften einlassen wollen.

Im Großherzogthum Baden mußte der Erzbischof vor der Consecration dem Landesherrn den Eid der Treue schwören, nach der Formel, welche im Fundationsinstrument aufgestellt ist [3]. — Gegen den Eid der Treue konnte nichts eingewendet

---

[1] Ferd. Walter, Lehrbuch des Kirchenrechtes aller christlichen Confessionen. Bonn 1846. § 226. Er führt dafür Thomassin. P. II. lib. 2. c. 46. n. 3. 8. an.

[2] Mich. Permaneder, Handbuch des gemeingültigen katholischen Kirchenrechtes ꝛc. Landshut 1846. Erster Theil. Kap. 2. § 66.

[3] Diese Formel lautet wie folgt: „Ich schwöre und verspreche bei den

werden, wohl aber gegen die Formel, welcher eine ungebührliche Ausdehnung und Auslegungen gegeben werden konnten und wirklich gegeben worden sind, die sich mit der Selbstständigkeit des bischöflichen Amtes nicht vertragen. Die Uebereinkunft nahm daher eine andere Formel, und zwar wörtlich dieselbe auf, welche in dem österreichischen Concordat (Art. 20) und der würtembergischen Uebereinkunft (Art. 2) vorgeschrieben ist [1].

In der besondern Instruction für den Erzbischof wird diesem erklärt: er könne, „wenn die Regierung verlange, daß die Geistlichen beim Eintritt in den Kirchendienst den Eid der Treue schwören, dieß ohne Schwierigkeit zugeben, wofern nur die Eidesformel nichts in sich fasse, was den Gesetzen Gottes und seiner heiligen Kirche widerspreche." — Wenn der heil. Stuhl nun damit den bürgerlichen Eid für den Klerus zugibt, so hat er die Feststellung der Eidesformel dem Einvernehmen des Erzbischofes mit der Regierung überlassen. Daran ist für keinen Theil etwas Verfängliches, wenn jeder den rechten Willen hat, die Grenze seines Gebietes nicht zu überschreiten. In Baiern müssen die Geistlichen die Verfassung beschwören, dagegen aber gibt die Regierung die feierliche Erklärung, daß dieser Eid sich nur auf die bürgerlichen Verhältnisse beziehe und zu nichts verbindlich mache, was den Satzungen der katholischen Kirche widerspreche [2]. — Ohne Zweifel würde die badische Regierung,

---

heiligen Evangelien Gottes Seiner Königlichen Hoheit dem Großherzog von Baden und Allerhöchstihren Nachfolgern, sowie den Gesetzen des Staates Gehorsam und Treue. Ferner verspreche ich, kein Einverständniß zu unterhalten, an keiner Berathung Theil zu nehmen und weder im In- noch im Ausland Verbindungen einzugehen, welche die öffentliche Ruhe gefährden; vielmehr wenn ich von einem Anschlage zum Nachtheile des Staates, sei es in meiner Diöcese oder anderswo, Kunde erhalten sollte, solche Seiner Königlichen Hoheit zu eröffnen."
[1] Badische Uebereinkunft vom 28. Juni 1859, Art. II.
[2] „Zugleich fügen Wir zur Beseitigung aller Mißverständnisse über den Gegenstand und die Beschaffenheit des von Unseren katholischen Unterthanen auf die Constitution abzulegenden Eides die Erklärung bei, daß, indem Wir Unseren getreuen Unterthanen die Constitution gegeben haben, Unsere Absicht nie gewesen sei, dem Gewissen derselben den geringsten

wenn sie ja den bürgerlichen Eid der Geistlichen verlangt, sich zu einer ähnlichen Erklärung veranlaßt sehen.

2. Ausstattung der erzbischöflichen Kirche.

Durch die erste Vereinbarung mit dem heil. Stuhle wurde die Ausstattung der erzbischöflichen Kirche zum Betrage eines jährlichen Einkommens von 75,364 fl. festgesetzt und auf die verschiedenen Verwendungsposten vertheilt; und es wurden ferner alle die Gebäude und die kleinen Grundstücke angegeben, welche das Bedürfniß der Kirche und die Ausstattung der Glieder des Domcapitels erforderten. Die Umgrenzungsbulle bestimmte ferner, daß der Bischof von Evara (Johann Baptist Keller in Rottenburg) als päpstlicher Commissarius Sorge tragen sollte, daß die Ausstattung, insofern sie nicht in unbeweglichen Gütern vollzogen werde, auf Specialhypotheken gegründet und deren Urkunden gehörig ausgefertigt werden; jedoch mit der bestimmten Verwahrung, daß die Renten in liegende Güter zu verwandeln seien, welche Güter der Kirche als volles Eigenthum in Besitz und Verwaltung ausgeliefert werden sollten [1].

Das Fundationsinstrument hat den Münster zu Freiburg zur Metropolitankirche erhoben — es hat der erzbischöflichen Kirche das Gebäude für das Seminarium und für die Kanzlei, die Häuser und Gärten für den Erzbischof, den Domdecan und die Capitulare urkundlich überwiesen, — die Einkünfte aber auf Stiftungen und Cameralämter angewiesen, und für diese Bezüge die Domanialgüter in Unterpfand gegeben. — Aller-

---

Zwang anzuthun; daß daher der von Unseren katholischen Unterthanen abzulegende Eid lediglich auf die bürgerlichen Verhältnisse sich beziehe und daß sie dadurch zu nichts verbindlich gemacht werden, was den göttlichen Gesetzen oder den katholischen Kirchensatzungen entgegen wäre." — Allerhöchstes Rescript vom 15. September 1821.

[1] Umgrenzungsbulle Pius VII. vom 16. August 1821 „Provida solersque", Art. XII. und XIII.: „... aliisque redditibus cum jure hypothecae specialis *et in fundos postmodum ac bona stabilia convertendis*, ab iis (ecclesiis) in proprietate possidendis et administrandis respectivam dotationem procedat etc."

dings fügt die benannte Urkunde bei: „Wir behalten aber Uns und Unseren Nachfolgern vor, diese Einkünfte nach ihrem Werthe in Grundeigenthum oder in Einkünfte aus demselben umzuwandeln." — Dieses Versprechen ist nicht allein durch die Umgrenzungsbulle begründet, sondern es fließt nothwendig aus den Bedingungen, unter welchen dem Kurfürsten von Baden die katholischen Lande übergeben und die Einziehung der geistlichen Güter gestattet worden ist. Denn der Reichsdeputationshauptschluß verordnet ausdrücklich, daß die Domkirchen, d. h. die Bisthümer feste und bleibende Ausstattungen aus säcularisirten geistlichen Gütern erhalten sollten [1]. — Die Grundherrschaft Linz, mit einem Ertrag von 3320 fl., ist die einzige Realdotation, welche das Fundationsinstrument der erzbischöflichen Kirche zugeschrieben hat; die Staatszuschüsse, als Leistung von eingezogenen Kirchengütern betrachtet, werden von den Staatskassen geleistet und sind auf ärarische Waldungen, meist ehemalige Klostergüter, versichert; die bestehenden Kirchenstiftungen aber liefern dem erzbischöflichen Stuhl mehr als die Hälfte seiner Einkünfte [2]. Dadurch wurden nun die Stiftungen nicht nur eines größeren oder klei-

---

[1] Die betreffenden Bestimmungen des Reichsdeputationshauptschlusses sind die folgenden: „Art. 35. Alle Güter der fundirten Stiftungen, Abteien und Klöster, in den alten sowohl als in den neuen Besitzungen, katholischer sowohl als a. c. Verwandten, mittelbarer sowohl als unmittelbarer, deren Verwendungen in den vorhergehenden Anordnungen nicht förmlich festgesetzt worden ist, werden der freien und vollen Disposition der respectiven Landesherrn, sowohl zum Behufe des Aufwandes für den Gottesdienst, Unterricht und andere gemeinnützige Anstalten, als zur Erleichterung ihrer Finanzen überlassen, unter dem bestimmten Vorbehalte der festen und bleibenden Ausstattung der Domkirchen, welche beibehalten werden, und der Pensionen für die aufgehobene Geistlichkeit, nach den theils unten wirklich bemerkten, theils noch unverzüglich zu treffenden näheren Bestimmungen. — § 62. Die erzbischöflichen und bischöflichen Diöcesen verbleiben in ihrem bisherigen Zustande, bis eine andere Diöcesaneinrichtung auf reichsgesetzliche Art getroffen sein wird, wovon dann auch die Einrichtung der künftigen Domcapitel abhängt."

[2] Durch die Umgrenzungsbulle Art. XIII. sind die Einkünfte der erzbischöflichen Kirche bestimmt worden, wie folgt:

neren Theiles ihres Einkommens verlustig, sondern mehrere derselben wurden in der Erfüllung ihrer Stiftungszwecke gehemmt und zu der Metropolitankirche in ein unangenehmes Verhältniß gebracht [1].

1) Der Tisch des Erzbischofs	13,400 fl.
2) Der Domdecan	4,000 fl.
3) Der erste Capitular	2,300 fl.
4) Die fünf anderen Capitulare, jeder zu 1800 fl.	9,000 fl.
5) Sechs Dompräbendare, jeder mit 900 fl.	5,400 fl.
6) Das Seminarium	25,000 fl.
7) Die Fabrik der Metropolitankirche	5,264 fl.
8) Die erzbischöfliche Kanzlei	3,000 fl.
9) Für ein Versorgungshaus emeritirter Priester	8,000 fl.
	75,364 fl.
Nachträglich von der Regierung bewilligt:	
1) Für die erzbischöfliche Kanzlei	4,000 fl.
2) Entschädigung für die Naturalbezüge — ist veränderlich, nach durchschnittlicher Schätzung etwa	3,500 fl.
3) Für das theologische Collegium in verschiedenen Stiftungen	4,900 fl.
Zusammen:	87,764 fl.
Diese Rente wird nun geleistet etwa wie folgt:	
1) Ertrag der Grundherrschaft Linz	3,320 fl.
2) Beiträge aus Staatsmitteln, beziehungsweise aus säcularisirten Kirchengütern	32,100 fl.
3) Beiträge aus bestehenden Stiftungen	52,344 fl.
	87,764 fl.

Die Verwandlung in liegende Güter würde, mit Einschlag der Verwaltungskosten, einen Werth von mehr als zwei Millionen Gulden darstellen, was doch immer nur 5½ Procent des Werthes der eingezogenen Kirchengüter darstellte.

Die volle Genauigkeit dieser Rechnung kann ich nicht verbürgen, sie wird sich aber von der Wahrheit wenig entfernen. — Es darf ferner nicht unbemerkt bleiben, daß die Beiträge für das Convict großentheils aus Studienstiftungen genommen sind und somit eine rechte Verwendung finden.

[1] Am Münster zu Freiburg befand sich eine besondere Stiftung, die sog. Präsenz, aus welcher mehrere Geistliche, die sog. Präsenzherren, unterhalten und welche zur Seelsorge verwendet wurden. — Dieser Fond, sowie ein kleiner Theil des St. Martinsfonds, wurde der Ausstattung des Erzbisthums einverleibt und damit die 5400 fl. gedeckt, welche für die Dompräbendare

Die Ausstattung des erzbischöflichen Stuhles zu Freiburg ist keineswegs eine glänzende; sie hat manche Bedürfnisse, wie z. B. die Bestellung eines Generalvicars, gar nicht vorgesehen, und andere ungenügend dotirt. — Die Regierung hat sich jedoch auch billig gezeigt, da sie verschiedene Aufbesserungen, z. B. für die Glieder des Capitels, durch die Vergütung ihrer Naturalbezüge nach den laufenden Preisen, sowie eine Erhöhung für die Ordinariatskanzlei bewilliget hat, und es ist nicht zu bezweifeln, daß sie zu noch größern Leistungen bereit gewesen wäre, wenn das Ordinariat ein ordentliches Budget vorgelegt hätte.

Das Fundationsinstrument verfügt, daß die Ausstattung nach Vorschriften verwaltet werden solle, welche die Regierung festzusetzen gedenke, und die Verordnung vom 30. Januar 1830 (§ 37) wiederholt diese Bestimmung. Diese Verwaltung umfaßt die Administration der Grundherrschaft Linz, einige Stiftungen, welche dem Capitel gewidmet worden sind, und den kleinen Intercalarfond, welchen dieses sich bildet. Man kann dazu allerdings noch die Führung des Seminariums und des theologischen Collegiums rechnen, aber immer wird weitaus der größte Theil von den betreffenden Kassen in baarem Geld geleistet und einfach nach seiner Bestimmung vertheilt. — So ist denn eigentlich nicht viel zu verwalten.

Es ist gewiß, daß die Einkünfte der erzbischöflichen Kirche

---

bestimmt sind. — In der Umgrenzungsbulle vom 16. August 1821 ist die Bevölkerung von Freiburg auf 9000 Seelen „und etwas mehr" angegeben; jetzt beträgt sie mehr als 16,000. — Die Dompräbendare sollen nur zur Seelsorge und für den Dienst des Erzbischofes verwendet werden, und es sind also für jene bei der größeren Bevölkerung thatsächlich weniger Kräfte verwendet, als für die kleinere verwendet waren. — Die 5264 fl., welche die Bulle für die Metropolitankirche bestimmt, wurden einfach auf die bestehende Münsterfabrik angewiesen; obwohl leicht zu sehen ist, daß die Metropolitankirche weit mehr nöthig hat, als früher die Pfarrkirche bedurfte. Wäre auch das nicht, so könnte man diese Summe sehr gut zur Unterhaltung und Verschönerung des prachtvollen Tempels verwenden, welchem noch gar viel zu seiner eigentlichen Vollendung fehlt. — Uebrigens würde die Regierung gewiß billig sein, wenn man einmal die Sache recht vorstellte.

hinreichend gesichert sind für so lange Zeit, als das Großherzog=
thum Baden besteht; es ist gewiß, daß die sichere immer gleiche
Geldrente viel bequemer ist, als die Verwaltung eines ausge=
dehnten Grundbesitzes, dessen Ertrag immer größeren oder klei=
neren Schwankungen unterliegt, — aber ebenso gewiß ist es,
daß die Preise aller Bedürfnisse steigen, also die Ausgaben sich
vergrößern, während die Einnahme sich nicht verändert, und
vor Allem ist es außer Zweifel, daß diese Art der Ausstattung
dem kirchlichen Körper nicht diejenige Unabhängigkeit gibt, welche
der Besitz von liegenden Gütern ihm sichern würde. — Man
kann daher die Bischöfe der oberrheinischen Kirchenprovinz nicht
tadeln, daß sie die feste Dotation, d. h. die Ueberweisung von
liegenden Gütern verlangten, deren reiner Ertrag die verein=
barten Renten einbringe. — Indem sie damit den Vollzug der
Vereinbarung erbaten, stützten sie sich auf die völkerrechtlichen
Verträge, um nachzuweisen, daß diese Realdotation aus geist=
lichen Gütern genommen werden müsse, an deren Einziehung
die Verpflichtung zu solcher Ausstattung geknüpft worden sei [1].

Die großh. Regierung in ihrer Staatsschrift vom 5. März
1853 erwiederte auf diese Forderung: „der auf den Grund des
Reichsdeputationshauptschlusses vom Jahre 1803 ihr obliegen=
den Verpflichtung zur bleibenden und festen Ausstattung des
Erzbisthums glaube die großh. Regierung, durch die Ueber=
weisung der im Fundationsinstrumente des Erzbisthums näher
bezeichneten Güter und mit Specialhypotheken versehenen Ein=
künfte, nachgekommen zu sein. Sollte der Herr Erzbischof und
sein Domcapitel die gegebene Sicherheit in einem oder dem an=
deren Punkte etwa für nicht genügend erachten, so sehe die
großh. Regierung den näheren Anträgen hierüber entgegen, und
füge schon jetzt im Allgemeinen die Versicherung bei, daß sie
die, durch bestehende völkerrechtliche Verträge begründeten, Rechte
stets heilig halten werde."

Das Ministerium des Großherzogthums hatte mit dieser
Erklärung die eigentliche Frage umgangen; denn die Bischöfe

---

[1] Erste Denkschrift der vereinigten Bischöfe der oberrheinischen Kir=
chenprovinz vom März 1851.

verlangten nicht eine größere Sicherheit, wie sie der Gläubiger von seinem Schuldner verlangt, sondern sie forderten die Auslieferung eines festen Eigenthumes. Jene Sicherheit war hinreichend gegeben, aber der Besitz, welcher der Kirche zugewiesen war, befand sich in fremden Händen, und sie wurde dadurch der Freiheit ihrer Handlungen beraubt. In ihrer zweiten Denkschrift vom Jahre 1853 führten nun die Bischöfe ihre Forderungen noch weiter aus; sie stellten vor, daß die Rechtspflicht durchaus hergestellt sei durch das ausdrückliche Versprechen, die Ausstattung der erzbischöflichen und bischöflichen Kirchen in liegenden Gründen oder auf Renten, die darauf radicirt sind, der Kirche zum **vollen Eigenthum** und zum **reellen Besitz** auszuliefern. Sie führten an, daß keine Unmöglichkeit dieser Auslieferung bestehen könne, da der Werth der eingezogenen Kirchengüter den Betrag der Verpflichtung weit übersteige, und da dem Staat an seinen Einkünften ein wirklicher Nachtheil nicht daraus erwachse, daß er das Kapital an denjenigen ausliefere, welchem er die Zinsen bezahlt. — Die Bischöfe führen ferner an: es sei auch privatrechtlich nicht statthaft, daß der eine Theil das Object seiner Verpflichtung nach Belieben ändere, und daß er nur eine hypothekarische Versicherung gebe, wo er verbunden sei, den Gegenstand auszuliefern. Ob die Berufung auf die Bestimmung des Reichsdeputationshauptschlusses eine glückliche war, mag dahin gestellt bleiben; aber gewiß wäre es billig und gerecht, daß die Staaten der Kirche das verhältnißmäßig kleine Eigenthum, auf welches diese einen unbestrittenen Rechtsanspruch habe, ausliefern, nachdem sie ihr ein großes, in manchen Ländern ein ungeheures, Vermögen abgenommen haben. Endlich bemerken die Bischöfe, daß es stets der Grundsatz der Kirche gewesen sei, ihr rechtliches Einkommen in festem **Grundvermögen** zu besitzen, und daß **sie nicht berufen seien** — als Herren über Rechte und Vermögen zu schalten — sondern daß sie verpflichtet seien, beide nach Kräften zu wahren.

Wenn man die Wahrheit dieser Gründe vollkommen würdiget, so darf man auch nicht die Schwierigkeiten verkennen, welche sich der Ueberweisung so bedeutender Grundstücke entgegen stellen, als die Deckung der Dotation erfordert. — Die eingezogenen Kirchengüter wurden als Krondomänen behandelt und die Verfassungsurkunde (§ 59) erklärt, daß diese Domänen, obwohl unstreitiges Patrimonialeigenthum des Regenten und seiner Familie, dennoch zur Bestreitung der Staatslasten verwendet werden sollen, wogegen der Großherzog eine Civilliste bezieht. Die Ausscheidung der betreffenden Güter für die Ausstattung der erzbischöflichen Kirche könnte demnach nur durch ein Gesetz ausgeführt werden, und es würde, wenn ein solches auch bewirkt werden könnte, die bisherige Finanzordnung unzweifelhaft stören. Diese Schwierigkeiten nun möchten um so mehr zu beachten sein, als die Vorlage eines solchen Finanzgesetzes eine bedeutende Aufregung hervorrufen würde, so lange sich das eigentliche Verhältniß der Kirche nicht durch längere Uebung thatsächlich festgestellt und in die gewohnten herkömmlichen Zustände vollkommen eingereiht ist. Offenbar in Beachtung dieser Schwierigkeiten hat sich der heilige Stuhl mit dem Versprechen begnügt, daß die großherzogl. Regierung für die reale Dotation des Erzbisthums Sorge tragen werde, sobald es die Verhältnisse gestatten [1].

Dieses Versprechen, — auch der König von Würtemberg hat es gegeben, — ändert nichts an den bestehenden innern Verhältnissen der Staatsverwaltung, aber es hält das Recht der Kirche feierlich aufrecht, und erscheint unter den vorwaltenden Umständen als ein Auskunftsmittel, mit welchem die großherzogl. Regierung sehr zufrieden sein mag.

3. Das Capitel und das Ordinariat.

Bekanntlich sind die Cleriker, welche dem Bischof in der Führung seines Amtes beistanden, schon in frühen Zeiten aus der Einfachheit ihres mönchischen Lebens herausgetreten; — aus den Presbyterien sind die Capitel entstanden. Diese trennten die bischöflichen Güter von ihrem Haushalt; sie machten sich mehr und mehr unabhängig und gestalteten sich zu

---

[1] Uebereinkunft vom 28. Juni 1859, Art. III. Die würtembergische vom 8. April 1857 Art. III. enthält wörtlich dieselbe Bestimmung.

reichen, oft mächtigen, Körperschaften mit bestimmten Rechten, mit Disciplinargewalt über die Mitglieder des Stiftes, mit Exemptionen von der bischöflichen Gerichtsbarkeit und mit vielen anderen Privilegien. Sie bestimmten eine geschlossene Zahl von Gliedern und, übereinstimmend mit den Standesbegriffen und den Verhältnissen des Mittelalters, machten sie die adelige Abkunft zur Bedingung des Eintrittes, ungeachtet der bestimmten Verbote von Seiten der Päpste, welche schon damals einen höheren Standpunkt der Beurtheilung einnahmen. — Immer mehr verschwand die alte Idee der Presbyterien; die Capitel standen den Bischöfen gegenüber, und der Bischof seinerseits war in der Führung seines Kirchenamtes, mit Ausnahme weniger Fälle, wieder unabhängig von den Capiteln. Diese waren Wahlcollegien, mitunter Regierungscollegien der geistlichen Fürsten, aber sie hatten als Körperschaften fast keinen Antheil an der Verwaltung der Diöcese, — ihren Chordienst besorgten die Vicarien, ihre wichtigste Beschäftigung war ihnen die Wahrung und Ausdehnung ihrer Körperschaftsrechte und die Beschränkung der bischöflichen Gewalt; sie wurden Versorgungsanstalten für die jüngeren Söhne des hohen und niederen-Adels, die Capitularen, oft schon in der Wiege ernannt, waren meistens nicht Priester, und ihr üppiges, oft ärgerliches Leben hat nicht wenig zu dem Verfall der Kirchendisciplin beigetragen, welcher der Reformation voranging [1].

Das Concilium von Trient beschloß, die Capitel auf ihre wahre Bestimmung zurückzuführen und, entsprechend dem Bedürfniß der Zeit, das wissenschaftliche Element zu heben; es verordnete demnach, daß zu Mitgliedern der Capitel nur solche ernannt werden sollten, welche geistliche Verrichtungen zu erfüllen im Stande wären, — daß wenigstens die Hälfte der

---

[1] Wie es damit aussah, geht aus mehreren Verordnungen des Concils von Trident hervor, z. B. Sess. XXIV. De reform. Art. XII.: „... Vestitu insuper decenti tam in ecclesia tam extra assiduo utantur; ab illicitisque venationibus, aucupiis, choreis lusibusque abstineant, atque ea morum integritate polleant, ut merito ecclesiae senatus dici possit."

Stellen an Magister, Doctoren oder Licentiaten der Theologie oder des canonischen Rechtes verliehen werden; — daß ein Alter von mindestens 22 Jahren und die Weihe als Subdiacon zur Stimmführung in dem Capitel erforderlich, und daß mindestens die Hälfte der Mitglieder Priester sein sollen [1]. Diese Beschlüsse der Kirchenversammlung wurden nur unvollkommen ausgeführt; das Privilegium des Adels wurde aufrecht erhalten, die meisten Capitularen waren keine Priester, die Capitel bildeten höchstens eine Art Senates und in den meisten Diöcesen bestand ein geistlicher Rath, welcher unter dem Vorsitz des Generalvicars oder auch des Archidiaconus die Verwaltung der Diöcese oder die Ausübung der bischöflichen Gerichtsbarkeit besorgte. — Den Capiteln waren ihre großen Rechte geblieben, sie hatten, als kirchliche Gemeinschaften, das

---

[1] *Concil. Trident. Sess. XXII. 17. Septemb. 1562. — De reform. cap. II.* Siehe oben, gilt auch für die Capitulare. S. 55 Note 1. Ferner: Quicunque in cathedrali vel collegiata, saeculari ecclesia, divinis mancipatus officiis, in subdiaconatus ordine saltem constitutus non sit, vocem in hujusmodi ecclesiis in capitulo non habeat, etiamsi hoc sibi ab aliis libere fuerit concessum. Si vero, dignitates, personatus, officia, praebendas, portiones ac quaelibet alia beneficia in dictis ecclesiis obtinent aut in posterum obtinebunt, quibus onera varia sunt annexa, videlicet ut alii missas, alii evangelium, alii epistolas dicant seu cantent, quocunque ii privilegio, exemptione, praerogativa, generis nobilitate sint insigniti, teneantur juste impedimento cessante infra annum ordines suscipere requisitos. — Ferner: *Sess. XXIV. 11. Novemb. 1563. De reform. cap. XII.* In omnibus vero ecclesiis cathedralibus omnes canonicatus ac portiones habeant annexum ordinem presbyterii, diaconatus vel subdiaconatus; episcopus autem cum consilio capituli designet ac distribuat prout viderit expedire, quibus quisque ordo ex sacris annexus in posterum esse debeat; ita tamen, ut dimidia saltem pars presbyteri sint, ceteri vero diaconi aut subdiaconi. Ubi vero consuetudo laudabilior habet, ut plures vel omnes sint presbyteri, omnino observetur. Hortatur etiam sancta synodus, ut in provinciis, ubi id commode fieri potest, dignitates omnes et saltem dimidia pars canonicatuum in cathedralibus ecclesiis et collegiatis insignibus conferantur tantum magistris vel doctoribus, aut etiam licentiatis in theologia vel jure canonico.

Recht einer ausgedehnten Autonomie bewahrt; sie besaßen die freie Verwaltung ihres Vermögens, — sie hatten das Recht eigene Beamte zu bestellen und sich durch einen Syndicus vertreten zu lassen, das Recht ein eigenes Siegel zu führen, sie besaßen Disciplinargewalt über ihre Mitglieder, die Befugniß eigene Versammlungen zu halten u. s. w. [1]. Das Capitel behielt das ausschließliche Recht die Bischöfe zu wählen, und es war dessen Rathgeber in allen Dingen, in welchen dieser dessen Rath hören wollte und in den wenigen Fällen, in welchen er nach Vorschrift der canonischen Gesetze denselben hören mußte [2]. — Alle diese Rechte und Privilegien wurden in Deutschland bis in den Anfang des neunzehnten Jahrhunderts erhalten; aber nun kam die Säcularisation, welche allein dreiundzwanzig Erzbisthümer und Bisthümer sammt den bischöflichen Domänen und den Gütern der Domcapitel verschlang, und, wie männiglich bekannt, die kirchlichen Verhältnisse fast in allen Ländern verwirrte und störte.

Als man in unseren Tagen die Kirchenverfassung nach und nach wieder herstellte, da wurden gewisse Ehren- und Körperschaftsrechte der Capitel wieder anerkannt, — aber ihren früheren politischen Glanz konnten sie nicht wieder erlangen, und die Adelsprivilegien wurden in den neueren Concordaten und Conventionen förmlich aufgehoben [3]. Die alten Capitel,

---

[1] E. L. Richter, Lehrbuch des katholischen und evangelischen Kirchenrechtes. 1848. Buch III. Abthl. I. § 122 S. 227 f.

[2] Diese Sachen waren: die Wahl eines Coadjutors wegen Altersschwäche des Bischofs; die Veräußerung von Stiftsrealitäten; die Besetzung von Pfründen, welche der Bischof gemeinschaftlich mit dem Capitel zu vergeben hat; die Einsetzung und Absetzung von Würdenträgern; die Einverleibung, Vereinigung, Schmälerung, Trennung oder Aufhebung von Beneficien.

[3] Zuerst in Preußen. Umgrenzungsbulle vom 16. Juli 1821 von Pius VII. „De salute animarum" Art. XIX.: „*Cujusque vero conditionis ecclesiasticos Viros aequali jure ad Dignitates et Canonicatus abtinendas gaudere debere decernimus.*" Im österreichischen Concordat, 18. August 1855, Art. XXII.: „... Zu Domherren können nur Priester bestellt werden, welche sowohl die von den Kirchengesetzen allgemein vorgeschriebenen Eigenschaften besitzen, als auch in der Seelsorge, bei kirchlichen

welche die Säcularisation überlebt haben, hat man nach Möglichkeit auf ihre eigentliche Bestimmung zurückgeführt; die neuen hat man in dem alten Geist der Kirche errichtet, alle neueren Concordate und Vereinbarungen haben ihnen die Arbeiten für die Verwaltung der Diöcese und die Seelsorge übertragen; die sogenannten Domicilarien sind weggefallen und die Zahl der Würdenträger wurde verringert.

So geschah es auch in der oberrheinischen Kirchenprovinz. Für die Erzdiöcese Freiburg nennt die Umgrenzungsbulle nur einen Dom- oder Capitelsdecan und sechs Capitularen, von welchen der eine zum **Gottesgelehrten (Theologicalis)**, ein anderer zum **Pfarrer** an der Metropolitankirche, und ein dritter zum **Pönitentiarius** bestimmt werden sollte [1]. Die Eigenschaften, welche die badische Regierung für den Domcapitularen fordert, stimmen im Wesentlichen mit den tridentinischen Verordnungen überein. — Wenn nun die großh. bad. Regierung erklärt: „Das Domcapitel der Metropolitankirche trete in den vollen Wirkungskreis der **Presbyterien** ein"; so ist das billig und gerecht; — wenn sie aber dieses Capitel zur „obersten Verwaltungsbehörde der Diöcese" macht, welches unter dem Vorsitz des Domdecans die Geschäfte collegialisch besorgt [2]; so ist die Auffassung insofern irrig, — als nach

---

Geschäften oder im kirchlichen Lehramte sich mit Auszeichnung verwendet haben. Zudem ist die Nothwendigkeit adeliger Geburt oder adeliger Titel aufgehoben, jedoch unbeschadet jener Bedingungen, welche, als in der Stiftung beigesetzt, erwiesen sind. Die löbliche Gewohnheit aber, die Domherrenstellen in Folge öffentlicher Bewerbung zu vergeben, wird, wo sie besteht, sorgsam in Kraft erhalten werden."

[1] Umgrenzungsbulle vom 16. August 1821 von Pius VII. „Provida solersque", Art. III. und IV.: „Der Erzbischof ist jedoch ermächtigt, auch einen andern Priester zum Pönitentiarius zu ernennen."

[2] Fundationsinstrument des Erzbisthums vom 16. October 1827, Abtheilung II. Nr. 7 und 8, und Verordnung vom 30. Januar 1830 § 20 und 21. Jedoch wird bestimmt, daß alle Domcapitularen Priester und jeder mindestens 30 Jahre alt sei. — Die rein bureaukratische Auffassung hat sich eben darin wieder geltend gemacht, und aus dieser geht denn auch die wunderliche Rangbestimmung hervor, vermöge welcher der Domdecan den Rang mit den Regierungsdirectoren, die Capitulare mit den

Recht und Gebrauch das Capitel nicht von selbst die kirchliche Verwaltungsstelle (Ordinariat) und das geistliche Gericht (Officialat), sondern beide nur insofern bildet, als der Bischof dasselbe dazu macht. — Dieser allein ist der Ordinarius, und wer immer an seiner Verwaltung thätigen Antheil nimmt, der übt seine Thätigkeit nur in dessen Mandat aus. — Die Stellung des Capitels als Ordinariat ist wesentlich von dem Verhältniß eines staatlichen Verwaltungs-Collegiums verschieden, wie sehr auch in der Geschäftsbehandlung beide sich ähnlich sein mögen.

Dem Bischof liegt es ob, sein Ordinariat zu bestellen und dessen Hauptbestandtheil ist der General vicar. Dieses Amt ist kein neues, es besteht seit dem dreizehnten Jahrhundert und es wurde eingerichtet, als man das Bedürfniß fühlte, die Verwaltung der Diöcesen zu centralisiren und die bischöfliche Gerichtsbarkeit, welche die Archidiaconen ausübten, in eine ordentliche zu verwandeln. — Diese war dem Official anvertraut, während der Generalvicar eigentlich nur für die sogenannten Spiritualien eingesetzt ward. — Die besonderen Officiale (Officiales foranei), welche man dem übergreifenden Einfluß der Archidiaconen entgegengesetzt hatte, waren unnöthig geworden, und als sie eingegangen waren, da wurde häufig das Amt des Officiales mit dem des Generalvicars vereiniget, so daß dieser die Ausübung der bischöflichen Jurisdiction im weiteren Sinne oft gänzlich in seiner Hand vereinigte, mit Ausnahme weniger Fälle, welche eine besondere Ermächtigung erforderten. — Der sehr bedeutende Umfang der Amtsgewalt des Generalvicars hatte durch den Gebrauch allerdings eine Regel erhalten; da diese Gewalt aber nur eine übertragene ist [1], so kann sie der Bischof als Vollmachtgeber nach Gefallen ausdehnen oder beschränken; — er wird im Allgemeinen

---

Regierungsräthen haben; jener der dritten, diese der vierten Rangklasse angehören. — Wozu Geistliche in die weltliche Beamtenhierarchie einreihen?

[1] S. Permaneder, Handbuch des gemeingültigen katholischen Kirchenrechts, Abthl. III. Abschn. I. Kap. VI. § 362. S. 486.

wohl immer das Herkommen beachten, seinem Bevollmächtigten aber die Besorgung all' der Sachen auftragen, die er sich nicht zu unmittelbarer Behandlung vorbehält. Unter solchem Verhältniß ist folgerichtig gegen die Verfügungen des Generalvicars eine Berufung an den Bischof vom Recht nicht gestattet. Was immer der Generalvicar thun mag, er thut nichts für sich, sondern er thut Alles im Namen und im Auftrag und unter der Verantwortlichkeit des Bischofs; nur diesem ist er verantwortlich. Da dieses Verhältniß nur ein **persönliches** ist, so erlischt es mit dem Leben des Bischofs.

In der neuen Zeit ist es gewöhnlich geworden, daß der Bischof das Amt des Generalvicars einem Capitularen überträgt, und bisher haben alle Erzbischöfe von Freiburg also gethan. — Die badische Regierung hat allerdings nirgend das Recht der förmlichen Bestätigung dieses Stellvertreters in Anspruch genommen, und sie konnte es auch nicht, da das Verhältniß, wie bemerkt, nur ein persönliches, die Amtsgewalt, wie ausgedehnt sie auch sein mochte, doch immer nur eine übertragene ist. — Weil aber die Amtshandlungen des Generalvicars in gar viele Verhältnisse eingreifen, weil er nicht nur mit dem Clerus, sondern auch mit den Staatsbehörden in gar mannigfache Berührungen kommt, und als Träger der Vollmacht mit seinem Namen eintritt; so muß er bei der Regierung als solcher beglaubiget sein, und diese kann daher mit vollem Recht fordern, daß man dessen Ernennung ihr anzeige. — Das ist denn auch bisher, jedoch, wie es scheint, nicht immer regelmäßig geschehen, und darum vielleicht hat die Regierungsbehörde zeitweis die Eigenschaft des Domcapitularen als Generalvicar ignorirt.

Bei der großen Ausdehnung der Erzdiöcese bilden die sechs Domcapitularen kein Personal, welches für die rasche Erledigung der Geschäfte ausreichend ist. — Da nun der Erzbischof das Ordinariat bildet, so muß er auch für dessen Bedürfnisse sorgen; er muß Gehülfen herbeischaffen, so viel er für den Dienst als nothwendig erachtet, d. h. er muß die Befugniß besitzen, Assessoren und andere Glieder des Ordinariates zu ernennen, — aber diese Befugniß hat man dem Erzbischof von Freiburg, wenn nicht förmlich, doch thatsächlich abgesprochen.

Daß er allein zuständig sei, das Bedürfniß des Dienstes und die Befähigung der Männer zu beurtheilen, welche zu diesem Dienst verwendet werden sollen, — das hat dem Erzbischof die Regierung wohl niemals bestritten, aber die bureaukratische Aengstlichkeit für die Wahrung der Kirchenoberherrlichkeit hat sich gegen die Folgerungen aus diesem einfachen Zugeständniß gesträubt und die Frage ist eine Geldfrage geworden, weil die Ausstattung der erzbischöflichen Kirche unveränderlich festgestellt ist und weil der Erzbischof nicht über die kleinste Summe aus dem allgemeinen Kirchenvermögen verfügen kann.

Andere wichtige Gehülfen des Erzbischofs als Ordinarius in seinem Sprengel sind die Landdecane (Decani rurales). — Sie üben nicht mehr eine wirkliche Gerichtsbarkeit aus, — aber sie sind noch immer die Organe für den unmittelbaren Vollzug der erzbischöflichen Verfügungen, sie führen noch immer eine gewisse Aufsicht über die Geistlichkeit ihrer Bezirke; sie sind die Vermittler zwischen dieser Geistlichkeit und dem Ordinariate und dessen Organe für die Aufrechthaltung der Ordnung und für die Einführung neuer Einrichtungen und Vorschriften. — In der Erzbiöcese Freiburg werden die Landdecane von ihren Capiteln gewählt und von dem Erzbischof bestätiget — und diese Einrichtung hat sich als eine gute bewährt; denn die Pfarrer kennen sich untereinander am besten, sie haben am meisten Vertrauen zu dem Amtsbruder, welchen sie selbst für den fähigsten halten; ihr Selbstgefühl wird gehoben, wenn sie erkennen, daß sie nicht nur Pflichten haben, sondern auch Rechte; die Wahl ist ein Act constitutioneller Freiheit und ein Ausfluß der Gleichheit in dem hierarchischen System, wie solche im Geist der Kirchenverfassung liegt. — In den ersten Jahren des Erzbisthums wurde wohl die landesherrliche Genehmigung nachgesucht und gegeben, später wurde der Regierung die Ernennung der Landdecane einfach angezeigt, wenn die Wahlen von dem Erzbischof bestätigt waren, und damit begnügte sich die Regierung. — Längere Zeit bestanden neben den erzbischöflichen auch noch die landesherrlichen Decane, aber diese wurden im Jahr 1834 in Bezirks-Schulvisitatoren verwandelt, — wenn gleichwohl noch geistliche Organe der Staatsgewalt bestanden, die man Decane nannte.

Mehr als in der Erzbiöcese war in mehreren anderen Sprengeln den Bischöfen Ursache zur Beschwerde gegeben, aber alle konnten doch verlangen, daß man ihnen in der Zusammensetzung ihrer Ordinariate, für die Bestellung der Generalvicare u. s. w. freie Hand lasse, und daß die Landdecane nicht landesherrliche Decane, d. h. Beamte der weltlichen Gewalt, seien. — Um desto mehr mußte nun die Antwort auffallen, welche, wie alle anderen, so auch die badische Regierung auf die Denkschrift der Bischöfe gab. Dem Erzbischof, heißt es, könne die Regierung allerdings gestatten, dem Domcapitel Einen oder den Anderen zur Aushülfe in dem Geschäftsbereich des Ordinariates auf seine Kosten beizugeben; sie könne jedoch nicht zugeben, daß dieß ohne landesherrliche Genehmigung geschehe, indem das Ordinariat, als eine öffentliche Behörde, nur dann anerkannt werden könne, wenn zur Ernennung von Mitgliedern, welche nicht dem Domcapitel angehören, die Staatsgenehmigung erwirkt worden sei. — Dem Herrn Erzbischof, heißt es ferner, stehe es zwar frei, auch einen andern Geistlichen als den Dombecan oder einen der Capitularen zu seinem Generalvicar zu ernennen; dieser könne jedoch sein Amt nur erst antreten, wenn er die landesherrliche Bestätigung erlangt habe und er müsse, in so weit das Fundationsinstrument nicht Fürsorge getroffen, von dem Herrn Erzbischof aus eigenen Mitteln besoldet werden. Was die Ruraldecane betreffe, erwiedert das großh. Ministerium, so sei die Ernennung derselben bereits in die Hände der kirchlichen Organe gelegt; doch müsse sich die Regierung, wie überall, wo es sich um Ausübung öffentlicher Functionen handle, so auch hierin das Recht der Bestätigung beilegen, und sie wolle, daß das Wahlrecht der Capitelsgeistlichkeit beibehalten werde. — Wenn das Institut landesherrlicher Decane bisher noch bestanden, so habe es seit der Verordnung über die Einrichtung des Volksschulwesens und die Aufstellung der Bezirks=Schulvisitatoren seine eigentliche Bedeutung verloren; durch die Verordnung des Regenten vom 1. März 1853 sei es nun vollkommen aufgehoben.

Aus dieser, fast wörtlichen, Anführung der Antwort, welche

der Erzbischof von der Regierung erhielt, ersieht man nun, daß sie ihr Aufsichtsrecht noch weiter ausdehnte, als sie es bisher thatsächlich ausgedehnt hatte; denn sie verlangte jetzt nicht nur die Kenntnißnahme oder die Genehmigung, sondern die förmliche Bestätigung aller Gehülfen und Organe der Kirchengewalt, selbst diejenige des Generalvicars, der doch, wie oben erwähnt, nur allein im persönlichen Auftrag des Bischofs, in dessen Namen und unter dessen Verantwortlichkeit handelt, mit dieser juristisch nur Eine Person bildet, also der Regierung gegenüber keine Verantwortlichkeit hat, — mit demselben Recht hätte die Regierung auch die Bestätigung des Hauscaplans oder des Privatsecretärs des Erzbischofs fordern können. — Wäre aber auch dieß Alles nicht, so wäre dem Erzbischof dennoch die Besetzung seines Ordinariates durch die Kosten, welche daraus entstehen, unmöglich gemacht worden; denn in der Bulle so wenig als in dem Fundationsinstrument ist für den Erzbischof von Freiburg der Generalvicarius vorgesehen, wie es für andere Bischöfe der oberrheinischen Provinz geschah; die Erfahrung zeigt, daß die Ausstattung der erzbischöflichen Kirche auch für die nothwendigen Bedürfnisse kaum ausreichte, und hätten sich Ueberschüsse ergeben, so ist es wieder sehr zweifelhaft, ob man die freie Verwendung derselben dem Erzbischof gestattet hätte. — In ihrer zweiten Denkschrift vom 18. Juni 1853 haben die Bischöfe jene unrichtige Auffassung des Charakters des Domcapitels und des Ordinariates bekämpft, sie haben die eigentliche Stellung des Generalvicars beleuchtet und sich gegen das staatliche Bestätigungsrecht aller Gehülfen des Bischofs verwahrt. — Die Bischöfe dankten den Regierungen für die Aufhebung der **landesherrlichen** Decanate, als eines unkirchlichen und unstatthaften Institutes, erklärten aber, daß die Art und Weise ihrer Bestellung, ob durch bischöfliche Ernennung oder durch Wahl, eine kirchliche Sache sei, und deßhalb auch von der Kirche geordnet werden müsse.

Dieser Erklärung gab der Erzbischof Hermann von Vicari bald eine practische Folge; denn als er einmal thatsächlich gegen das bisherige System der sogenannten Kirchenherrlichkeit vorging, da ernannte er geistliche Räthe, Assessoren und Beamte des Ordinariates. — Die Regierung hat diese Thatsachen anerkannt; sie anerkennt jetzt den Generalvicar, alle Beisitzer, außerordentliche Glieder und Beamte, welche der Erzbischof aufgestellt hat, — sie anerkennt daher dessen Befugniß zur Bildung seines Ordinariates. — Während des Kirchenstreites hat der Erzbischof allerdings mehrere Landdecane suspendirt oder enthoben, an deren Stellen jedoch nur Verweser gesetzt, denn die wirklichen Decane wurden auch in jener Zeit von den Landcapiteln gewählt. — Wie immer, so geschieht es auch jetzt, die Landcapitel besetzen ihre Aemter durch Wahlen, der Erzbischof bestätiget diese, und die Regierung begnügt sich mit der einfachen Anzeige. — So hat sich im Lauf von sieben Jahren eine bestimmte Observanz gebildet, und wenn nun die Uebereinkunft vom 28. Juni 1859 verfügt, daß dem Erzbischof das Recht zustehe, seinen Generalvicar und die außerordentlichen Mitglieder des Ordinariates zu wählen, und die Decane zu bestätigen [1], so hat sie nur diese Observanz zum geschriebenen Rechte gemacht.

Unbezweifelt hat der Staat ein gewichtiges Interesse, daß die Aemter des Generalvicars, die Glieder des Ordinariates und der Landdecane nicht mit widerwärtigen Personen besetzt werden, welche durch Unfähigkeit oder bösen Willen Conflicte hervorrufen könnten; in Rom hat man dieses Interesse gewürdiget, und darum in der besondern Instruction dem Erzbischof die bestimmte Weisung gegeben, zum „Generalvicar, zu außerordentlichen Räthen und Assessoren des Ordinariates nur solche Männer auszuersehen, von denen er wisse, daß sie der großh. Regierung in bürgerlicher und politischer Hinsicht nicht unangenehm seien, die Ernennungen aber der großh. Regierung zur Kenntnißnahme anzuzeigen." Die Regierung hat noch eine ganz andere Gewähr, daß keine Personen mit diesen Aemtern betraut werden, welche der Regierung unangenehm sind; denn kann der Erzbischof die Kosten für solche Gehülfen nicht auf Ueberschüsse seiner Dotation anweisen, so muß, nach der klaren Bestimmung der Uebereinkunft, die Staatskasse das Nöthige zu-

---

[1] Uebereinkunft, Art. IV. 2.

schießen, oder der Aufwand fällt dem allgemeinen Kirchenvermögen zur Last; — jenes aber hängt ab von dem Willen, dieses von der Zustimmung der Regierungsbehörden.

IV.
Provincial- und Diöcesan-Synoden.

Der Metropolit, die Bischöfe, ihre Capitel und Ordinariate sind die Organe der Regierung und die Leiter der Verwaltung, aber neben diesen gestattet die Verwaltung der katholischen Kirche noch die Autorität gewisser Versammlungen, gewissermaßen Vertretungen des Clerus, von welchen jedoch nur die allgemeine Kirchenversammlung eine gesetzgebende Gewalt hat.

Nächst den öcumenischen Concilien anerkennt die Kirche noch die Synoden besonderer Abtheilungen der katholischen Christenheit; sie anerkennt die Nationalconcilien, die Provincial- und die Diöcesan-Synoden und bestimmt gesetzlich deren Zuständigkeit. Selbstverständlich hat es die Uebereinkunft vom 28. Juni 1859 nur allein mit den Provincial- und Diöcesan-Synoden zu thun.

Die Provincial-Synoden sind mit der Ausbildung des Metropolitanverbandes entstanden. Nach dem ältesten Rechte sollten die Metropoliten alle Bischöfe ihrer Provinz wenigstens einmal in jedem Jahr zu einer Versammlung berufen. Vom zehnten Jahrhundert an gerieth diese Einrichtung in Verfall [1]. Spätere gesetzliche Bestimmungen nahmen dieselben wieder auf und setzten die Periode auf drei Jahre fest [2]. Nach Umlauf

---

[1] Siehe Universalgeschichte der christlichen Kirche von Johannes Alzog. Mainz 1855. Erster Zeitraum § 87 S. 181; § 131 S. 296; Zweiter Zeitraum § 195 S. 436.

[2] Das vierte lateranische oder das zwölfte öcumenische Concilium im Jahr 1215. Das Basler Concilium und besonders das Tridentiner Concilium Sess. XXIV. De Reform. cap. II. in der Ausgabe von Schulte und Richter, S. 328.

dieser Periode soll der Metropolit oder, bei dessen Verhinderung, der älteste Suffraganbischof der Provinz, oder während der Erledigung des Metropolitansitzes der Capitelsvicar, alle Bischöfe, Prälaten und Aebte, die bischöfliche Jurisdiction besitzen, versammeln. — Bei rechtmäßiger Verhinderung dürfen die Berufenen Vertreter senden, welchen die Synode selbst entscheidende Stimmen zugestehen kann. Auch die Capitel können zu diesen Synoden berufen werden, jedoch nur mit berathender Stimme. Eine besondere Erlaubniß des Papstes ist nicht vorgeschrieben, der Metropolit kann vielmehr die Provincial=Synode aus eigenem Recht nach seinem Ermessen berufen. Die Beschlüsse werden durch Mehrheit der Stimmen gefaßt, selbst wenn der Metropolit der dissentirende Theil wäre. Die Decrete dieser Versammlungen müssen, wenn sie Disciplinarsatzungen betreffen, vor ihrer Verkündung dem heiligen Stuhl, beziehungsweise der Congregation vorgelegt werden; einer eigentlichen päpstlichen Bestätigung aber bedürfen sie nur, wenn sie Glaubensfragen behandeln [1]. Diese Decrete haben verbindliche Kraft nur in der Provinz, und können, auch wenn sie vom heiligen Stuhl bestätiget sind, von einer nachfolgenden Synode wieder aufgehoben werden.

Die regelmäßige Periode von drei Jahren war niemals vollkommen in Uebung gewesen, die Synoden waren sogar in den meisten Provinzen ganz außer Uebung gekommen. Das badische Constitutionsedict vom 14. Mai 1807 hatte keine Veranlassung, sich mit denselben zu beschäftigen, aber die Frankfurter Kirchenpragmatik, welche dem Metropolitanverband eine so große Wichtigkeit beilegte, mußte sie natürlich wieder aufnehmen, und da wurde verfügt, daß Provincial=Synoden nur mit Genehmigung der vereinten Staaten gehalten werden dürfen, und daß diese den Versammlungen Commissäre beiordnen werden [2].

Die Bischöfe der oberrheinischen Kirchenprovinz hielten sich durch diese Bestimmung nicht gebunden; sie versammelten sich ohne Genehmigung der betreffenden Regierungen im März 1851

---

[1] Bened. XIV. De synod. dioecesan. Lib. XIII. ap. 3.
[2] Verordnung vom 30. Januar 1830, § 9.

in Freiburg; sie tagten über die Angelegenheiten der Kirche ohne Gegenwart landesherrlicher Commissäre, und erließen die bekannte Denkschrift, in welcher sie diesen Regierungen die Ansprüche der Kirche mittheilten. Diese Bischöfe versammelten sich wieder im April 1853, und erließen ihre Protestation gegen die Verordnungen vom 1. und 3. März; sie versammelten sich zum dritten Mal im Juni 1853 und beschlossen ihre zweite Denkschrift zur Begründung ihrer Ansprüche. Allerdings kann man sagen, daß diese Conferenzen doch nicht eigentliche Provincial=Synoden waren, weil sie keine Decrete beschlossen, welche dem Clerus und den Angehörigen der Diöcesen verkündet werden mußten. Formell mag das behauptet werden können; aber dem Wesen nach waren sie wirkliche Synoden, denn sie faßten sehr wichtige Beschlüsse, und die Denkschriften, welche diese enthielten, wurden gedruckt und verbreitet.

Die **Diöcesan=Synoden** gehören zu den ältesten Einrichtungen, sie reichen bis in die Urzeit der Kirche [1]. Der Bischof sollte ein= oder zweimal im Jahr den Clerus seiner Diöcese um seine Person versammeln; sendpflichtig waren vor Allen die Pfarrer, nebst diesen aber auch die Canoniker der Kathedralkirchen, der Collegialstifte und ebenso die Obern der Klöster. Wenn es sich um die Sittenzucht handelte, oder um Angelegenheiten, welche alle Cleriker berührten, so konnten auch einfache Beneficiaten zu der Versammlung berufen werden. Auf diesen Synoden sollten die Geistlichen über die Erfüllung ihrer Pflichten als Seelsorger Rechenschaft ablegen; sie sollten die Beschlüsse der Provincial=Synoden vernehmen, und die Befolgung der bischöflichen Verordnungen controliren. Auf der Synode sollten Streitigkeiten entschieden und gegen unsittliche Geistliche Strafen verhängt werden. Die Versammlung hatte jedoch nur einen berathenden Charakter und Procuratoren waren nicht zulässig. Eine Mittheilung der Beschlüsse an den heiligen Stuhl vor deren Verkündung wurde niemals gefordert. —

---

[1] Siehe **Alzog**, Universalgeschichte der christlichen Kirche, an den angeführten Orten, und Dritter Zeitraum, Erste Periode, Kap. 4. § 346. S. 835.

Durch die Entwicklung der Domcapitel und die Erweiterung des Wirkungskreises der Generalvicare und der Officiale wurden die bezeichneten Geschäfte großentheils in deren Hände gelegt. Diese sahen es nicht ungerne, daß die Synoden in Vergessenheit kamen, und fast nirgend wurde mehr die regelmäßige Folge derselben eingehalten. Schon das Concil von Basel forderte die regelmäßige Abhaltung der Diöcesan-Synoden [1], und bestimmter noch verfügte das Tridentiner Concil, daß jeder Bischof jährlich einmal alle Curatgeistlichen in einer Diöcesan-Synode versammeln solle [2]. Der Bischof Carolus Borromäus, als Bischof von Mailand, bestrebt die Beschlüsse des Conciliums durchzuführen, setzte Diöcesan-Synoden in seinem Sprengel in Gang, und da sie mit sehr großem Erfolge abgehalten wurden, so folgten viele andere Bischöfe in verschiedenen Ländern. Ein erleuchteter Papst, Benedict XIV., legte diesen Versammlungen eine besondere Wichtigkeit bei [3]; aber ungeachtet seiner wiederholten Empfehlungen sind sie gegen das Ende des achtzehnten Jahrhunderts abermals wieder in dem ganzen Bereich der Kirche verschwunden.

Die Diöcesan-Synoden, wenn auch selten berufen, bestehen noch immer gesetzmäßig in der Verfassung der katholischen Kirche, und sie könnten unter rechter Führung als eine segensreiche Einrichtung wirken. Die Frankfurter Kirchenpragmatik hat sie wieder aufgenommen, freilich nicht in ihrer ursprünglichen Bedeutung, sondern als Werkzeug, um das bischöf-

---

[1] In der XV. Sitzung im Jahr 1433.
[2] Sess. XXIV. De reform. cap. 2: ... Synodi quoque dioecesanae quotannis celebrentur, ad quas exempti etiam omnes, qui alias cessante exemptione interesse deberent, nec capitulis generalibus subduntur, accedere teneantur; ratione tamen parochialium aut aliarum saecularium ecclesiarum, etiam annexarum, debeant ii, qui illarum curam gerunt, quicunque illi sint, synodo interesse. Quod si in his tam metropolitani quam episcopi et alii supra scripti negligentes fuerint, poenas sacris canonibus sancitas incurrant.
[3] Benedict XIV. von 1740—1758. Er schrieb ein Werk: „De synodo dioecesano", welches die Eigenschaften, den Zweck, die Zuständigkeit und die Wirksamkeit dieser Versammlungen erörtert und welches als die höchste Autorität in dieser Sache gilt.

liche Ansehen zu schwächen innerhalb des Metropolitanverbandes, welcher an die Stelle der allgemeinen Kirchengemeinschaft treten sollte. — In der Ausführung der Kirchenpragmatik wurde denn auch in der oberrheinischen Kirchenprovinz verordnet: daß die Bischöfe mit Genehmigung der Regierungen und im Beisein eines landesherrlichen Commissärs Diöcesan-Synoden abhalten können, daß aber deren Beschlüsse der Staatsgenehmigung unterliegen, nach Maßgabe der Bestimmungen über das Placet [1]. — Diese Synoden sollten also nur berufen werden, wenn sie der Staatsgewalt dienten; ihre Beschlüsse sollten nur so lang bindende Kraft haben, als es der weltlichen Regierung nicht gefiele sie außer Wirkung zu setzen; sie sollten keine Stütze der Kirchengewalt werden, wohl aber sollte der Rest des bischöflichen Ansehens in einer Vertretung verschwinden und es sollten diese Versammlungen dienen, um die bureaukratische Herrschaft in Nothfällen zu decken. — Es ist daher sehr natürlich, daß unter diesen Umständen die Bischöfe solche Versammlungen nicht hatten berufen wollen, auch wenn die Zeit eine andere gewesen wäre, und wenn sie canonisch es hätten thun können.

Die Idee der Diöcesan-Synoden hatte nichtsdestoweniger viele Köpfe sehr lebhaft ergriffen. Schon im Jahr 1820, während man in Rom unterhandelte, hatte von Rotteck in der ersten badischen Kammer gemischte Synoden zur Sprache gebracht. — Einem Manne von so viel Geist und edler Gesinnung wie Rotteck, dem Manne, welcher achtzehn Jahre später für die Rechte des gefangenen Erzbischofes von Köln eine Lanze gebrochen, hätte das nicht geschehen sollen. Die Kirche kennt keine gemischten Synoden, ein Bischof war nicht vorhanden, der Verweser des Bisthums Constanz war vom heiligen Stuhle verworfen; unter welcher Autorität sollte die Versammlung tagen, auch wenn sie nur aus den Curatgeistlichen des Landes gebildet wurde? — Kein Mensch war weiter als Rotteck von

---

[1] Verordnung vom 30. Januar 1830 § 18 und für die Bestimmungen über das Placet die obenangeführten §§ 4 und 5.

dem Gedanken einer Stärkung der bureaukratischen Macht entfernt — wie kam er dazu, dafür noch das Ansehen oder doch den Schein einer kirchlichen Versammlung zu fordern? Im Jahr 1831 war der Erzbischof eingesetzt und es war wenigstens nicht unnatürlich, wenn Rotteck abermals die Sache in der zweiten Kammer zur Sprache brachte und sogar den Beschluß veranlaßte, das Staatsministerium zu bitten, daß es zur Berufung einer Diöcesan-Synode die Einleitung treffe. Auf jedem Landtag wurde dieser Gegenstand wiederholt, und jedesmal erklärte die Regierung, daß sie sich an die angenommene Bulle halten müsse. Auf dem Landtag 1835 hatte sich auch Duttlinger der Sache angeschlossen, die nun, mit der Cölibatsfrage verbunden, in zahlreichen Petitionen an die Kammer gebracht, aber damals, wie zwei Jahre später, von dem protestantischen Minister Winter mit der Erklärung abgefertigt wurden, daß solche Petitionen erfolglos in den Registraturen vermodern müßten.

In jener Zeit kämpfte man für die Feststellung der bürgerlichen und politischen Freiheit. Der Kampf war ein berechtigter, und wenn die Verfassung auch nur einigermaßen eine Wahrheit geworden, so haben wir es jenen Kämpfen zu danken. Der Strömung der Zeit konnte sich wohl Niemand entziehen und, von dieser getrieben, ergriff auch der Clerus die Idee der kirchlichen Vertretung und forderte sie von den Trägern der Kirchengewalt. Die Geistlichen waren Anfangs wohl in gutem Glauben, aber ihr heftiges Andrängen wurde allgemach eine unlautere Sache. Das liberale Princip überschlug sich und im Bunde mit der Lehre der Verneinung wurde es einem zerstörenden Radicalismus dienstbar, der immer mehr und mehr sich erhob. — In den obern Theilen des Großherzogthums, besonders im Seekreis, entwickelte der berüchtigte Schaffhauser Verein seine Thätigkeit [1]; er arbeitete für die radicale Um-

---

[1] Der Schaffhauser Verein wurde im Jahre 1838 von einem verrufenen Geistlichen, J. A. Fischer, gestiftet. Dieser, in Baiern geboren, mußte sein Vaterland verlassen, wurde als Professor der Theologie in Luzern angestellt und lebte dort in offenem Concubinat, so zwar, daß er,

wälzung, und viele Petitionen um die Berufung von Diöcesan=
Synoden hatten in diesem Treiben ihren Ursprung. Viele
Geistliche, welche den Petitionen an den Erzbischof beitraten,
haben in richtiger Auffassung gehandelt, denn sie vermeinten,
ein altes Institut der katholischen Kirche wieder in's Leben zu

---

als eines seiner Kinder gestorben war, die Bekannten zum Leichenbegäng=
niß einlud. Als er nach Amerika auswandern mußte, hinterließ er ein
Schreiben an den Bischof von Solothurn, worin er demselben erklärte, er
lebe seit Jahren im Concubinate, nur um zu zeigen, daß man katholischer
Priester bleiben könne, ohne deßhalb Cölibatär sein zu müssen, und um da=
durch die Vereinigung der christlichen Confessionen zu bewirken; andere Geist=
liche würden von gleichem Verfahren nur durch die Furcht vor dem Verluste
ihrer Pfründe abgehalten. Der Schaffhauser Verein war ein gemischter,
aus Priestern und Laien bestehend, und hatte den Zweck, die kirchlichen
Angelegenheiten in Rede und Schrift frei zu besprechen; er sollte in pe=
riodischen Haupt= und Bezirksversammlungen bestehen, welche durch schrift=
liche und gedruckte Mittheilungen in gegenseitige Verbindung traten. Jedes
Mitglied verpflichtete sich, die erforderlichen Wissenschaften zu treiben, so=
wie die Ergebnisse seiner Forschungen ohne Rückhalt mitzutheilen, und
machte sich zur Leistung von gewöhnlichen und außergewöhnlichen Geld=
beiträgen verbindlich. Die Vereinsordnung ist abgedruckt in „Katho=
lische Zustände in Baden", I. S. 122. Dem Verein waren Geist=
liche aus der Schweiz, Baden und Würtemberg beigetreten, und sein Vor=
stand war der Decan Kuenzer, Spitalpfarrer in Constanz und Abge=
ordneter zur zweiten badischen Kammer, in welcher er mit der äußersten
Fraction der Liberalen ging. Die offenen Satzungen konnten den gehei=
men Zweck nicht verhüllen, und dennoch wurden Viele über den Zweck
des Vereins getäuscht. Die erste Hauptversammlung fand am 4. October
1838 zu Schaffhausen statt, und wenige Tage nachher zeigten sich schon
die Wirkungen in einer Pastoralconferenz auf dem Schwarzwald. Unterm
19. October 1838 bezeichnete der Erzbischof Demeter in einem an die
katholische Kirchensection gerichteten Schreiben den Charakter dieses Vereins
und die Gefährlichkeit seines Treibens für Kirche und Staat, — erhielt
aber im December zur Antwort, daß, nach Einvernehmen des Decans
Kuenzer, die Behörde keine Veranlassung finde, gegen den Verein einzu=
schreiten. Diese Erwiderung, obgleich in der Form ungeeignet, hätte aber,
der Sache nach, vielleicht eine Rechtfertigung darin gefunden, daß durch
das Vereinsgesetz vom 26. October 1833 der Regierung die Hände ge=
bunden waren, als aber am 3. October 1839 der Verein sich wieder
versammeln sollte, sprach die Regierung dem Erzbischof das Recht ab, den
Curatgeistlichen Urlaub zu ertheilen.

rufen, sie hofften durch gemeinsame Vorstellungen die Hebung mancher Beschwerden bewirken und wohl begründeten Wünschen ihre Erfüllung erwerben zu können. Andere Priester, vom Geiste jener Zeit ergriffen, meinten durch diese Versammlungen eine Vertretung in der Verwaltung der Kirche einzuführen und dieser eine gesetzgebende Gewalt zu verschaffen; aber auffallend genug vergaßen diese Priester, daß die Diöcesan-Synoden kirchengesetzlich nicht über Verfassungsfragen verhandeln, daß sie auch in Angelegenheiten des Sprengels nur berathend sein konnten und daß in der neuern Zeit die Behauptung eines entscheidenden Beschlusses vom heiligen Stuhl verworfen worden war [1].

Unter dem 19. Februar 1836, also wenige Tage vor seinem Tode, hatte der Erzbischof Bernhard erklärt, daß er der Bitte um Berufung von Diöcesan-Synoden nicht entsprechen könne, aber diese Erklärung hatte begreiflicher Weise die Wühlerei für gemischte Synoden nicht zum Stillstehen gebracht. Daß solche den Grundprincipien der katholischen Kirchenverfassung entgegen seien — das kümmerte die Wühler sehr wenig, denn sie meinten, in diesen gemischten Versammlungen nicht etwa nur Neuerungen in Cultus und Abänderungen der Kirchendisciplin, besonders die Aufhebung des Cölibates, sondern die Beschränkung der bischöflichen Autorität, eine weltliche Suprematie und in weiterer Folge, ein Schisma zu bewirken, aus welchem der gänzliche Verfall der positiven Religion hervorgehen müsse. In einem Rundschreiben an die Geistlichkeit der Diöcese, vom 21. Februar 1840, erklärte der Erzbischof Ignaz, er seinerseits wünsche die Wiederbelebung des kirchlichen Institutes der Diöcesan-Synoden, aber die schwebenden Fragen seien von größerem Umfang, als daß sie durch ein Concilium seiner Diöcese gelöst werden könnten; ein solches würde diese Fragen eher noch mehr

---

[1] Diese Behauptung wurde aufgestellt in der berüchtigten Synode von Pistoja, welche im Jahr 1785 unter dem Vorsitze des Bischofes Scipio Ricci fast gleichzeitig mit der ebenso berüchtigten Conferenz der rheinischen Kurfürsten zu Ems abgehalten wurde. Das Verwerfungsurtheil gegen jene Synode ist in der Bulle Pius VI. „Auctorem fidei" vom 29. August 1794.

verwickeln, und wenn deren Erledigung von einer kirchlichen Versammlung bewirkt werden sollte, so könnte diese Versammlung nur ein deutsches National=Concil sein. — Im Juli desselben Jahres kamen die Petitionen um gemischte Synoden in der zweiten Kammer zur Verhandlung, und da erklärte die Regierung mit Festigkeit, daß die Entscheidung der Frage lediglich zur Befugniß des Erzbischofs gehöre, daß dieser aber die Berufung einer Synode entschieden verweigert habe.

War nun der Erzbischof von den Umständen gezwungen, die bescheidenen Bitten guter Priester abzulehnen und mit Entschiedenheit Denjenigen entgegen zu treten, welche eine kirchliche Einrichtung zum Umsturz der Kirchenverfassung zu verwenden gedachten, so durften die vereinigten Bischöfe dieses alte Institut nicht übersehen, denn sie wollten ja die Verfassung der Kirche in ihrer Provinz wieder herstellen.

In ihrer ersten Denkschrift vom Jahre 1851 hatten die Bischöfe die Frage der Synoden nicht besonders, sondern nur in Verbindung mit dem landesherrlichen Placet erörtert, auch die Erwiederung vom 5. März 1853 behandelte sie in dieser Verbindung, und ein beigelegter Verordnungsentwurf änderte die früheren Bestimmungen dahin: daß Provincial=Synoden, wenn auf denselben Gegenstände, die der landesherrlichen Genehmigung bedürfen, verhandelt werden sollen, nur nach vorhergehender Anzeige an die Regierungen der vereinten Staaten abgehalten werden können, daß diese sich die Beiordnung von Commissären vorbehalte, und daß die Beschlüsse den Bestimmungen über das landesherrliche Placet, wie sie eben diese Verordnung enthalte, unterliegen [1]. Es war also eigentlich nur die Form der Genehmigung durch die vereinten Regierungen als Bedingung für die Berufung dieser Synoden verändert, aber die neue Vorschrift mochte im gegebenen Fall doch immer die gleiche Wirkung haben. — Aehnliches wurde für die Diöcesanversammlungen verordnet. Es wurde dem Bischof gestattet, dieselben nach vorhergegangener Anzeige an die betreffende Landesregierung zu berufen; diese wahrte sich das

---

[1] Siehe diese Bestimmung in Abthl. V. S. 98.

Recht landesherrliche Commissäre abzuordnen und die Beschlüsse der Staatsgenehmigung zu unterwerfen. — In ihrer zweiten Denkschrift vom Jahr 1853 zeigten die Bischöfe das Schwankende dieser Bestimmung und erklärten, daß die Abhaltung dieser Synoden, zu der ordentlichen Jurisdiction des Metropoliten und der Bischöfe gehörend, durch die Reichsgesetze sowohl als durch die oft erwähnten Bullen gewährleistet seien, und daß sie deßhalb auch die Beschränkung dieser Institutionen, wie sie in das Ermessen der Staatsverwaltung gelegt sei, als zu Recht bestehend nicht anzuerkennen vermögen.

Hatte die großh. Regierung einmal die katholische Kirche als eine für sich bestehende Anstalt anerkannt, hatte sie das Recht derselben zur freien Besorgung ihrer Angelegenheiten zugestanden, so konnte sie auch die freie Ausübung dieser Institutionen nicht mehr verweigern. Die Regierung hatte das Placet aufgegeben; wollte sie die Beschränkung des kirchlichen Versammlungsrechtes aufrecht erhalten, so war sie mit sich selber, so war sie mit ihren eigenen Gesetzen in einen unlösbaren Widerspruch verfallen. — Die Bestimmung der Convention, welche dem Erzbischof die Abhaltung von Diöcesan- und Provincial-Synoden ohne jegliche Beschränkung verstattet[1], ist aber auch keineswegs eine gefährliche Bestimmung; denn im Allgemeinen sind die Bischöfe zur Berufung solcher Versammlungen nicht übermäßig geneigt, und wenn sie durch die Bitten ihrer Curatgeistlichen dazu veranlaßt werden, so wird aller Wahrscheinlichkeit nach der Nachtheil, wenn je ein solcher entsteht, nicht auf die Seite der weltlichen Gewalt fallen.

V.
Der kirchliche Verkehr oder das Placet.

Eine jede Amtsgewalt schließt, als nothwendige Bedingung ihrer Wirksamkeit, die Befugniß des amtlichen Verkehres in

---

[1] Uebereinkunft, Art. IV. 7.: ... Convocare et celebrare Synodum tum dioecesanam tum provincialem.

ihre Befugnisse ein und man kann von allen anderen erst reden, wenn diese festgestellt ist. An keinem Gegenstand des sogenannten Aufsichtsrechtes haben die deutschen Staaten so fest gehalten, wie an dem Zwang, welchen sie den Kirchenbehörden in ihrem äußeren und inneren Verkehr auferlegt haben. Soll der Papst zweifelhafte Fälle entscheiden, soll er die Ausführung der Gesetze überwachen und die Einheit der Kirche erhalten, so muß er mit allen Angehörigen in Verbindung stehen; soll der Bischof in seinem Sprengel die Angelegenheiten der Kirche besorgen, so muß er Verordnungen und Belehrungen erlassen, muß Mittheilungen empfangen, muß sich mit Geistlichen und mit Laien, mit Behörden und mit einzelnen Menschen in's Benehmen setzen können. Beschränkt man diesen Verkehr, so beschränkt man die Wirksamkeit der Kirchenregierung. Hebt man die natürliche Freiheit der Mittheilung auf, so hebt man die Möglichkeit auf, daß der Bischof und sein Clerus den Anforderungen entsprechen, welche auch der Staat mit vollem Recht an sie stellt.

So einfach die Sache erscheint, so bietet sie doch der Auffassung sehr verschiedene Seiten, und erregt allerdings gewichtige Bedenken. Es gibt eine große Zahl kirchlicher Verordnungen, welche die bürgerlichen und die staatlichen Verhältnisse berühren; mit dem besten Willen und mit der tiefsten Einsicht kann die Kirchenbehörde nicht immer die Tragweite einer solchen Verordnung ermessen. — Die Kirche nimmt für sich das Recht in Anspruch, daß sie allein nur über das urtheile, was ihre eigene Wohlfahrt erfordert, aber ebenso kann nur der Staat allein ermessen, was seine Rechte oder seine Interessen verletzt. Wenn aber nun die Staatsgewalt Verfügungen der Kirche zurückdrängen soll, mit welchen Mitteln kann sie es vollbringen? — Soll die weltliche Regierung nur repressive Maßregeln anwenden, soll sie gegen den Uebergriff der Kirchengewalt erst dann einschreiten, wenn er erfolgt ist; soll sie erst nach der Verkündung oder nach der Ausführung einer solchen Verordnung einschreiten und wegen Mißbrauch der Amtsgewalt die Träger der kirchlichen Autorität vor den weltlichen Richter ziehen; — so ruft sie Verwicklungen hervor, in welchen das Ansehen beider Gewalten untergehen muß. — Dieses öffentliche

Unglück zu verhindern, den Handlungen vorzubeugen, die sie strafen müßte — das ist ein Recht und eine Pflicht der Staatsgewalt, und es scheint deßhalb natürlich und einfach, daß diese von kirchlichen Verordnungen Kenntniß nehme, ehe sie verkündet sind, und daß sie vor dem Vollzug untersuche, ob sie nicht die Rechte und Interessen des Staates verletzen und gewissermaßen eine fremde Gewalt in dessen eigenes Gebiet einführen. — Der Bischof ist immer noch Staatsbürger, ist den Gesetzen des Landes und der heimischen Gerichtsbarkeit unterworfen, — aber der Papst, selbst Souverän, wohnt auf seinem eigenen Gebiete, untersteht keiner Gerichtsbarkeit. Unbestritten das Haupt der katholischen Kirche, kann er als weltlicher Fürst doch seine besondern Absichten haben und seine geistliche Autorität für diese mißbrauchen. Wenn es nun geduldet werden muß, daß die eigenen Bischöfe dieser auswärtigen Autorität unterstehen, so ist es doch andererseits billig, daß die Staatsgewalt sich versichere, daß der fremde Souverän nicht in die inneren Angelegenheiten des Staates sich mische. Solche Einmischung wäre vielleicht ohne Bedeutung und ohne Folgen, aber immer hängt die Ehre der Staatsverwaltung an ihrer Selbstständigkeit, die sie in kleinen Dingen wahren muß, wie in großen.

Das Alles kann man in gutem Glauben zugeben; ist man aber nach der andern Seite gerecht, so muß man wohl auch fragen, ob es denn nicht möglich sei, daß irgend eine Verordnung der weltlichen Gewalt in die Rechtssphäre der Kirche eintrete, oder deren eigenthümliche Interessen berühre, und ob immer vorausgesetzt werden dürfe, daß die weltliche Gewalt genau zu beurtheilen vermöge, wie weit eine solche Verordnung in das kirchliche Gebiet eindringe. In Folge des Princips der Gegenseitigkeit muß man weiter fragen, ob die Kirche auch Gewaltmittel habe, um den Wirren und den Conflicten zuvorzukommen, welche durch die Verkündung und den Vollzug staatlicher Verfügungen entstehen. — Das Bestreben, seine Macht auszudehnen, ist menschlich, und darum haben nicht nur die kirchlichen, sondern auch die Beamten des Staates einen gewissen Trieb, ihre eigene Sphäre zu überschreiten, und jede präventive Maßregel gegen kirchliche Verordnungen kann das

Mittel zu einer Hemmung der Autorität, kann ein ununterbrochener Eingriff in das Rechtsgebiet der Kirche werden. Der größte Gerechtigkeitssinn und der beste Wille einer Regierung könnte solches Uebergreifen nicht immer verhindern, und deßhalb müßte gegen die eine Gewähr sogleich wieder eine andere gestellt werden.

Die heutigen Staaten haben die Verordnungen der Kirchenregierung vor deren Verkündung ihrer Prüfung und Genehmigung unterworfen; sie haben den kirchlichen Verkehr zwischen den Häuptern, den Dienern und den Angehörigen der Kirche gewaltthätig überwacht und selbst den amtlichen Verkehr der einheimischen Geistlichkeit mit dem Oberhaupt der Kirche unter polizeiliche Aufsicht gestellt. — Dieses Recht, das sogenannte königliche Placet, wurde von den bourbonischen Häusern aus dem Orient in das Abendland verpflanzt. Wie sehr man sich auch bemüht hat, dieser Gewaltthätigkeit und Unnatürlichkeit eine bestimmte Theorie zu unterlegen, so waren die Grenzen dieses Rechtes doch niemals genau bestimmt. „In dem einen Lande war es nur eine lästige Formalität, in dem andern eine vollkommene Bevormundung der Kirchengewalt — hier wurden diesem Rechte sehr enge Grenzen gesteckt, dort wurde es so endlos erweitert, daß die Staatsregierung durch irgend eine willkürliche Ausübung desselben, sogar ohne scheinbare Verletzung der Gesetze, alle Selbstständigkeit der Kirche und der Kirchenregierung zerstören konnte" [1]. In einem und demselben Lande wurde dieses Recht zu einer Zeit sehr mild und bescheiden ausgeübt, und zu einer andern selbst von untergeordneten Behörden bis auf die kleinsten Einzelheiten ausgedehnt, je nach der zeitigen Sinnesart des Regenten und der jeweiligen Richtung ihrer Minister.

Die Rechtsanschauung unserer Zeit ist staatspolizeilichen Präventivmaßregeln durchaus abgeneigt; sie fordert, daß man sie nur im äußersten Nothfall anordne und immer, wenn sie ja unvermeidlich geworden, auf ihr kleinstes Maß beschränke. Viele Staaten haben es für zweckmäßig gehalten, auf die Aus-

---

[1] M. Permaneder, Handbuch des katholischen Kirchenrechtes. § 62. S. 81.

übung dieses Rechtes zu verzichten, und mehrere haben die Freiheit des kirchlichen Verkehrs in ihre Grundgesetze aufgenommen¹. So ist nun das moderne Staatsrecht mit dem heutigen Kirchenrecht darin zusammengekommen, daß Verfügungen, welche die Verfassung der Kirche betreffen, von dem Staate keineswegs in Beziehung auf ihre innere Zweckmäßigkeit, sondern nur auf ihre Uebereinstimmung mit dem bestehenden Rechte geprüft werden dürfen; — daß ferner bei neuen Verordnungen über die Kirchendisciplin, welche das bürgerliche Leben berühren, die Rücksprache mit der Staatsregierung nothwendig sei, daß es aber von den Verhandlungen abhänge, ob die Regierung der Ausführung solcher Verordnungen die Unterstützung der weltlichen Gewalt zusichern, oder sie einfach zulassen, oder sie gänzlich zurückweisen wolle; — und daß endlich Anordnungen über die Disciplin vor deren Vollziehung der Staatsregierung vorgelegt werden sollen, weil die mögliche Rückwirkung auf das bürgerliche Leben nicht immer klar zu Tage liege. — Die beiden Rechte sprechen ferner aus, daß bei Verordnungen, welche bloß den Glauben und die Lehre betreffen, die Staatsregierung eine vorgängige Einsichtnahme nicht verlangen könne. Wenn solche Einsichtnahme auch darin einigen Grund habe, daß die Staatsregierung sich vor der Bekanntmachung einer solchen Verordnung überzeugen wolle, ob derselben nicht etwa auch andere Verfügungen beigemischt seien, — so sei dieser Grund nicht haltbar, weil er auf einem Mißtrauen beruhe, welches der Staatsregierung unwürdig sei und die Kirchenautorität verletze, und weil endlich die volle Freiheit des kirchlichen Verkehres keinen staatlichen Zustand gefährde. Mit noch größerer Bestimmtheit verwirft die heutige Lehre jegliche Beschränkung des

---

¹ In Preußen wurde das königliche Placet zuerst abgeschafft durch Ministerialbeschluß vom 1. Januar 1841; in Belgien durch die Verfassungsurkunde vom 25. Januar 1831 § 16; in Kurhessen ebenfalls durch die Verfassungsurkunde vom 5. Januar 1831 § 135; in Hannover durch die Verfassungsurkunde vom 26. Septbr. 1833 §§ 63, 64; in der holländischen Verfassung § 170; und endlich hat auch die preußische Verfassungsurkunde in § 16 die Freiheit des kirchlichen Verkehrs noch besonders gewährt.

innern Verkehrs, welcher zwischen dem Bischof, dem Clerus und dem Volk und aller dieser mit dem Papst, als der höchsten Autorität der Kirche und dem obersten Richter in kirchlichen Dingen, frei sein soll von jeder Vermittlung und von jeder Controle weltlicher Behörden oder ihrer Agenten. Das ist der heutige Stand der Lehre [1]. Sehen wir, wie es mit dem sogenannten landesherrlichen Placet im Großherzogthum Baden gehalten worden ist: —

Der Markgraf Karl Friedrich hatte in seinen ersten Verordnungen über kirchliche Verhältnisse das landesherrliche Placet gewahrt und in dem späteren Gesetz dasselbe wieder aufgenommen [2], für dessen Ausübung aber keine besonderen Vorschriften gegeben. — In den Resten der ehemaligen Sprengel, aus welchen die Erzdiöcese Freiburg zusammengesetzt ist, war keine eigentliche Kirchengewalt; die altersschwachen, greisen Bischöfe, welche noch lebten, waren außer Wirksamkeit, der Papst war gefangen, die Vicariate in Constanz und zu Bruchsal waren nur noch dem Namen nach vorhanden. Die Regierung der Kirche war ganz in den Händen der staatlichen Behörden, und da gab es denn kaum eine Gelegenheit, um den beliebten Act der „Kirchenoberherrlichkeit" zu vollziehen; wollten aber die Vicariate jemals eine kirchliche Verordnung erlassen, — wollten sie jemals eine Anfrage an den heil. Stuhl richten, so war die Beaufsichtigung schnell bei der Hand und das Placet wurde

---

[1] Dafür könnte der Verfasser gar viele Schriftsteller anführen, welche, auf sehr verschiedenen Standpunkten stehend und mit sehr verschiedenen Auffassungen des öffentlichen Rechtes, in den angeführten Sätzen dennoch übereinstimmen. Daß alle heutigen Lehrer des Kirchenrechtes die Freiheit des kirchlichen Verkehres behaupten, das versteht sich von selbst, aber selbst Dr. Bluntschli (Allgemeines Staatsrecht, München 1852. IX. Buch 7. Kapitel) getraut sich nicht das Placet zu vertheidigen; er gesteht zu, daß in dem „gespannten Placet noch ein Stück Kirchenregiment" verborgen sei; er verwirft es im Grundsatz, in seinem Ausgleichungsbestreben meint er jedoch, daß ein staatliches Veto (non displicet) dem natürlichen Verhältnisse der beiden Organismen am besten zusage.

[2] Drittes Organisations-Edict vom 11. Februar 1803. — Erstes Constitutions-Edict vom 14. Mai 1807 § 21.

strenge gehandhabt, auch für Dinge, welche den badischen Beamten als sehr geringfügig erschienen. Nachdem der Papst in den Besitz des Kirchenstaates wieder eingesetzt war und in der wiederhergestellten Ordnung von Europa sein Amt wieder angetreten hatte — da entstanden die Wessenbergischen Fragen; die badische Regierung gerieth in eine feindselige Stellung gegen den heiligen Stuhl; da war denn jeder Verkehr mit diesem fast ein Verbrechen, und bis zur Errichtung des Erzbisthums bestand eigentlich gar kein solcher Verkehr. — In der Errichtungsbulle vom 11. April 1827 wurde in Folge der Vereinbarungen der Regierungen in der oberrheinischen Kirchenprovinz die Freiheit des Verkehres mit dem heil. Stuhl feierlich und bestimmt ausgesprochen [1], aber das öfter erwähnte Fundationsinstrument des Erzbisthums beschränkte den Verkehr mit dem Papste einzig und allein auf den Erzbischof, und der verabredete Vollzug der Frankfurter Beschlüsse, welcher der Einsetzung des Erzbischofs unmittelbar folgte, hob durch die Verordnung vom 30. Januar 1830 die Freiheit des kirchlichen Verkehres vollkommen auf. Diese verfügte, daß alle Verordnungen und alle Erlasse des Erzbischofs und der anderen kirchlichen Behörden der Staatsgenehmigung unterworfen seien, und daß nicht nur die neuen Bullen, Breves und sonstigen Erlasse des heil. Stuhles, sondern auch alle früheren, so oft sie in Anwendung gebracht werden, der landesherrlichen Genehmigung unterliegen, und nur dem Erzbischof allein war es erlaubt, sich unmittelbar an das Oberhaupt der Kirche, jedoch unter Berücksichtigung der „aus dem Metropolitanverband" hervorgehenden Verhältnisse, zu wenden [2]. — Darf man sich wundern, wenn

---

[1] Art. VI. Liberum erit, cum Sancta Sede de negotiis Ecclesiasticis communicare, atque etc.

[2] Verordnung vom 30. Januar 1830. Der Wortlaut ist der folgende: „§ 4. Die von dem Erzbischof, dem Bischof und den übrigen kirchlichen Behörden ausgehenden allgemeinen Anordnungen, Kreisschreiben an die Geistlichkeit und Diöcesanen, durch welche dieselben zu etwas verbunden werden sollen, sowie auch besondere Verfügungen von Wichtigkeit unterliegen der Genehmigung des Staates und können nur mit der ausdrück-

man in dieser Clausel die Vorbereitung zur Selbstständigkeit des Metropolitanverbandes, also zur Losreißung der oberrheinischen Provinz von der Allgemeinheit der römisch-katholischen Kirche gewahren wollte?

Die angeführte Verordnung wurde Anfangs sehr mild vollzogen, und der Erzbischof Bernhard Boll ließ sich durch dieselbe nur wenig beirren, — aber allmählich wurde der Vollzug immer strenger und strenger. Der zweite Erzbischof Ignaz Demeter mußte alle seine Bekanntmachungen dem Oberkirchenrath vorlegen, jede Mittheilung an seine Diöcesanen wurde von dieser Behörde geprüft, Hirtenbriefe wurden verlesen oder im Abdruck vertheilt, Mandate wurden an den Kirchenthüren angeheftet und alle trugen die Ueberschrift: „Mit landesherrlicher Bewilligung". — Allerdings war der Druck in manchen Staaten noch härter. In Oesterreich mußte jede Mittheilung, jede Anfrage und jedes Gesuch an den heiligen Stuhl durch einen k. k. Agenten in Rom vermittelt werden, und hatten die reichen Bischöfe dort

---

lichen Bemerkung der Staatsgenehmigung (Placet) kund gemacht oder erlassen werden. Auch solche allgemeine kirchliche Anordnungen und öffentlichen Erlasse, welche rein geistliche Gegenstände betreffen, sind den Staatsbehörden zur Einsicht vorzulegen, und kann deren Kundmachung erst alsdann erfolgen, wenn dazu die Staatsbewilligung ertheilt worden ist. — § 5. Alle römischen Bullen, Breven und sonstigen Erlasse müssen, ehe sie kund gemacht und in Anwendung gebracht werden, die landesherrliche Genehmigung erhalten, und selbst für angenommene Bullen dauert ihre verbindende Kraft und ihre Gültigkeit nur so lange, als nicht im Staate durch neue Verordnungen etwas Anderes eingeführt wird. Die Staatsgenehmigung ist aber nicht nur für alle neu erscheinenden päpstlichen Bullen und Constitutionen, sondern auch für alle früheren päpstlichen Anordnungen nothwendig, sobald davon Gebrauch gemacht werden will. — § 19. Nur der Erzbischof, Bischof und der Bisthumsverweser stehen in allen, die kirchliche Verwaltung betreffenden Gegenständen in freier Verbindung mit dem Oberhaupte der Kirche, jedoch müssen dieselben die aus dem Metropolitanverbande hervorgehenden Verhältnisse jeder Zeit berücksichtigen. Alle übrigen Diöcesangeistlichen haben sich in allen kirchlichen Angelegenheiten an den Erzbischof (Bischof) zu wenden." — Dieser § 19 der Verordnung ist wörtlich gleichlautend mit dem § 13 der zweiten Abtheilung des Fundationsinstrumentes vom 16. October 1827.

eigene Geschäftsträger aufgestellt, so mußten diese sich in jedem Fall das Visa des Staats-Agenten beschaffen. — In Kurhessen und in Hannover unterlagen alle Schreiben an den Papst der polizeilichen Censur. Waren nun die Bestimmungen der Frankfurter Kirchenpragmatik auch unanständig und hart, so wurden sie noch festgehalten, als die anderen deutschen Staaten, als selbst die niederländische Regierung von der kleinlichen Aengstlichkeit sich schon befreit hatten, und sie wurden ungleich, bei der einen Gelegenheit anständig und mild, und bei einer anderen streng und ängstlich vollzogen. — Der Erzbischof Hermann v. Vicari hielt, mit vollem Recht, sich nicht durch eine Verordnung gebunden, welche den unzweideutigen Bestimmungen des feierlichen Vertrages durch eine Verordnung widersprach, gegen welche seine Vorgänger unablässig protestirt und welche der Papst, als der andere Contrahent, entschieden verworfen hatte. Er entzog sich thatsächlich dem Zwang, er legte dem Oberkirchenrath keine seiner Bekanntmachungen vor, — er suchte für deren keine die Staatsgenehmigung nach und — die Regierung ließ es geschehen. — Allerdings waren damals schon gar viele Dinge aus den Fugen gegangen, und man konnte gegen die anerkannte Kirchengewalt nicht mehr eine Censur ausüben, welcher sich die jämmerlichsten Winkelblätter mit höhnendem Lachen entzogen. — Bald kam das Jahr 1848 mit seinen Wirren und, als die Ordnung wieder hergestellt war, dachte man vorerst nicht mehr an das Placet.

Wenn in den andern Staaten der oberrheinischen Kirchenprovinz etwa auch ein Zustand, wie im Großherzogthum Baden sich entwickelt hatte, so war die Freiheit des kirchlichen Verkehrs der Katholiken doch immer nur ein thatsächlicher Zustand, — in den Augen der Regierungen nothwendig ein Mißbrauch, welchen sie nach Belieben einstellen konnten und, von ihrem Standpunkt aus, sogar einstellen mußten. Die oberrheinischen Bischöfe hatten daher vollkommen Recht, daß sie das Placet zu einem Hauptpunkt ihrer Beschwerden machten. In ihrer ersten Denkschrift vom Jahr 1851 stellten sie, auf die bekannten Gründe gestützt, an die Regierungen eine ehrfurchtsvolle Bitte um Aufhebung der drückenden Anordnung und sie bezeichneten die Gewährend dieser ihrer Bitte als eine Handlung „von so eminenter Gerechtigkeit, daß sie sich auch nicht den leisesten Zweifel an deren bereitwilligste Anerkennung da erlauben, wo die Selbstständigkeit der Kirche eine Wahrheit sein solle."

Diese Hoffnung des oberrheinischen Episcopates sollte jedoch noch keine Wahrheit werden, denn in der Erwiderung ihrer Denkschrift erklärt die großherzogl. Regierung, daß sie keineswegs beabsichtige in das eigenthümliche Gebiet der Kirche hemmend oder vorschreitend einzugreifen, daß sie aber auch andererseits auf unveräußerliche Rechte der Staatsgewalt in ihrer Sphäre nicht verzichte. Eine neue Verordnung vom 1. März 1853 gewährte allerdings einige Abänderungen der betreffenden Bestimmungen — aber diese bestanden lediglich darin, daß nur diejenigen päpstlichen Bullen, Breven und sonstigen Erlasse, welche staatliche oder bürgerliche Verhältnisse berühren, vor ihrer Verkündung der Staatsgenehmigung unterliegen, und daß der Verkehr der Angehörigen der katholischen Kirche mit deren Oberhaupt in kirchlichen Dingen freigegeben wurde, jedoch wieder mit dem alten Vorbehalt, daß jederzeit die Verhältnisse berücksichtiget werden sollen, welche aus dem Metropolitanverbande hervorgehen.

Nach dieser neuen Verordnung konnte nun allerdings das Placet nicht mehr angewendet werden, um angenommene, vom Staat genehmigte und schon vollzogene Kirchengesetze durch einfache Regierungsverordnungen außer Kraft und Wirksamkeit zu setzen, aber die „Rücksicht auf die Verhältnisse, die aus dem Metropolitanverband hervorgehen," gestattete noch immer Deutungen von beliebiger Tragweite und bedenklicher war noch die fernere Erklärung der Regierung, daß sie durch vorhandene päpstliche Verordnungen sich nicht abhalten lassen könne, einzuschreiten und das Nöthige vorzukehren, so oft „die allgemeine Wohlfahrt des Staates und insbesondere die Erhaltung des confessionellen Friedens es erheischen sollte."

Die zweite Denkschrift der Bischöfe vom Jahr 1853 weist nach, daß diese Clausel alle Rechtssicherheit zerstöre, daß es gerade so schwankende Titel gewesen seyen, unter welchen die natürlichen Rechte der Kirche verkürzt und die unschuldigsten

Regungen des religiösen Lebens gehemmt oder ganz unterdrückt worden seien. Mit ungemeiner Schärfe zeigt diese Denkschrift, wie unbestimmt die Begriffe und wie vieldeutig die Ausdrücke der Erklärungen der Staatsschrift und die Bestimmungen der beigelegten Verordnung seien. Man strafe, sagten die Bischöfe, wenn kirchliche Erlasse in die Rechte Anderer, sey es in Rechte des Staates, der Privaten oder in die einer anderen Confession eingreifen, aber man trete nicht in das eigene Rechtsgebiet der Kirche, und verstecke nicht Willkür und Gewalt hinter Wörtern. Die Bischöfe erklären, daß sie zum Voraus alle und jede Verantwortlichkeit für ihre Verordnungen und ihre Bekanntmachungen übernehmen. — Der Preßzwang war, auch während des Kriegsstandes und der preußischen Besetzung des Landes, wenigstens der Form nach nicht wieder hergestellt; nur die kirchlichen Bekanntmachungen unterlagen noch Präventivmaßregeln, welche in der mildesten Ausführung verletzten, — und da waren die Bischöfe doch wohl vollkommen im Recht, wenn sie für ihre amtliche Wirksamkeit nur jene Freiheit forderten, welche die Staatsgesetze einem jeden Privatmann gewähren.

Die bekannten Verordnungen vom 7. November 1853 hatten die ganze Amtsthätigkeit des Erzbischofs unter die unmittelbare Aufsicht eines Ortsbeamten gestellt; sie hatten damit die Sache auf die Spitze getrieben und es währte nicht lange, so brach diese Spitze. Das Rennen und Jagen der Polizei, das Aufspüren erzbischöflicher Mittheilungen, die Aufpassereien, die Haussuchungen, die Verhaftungen und alle die Gewalthandlungen, was haben sie bewirkt? — nichts Anderes, als die Ueberzeugung, daß man das Unnatürliche nicht durchführen könne, und in der zweiten Hälfte des Jahres 1854 war das Placet so vollkommen vergessen, als ob es nie dagewesen wäre. Konnte die badische Regierung in Rom die Herstellung einer Sache wieder fordern, die so ganz und gar durch sich selber zerfallen war? — Die Bestimmung der Vereinbarung (Art. VI.) erklärt, daß in kirchlichen Angelegenheiten der wechselseitige Verkehr des Erzbischofes, des Clerus und des Volkes mit dem heiligen Stuhl frei sein solle, und daß ebenso der Erzbischof mit seinem Clerus und mit dem Volke frei verkehren könne — und wahrlich), diese Bestimmung war fertig, ehe noch die Unterhandlung begann.

Wenn nun aber die Freiheit des kirchlichen Verkehres so bestimmt ausgesprochen ist, wo bleibt dem Staate sein nothwendiges Aufsichtsrecht; — liegt die Gewähr der Regierung für den vollkommenen Bestand ihrer Rechte nur allein in dem Strafgesetz? Die Regierung findet die Sicherung ihrer Rechte für die Ausübung ihres Aufsichtsrechtes in den besonderen Weisungen, welche der Erzbischof vom heiligen Stuhl erhalten hat, und welche, wie oben erwähnt, die Kraft und die Wirksamkeit der Uebereinkunft selbst haben. Diese Instruction schreibt ihm vor, er solle, wenn er bei Ausübung seines bischöflichen Amtes eine allgemeine Verordnung oder überhaupt eine Verfügung von höherer Bedeutung erläßt, diese, gleichzeitig mit der Veröffentlichung, der großherzogl. Regierung mittheilen; sofern sich aber eine amtliche Anordnung nicht innerhalb des Kreises halte, in welchem die Kirchengewalt ausschließlich zuständig ist, sondern sich auf Dinge erstrecke, welche im Gebiete der Staatsgewalt liegen; so solle der Erzbischof, bevor er sie veröffentlichet, mit der großherzogl. Regierung sich in's Einvernehmen setzen. Ebenso soll es gehalten werden mit allen anderen Verordnungen und Bekanntmachungen des Kirchenoberhauptes, des Erzbischofes und aller kirchlichen Behörden [1].

Damit ist nun der Regierung eine sehr wirksame Gewähr für die Aufrechthaltung ihrer Rechte gegeben; denn wenn sie, was vorausgesetzt werden muß, mit ihren Bemerkungen nicht offenbar im Unrecht ist, so wird das Einvernehmen immer zu einer billigen Ausgleichung führen. Jeder Bischof, welches auch

---

[1] Der Wortlaut der Instruction zu Art. IV. der Uebereinkunft, auf welchen sich die Weisungen zu Art. VI. beziehen, ist: „Cum vero ipsi pro episcopali suo officio generalis aliqua aut majoris momenti ordinatio erit edenda, illius exemplar Gubernio mittendum curabit eodem tempore, quo illam erit in lucem emissurus. Quatenus vero pastoralium ordinationum vis non contineatur intra ea, quae ad potestatem soli Ecclesiae competentem referantur, sed extendatur ad res Gubernii auctoritate constituendas, antequam eas vulget, cum eodem Gubernio consilia conferet."

sein Charakter und seine Sinnesart sein möge, wird sich sehr hüten, die Staatsgewalt in die Nothwendigkeit zu bringen, ihre Autorität in herbem Widerspruch gegen die kirchliche aufrecht halten zu müssen.

Wenn nun die Uebereinkunft (Art. XXII.) bestimmt, daß der Erzbischof mit allen großherzogl. Behörden unmittelbar verkehren könne, so scheint sich das von selbst zu verstehen, und doch ist diese Bestimmung nicht unnöthig. Bisher bestand die Anordnung, daß der Bischof und sein Ordinariat nur mit dem Oberkirchenrath als dem einzigen Vermittler zwischen ihm und der Staatsgewalt verkehren dürfte, und man hat diese Anordnung selbst dann noch festhalten wollen, als sämmtliche Glieder dieser Behörde in dem Kirchenbann lagen. Später mußte man sie freilich aufgeben; der Erzbischof hatte sich mit den höchsten Staatsbehörden unmittelbar in Verbindung gesetzt, diese haben seine Mittheilungen angenommen und die Neuerung besteht jetzt nur darin, daß er nun auch an mittlere und untergeordnete Behörden geschäftliche Mittheilungen erlassen kann. — Das ist am Ende freilich nur die Vereinfachung eines schwerfälligen Geschäftsganges; aber dieser war für die Stellung des Kirchenfürsten verletzend.

VI.
Die Verwaltung des Cultus.

Jeder Glaube tritt aus der Innerlichkeit und bildet sich im Leben eine äußere Gestaltung, — jeder Glaube schafft sich seinen Cultus und, mehr als jede andere, liegen die Verhältnisse des Cultus in dem eigenthümlichen Gebiete der Kirche. — Die Frage, ob sich die „Kirchenherrlichkeit" des Staates auch über die Verwaltung des Cultus erstrecke, ist die Frage, ob die Verwaltungsstellen des Staates auch über die Form der Andachten, über die Darbringung der Messe, über das Abhören der Beichte und die Spendung des Abendmahles, über die Feier der heiligen Tage, über die Ceremonien bei Begräbnissen u. s. w. verfügen, ob sie das Rituale bestimmen oder ob sie Gebete vorschreiben, ob sie überhaupt den Gottesdienst regeln solle. — Die früheren Gesetze des Großherzogthums, als das Organisations-Edict vom Jahr 1803 und das Constitutions-Edict vom Jahr 1807, verordnen allerdings unmittelbar keinen Eingriff in die Verwaltung des Cultus und nur Unverstand oder böser Wille konnte manchen Bestimmungen derselben solche Eingriffe abzwingen. — Im Sinne der Regenten haben sie niemals gelegen, denn diese waren mild und gerecht; aber die unteren Beamten haben sich wohl manchmal erlaubt, über die Ausübung des Gottesdienstes Befehle und Anordnungen zu erlassen, kirchliche Andachten zu befehlen oder abzustellen und den Pfarrern Vorschriften zu geben. Wie oft wurde der religiöse Sinn der Katholiken verletzt, wie oft ihre Gebräuche verhöhnt; wie z. B. wurde gegen die Bittgänge geeifert, wie wurde gegen die Wallfahrten gewüthet? — Man reise im Land, besonders in den Gebirgen, umher und frage alte Leute und man wird von Rohheiten hören, die heutzutage kaum glaublich erscheinen. — In der Zeit, in welcher keine eigentliche Kirchengewalt bestand, konnte die Staatsregierung mit dem besten Willen Handlungen der Willkür nicht hindern, die heutzutage unmöglich wären.

Die äußeren Verhältnisse des Cultus berühren allerdings das bürgerliche Leben in sehr vielen Dingen und es kann wohl vorkommen, daß die Kirchenbehörden für die Aufrechthaltung der bürgerlichen und polizeilichen Ordnung nicht einstehen können. In solchen Fällen ist es freilich geboten, daß die weltliche Gewalt ihre Ordnung aufrecht erhalte, und man kann es ihr nicht zumuthen, daß sie die Gewähr gegen Störungen nur allein in dem Strafgesetz suche; — aber deßhalb darf sie doch in die kirchliche Anordnung nicht unmittelbar eingreifen. Sie mag ihre Vorkehrungen treffen, sie mag sich mit den kirchlichen Behörden benehmen, aber sie soll nicht über den eigentlichen Gegenstand einer Handlung des Cultus verfügen. Eine übertriebene Aengstlichkeit hat früher die weltlichen Behörden zu gar vielen Ueberschreitungen getrieben und sie sahen darin kein Uebel, als noch unter den Beamten die Meinung herrschte, daß ihrer Gewalt alle Verhältnisse und alle Thätigkeiten des

Lebens unterworfen seien. Von den Wirkungen dieser Aengstlichkeit sind bis jetzt noch bedeutende Reste und zwar selbst in der Residenzstadt geblieben; denn es bestehen dort noch Verordnungen, welche mit der gesetzlich zugesicherten Freiheit der Religionsübung nicht wohl vereinbar sind [1]. Wie sehr solche polizeiliche Besorgniß und Aengstlichkeit unnöthig sei, hat die neueste Zeit hinreichend gezeigt. Es sind Missionen in allen Theilen des Landes gehalten worden, Tausende sind herbeigekommen, die Missionäre mußten manchmal auf freien Plätzen predigen und Andachten verrichten; Processionen und Bittgänge haben an manchen Orten des Landes, in Städten, wo sie lange Jahre nicht abgehalten waren, große Menschenmassen herbeigezogen und nirgend hat man von einer erheblichen Störung gehört und ohne Zweifel am wenigsten dort, wo die Polizei die kleinsten Vorkehrungen traf.

Durch die angeführte Bestimmung der Verordnung vom Jahr 1830, daß alle Anordnungen der Kirche der landesherrlichen Genehmigung unterliegen, ist die Freiheit des Cultus am meisten gefährdet; denn es ist gewiß, daß man damit unmittelbar in dessen Verhältnisse eingreifen konnte und es ist gewiß, daß man solche Eingriffe gemacht hat; denn die Einführung eines Gesangbuches oder eines Rituale bedurfte der staatlichen Genehmigung und es liegen Beispiele vor, daß man gerade dieses Genehmigungsrecht gegen eine Verordnung des Erzbischofs Ignaz über das Rituale seines Vorgängers benützt hat. Die gegenwärtige Schrift soll nicht aufregen, sondern versöhnen und deßhalb will ich keine weiteren Beispiele aufführen. Es ist gewiß, daß in der neueren Zeit solche Eingriffe in die Freiheit der Religionsübung nur selten und in geringem Maße vor-

---

[1] Der Verfasser meint damit die Verordnung, daß in Karlsruhe keine religiöse Feierlichkeit sich außer der Kirche zeigen darf. Die Frohnleichnamsprocession z. B. darf sich nicht einmal auf dem Platze der Kirche bewegen, und kein katholischer Geistlicher darf in kirchlicher Kleidung auf der offenen Straße gehen. Die Katholiken in Karlsruhe zählen jetzt etwa 10,000 Seelen und bilden daher mehr als ein Drittheil der Bevölkerung, und doch wurde diese alte, vor einem halben Jahrhundert ohne Zweifel gerechtfertigte, Verordnnng noch bis auf die neueste Zeit mit aller Strenge vollzogen.

kamen; aber wer schützt diese Freiheit, wer stellt Gewähr, daß sie nicht bei Gelegenheit wieder verletzt werde, wenn sie nicht durch bestimmte Gesetze verbürgt ist?

In ihrer Denkschrift vom Jahr 1851 haben die oberrheinischen Bischöfe dankbar anerkannt, daß in der jüngsten Zeit ihre Anordnungen seltener auf Hemmnisse gestoßen, und nie mehr ein Zwang zur Vornahme kirchlicher Handlungen und Feierlichkeiten ausgeübt worden sei; sie haben aber die Regierungen gebeten, diese Freiheiten durch gesetzliche Bestimmungen zu sichern. Da die neueren Verfassungen, sagen sie, allen Religionsgesellschaften die Freiheit der öffentlichen Religionsübungen zugesagt haben; so hoffen sie, daß man auch ihnen nicht das Recht verkümmern werde, in ihren Sprengeln für den Gottesdienst alles dasjenige anzuordnen, was sie „der Feier des katholischen Cultus, sowie der Weckung, Entwicklung und Kräftigung des kirchlichen Lebens überhaupt für angemessen erachten. Sie rechnen dahin die Einführung etwa zweckdienlicher Gottesdienstordnung, Agenden, Gebet- und Gesangbücher, die Anordnung ihrer Festtage, Processionen und Wallfahrten, die Spendung ihrer heiligen Sacramente, die Abhaltung von Priesterexercitien und Volksmissionen u. s. w." Indem die Bischöfe nun die Hoffnung aussprachen, daß ihre kirchliche Amtsthätigkeit gegen alle Einwirkung der weltlichen Gewalt werde sicher gestellt werden, so versprechen sie allezeit strenge Sorge dafür tragen zu wollen, „daß durch gottesdienstliche Handlungen und Feierlichkeiten nimmer die öffentliche Ruhe und Sicherheit irgendwie gestört werde."

Ehe noch die Regierungen eine Erwiederung auf diese Denkschrift gegeben, erfolgte das Ableben des Großherzogs Leopold, und es erhob sich der bedauerungswerthe Conflict über die Anordnung des Trauergottesdienstes. Der Erzbischof war canonisch entschieden im Recht und neuere Verfügungen des heiligen Stuhles zwangen ihn die Seelenmessen zu versagen, wie sie z. B. auch bei ähnlicher Gelegenheit in Hannover und in Preußen versagt worden sind. Allerdings waren den drei vorangegangenen Großherzogen Todtenämter gehalten worden, allerdings erschien Jedem, der die Verhältnisse nicht kannte, in dem Verfahren der Kirchenbehörde ein Widerspruch zu liegen, welcher nicht nur die Empfindung des Sohnes, sondern auch die Pietät vieler anderer Menschen verletzte. Aber wie schmerzlich das Alles erschien, wie sehr die Art des Verfahrens der nöthigen Zartheit entbehren mochte; so war die Regierung doch immer nicht berechtigt in die kirchlichen Anordnungen gewaltthätig einzugreifen. Es möchte kaum glaublich erscheinen, daß ein protestantischer Ministerial=Präsident in einem amtlichen Erlaß erklären konnte, „der Trauergottesdienst, wie ihn die Kirchenbehörde angeordnet, sei nicht der rechte, und er solle als solcher nicht anerkannt und behandelt werden", und noch unglaublicher ist es, daß er, noch auf den Trümmern einer Umwälzung, die Geistlichen aufforderte, ihrem Oberhirten den Gehorsam zu versagen [1]. — Die Gewaltthätigkeiten, welche die Beamten verübten, um den vom Erzbischof angeordneten Trauergottesdienst zu hindern, und die Zerwürfnisse, die daraus für den Augenblick hervorgingen und die canonische Bestrafung vieler Priester nach sich zogen, sollen hier nicht ausgeführt werden. — Es war der Anfang des unglückseligen Kirchenstreites und die Geistlichen fühlten, daß noch eine Kirchengewalt da sei.

Die Erwiederung auf die Denkschrift der Bischöfe vom 5. März 1853 erschien noch unter demselben Minister. „Kirchliche Anordnungen" sagt sie, „welche hinsichtlich des Cultus, sowie zur Weckung, Entwickelung und Kräftigung des kirchlichen Lebens überhaupt erlassen werden sollen, bedürfen nur dann der Staatsgenehmigung, wenn dieselben nach den Bestimmungen über das landesherrliche Placet oder nach den allgemeinen Verordnungen des Staates erforderlich ist, — unbeschadet jedoch des Rechtes der Regierung, jederzeit die erforderlichen Vorkehrungen zu treffen, welche ihr durch Rücksichten auf das öffentliche Wohl geboten erscheinen. — Insbesondere finden diese Grundsätze auf die sogenannten Volksmissionen, Processionen, Wallfahrten und dergleichen Anwendung." Da nun wieder Alles an das Placet geknüpft wurde, so war in der Hauptsache nur wenig geändert; — doch läßt diese Erklärung eine

---

[1] Erlaß des Ministeriums des Innern vom 6. Mai 1852.

mildere Deutung zu, als die Bischöfe in ihrer zweiten Denk=
schrift ihr gaben. — Es scheint, daß für Handlungen des Cul=
tus nicht eigentlich die Erlaubniß oder die Genehmigung der
weltlichen Behörde gefordert war, sondern daß diese sich nur
die polizeilichen Maßregeln vorbehalten hat, welcher Vorbehalt
allerdings eine Anzeige von Seiten der Kirchenbehörde vor=
aussetzt. — Die bischöfliche Denkschrift verbreitet sich über die
Volksmissionen, bezeichnet sie als Acte der Seelsorge, welche
lediglich nur in Anwendung der gewöhnlichen Mittel bestehen,
und sie erklärt ferner die Wallfahrten und Processionen als
Elemente des katholischen Cultus, auf welche Kirche und Volk
ein Recht haben. Das Alles ist ganz gewiß wahr, aber gerade
bei Missionen, Processionen und Wallfahrten strömt, es wurde
früher bemerkt, viel Volk zusammen, und wo große Menschen=
massen sich sammeln, da entstehen mancherlei nothwendige Be=
dürfnisse, da werden mancherlei Thätigkeiten rege, um diesen
zu genügen, — da ist Anlaß zu allerlei Unfug gegeben. So
ist denn die Uebung des Cultus keineswegs so ganz von allen
bürgerlichen Verhältnissen geschieden, wie es die Denkschrift
der oberrheinischen Bischöfe ausspricht, und sie gestehen das
selbst zu durch die Erklärung, daß sie die Missionen, die Wall=
fahrten und die Processionen keineswegs den allgemeinen Poli=
zeigesetzen entziehen wollen. — Andererseits ist es aber gewiß,
daß die Erklärung der Regierung durchaus keine Rechtssicherheit
gab, so lange das Placet festgehalten wurde, — denn am Ende
entscheidet doch die weltliche Macht allein darüber, ob eine
kirchliche Anordnung die bürgerlichen Verhältnisse berühre. —
Seit Jahren wurde der Vorbehalt „für das öffentliche Wohl"
nicht mehr, wie früher, in Anwendung gebracht, der Erzbischof
ordnete Missionen und Processionen und kirchliche Feierlichkeiten
jeder Art an, ohne daß diese Anordnungen irgend eine Ein=
sprache, oder deren Vollzug eine Hinderung erfuhren. — Das war
aber immer nur ein thatsächlicher Zustand, welchen die Staats=
gewalt nach Belieben wieder aufheben konnte.

Als nun die badische Regierung ihre frühere Auffassung
von der Stellung der Kirche und mit dieser das Placet aufge=
geben hatte, so konnte sie den staatlichen Einfluß auf den Cul=

tus nicht festhalten und es folgte von selbst die Bestimmung: daß der Erzbischof die Befugniß habe, nach Vorschrift der Kirchengesetze alles dasjenige anzuordnen und zu bestimmen, was den Gottesdienst, die kirchlichen Feierlichkeiten, die heiligen Handlungen, sowie die Religionsübungen betreffe, durch welche der fromme Sinn der Gläubigen gepflegt und bestärkt werden solle [1].

Damit ist die Freiheit der Religionsübung festgestellt, und dennoch ist der Regierung ihr nothwendiges Aufsichtsrecht gewahret durch die Weisungen, welche der heilige Stuhl dem Erzbischof über die Ausführung der Uebereinkunft gegeben hat. Die betreffende Vorschrift lautet wie folgt: „Wenn vom Erzbischofe vorgeschriebene Feierlichkeiten außerhalb der zur Gottesverehrung bestimmten Orte vorgenommen werden sollen, oder wenn bei kirchlichen Feierlichkeiten ein bedeutendes Zusammenströmen des Volkes zu erwarten ist, so wird derselbe hievon vorher rechtzeitig der großh. Regierung Anzeige machen, damit die letztere diejenigen Maßregeln vorkehren könne, welche sie zur Bewahrung der Würde der fraglichen kirchlichen Feierlichkeit, sowie zur Aufrechthaltung der öffentlichen Ordnung für nöthig und dienlich erachtet. Bei Abhaltung von Missionen kann der Erzbischof auswärtige Weltgeistliche oder Religiosen verwenden; doch wird er die Namen derjenigen, deren er sich zur Vornahme der fraglichen frommen Uebungen bedienen will, der großh. Regierung mittheilen." — Die vorgeschriebene Anzeige schließt nothwendig die Befugniß der weltlichen Behörde ein, daß sie sich über die Abhaltung solcher Feierlichkeiten mit der kirchlichen benehme. Wenn nun aber Umstände bestehen, unter welchen die Versammlung einer größern Volksmasse bedenklich erscheint, so wird kein Bischof den gerechten Wünschen der Regierung eigensinnig widerstreben; denn es liegt gewiß nicht im Interesse der Kirche, daß eine kirchliche Feier zu andern Zwecken, und wäre es auch nur zu einer Beunruhigung ängstlicher Gemüther benützt werde, und ebenso wenig wird der Bischof an Personen festhalten, welche aus guten Gründen der Regierung mißliebig sind und irgend eine Besorgniß erregen.

---

[1] Uebereinkunft vom 28. Juni 1859, Art. IV. 5.

— Wird nun eine solche kirchliche Feierlichkeit außer der Kirche wirklich abgehalten, so ist die weltliche Behörde in den Stand gesetzt, alle Vorkehrungen zur Erhaltung der öffentlichen Ruhe zu treffen. Die Polizei kann ihre Wirksamkeit hinreichend entfalten, und die Beruhigung, welche die materielle Gewalt zu gewähren vermag, muß wohl die Furcht der Furchtsamsten heben.

Sehen wir die Sache recht an, so ist gegen den Zustand, wie er seit einer Reihe von Jahren sich gestaltet hat, nur wenig verändert. — Was bisher noch thatsächlich gewesen, das hat die Uebereinkunft zum Rechtsstand gemacht, und das ist offenbar ein Gewinn für **beide** Gewalten.

VII.
Die Verwaltung der Sacramente.

Die Sacramente sind die Heiligthümer im innerlichen Leben der Kirche, sie sind ein reiner Gottesdienst, welcher mit dem Treiben des irdischen Verkehrs keine Gemeinschaft hat und nicht aus dem geweihten Gebiete heraustritt. — Nur eines derselben heiliget ein menschliches Verhältniß, auf welches die Gesellschaft und der Staatsverband sich gründet. — Das Sacrament der Ehe allein berührt das bürgerliche Leben, hat materielle Wirkungen in der Gesellschaft und ist daher das einzige, welches sich als ein Gegenstand des äußeren Rechtes und somit als ein Gegenstand gegenwärtiger Erörterung darbietet.

1. Die Ehe und die Ehegesetze.

Die Ehe ist kein Vertrag, denn sie steht nicht **unter** den Gatten, sondern sie steht **über** diesen; sie hat Regel, Inhalt und bindende Kraft nicht durch Mann und Frau, sondern durch ihre eigene sittliche Natur, und wie sie nicht auf dem Willen der Gatten beruht, so kann sie auch durch diesen Willen nicht wieder aufgehoben werden. „Schon das in die Natur gelegte

Wunder der Fortpflanzung wirkt das Bewußtsein der Gottesnähe und der Gottesliebe zum Geschöpfe. Daher die Anbetung in heidnischen Culten. Bei der menschlichen Ehe erhebt sich aber auf der Grundlage dieses natürlichen Wunders zugleich das sittliche Wunder der vollen persönlichen Einigung der Gatten, die in der christlichen Lehre sogar als Symbolik des Bandes zwischen Christus und der Gemeinde bezeichnet wird. Diese als wahrhafte sittliche Einigung, als Einigung der reinen Liebe, die über der natürlichen Neigung und deren Wechsel steht, kann aber nicht anders vor sich gehen, als im innersten Brennpunkte menschlicher Persönlichkeit, im Bande zu Gott, d. i. nur dadurch, daß die Gatten sich in Gott mit einander verbinden, und daß Er mit ihnen ist in unmittelbarer Nähe"[1]. — Der geistvolle Protestant sagt weiter: die Ehe sei deßwegen noch keineswegs ein Sacrament; denn sie sei nicht ein Mittel, die Gatten Gott näher zu verbinden, ihre Religiosität zu steigern, also nicht Mittel für die Religion, sondern umgekehrt sei die Religion hier Mittel, um das menschliche Verhältniß zu erfüllen und zu verklären. Wenn er nun also spricht, um dann die protestantische Auffassung nicht gänzlich zu verlassen, so erklärt er selber, daß die göttliche Stiftung der Ehe auch von den Protestanten anerkannt werde, daß nur der verschiedene Begriff des Sacramentes die Auffassung beider Kirchen trenne, und daß in Beziehung auf das Verhältniß der Ehe die Differenz am Ende doch nur ein Wortstreit sei. Nach der Lehre von Friedrich Julius Stahl besteht, unabhängig von dem Begriff des Sacramentes, die Ehe als ein Band, das unauflöslich ist ohne alle Ausnahme. — Das Bewußtsein der göttlichen Urgesetze ist nur allein noch in der Kirche erhalten, aber im christlichen Staat ist die Kirche nicht Gesetzgeberin über die Ehe, so daß die rechtliche Anordnung von ihr ausgehen und, kraft ihrer Autorität, im bürgerlichen Leben gelten müßte, sondern das ist Sache des Staates; aber was die Kirche

---

[1] Staats- und Rechtslehre auf der Grundlage christlicher Weltanschauung von Friedrich Julius Stahl. Heidelberg 1845. 2. Aufl. Erste Abtheilung. III. Buch. § 49 S. 340.

als solches unabänderliches göttliches Gesetz (jus divinum) bezeugt und in ihrem Bereich aufrecht hält, das ist unübersteigliche Norm und Schranke für die Gesetzgebung des christlichen Staates. Daneben komme es, erklärt diese Lehre, der Kirche allerdings noch zu, außer diesem, als göttlich bezeugten Gesetze auch selbst, kraft ihrer Erziehungsgewalt, Anordnungen über die Gültigkeit und die Erlaubtheit der Ehe zu geben. Umgekehrt aber dürfe die Kirche in Anordnungen über die Gültigkeit der Ehe, welche der Staat aus sittlichen und bürgerlichen Rücksichten trifft, die Anerkennung nicht verweigern, wo diese Anordnungen jenem göttlichen Recht nicht entgegenstehen.

Andere Lehrer des Staatsrechtes anerkennen nicht so bestimmt die Ehe als eine göttliche Einrichtung, aber in der neuern Zeit kämpfen Alle, Protestanten wie Katholiken, mit Ernst und Entschiedenheit gegen die „unsittliche und gefährliche" Vorstellung, daß die Ehe ein bloß conventionelles Verhältniß sei; — Alle legen auf die kirchliche Heiligung des Bandes einen großen Werth; sie meinen, das Princip der Unauflöslichkeit sei von der Idee der Ehe gefordert, und es sei die Kirche, welche moralisch und geistig einwirken, welche zu dem Gewissen sprechen müsse, um dieses Princip zu vertreten [1].

Der Katholik kann sich aller Erörterungen über die Eigenschaft und den Charakter der Ehe entschlagen; denn nach seiner Glaubenslehre ist die Ehe eine, in Liebe und Treue geknüpfte, Verbindung zwischen Mann und Frau zur Gemeinschaft aller Lebensverhältnisse, geschlossen in der Kirche und durch die Kirche, als ein Sacrament [2]. Ist aber die Ehe ein Sacrament, ein Gnadenmittel, gleich Taufe und Abendmahl, „so ist es ganz entsprechend," sagt Stahl, „daß nur die Kirche und in keiner Weise der Staat über die Erfordernisse und das Vor-

---

[1] Dr. Bluntschli, Allgemeines Staatsrecht. Erste Aufl. Kap. V. S. 48 und 51.

[2] *Concil. Trid.* Sess. XXIV. Canon. I. — Si quis dixerit, matrimonium non esse vere et proprie unum ex septem legis evangelicae sacramentis a Christo Domino institutum, sed ab hominibus in ecclesia inventum, neque gratiam conferre: anathema sit.

handensein, d. i. die Wirksamkeit derselben urtheilen und festsetzen kann"[1]. Diese Zuständigkeit der Kirche muß der gemeine Menschenverstand anerkennen, wie sie durch die höchste kirchliche Autorität als Glaubenssatz ausgesprochen worden ist[2]. Bis zur Reformation war im Abendlande die Ansicht festgehalten worden, daß die Gesetzgebung über alle Rechte und Verbindlichkeiten, welche aus dem Wesen der Ehe hervorgehen, nur allein der Kirche zustehe; und selbst auf dem Concil zu Kostnitz wurde keineswegs die Zuständigkeit der kirchlichen Autorität in Ehesachen bestritten, sondern die Beschwerden bezogen sich lediglich nur auf die Ausdehnung des päpstlichen Dispensationsrechts und auf die Art, wie dieses ausgeübt wurde. Erst Luther verneinte den sacramentalen Charakter der Ehe, überwies das Recht der Gesetzgebung den weltlichen Regenten, gab aber nichtsdestoweniger ohne Unterlaß Aussprüche in Ehesachen, welche bei vielen seiner Anhänger die Kraft gesetzlicher Entscheidungen erlangten, und doch fuhren diese in seltsamem Widerspruch fort, sich dem **decretalen Rechte** zu unterwerfen, oder wenigstens doch demselben sich anzupassen[3]. Allen Angriffen gegenüber hielt die katholische Kirche den Grundsatz fest, daß die Gesetzgebung, insofern sie den sacramentalen Charakter berühre, ausschließlich in ihrer Zuständigkeit liege; das tridentinische Concilium unterwarf einen großen Theil des Eherechtes einer sorgfältigen Bearbeitung[4], und alle katholischen Lande pflichteten den Bestimmungen bei, welche den Gebrauch vieler Jahrhunderte für sich haben.

War auch der eigentlich-kirchliche Theil der Gesetzgebung über die Ehe und über Behandlung und Entscheidung aller Fragen, welche den sacramentalen Charakter berühren, der Kirche

---

[1] Stahl, Staats- und Rechtslehre, S. 342.
[2] Concil. Trident. Sess. XXIV. Canon. III. IV. XII.
[3] v. Gerlach, Ueber die heutige Gestaltung des Eherechtes. Berlin 1833. S. 8 ff. — M. H. Reinhard. Diss. I. et II. De statu matrimonii tempore reformationis Vitemb. 1729 et 1730. — M. Permaneder, Kirchenrecht ꝛc. § 602.
[4] Sess. XXIV. Decretum de Reformat. matrimonii.

anheimgestellt, so hatte sich doch die Staatsgewalt schon im Mittelalter mehr oder minder des bürgerlichen Theiles bemächtiget; die Gesetzgebung in Ehesachen wurde eine gemischte; die Kirche setzte die nothwendigen Verordnungen fest, und die weltliche Gewalt ertheilte diesen ausdrücklich oder stillschweigend die bürgerliche Wirksamkeit. — So blieb es in den katholischen Ländern bis auf die neuere Zeit, die Protestanten aber legten die kirchliche Gesetzgebung, die Gerichtsbarkeit und die Disciplin in die Hände der weltlichen Regenten. — Die Ehe ist die Grundlage des bürgerlichen Lebens und darum kann man dem Staat das Recht nicht absprechen, daß er von seinem Standpunkt aus ebenfalls Voraussetzungen für die Schließung der Ehen feststelle; aber man kann von ihm verlangen, daß er den dogmatischen Standpunkt achte, und daß er keine Ehe zulasse, welche die Kirche als verboten erachtet durch göttliches Recht. Der Staat darf die Kirche nicht zwingen, daß sie die religiöse Weihe einem Verhältniß ertheile, welches mit diesem göttlichen Recht in Widerspruch steht. — Als es in Deutschland dahin gekommen war, daß man alle Mittel versuchte, um die Macht der Kirche zu brechen, da wollte man auch der Ehe nur noch die Eigenschaft eines bürgerlichen Vertrages gestatten [1], und der Kaiser Joseph II. erließ unter dem 16. Januar im Jahr 1783 ein allgemeines Ehepatent, in welchem er verordnete, daß er allein kraft landesherrlicher Machtvollkommenheit über die Gültigkeit oder Ungültigkeit des Ehevertrags verordne, und daß die Kirche über die Verwaltung des Sacramentes erst dann verfügen könne, wenn die Bedingungen des Staates erfüllt seien. — Das kaiserliche Patent wurde aufgehoben; das öster-

---

[1] Zuerst der Weihbischof Hontheim von Trier: *Justini Febronii, De statu Ecclesiae et legitima potestate Romani Pontificis liber singularis etc.* Francof. 1763. — *Bened. Oberhauser*, Systema histor. crit. divisarum potestatum in legibus matrimonialibus impedimentorum dirimentium. Francof. 1471, und noch mehrere Schriften, besonders auch des Freiburger Professors Jos. Ant. Petzek, De potest. Ecclesiae in statuendis matrimonii impedimentis. Friburg. 1783. — Alle Sätze dieser Schriften waren aber, wie Permaneder richtig bemerkt, nichts Anderes, als ein Abklatsch der Doctrin von Launoy.

reichische Gesetzbuch hat Gesetzgebung und Gerichtsbarkeit in ihrem ganzen Umfang bei Ehesachen dem Staate zugesprochen, — aber ihr Eherecht wesentlich auf die Grundlage der katholischen Glaubenslehre errichtet. — Das französische Gesetz erkennt kein kirchliches Moment der Ehe, fordert aber dabei auch keine kirchliche Abschließung, und diese wird lediglich dem Gewissen der Betheiligten überlassen.

Die badische Gesetzgebung war früher in durchaus protestantischer Auffassung gegeben; als aber durch den Anfall anderer Lande aus der Markgrafschaft ein Großherzogthum mit überwiegender Mehrzahl der katholischen Bevölkerung geworden, da war diese Auffassung nicht mehr zu halten. Wenn nun die Gesetzgebung einerseits genöthiget war, dem katholischen Dogma Rechnung zu tragen, so mußte sie andererseits sich mit dem französischen Rechte ausgleichen, welches in dem Großherzogthum eingeführt wurde. Die badische Regierung hat diese Ausgleichung redlich gesucht, aber freilich nicht immer glücklich gefunden — denn die Ausgleichung zwischen grundverschiedenen Principien ist höchstens nur in einzelnen Folgerungen möglich. — Die Gesetzgebung im Großherzogthum Baden betrachtet die Ehe allerdings als einen Vertrag, aber sie will diesem Vertrag den kirchlichen Charakter bewahren. „Die Ehe an sich, als ein bürgerlicher Vertrag betrachtet, und alle daraus fließenden bürgerlichen Gerechtsame und Verbindlichkeiten erhalten ihre Wesenheit, Kraft und Bestimmung ganz und einzig von den Landesgesetzen. — Diese Gesetze heben damit die kirchliche Natur dieses Vertrages nicht auf, und können also niemals eine solche Anwendung erhalten, womit ein Theil genöthigt würde, etwas zu thun oder zu unterlassen, wobei ihn die Grundsätze seiner Kirche für das Gegentheil verpflichten, sowie hinwiederum den Kirchengesetzen keine Anwendung von den Staatsbeamten gestattet werden darf, wodurch die bürgerliche Ordnungsmäßigkeit oder Gültigkeit einer den Staatsgesetzen gemäßen Verbindung angegriffen würde"[1]. — Alle Sachen, die in Zweck und Be-

---

[1] Eheordnung vom 15. Juli 1807, §§ 1 und 2.

stimmung die geistige und die leibliche Wohlfahrt des Bürgers berühren, sollen von der Kirchengewalt in Bezug auf ihre kirchliche Seite behandelt werden; aber die Kirchengewalt darf nichts über Verhältnisse verfügen, welche der weltlichen Seite angehören. Demzufolge steht der kirchlichen Oberbehörde die Entscheidung der Frage zu: „ob nach kirchlichen Grundsätzen eine Ehe geschlossen, ob aus einer solchen, welche ordnungswidrig geschlossen, die Gatten getrennt, und ob getrennten Eheleuten die Abschließung einer andern Verbindung gestattet werden könne [1].

---

[1] Erstes Constitutions-Edict, die kirchliche Staatsverfassung betreffend, vom 14. Mai 1807. Der Wortlaut der oben angeführten Bestimmungen ist der folgende:

„Gemischte Gegenstände, insbesondere Ehesachen.

16) Alle Sachen, die wesentlich eine doppelte Beziehung haben, die nämlich in ihrem Zwecke und ihrer Bestimmung die geistliche und leibliche Wohlfahrt des Staatsbürgers gleich stark berühren, behandelt die Kirchengewalt nur in Bezug auf ihre kirchliche Seite, jedoch unberührt der weltlichen und ohne Folgen für dieselben, welches jedoch in seiner Art hinwiederum von den Vorschriften der Staatsstellen in solchen Angelegenheiten gilt. — Namentlich können daher Ehesachen, soweit die äußerliche Gültigkeit oder Ungültigkeit, die Schuldigkeit im Zusammenwohnen, die Zulässigkeit oder Nichtzulässigkeit einer zeitlichen oder beständigen Trennung in Frage ist, allein durch obrigkeitliche Staatsentscheidungen erörtert und keineswegs vor geistliche Oberbehörden der einen oder der andern Religionspartei gezogen werden. — Nur ein Vermittlungsrecht bleibt zuerst den Pfarrherren allein und dann den geistlichen Aufsichtsbehörden, in Gemeinschaft mit den weltlichen Bezirksbeamten, dessen vorausgegangene Fruchtlosigkeit dargelegt sein muß, ehe die Sache zur oberpolizeilichen Entscheidung für reif geachtet und von der deßfallsigen Staatsbehörde an sich gezogen werden kann. Der kirchlichen Oberbehörde hingegen bleibt die Entscheidung der Frage, welche Personen nach kirchlichen Grundsätzen zusammen heirathen, welche in einer etwa kirchenordnungswidrig eingegangenen Ehe ohne Sünde fortleben können, und die damit engverbundene Frage: welchen vom Staate auf beständig oder auf langjährige Frist getrennten Eheleuten nach ihren Religionsgrundsätzen zu einer andern Ehe zu schreiten erlaubt oder doch als das geringere Uebel nachgesehen werden möge. Doch kann sie hierüber neue Grundsätze nicht aufstellen, die von jenen abweichen, welche sie vorhin öffentlich im Staate bekannt oder ausgeübt hatte, ohne regentenamtliches Gutheißen. — Keine Kirche kann verlangen, daß in

In diesen Gesetzen liegt nun freilich der Sinn, daß die Kirche allerdings das rein Kirchliche, das Sacramentale der Ehe besorgen, daß aber die geistliche Gewalt ihre Verordnungen denen der weltlichen anpassen und daß in gegebenen Fällen die kirchlichen Verfügungen den staatlichen weichen sollen, überall wo die beiderseitigen Gesetze nicht mit einander übereinstimmen. — Die Gesetze der Kirche sind den Gesetzen des Staates untergeordnet und die Wirksamkeit jener wird durch diese geregelt. — Damit wäre nun ein einträchtiges Zusammenwirken noch immer nicht unmöglich geworden, wenn die beiden Gewalten sich aufrichtig mit einander verständiget hätten — aber eben solche Verständigung war gar lange Zeit unmöglich. — Während der Jahre kirchlicher Zerrüttung bestand keine Autorität, welche im Stande gewesen wäre, die Rechte der Kirche zu wahren, und deßhalb konnten auch die Vicariate ihre Aufgabe nur kümmerlich erfüllen. Eine stärkere Gewalt ist immer geneigt, die Gebietsgrenzen der schwächeren zu überschreiten, und nicht selten waren die Staatsbehörden zu solchen Ueberschreitungen von den Umständen genöthiget. Dadurch waren Unregelmäßigkeiten gewöhnlich geworden; es hatte sich für manche Dinge eine Uebung gebildet, welche mit den Gesetzen des Staates so wenig übereinstimmte als mit jenen der Kirche, und als endlich eine Kirchenregierung wieder eingerichtet war, da konnten die Unordnungen nicht plötzlich gehoben, da konnte nicht sogleich eine Uebung beseitiget werden, die im Lauf eines Vierteljahrhunderts fast zum Gewohnheitsrecht erstarrt war. — Die Einrichtung des Kirchenwesens war neu den Beamten, neu den Geistlichen, und neu dem Erzbischof selbst und fast allen seinen Gehülfen. — Die Einen wollten nicht abgeben, was die Verhältnisse der Zeit ihnen überantwortet hatten und den Anderen fehlte die Sicherheit, die nöthig ist, um einer festgestellten Macht gegenüber ihr

---

Fällen, wo Eheleute zweier Religionen concurriren, ihre einseitigen Kirchengrundsätze, wenn sie zugleich den andern Confessionstheil treffen, durch Staatsgewalt zum Vollzuge befördert werden, sondern nur, daß der, jeder Kirche angehörige Religionstheil nicht in freiwilliger Befolgung seiner Kirchengrundsätze gehemmt werde."

grundsätzliches Recht zur Geltung zu bringen. — So mußte ein Menschenalter verstreichen, ehe die natürliche Ordnung der Dinge hergestellt war.

Nach den canonischen Einrichtungen gehört die Schließung der Ehen zu der **Verwaltung der Spiritualien**; — die Verhältnisse geschlossener Ehen werden zu den Gegenständen der eigentlichen Gerichtsbarkeit der Kirche gezählt, und was darüber zu bemerken ist, wird dort seine Stelle finden.

2. Die Ehehindernisse und die Dispensen.

Faßt man die Ehe auch nur unter dem Gesichtspunkt eines Vertrages auf, welcher Mann und Frau zur Gemeinschaft aller persönlichen Lebensverhältnisse verbindet; so werden gewisse Bedingungen gefordert, ohne deren Erfüllung ein solcher Vertrag nicht abgeschlossen werden kann. Je mehr nun die eheliche Gemeinschaft eine geheiligte ist, um so mehr müssen jene Bedingungen aus der sittlichen und geistigen Natur des Verhältnisses geschöpft, um so strenger muß deren Erfüllung gewahrt werden. — Die **Familie** ist eine nothwendige Gliederung in den beiden großen Ordnungen der menschlichen Gesellschaft, und darum haben beide sie in den Kreis ihrer Gesetzgebungen gezogen. Will der Staat zunächst nur die materielle Wohlfahrt des Grundtheiles der Gesellschaft, so weit es möglich, gewähren, so muß die Kirche die höhere Bedeutung der Gemeinschaft aufrecht erhalten; — aber diese muß erkennen, daß dem sittlichen Bestand der Ehe das körperliche Wohlsein mindestens ein mächtiges Förderungsmittel ist, und jener darf nicht übersehen, daß die christliche Einigung der Gatten viel des Uebeln bewältiget und deßhalb den wahren Wohlstand befördert. — Beide Gewalten, jede von ihrem Standpunkt, setzen nun die Bedingungen, unter welchen sie einer Ehe ihre Sanction ertheilen und deren Verhältnisse schützen wollen, und beide bestimmen durch ihre Gesetzgebungen die Umstände, welche sie als unvereinbar mit den geforderten Bedingungen oder als diesen widersprechend, folglich als Hindernisse für den Abschluß einer Ehe zwischen bestimmten Personen erkennen.

So kommen beide Gewalten zusammen, aber wenn der einen

die Sittlichkeit des Familienlebens und die Wohlfahrt der Gesellschaft für die Aufstellung ihres Rechtsstandes genügt, so muß die andere unter allen Verhältnissen ihr Dogma festhalten. Die Unauflöslichkeit der Ehe ist ein Glaubenssatz und darum darf die katholische Kirche niemals eine Ehe für aufgelöst betrachten, wenn sie nach ihren Vorschriften abgeschlossen worden ist. — Weil das aber so ist, so mußten schon menschliche Rücksichten die Kirche zu größerer Strenge in der Aufstellung der Bedingungen für die Gültigkeit der Ehe bestimmen, und weil sie den sacramentalen Charakter der Ehe behauptet, so mußte ihre Gesetzgebung manche Ehehindernisse aufstellen, welche die Gesetze des Staates nicht kennen. — Allerdings hat die Kirche, in ihrer Gesetzgebung nicht weniger, als in besonderen Verordnungen und in Entscheidungen einzelner Fälle eine billige Rechnung den Bedingungen getragen, an welche der Staat die bürgerlichen Wirkungen geknüpft hat; sie hat mild und weise die Gesetze der betreffenden Staaten geehrt, aber sie hat diesen niemals ein Zugeständniß gemacht, welches mit ihrem inneren Leben und Wesen im Widerspruch gewesen wäre.

So mußte es sich denn freilich begeben, daß in gewissen Fällen die kirchliche Gesetzgebung anders als die staatliche verfügte, es mußte wohl vorkommen, daß eine **bürgerlich vollgültige Ehe** von der Kirche nicht als solche anerkannt und daß einer **kirchlich gültigen Ehe** von der weltlichen Gewalt die bürgerlichen Wirkungen abgesprochen wurden [1]. Daß dem Staat gegenüber die Kirche gar kein Recht habe, Ehehindernisse festzusetzen — das hat nur eine Verirrung behauptet, welche man fälschlich für eine Lehre des modernen Staates ausgeben wollte — der Katholik wird davon nicht berührt, ihm ist solche Erörterung unnöthig, denn jenes Recht ist ein Dogma [2].

---

[1] Das Kirchenrecht hat diese verschiedenen Fälle bezeichnet; es nennt matrimonium legitimum, die bürgerlich gültige, — matrimonium ratum, die kirchlich gültige, — matrimonium legitimum et ratum die Ehe, welche sowohl kirchlich als bürgerlich gültig ist."

[2] *Concil. Trident. Sess. XXIV. Doctrina de sacramento matrimonii.*

Die Hindernisse sind in dem Wesen der Ehe selbst begründet und nothwendig mit dem Begriffe derselben gesetzt — andererseits aber sind sie aus Rücksicht auf den sittlichen und materiellen Bestand der Gemeinschaft durch positive kirchliche und bürgerliche Gesetze festgestellt. Die Kirche beachtet nicht nur die natürlichen, sondern auch diejenigen Ehehindernisse, welche die bürgerliche Gesetzgebung enthält, insofern sie nicht gegen ihre Grundlehren verstoßen, und daraus folgt denn die Regel, daß Jeder vor der Kirche eine gültige Ehe eingehen könne, dem nicht ein, in der kirchlichen Gesetzgebung enthaltenes, Ehehinderniß entgegensteht [1].

Nach allgemeinen Rechtsgrundsätzen kann der Urheber oder der Träger eines Gesetzes die Kraft desselben für einen gegebenen Fall aufheben oder Aenderungen zu Gunsten eines Betheiligten verfügen, d. h. er kann gesetzlich für gewisse Fälle Dispensationen zulassen. Selbstverständlich aber können nicht Bestimmungen der Glaubenslehre und nicht solche, welche in dem natürlichen Rechte wurzeln, Gegenstand solcher Ausnahmen sein; wohl aber können in einzelnen Fällen jene Bestimmungen aufgehoben oder gemildert werden, welche nicht in den Kreis des Unabänderlichen in der kirchlichen Gesetzgebung fallen. Diese Ausnahmen sind Bestimmungen, welche in weiser Erwägung gegebener Verhältnisse von den Organen der kirchlichen Gesetzgebung als eben so viele Mittel zur reinen Ausprägung der Lehre erlassen worden sind, und gerade in dieser ihrer Natur, als Mittel zur Erreichung des höheren Zweckes, liegt zugleich der Charakter der Dispensabilität der kirchlichen Disciplinarbestimmung. Es kann nämlich Fälle geben, in welchen die strenge Durchführung des Gesetzes wegen besondern Verhältnissen die Erreichung des beabsichtigten Zweckes hindern würde, so daß die Dispensation das einzige Mittel bildet, um in einem sol-

---

Can. IV. Si quis dixerit, ecclesiam non potuisse constituere impedimenta matrimonium dirimentia, vel in iis constituendis errasse: — anathema sit.

[1] Nikolaus Knopp, Vollständiges katholisches Eherecht. Regensburg 1850. Erster Band. § 1 S. 10.

chen Falle das zu erreichen, was durch das allgemeine Gesetz für die Gesammtheit bezweckt worden ist [1]. — Die Kirche so wenig als der Staat hält alle Hindernisse für absolute und sie hat sich, wie dieser, das Recht vorbehalten in einzelnen Fällen gewisse Bedingungen zu übersehen, so daß sie ohne deren Erfüllung die Schließung der Ehe gestattet [2]. — Da nun die Entbindung von dem Gesetze nur von der Gewalt ausgehen kann, welcher nach ihrer Stellung die Verfügung über dasselbe zusteht, so waltet nach kirchlichem Recht kein Zweifel über denjenigen, welcher die Dispensation zu geben berechtiget ist. — Beruht das Hinderniß auf einer allgemeinen, für die ganze Kirche verbindlichen, Bestimmung, die von dem apostolischen Stuhle, oder von einer allgemeinen Kirchenversammlung, als den höchsten Autoritäten ausgegangen ist; so kann auch nur wieder diese Autorität die Kraft dieser Bestimmung entweder selbst außer Wirkung setzen, oder durch ein Organ, welches sie mit der erforderlichen Gewalt ausdrücklich betraut hat. Aus eigener Autorität (ex auctoritate ordinaria) kann daher der einzelne Bischof nur über diejenigen aufschiebenden Ehehindernisse Dispens ertheilen, welche er selbst für den Umfang seines Sprengels festgestellt hat — über alle andern aber ist ihm die Gewalt nur dann gegeben, wenn das Gesetz es ausdrücklich bestimmt, oder wenn der heil. Stuhl ihm diese Gewalt überträgt. Da sich nun in der kirchlichen Gesetzgebung keine positive Bestimmung be-

---

[1] S. Nik. Knopp, Katholisches Eherecht. Zweiter Band. § 40. Er führt dabei die schönen Worte des hl. Bernhard an: „Quamdiu caritati militant, immobiliter fixa sunt, mutarique omnino ne ab ipsis quidem Praepositis sine offensa possunt. At si e contrario contraria forte aliquando caritati visa fuerint, his dumtaxat quibus hoc posse videre datum est, et providere creditum est: nonne justissimum esse liquet, *ut quae caritate inventa fuerunt, pro caritate quoque, ubi expedire videbitur, vel omittantur, vel intermittantur, vel in aliud forte commodius demutentur?*" — Lib. de praecepto et dispensatione. Cap. II.

[2] Das Kirchenrecht stellt bekanntlich viele Unterscheidungen der Ehehindernisse auf, besonders aber unterscheidet es absolute oder vernichtende oder trennende (impedimenta dirimentia) und aufschiebende (impedimenta impedientia).

findet, durch welche den einzelnen Bischöfen die Gewalt gegeben ist, über ein vernichtendes Ehehinderniß zu dispensiren, so besteht die folgende Regel: Das Recht über die trennen= den Ehehindernisse zu dispensiren, ist ein aus= schließliches Attribut des apostolischen Stuhles, und die einzelnen Bischöfe können demnach über dieselben Dispens ertheilen nur innerhalb der Grenzen der Facultäten, die ihnen vom apostolischen Stuhle er= theilt sind [1].

Seit dem siebzehnten Jahrhundert, nachdem die Reaction der Bischöfe überwunden war, ist es üblich geworden, daß die deutschen Bischöfe das Recht, in bestimmten Fällen zu dispen= siren, durch eine besondere Vollmacht erhielten, welche diese Fälle bezeichnet. Diese Vollmacht erlischt mit dem Tode des Bi= schofs, aber nicht mit dem Absterben des Papstes (sedes non moritur) [2]. — In gewissen außerordentlichen, jedoch genau be= stimmten Fällen darf der Bischof allerdings ohne besondere Voll= macht jede gesetzlich zulässige Dispens ertheilen, weil die Er= mächtigung angenommen wird (licentia praesumpta) — aber durchaus irrig ist die, in neuerer Zeit so oft verbreitete, Mei= nung, daß der Bischof in dringenden Fällen ganz allgemein aus eigener Autorität dispensiren könne, oder daß das Dispen= sationsrecht den Bischöfen überall zustehe, wo es die Canones dem Papst nicht ausdrücklich vorbehalten haben. Für das Recht des Papstes spricht überall die Regel [3].

Es ist gewiß, daß jeder Bischof von seiner Vollmacht den weitesten Gebrauch machen wird; die Staatsgewalt mag immer

---

[1] S. Nikol. Knopp, Katholisches Eherecht. Zweiter Band. § 42 S. 182 ff.

[2] Diese Vollmacht wird durch die sogenannten Facultates quinquen- nales gegeben, welche seit einem Jahrhundert durchaus gleichlautend sind. Sie enthalten in 20 Artikeln alle Dispensationen, welche zu ertheilen dem Bischofe erlaubt wird. In den Artikeln 3—7 sind die Dispensationen über Ehehindernisse bezeichnet. Die Quinquennal-Facultäten des Erz- bischofs von Freiburg laufen ab im Jahre 1863.

[3] Em. Ludw. Richter, Lehrbuch des Kirchenrechtes. IV. Buch. Kap. I. § 179.

darauf rechnen — aber ob er im bestimmten Fall eine Dispensation geben wolle, das hängt lediglich von seinem Ermessen ab; — einen rechtlichen Zwang kann die Staatsgewalt nicht ausüben, wie manche geistreiche Männer zu glauben geneigt scheinen. „Was die Kirche in ihrer Eigenschaft als Erziehungsgewalt, und daher nach ihrer eigenen Ansicht über die Erlaubtheit der Ehe anordnet, das kann sie nicht als unantastbare Satzung gegenüber dem Staate behaupten. Demnach darf zwar der Staat Ehen, welche die Kirche nach jus divinum (dogmatisch) für unzulässig erklärt, nicht für gültig erklären, aber wohl darf er Hindernisse, die sie für dispensabel hält, in seiner Gesetzgebung ignoriren (z. B. den vierten Grad der Verwandtschaft), Concessionen, die sie nach ihrem Ermessen machen will, **unbedingt von ihr fordern** (z. B. Erlassung der tridentinischen Form, — unbedingte Gewährung der Assistenz oder Proclamation bei gemischten Ehen u. s. w.). Das Alles darf er von Rechtswegen. Ob er daran auch weise thut, ist eine andere Frage, die sich nur für einen bestimmten Fall beantworten läßt"[1]. — Was der geistreiche Protestant fordert, das hat die katholische Kirche fast immer bewilliget, aber sie hat es nach ihrer Einsicht aus eigenem freien Willen gewähret und keineswegs aus dem Zwang einer staatsrechtlichen Verpflichtung. Nicht willkürlich, nicht um grundsätzliche oder vereinbarte Zugeständnisse zu machen, kann der Bischof die erlaubten Dispensationen ertheilen, sondern in gerechter Würdigung der Umstände, welche das Gesetz als statthafte Begründung eines Gesuches aufführt [2].

Die badische Gesetzgebung, es ist früher angeführt, verordnet: daß geistliche Sachen nur in ihrer kirchlichen Eigenschaft von der Kirchengewalt behandelt werden sollen, und daß dieser

---

[1] Julius Stahl, Rechts- und Staatslehre. Zweiter Band. III. Buch. Kap. I. § 49 S. 343.

[2] *Concil. Trident. Sess. XXIV. De Reform. matrimon. Cap. II.* ... In contrahendis matrimoniis vel nulla omnino detur dispensatio vel raro, *utque ex causa* et gratis concedatur. — Die Dispensationsgründe sehr ausführlich zusammengestellt in Knopp, Katholisches Eherecht. III. Band. §§ 43—49.

die Entscheidung der Frage zustehe, welche Personen nach kirchlichen Grundsätzen zusammen heirathen dürfen [1]. — Das ist nun billig und gerecht, wenn man die kirchliche Beziehung ohne Vorurtheil erfaßt, und wenn man derselben ohne Rückhalt ihre Geltung gewährt. Das Gesetz hat offenbar nicht einen solchen Rückhalt gesetzt, aber es hat nicht genau bestimmt, was es für kirchlich erachtet; dadurch hat das Gesetz der Ausübung einen großen Spielraum gegeben, und dadurch ist es gekommen, daß in einzelnen Fällen die weltlichen Behörden den Umfang des Kirchlichen nach ihrer besonderen Meinung beschränkten. — Nach Einsetzung der bischöflichen Gewalt sind die ersten Streitigkeiten darüber entstanden, daß die Staatsbehörden Dispensationen verlangten, zu deren Ertheilung der Erzbischof nicht befugt war; aber später haben sich diese Differenzen von selber gehoben. — Allerdings erkennt das Kirchenrecht Ehehindernisse, welche das badische Landrecht nicht festgesetzt hat, besonders hat dieses Ehen zwischen näheren Verwandtschaftsgraden erlaubt, als jenes gestattet; — aber die Quinquennal-Facultäten haben den Bischof in den Stand gesetzt, allen begründeten Gesuchen nach dem Sinn der Landesgesetzgebung entsprechen — und kirchlich dieselben Dispensen ertheilen zu können, welche der Großherzog als weltlicher Regent gesetzlich zu ertheilen befugt ist [2]. — Wenn nun aber die Kirchenbehörde manchmal eine Dispensation verweigert, welche zu geben in ihrer Macht steht; — so thut das der Gesellschaft keinen Schaden, denn auch der weltliche Regent will nicht jedesmal das Gesetz außer Kraft setzen, wenn Leichtsinn, Selbstsucht oder eigennütziges Familieninteresse ihn darum anrufen.

Für die Förmlichkeiten bei Abschließung der Ehen haben die weltliche und die geistliche Behörde klare Vorschriften gegeben, und wenn diese von beiden Seiten loyal und gewissenhaft befolgt werden, so wird keine Autorität darunter leiden und selten wird ein Streit vorkommen, wenn man einen solchen nicht sucht. — Das bürgerliche Gesetz schreibt vor, daß das erste Ehegesuch

---

[1] Erstes Constitutions-Edict § 16 S. 112 Note 1.
[2] Landrecht für das Großherzogthum Baden, Satz 161—164 und 164a.

bei dem Pfarrer des Ortes angebracht werden müsse, und daß dieser die Brautleute über etwa bestehende Hindernisse und über die Art belehren solle, wie diese Hindernisse beseitiget werden können, ohne ihr Gewissen zu beschweren. Die kirchliche Verordnung befiehlt dem Pfarrer, daß er den Verlobten abrathe Ehen zu schließen, welche die Kirche nicht wünscht, daß er aber, wenn auf dem Vorhaben bestanden wird, die Brautleute in Gegenwart von zwei Zeugen über die bestimmenden Verhältnisse zu Protokoll vernehme und dieses mit Gutachten, d. h. mit seinem Antrag für oder gegen Ertheilung der Dispensation den Decanaten vorlege. Um das Verfahren leichter zu machen, hat der Erzbischof diese ermächtiget, aus seiner Autorität (ex auctoritate Archiepiscopi specialiter delegata) noch für den vierten Verwandtschaftsgrad Dispense zu ertheilen. Gesuche für nähere Verwandtschaftsgrade oder andere Hindernisse muß der Decan dem Ordinariat vorlegen, aber in besonders dringenden Fällen ist es dem Pfarrer erlaubt, seinen Antrag unmittelbar an das Ordinariat zu richten. Der Pfarrer kann den sogenannten Meldschein, mit Anführung der kirchlichen Ehehindernisse, sogleich ertheilen, oder er kann dessen Ausfertigung aufschieben, bis die Entscheidung der Kirchenbehörde erfolgt ist. Hat diese über das Gesuch entschieden, so setzt der Pfarrer durch den Meldschein oder durch einen besondern Bericht die betreffende weltliche Behörde von dieser Entscheidung in Kenntniß, und diese gibt oder verweigert den Trauschein [1].

Manche Widerwärtigkeiten mögen früher durch die Unregelmäßigkeit des Verfahrens entstanden sein, seit aber dieses Verfahren geregelt ist, geht Alles seinen guten Gang, und man hat von Conflicten seit vielen Jahren nichts mehr gehört. Die vereinigten Bischöfe haben in der Behandlung der Abschließung der Ehe auch keinen Grund zur Beschwerde gefunden, und die Vereinbarung vom 28. Juni 1859 hat die Frage der Dispensationen nicht besonders berührt. Freilich sind diese in der Be-

---

[1] Eheordnung vom Jahr 1807 §§ 17. 60. und Erlaß des Ministeriums des Innern vom 1. Juli 1813, vom 20. Nov. 1841 Nr. 12,904, Verordnung des erzbischöfl. Ordinariates vom 9. August 1850 Nr. 5526.

stimmung enthalten, daß der Erzbischof nach den Kirchengesetzen und den Bestimmungen des Conciliums von Trient über Ehesachen entscheide; da aber die bürgerliche Wirkung ausgeschlossen wird [1], so hat die Uebereinkunft nur den bestehenden Zustand aufrecht gehalten. — Durch die besondere Instruction ist der Erzbischof allerdings angewiesen, alle Zerwürfnisse mit den Regierungsbehörden zu vermeiden, und da er sich an die Instruction des Cardinals Rauscher für die geistlichen Gerichte in Oesterreich halten, folglich die staatlichen Eheverbote theilweis als kirchliche Ehehindernisse betrachten soll [2], so ist eine Menge möglicher Mißhelligkeiten zum Voraus gehoben. Wenn es nun allerdings einmal vorkäme, daß die kirchliche Behörde ein kirchliches Ehehinderniß aufrecht erhielte, und die weltliche Behörde den Trauschein dennoch ausstellte, so würde eben der Pfarrer die Trauung verweigern müssen. Solcher Conflict wird allerdings sehr selten eintreten, aber dennoch möchte darüber eine genaue Bestimmung durch Einverständniß der beiden Gewalten späterhin nothwendig werden. Daß ein solches Einverständniß aber nicht der geringsten Schwierigkeit unterliege, das möchte aus dem Angeführten hervorgehen. — Im Königreich Sachsen sind die Ehesachen der Katholiken, **soweit sie das Dogma berühren**, von den Landesgesetzen ausgenommen, und die katholische Kirchenbehörde ist an die canonischen Bestimmungen gewiesen [3]. Würde das Großherzogthum Baden solche Anordnung nachahmen, so wären nicht etwa zwei Drittel seiner Bevölkerung von dem allgemeinen Landesgesetz ausgenommen, sondern dieses würde nur dem gegebenen Verhältniß eine billige Rechnung tragen.

3. Die gemischten Ehen.

Es ist schwer und bedenklich, von Ehen zwischen Menschen verschiedener Confessionen in einem Lande zu sprechen, in welchem

---

[1] Uebereinkunft, Art. V. Abs. 1.
[2] Schreiben des Cardinals v. Reisach an den Erzbischof von Freiburg vom Juni 1859, welches eine Beilage zur Uebereinkunft bildet.
[3] Königl. sächs. Mandat vom 19. Februar 1827 § 23. S. Permaneder, Handbuch des Kirchenrechtes § 603 S. 233.

deren Bekenner bunt gemischt durcheinander wohnen, unter
gleichen Verhältnissen und unter denselben bürgerlichen Gesetzen.
— Eine Erörterung solcher Verbindungen berührt nicht nur
die bürgerlichen Beziehungen, sondern sie greift in das Heilig=
thum der rein menschlichen Verhältnisse, und die zarteste Rück=
sicht und die größte Unbefangenheit kann oft nicht hindern, daß
solche Erörterung die besten Menschen verletzt. Es widerstrebt
dem Gemüthe, daß man der kalten Betrachtung unterwerfe,
was aus der warmen Empfindung hervorgeht, daß man das
Band der Liebe an Formen und an Bedingungen kette, und
daß diese Formen und Bedingungen im Namen der Religion
und von der Kirche aufrecht erhalten werden, die nicht trennen
soll, was Gott in Liebe verbunden. Aber es ist nun einmal
in menschlichen Dingen also bestellt, daß nur unter bestimmten
Formen erscheinen kann, was auch in dem äußeren Leben des
Menschen besteht, und daß jede Gemeinschaft ihrem Gliede
Bedingungen auflegt, wenn sie verpflichtet ist, dessen Hand=
lungen oder dessen Verhältnisse anzuerkennen und zu schützen.
Wo aber solche Verhältnisse in zwei Gemeinschaften zugleich
eintreten, da müssen beide über die Formen und Bedingungen
sich einigen und keine Gemeinschaft kann von der anderen Zu=
geständnisse verlangen, welche deren inneres Wesen verläugnet.
— Sehen wir uns daher zuerst um, welchen Bedingungen die
Kirche, und welchen der Staat die gemischten Ehen unterwirft,
und sehen wir, wie die beiden Gemeinschaften zur Ausgleichung
gelangt sind.

Das katholische wie das protestantische Kirchenrecht fordert
für die Gültigkeit der Ehe nicht die Einheit des Glaubens,
wohl aber die Gleichheit der Taufe; jedes verbietet die Ehe
eines Getauften mit einem Ungetauften, eines Christen mit
einem Nichtchristen und wenn die Gesetzgebungen mehrerer Länder,
wie z. B. Mecklenburg und Sachsen=Weimar, die Ehe
zwischen Christen und Juden freigegeben haben, so ist „ein
solches philantropisches Experiment, weil es die Idee der Ehe
opfert, schlechthin verwerflich, und wird auch dadurch
nicht gerechtfertigt, daß die christliche Erziehung der in solcher
Ehe erzeugten Kinder angeordnet ist, da die Kirche keine Ursache

hat, auf solchem Wege für sich Bekenner zu werben"[1]. — Die katholische Kirche wünscht nicht die eheliche Verbindung eines ihrer Glieder mit dem einer andern christlichen Confession, aber ihr Recht erkennt eine solche Ehe als eine vollkommen gültige an. Weil aber ihr Recht die Gültigkeit der Ehe zwischen einem Katholiken und einem Protestanten als eine vollkommen gültige anerkennt, so betrachtet sie dieselbe auch als schlechthin unauflöslich und sie besteht für die Kirche, auch wenn sie durch bürgerlichen Richterspruch aufgelöst ist; deßhalb verwirft sie die Gültigkeit der Ehe zwischen einem Katholiken und einem geschiedenen Protestanten, dessen Ehegatte noch am Leben ist, und sie betrachtet die aus solcher Ehe erzeugten Kinder als illegitim in Beziehung auf die kirchlichen Wirkungen[2].

Keine Kirche, die katholische so wenig als die protestantische oder die griechische, kann den Abfall eines ihrer Glieder sanctioniren, — und deßhalb fordert die katholische Kirche von dem Katholiken, welcher von ihr die Segnung seines Ehebundes mit einem Protestanten verlangt, eine Bürgschaft für seine Glau-

---

[1] Dr. Em. Ludwig Richter, Lehrbuch des katholischen und evangelischen Kirchenrechtes. Dritte Auflage. Leipzig 1848. § 261 S. 531.

[2] Baiern (Verordnung vom 8. November 1802) und Baden (Verordnung vom 21. Januar 1803) hatten solchen Verbindungen zwischen Katholiken und richterlich geschiedenen Protestanten die bürgerlichen Wirkungen gültiger Ehen beigelegt, und den Betheiligten überlassen, sich vom protestantischen Geistlichen trauen zu lassen, wenn der katholische die Trauung verweigern sollte. Der damalige Fürst Primas und Erzbischof von Mainz, Carl von Dalberg, wendete sich unterm 16. April an den hl. Stuhl um Entscheidung und begehrte durch Circulare vom 1. Juni 1803 die Ansichten der Ordinariate Trier, Straßburg, Köln, Worms, Fulda, Speier, Constanz, Bamberg, Regensburg und Freysing zu hören. Alle sprachen sich einmüthig über die Ungültigkeit solcher Ehen aus. Das Breve Pius VII. vom 8. October 1803 verbot unbedingt den Pfarrern die Trauung solcher Ehen und verordnete, daß Katholiken, welche sich durch akatholische Geistliche mit geschiedenen Protestanten trauen lassen, von dem Empfang der Sacramente ausgeschlossen und die aus solcher Ehe erzeugten Kinder in Ansehung der kirchlichen Wirkungen als illegitim anzusehen seien. Ebenso entschieden 1817 die Spruchcollegien der Universitäten Landshut und Würzburg.

benstreue und die Gewißheit, daß die Kinder in diesem Glauben erzogen werden. Kein christlicher Staat kann sie nöthigen, von diesen Gewähren abzustehen, weil er sie durch solche Forderung zur Gleichgültigkeit zwänge, also zum Widerspruch mit dem Grundprincip ihres Bestehens; — dagegen aber kann die Kirche für diese Gewähren nicht die Unterstützung des weltlichen Armes verlangen, weil daraus für den andern Religionstheil eine Rechtsungleichheit oder, wenn derselbe die gleiche Anforderung machte, ein unlösbarer Conflict hervorginge. Werden nun jene Gewähren verweigert, und versagt die katholische Kirche ihre Mitwirkung beim Abschluß der Ehe, so wird durch diese Versagung das Recht keines Theiles verletzt. Es besteht keine Rechtsverletzung für den katholischen Theil, weil er nicht die Segnungen seiner Kirche verlangen kann, wenn er nicht die Bedingungen erfüllt, an welche das Kirchengesetz die Ertheilung dieser Segnungen geknüpft hat, und es besteht keine Rechtsverletzung für den nichtkatholischen Theil, weil er gegen die Kirche, der er nicht angehört, kein Recht auf eine kirchliche Handlung besitzt. Die Verweigerung der kirchlichen Mitwirkung ist kein Hinderniß der Ehe, nicht nach dem Dogma, weil die Segnung nicht eine Nothwendigkeit zum Sacrament (de necessitate sacramenti), und weil sie ohne Segnung vollzogen auch vor dem Kirchengericht (in foro ecclesiae) eine gültige ist. Die Verweigerung der Segnung ist kein Hinderniß durch Disciplin, weil die Staatsgewalt das bürgerliche Element von dem kirchlichen trennen und für die Abschließung der Ehe eine Form festsetzen kann, welche, wenn auch von der Kirche mißbilliget, den Verlobten dennoch eine vollkommene Freiheit gewährt. Die bürgerliche Seite der Ehe bleibt somit von der kirchlichen Segnung durchaus unberührt, weil diese ihrer Natur nach etwas rein Geistiges ist.

Ueber die Behandlung der gemischten Ehen von Seiten der Kirche bestehen freilich mancherlei Meinungen; es sind vielfache Streitigkeiten darüber entstanden, die Uebung hat sich sehr verschieden, hier milder, dort härter gestaltet, und selbst die Entscheidung der Päpste haben in manchen Punkten nicht ganz miteinander übereingestimmt. — Aus all' den weitläufigen, oft heftigen Controversen, welche seit dem sogenannten Religionsfrieden in Schriften und Büchern geführt worden, und in besondere Entscheidungen eingegangen sind, haben sich aber doch gewisse Sätze herausgestellt, welche das heutige Kirchenrecht als feststehende annimmt. Wir wollen diese Sätze kurz anführen.

Für den Fall, daß die Gewähren, welche die katholische Kirche fordert, von Seite eines gemischten Brautpaares verweigert werden, verordnet die Kirche:

1. Der Pfarrer kann die vorgeschriebenen Aufgebote, jedoch ohne Erwähnung der Religionsverschiedenheit, vornehmen.

2. Er kann zwar nicht ein förmliches Dimissoriale behufs der Trauung durch einen akatholischen Geistlichen, wohl aber einen Schein über das geschehene Aufgebot ausstellen, und darin einfach bemerken, daß, außer der Religionsverschiedenheit, der ehelichen Verbindung kein anderes Hinderniß entgegenstehe.

3. Der Pfarrer kann endlich, wo die Staatsgesetze darauf bestehen, der Trauung, welche ein akatholischer Priester vornimmt, als Zeuge beiwohnen, um nachher den Trauungsact in die Pfarrmatrikel eintragen zu können; — er darf aber bei diesem Act weder ein Gebet, noch eine andere rituale Handlung verrichten. — Diese passive Assistenz ist das äußerste Zugeständniß des heiligen Stuhles, von welchem die Bischöfe und Pfarrer nur Gebrauch machen sollen, wo die Staatsgesetze gebieterisch solche verlangen [1].

---

[1] Siehe die Instruction des Cardinals Albani an den Erzbischof von Köln und die Suffragane von Trier, Paderborn und Münster vom 27. März 1830: „Post haec Sanctitas Sua ad Crucifixi pedes provoluta protestatur, se ad tolerantiam praedictam ea duntaxat de causa adduci seu verius pertrahi, ne graviora religioni catholicae incommoda obveniant." — Ein Lehrer des Kirchenrechtes, welcher sich damals noch zu den josephinischen Grundsätzen bekannte, nimmt die obigen Sätze als feststehend an; er sagt: At vero matrimonia ejus modi in *foro interno* plerumque *illicita* esse, addita praesertim conditione de prole in aliena religione educanda, una est eademque consentiens omnium theologiae et juris nostri interpretum sententia. Vid. Benedict. XIV. De Synod. dioec. lib. VI. cap. 5. Hinc lex Austriaca 29. Aug. 1788 parochi prudentiae committit, partem catholicam de iis ad-

4. Wo das tridentinische Concilium verkündet ist, kann eine katholische Ehe nicht anders als in Gegenwart des Pfarrers und zweier Zeugen abgeschlossen werden; wo jedoch ein katholischer Geistlicher nicht zu finden wäre, wird auch durch bloße Consenserklärung vor zwei Zeugen eine rechtsgültige Ehe abgeschlossen und unter gewissen, jedoch seltenen, Umständen wird sogar die gemischte Ehe, wenn sie nur vor der weltlichen Obrigkeit abgeschlossen ist, von der Kirche als gültig erklärt [1]. — Eine sogenannte Gewissensehe wird aber von der Kirche als durchaus unzulässig und ungültig erkannt.

Sehen wir nun, wie zu der Gesetzgebung der Kirche diejenige des Großherzogthums Baden sich verhält. Als dem Markgrafen Karl Friedrich einmal katholische Unterthanen zugefallen, entstanden nach und nach Familienverbindungen zwischen diesen und den Protestanten. Wahrscheinlich durch bestimmte Fälle veranlaßt, hatte der Markgraf unterm 21. Januar 1803 verfügt, daß Ehen erlaubt seien, welche ein katholischer Theil mit einem geschiedenen Protestanten, dessen Ehegatte noch am Leben war, schließen wolle. Als nun im Jahr 1803 noch viel größere katholische Landestheile erworben wurden, mußte die Angelegenheit der gemischten Ehen bestimmten Regeln unterworfen werden, und so ging denn in das erste Grundgesetz des neuen Staates die Bestimmung ein, daß Ehen zwischen Personen verschiedener Confessionen durchaus frei seien, und daß die Einholung von Dispensationen fortan aufhören solle. Dasselbe Gesetz bestimmt ferner, daß die Einsegnung gemischter Ehen nach dem freien Belieben der Eheleute von dem Pfarrer des

---

monere, quae ad officium conscientiae hac in re pertinent. Hujusmodi porro matrimonia a sacerdote nec benedictione, nec alio ritu sacro officianda esse, idem *Bened. XIV. loc. cit. § 5.* docet, *quoniam nihil horum ad matrimonii validitatem intervenire necesse est.* Quodsi vero nuda et muta, omnique ergo prece ac ritu vacua parochi praesentia ad validum matrimonium sufficit, quid amplius leges civiles a parocho catholico exigere possunt, non apparet." *Sauter, fundam. jur. eccles. Cathol. § 730. Not. d.*

[1] Vorzüglich gilt dieß für die Niederlande und für die westlichen Provinzen in Preußen. Pii VIII. Const. Literis altero, vom 25. März 1830.

Bräutigams oder von jenem der Braut verrichtet werden könne, und daß von dieser Trauung die bürgerliche Gültigkeit der Ehe mit all' ihren Folgen abhänge; wenn jedoch jeder Ehetheil auch von dem Geistlichen seiner Confession eingesegnet werden wolle, so dürfe sich der andere dieser Einsegnung nicht entziehen, und der betreffende Geistliche habe sie „unverweigerlich und unentgeltlich" zu verrichten [1].

Als nun durch den Preßburger Frieden und durch die Rheinbundesacte dem Großherzogthum noch mehr katholische Lande zugefallen waren, konnten auch die Bestimmungen des ersten Grundgesetzes nicht mehr genügen. Die Zusammensetzung des Staatsgebietes und die gegenseitigen Verhältnisse der Bevölkerung machte um so größere Rücksichten nöthig, als eben der Preßburger Friede die Aufrechthaltung des alten Rechtsstandes bestimmt hatte. — Die neue Regierung befand sich in schwieriger Lage; sie sollte althergebrachte Gewohnheiten und Einrichtungen schonen, sie sollte die widerstrebenden Elemente vereinigen und die getrennten Bestandtheile in dem allgemeinen Verbande verschmelzen; die Begünstigung der gemischten Ehen war demnach unzweifelhaft ein wirkliches Interesse des Staates, aber nicht minder bestand für ihn ein Interesse, daß die Regierung des protestantischen Landesherrn die bestimmten Satzungen der katholischen Kirche nicht verletze und deren Gebräuche mit Achtung behandle. — Es ist eine richtige Auffassung, aus welcher die Bestimmungen hervorgingen, daß der kirchlichen Oberbehörde die Entscheidung der Frage zustehe, welche Personen nach kirchlichen Grundsätzen zusammen heirathen, welche in einer „kirchenordnungswidrig eingegangenen" Ehe ohne Sünde fortleben können, und daß die Geistlichen in Verkündung und Einsegnung der Ehe sich nach den Gesetzen ihrer Kirche richten sollen. Wurden diese Bestimmungen richtig ausgelegt und im Geist des Gesetzgebers angewendet, so konnte sich die Kirchenbehörde nicht über die fernere Bestimmung beklagen, daß sie ohne Genehmigung der

---

[1] Drittes Organisations-Edict vom 11. Februar 1803, Abs. II. u. III.

Regierung nicht Grundsätze aufstellen dürfe, abweichend von jenen, die vorhin im Staate anerkannt oder in Uebung gewesen waren, und daß die Geistlichen die Beurkundung der Ehen nach Vorschrift der Staatsgesetze vollziehen sollen [1]. Alle nachtheiligen Folgerungen, welche daraus vielleicht gezogen werden könnten, sind durch die obigen Bestimmungen aufgehoben.

Ein fast zu gleicher Zeit erlassenes Gesetz enthält genaue Bestimmungen über die Einsegnung der Ehe. „Würde es sich treffen, daß von Staatswegen eine Ehe als zulässig erklärt wurde, welche die kirchliche Behörde des einen oder des anderen Verlobten nicht autorisiren zu können meinte, so sollen sie (die Pfarrer), um ihrem Amt als Staats- und Kirchendiener gleich gewissenhafte Folge zu leisten, zuerst den Fall an die weltliche Behörde berichten, damit bei dem Regenten darüber angefragt werde. Würde aber die oberste Staatsbehörde auf dem Befehl zur Bestätigung der Ehe bestehen, so mag es ihnen zwar allenfalls nach Befinden der Fälle erlaubt sein, daß sie die Brautleute mit Kirchenceremonien nicht zusammengeben, aber immer bleiben sie schuldig nach Staatsgesetzen solche ehelich einander anzutrauen und in die Ehebücher ebenso einzutragen, als ob es unter kirchlichem Gepränge geschehen wäre, — und hat jene Trauungsart in Bezug auf alle Verhältnisse des bürgerlichen Lebens die nämliche Wirkung, wie eine kirchlich gefeierte Trauung." Die Art, wie der Pfarrer, wenn die kirchliche Trauung Anstände hat, die Brautleute „ohne kirchliches Gepränge" zusammengibt, ist so bestimmt, daß er die Brautleute über das Dasein, die Freiwilligkeit und die Beharrlichkeit ihres Vorhabens befrage, daß er erkläre, es seien ihm keine, in den Staatsgesetzen begründeten, Anstände bekannt, und daß er auf den Grund dieser Erklärung als Staatsbeamter und von Staatswegen, ohne eine

---

[1] Erstes Constitutions-Edict vom 14. Mai 1807, § 16 S. 112 Note 1.; ferner § 22.: ... Die Geistlichen „haben sich in der religiösen Art der Verrichtung solcher (kirchlicher) Handlungen nach den Gesetzen ihrer Kirche, hingegen in Hinsicht auf Zeit- und Ortsverhältnisse, sowie auf die Beurkundung, nach den Gesetzen des Staates zu richten."

kirchliche Billigung der Ehe, den Brautleuten die Ermächtigung gebe, als Eheleute zu leben, und sie in die Rechte und Pflichten dieses Standes einsetze [1].

Wenn für die kirchliche Trauung zweier Verlobten verschiedener Confession ein Hinderniß bestand, so lag dieses fast immer in der confessionellen Erziehung der Kinder und gerade darin hat sich die staatliche Gesetzgebung mit den Satzungen der Kirche am meisten in Widerspruch gestellt. Jene hat verordnet, daß die männlichen, in einer gemischten Ehe erzeugten, Kinder unbedingt der Confession des Vaters folgen, und daß durch einen Ehevertrag die Kinder nach der Confession getheilt, die männlichen in der Religion des Vaters, die weiblichen in jener der Mutter, aber in keinem Fall alle Kinder der letztern folgen dürfen [2]. — Die Härten, welche aus der Anwendung dieses Gesetzes folgten, wurden wohl manchmal von dem Billigkeitsgefühl des Regenten gemildert, aber es war eben schlimm, daß die Staatsgewalt zu Gunsten einzelner Fälle das Gesetz brechen mußte. Als nun die gemischten Ehen häufiger wurden, ergaben sich vielfache unangenehme Begegnisse, welche das naürliche Gefühl verletzten und der Regierung unangenehme Verlegenheiten bereiteten [3].

---

[1] Eheordnung vom 15. Juli 1807, §§ 60 und 22.
[2] Erstes Constitutions-Edict vom 14. Mai 1807, § 6.
[3] Der Verfasser könnte solcher Fälle mehrere anführen. — In einer der größeren Städte des Landes hatte sich ein achtbarer protestantischer Bürger mit einem katholischen Mädchen vermählt. Die Kinder wurden in der Religion der Mutter erzogen, und als das älteste von diesen das Alter zur Confirmation erreicht hatte, so wurde dieses mit all' seinen Geschwistern von der, damals noch kleinen, protestantischen Gemeinde reclamirt. Es entstand eine große Bestürzung in der Familie und eine nicht unbedeutende Aufregung in der katholischen Bevölkerung der Stadt; aber die Gnade des Großherzogs beruhigte beide, indem er erlaubte, daß die Kinder fortan katholisch blieben. — Ein anderer Protestant, ebenfalls in einer der größeren Städte, hatte nach mancherlei Schwierigkeiten die Zustimmung der Eltern eines katholischen Mädchens zur Verbindung mit diesem, jedoch unter der ausdrücklichen Bedingung erhalten, daß die Kinder katholisch erzogen werden sollen. Diese Bedingung konnte, als eine ungesetzliche, in den Ehevertrag nicht aufgenommen werden, und dieser protestantische Mann sah seine Hoffnung, sein Lebensglück, die Frucht lang-

Diese überzeugte sich von der Unhaltbarkeit dieser gesetzlichen Bestimmung in einem Lande, wo Katholiken und Protestanten dicht untereinander wohnen, und vorzüglich in Städten, in welchen die sonst ungemischte Bevölkerung immer mehr Bestandtheile der anderen Confessionen aufnahm. — Man hatte die gemischten Ehen begünstigen wollen, und es zeigte sich, daß dieses Gesetz ihr größtes Hinderniß war. So wurde denn durch eine Verordnung jene Bestimmung aufgehoben und es wurde verfügt, daß es den Verlobten verschiedener Confessionen freistehe durch einen, vor ihrer Verehelichung in rechtlicher Form ausgefertigten, Vertrag, entweder die Confession des Vaters oder die der Mutter für alle ihre Kinder zu bestimmen oder dieselben nach dem Geschlechte zu theilen. Wenn aber, ist ferner bestimmt, über die Erziehung der Kinder aus gemischten Ehen keine Verträge errichtet werden, oder wenn die errichteten der Form nach ungültig sind, so besteht für alle die Regel, daß die Kinder beiderlei Geschlechtes in der Confession des Vaters erzogen werden sollen [1].

Fassen wir den Inhalt der angeführten Gesetze zusammen, so ergeben sich die folgenden Sätze, unter welchen die Gültigkeit der gemischten Ehen von der Staatsgewalt anerkannt wird:

1. Gemischte Ehen sind erlaubt und unterliegen der Confession wegen keinem Hinderniß.

2. Die, in gemischten Ehen erzeugten, Kinder können unter Beobachtung der gesetzlichen Formen nach dem Belieben der Eheleute in jeder Confession erzogen werden.

3. Die katholische Kirchengewalt darf nicht darüber gehört werden und hat keine Einsprache zu machen.

4. Die Einsegnung des Geistlichen einer der beiden Confessionen genügt für die Gültigkeit der Ehe.

5. Den Brautleuten ist es freigestellt, ob sie von den Pfar-

---

jähriger Arbeit zerstört, wenn diese Verbindung nicht zu Stande kam. Auch er wendete sich an den Großherzog Ludwig, und bald nachher wurde das angeführte Gesetz geändert.

[1] Staatsministerialverordnung vom 8. Juni 1826.

rern beider Confessionen getraut sein wollen oder nur von jenen der einen.

6. Der Pfarrer kann, wenn kirchliche Anstände vorhanden sind, die kirchliche Trauung, nicht aber die Verkündung in der katholischen Kirche verweigern — aber auf keinen Fall kann er sich der Obliegenheit des kirchlichen Standesbeamten entziehen.

7. Der Staat erlaubt für die Abschließung einer gültigen Ehe eine Art der Trauung ohne kirchliche Feierlichkeit.

Waren diese Gesetze auch nicht in katholischer Auffassung gedacht; so konnte deren redlicher Vollzug den katholischen Geistlichen doch an der Beobachtung der kirchlichen Vorschriften nicht hindern; aber die Anwendung war rücksichtsloser als die Gesetze und nach und nach bildete sich eine Praxis, welche mit den Kirchengesetzen durchaus im Widerspruch war.

Die badische Ehegesetzgebung war in die Zeit gefallen, in welcher große politische Ereignisse fast jedes andere Interesse verzehrten, und in welcher unter dem Druck der Verhältnisse im südwestlichen Deutschland für religiöse Dinge eine Gleichgültigkeit entstand, die nach und nach zur vollkommenen Verneinung anwuchs. Waren die katholischen Geistlichen auch von diesem Geist der Verneinung noch nicht bestimmt, ehrten und achteten sie noch die Vorschriften und die Gebräuche ihrer Kirche; so hatte sie der Mangel einer festen Kirchenregierung der Disciplin vollkommen entwöhnt, und wenn auch eine Verordnung des Vicariates im Bisthum Constanz (vom Jahr 1808) die Seelsorger anwies, den katholischen Theil auf alle die bedenklichen und nachtheiligen Folgen aufmerksam zu machen, die aus einer gemischten Ehe entstehen müßten, so gab ihnen diese doch keine bestimmte Vorschrift über die Art, wie sie ihre canonischen Verpflichtungen erfüllen konnten, ohne die Staatsgesetze zu verletzen. Da Niemand die canonischen Vorschriften ernstlich aufrecht erhielt, so wurden sie allmählich vergessen; bald wußten die Geistlichen nicht anders, als daß sie für die Förmlichkeiten in Ehesachen nur von der Staatsbehörde abhängig seien und allein deren Verordnungen befolgen müßten, und sie verstanden nicht die Freiheit zu gebrauchen, welche die Staatsgesetze ihnen als Diener der Kirche gestatteten. Keiner hätte es gewagt die Einsegnung zu verweigern, wenn die kirchlichen Gewähren nicht geleistet wurden, und hätte die weltliche Gewalt eine solche Einsegnung befohlen, so hätte keine kirchliche Autorität den Widerstrebenden geschützt. Aber auch die weltliche Regierung band sich nicht an ihre Gesetze, und unter vielen Fällen sind mir zwei bekannt, in welchen katholische Väter, die in gemischten Ehen lebten und keine Eheverträge abgeschlossen hatten, durch höhere Verfügung ermächtiget wurden, ihre katholisch getauften, schon mehrere Jahre alten, Kinder protestantisch erziehen zu lassen, obwohl die angeführte Verordnung vom Jahr 1826 jede Rückwirkung förmlich verbot. — So wuchs die Gleichgültigkeit im Volk und im Clerus. Wenn die bürgerliche Erlaubniß gegeben und kein anderes Hinderniß vorhanden war, so ertheilte der Pfarrer den Meldschein, und wenn von der weltlichen Behörde der Trauschein eingegangen war, so wurde eben verkündet und getraut; — nach der Erziehung der Kinder fragte kein Mensch und nach einem Ehevertrag durfte der Pfarrer nicht fragen. Sehr häufig wurden gemischte Ehen von den Geistlichen beider Confessionen eingesegnet und der protestantische Theil hat meistens gewünscht, von dem katholischen Pfarrer getraut zu werden, weil er glaubte, daß nur dann die Ehe unauflöslich sei. — Nach der Errichtung des Erzbisthums war allerdings eine kirchliche Autorität vorhanden, aber diese, in ihrem Beginnen noch schwach, mußte im Anfang ihrer Wirksamkeit die Meinungen schonen.

Viele katholische Seelsorger, die noch einen streng dogmatischen Unterricht genossen hatten, und welchen das Kirchenrecht nicht fremd geblieben, konnten sich bei diesem Zustand der Dinge nicht beruhigen; sie fanden sich in ihrem Gewissen beschwert und sie wollten deßhalb von der kirchlichen Behörde ihre Weisungen erhalten. Unmittelbar nach der Einsetzung des Erzbischofs, im December 1827, berichtete ein Decan über eine gemischte Ehe an das Ordinariat, erbat sich für die Behandlung dieses Falles eine bestimmte Vorschrift und sprach den vernünftigen Wunsch aus: die kirchliche Oberbehörde möge bald eine allgemeine Verordnung über die gemischten Ehen erlassen. Auf den Vortrag des Domcapitular Burg, später Bischof von

Mainz, faßte das Ordinariat die Ansicht, daß die Erlassung eines solchen Regulatives unter den vorherrschenden Verhältnissen auf unüberwindliche Hindernisse stoßen müßte, daß man die Grundsätze der allgemeinen Kirchendisciplin nicht aufgeben könne, daß man vielmehr suchen müsse, denselben ihr Ansehen wieder zu verschaffen, — daß man bis dahin aber nur in einzelnen Fällen entscheiden müsse, und so wurde denn der Decan auf die bischöfliche Verordnung vom Jahr 1808 verwiesen und demselben aufgetragen, die Grundsätze der katholischen Kirchendisciplin mit Klugheit zu handhaben und mit den bürgerlichen Toleranzgesetzen in Einklang zu bringen — besonders aber die Verlobten auf die katholische Erziehung der Kinder aufmerksam zu machen [1].

Allmählich kamen solche Anfragen immer häufiger vor, und in Folge einer solchen wurde unterm 5. März 1830 ein Decanat angewiesen, die untergebenen Seelsorger anzuhalten für die katholische Erziehung der Kinder Sorge zu tragen. Die Regierung hatte, wie natürlich, von dieser Weisung Kenntniß erhalten, und nach einigem Schriftwechsel mit der katholischen Kirchensection erklärte die Staatsregierung, daß die Forderung, die aus gemischter Ehe erzeugten Kinder in der katholischen Religion zu erziehen, auf Proselytenmacherei hinauslaufe, welche durch die Staatsgesetze längst verboten sei. „Man könne," heißt es weiter, „solche Einwirkungen auf eines der beiden Brautleute von Staatswegen durchaus nicht dulden, und müsse darauf beharren, daß das erzbischöfliche Ordinariat eine solche, den Staatsgesetzen zuwiderlaufende, Anordnung künftig sich nicht mehr erlaube, da man sonst in einem einzelnen Fall, wo ein Geistlicher sich solches Einwirken erlauben sollte, nach den Gesetzen gegen denselben einzuschreiten sich veranlaßt sehen würde" [1].

Auffallend bleibt die Behauptung des Ministeriums, daß die erwähnte Anordnung die Staatsgesetze verletze, da es durch ein Grundgesetz dem Pfarrer geboten ist, die Verlobten zu belehren, „ob etwa noch kirchliche Hindernisse obwalten, was die-

---

[1] Ordinariatserlaß vom 29. Januar 1828.
[2] Erlaß des Ministeriums des Innern vom 30. Oct. 1832, Nr. 14,224.

selben zu deren Beseitigung und zur Sicherung ihres Gewissens thun können, und wie sie es auf eine mit der Staatsverfassung vereinbarliche Weise einrichten mögen"[1]. Damit hatte nun der Streit begonnen, welcher mehrere Jahre lang fortgesetzt wurde. — Es war ein unerquicklicher Streit, von welchem ich hier nur einige Hauptpunkte anführen will.

Auf den angeführten Erlaß des Ministeriums wendete sich das erzbischöfliche Ordinariat mit einer Beschwerde an den Großherzog, und bat ihn um Schutz gegen die Eingriffe der Regierung. Diese Beschwerde und bescheidene Vorstellung wurde als ein Recurs behandelt, und als solcher durch Entschließung aus dem großherzogl. Staatsministerium vom 17. April 1833 Nro. 981 verworfen. Dem Ordinariat wurde dieser Beschluß von der katholischen Kirchensection mit einigen Belehrungen über die mangelhafte Begründung ihrer Beschwerde mitgetheilt; das Ordinariat fügte sich im Gehorsam, und mehrere Jahre lang ging Alles wieder seinen alten Gang. Im Jahr 1837 erklärte jedoch die Regierung, daß man die Kirchendiener nicht zwingen könne, die Ehe eines geschiedenen Protestanten mit einem katholischen Mädchen einzusegnen, daß er aber als bürgerlicher Standesbeamter das vornehmen müsse, was die Staatsgesetze verlangen, und daß er insbesondere die Verkündung in der Kirche nicht verweigern dürfe[2]. Da solche Ehen von der Kirche unter allen Umständen verboten sind, so verweigerten mehrere Pfarrer das kirchliche Aufgebot, aber sie wurden dazu gezwungen, und einer derselben, der Pfarrer zu St. Martin in Freiburg, wurde mit Sequestirung der Pfarreinkünfte bedroht.

In dieser Zeit hatte derselbe Streit über die gemischten Ehen in Preußen seinen Höhepunkt erreicht; die Kirchenbehörde hatte mit unbeugsamer Standhaftigkeit an den Grundsätzen der Kirchendisciplin festgehalten, und am 20. November 1837 wurde der Erzbischof von Köln, Clemens August von Droste-Vischering, verhaftet und auf die Festung Minden gebracht. — Er soll gesagt haben: „Gottlob, sie brauchen Ge-

---

[1] Eheordnung vom 15. Juli 1807, § 60.
[2] Erlaß des Ministeriums des Innern vom 10. April 1837, Nr. 3520.

walt!" und er hatte prophetisch gesprochen; denn die Gewalthandlung hat den Clerus von ganz Deutschland über den Charakter der herrschenden Zustände belehrt, und die preußische Regierung hat im Jahr 1841 den Druck auf die katholische Kirche bedeutend gemildert.

Am 20. April 1838 hielt der Erzbischof Ignatius Demeter im Domcapitel einen Vortrag, in welchem er zwei gewichtige Fragen über die gemischten Ehen aufstellte und das Domcapitel aufforderte, sich zu erklären, was zu thun sei, wenn die Staatsbehörde, die Kirchengesetze mißachtend, das bisherige Verfahren aufrecht halten wolle. Die geistliche Behörde beschloß, die ärgerlichen Fälle, welche an dem Sitz des Erzbischofs selbst vorgekommen waren, dem Director der katholischen Kirchensection vertraulich vorzutragen und dessen Aeußerungen vorerst abzuwarten.

Unterdessen waren in mehreren Diöcesen der oberrheinischen Kirchenprovinz die kirchlichen Grundsätze wieder zur Geltung gekommen; die Ordinariate von Fulda und von Mainz waren mit den beiden hessischen Regierungen über das Verfahren bei gemischten Ehen übereingekommen, und selbst in Preußen war durch eine Cabinetsordre des Königs verfügt, daß der katholische Priester nicht gezwungen sein solle, die Trauung einer gemischten Ehe nach katholischem Ritus zu vollziehen, sondern der Partei, welche sich verletzt fühle, sei es überlassen, „sich beschwerend beim Bischof zu melden, der definitiv in der Sache zu entscheiden habe, wornach sich der Priester sowohl, wie der zu Trauende richten müßten." Dieselbe Erklärung wurde in einem amtlichen Schreiben des preußischen Cultusministers an den Weihbischof und Generalvicar zu Trier vom 19. Februar 1838 unzweideutig wiederholt, mit dem Beisatz, daß es bei dem Ausspruch des Diöcesanbischofes sein unabänderliches Bewenden habe, ohne daß ein Verfahren bei den Staatsbehörden stattfinden solle; die Regierung, wurde ferner bemerkt, erwarte eine möglich milde Auffassung des päpstlichen Breve vom 25. März 1830 und der betreffenden Uebereinkunft vom 19. Juni 1834; der König überlasse aber die Auffassung der einzelnen Bestimmungen dem Gewissen der Bischöfe, ohne dieselben einengen zu wollen. —

In der Erzdiöcese Freiburg häuften sich nun die Anfragen der Pfarrer und die Bitten derselben um eine definitive Regelung der Sache, und so wurde denn unterm 22. Juni 1830 eine ausführliche Vorstellung an die katholische Kirchensection erlassen, in welchem das erzbischöfliche Ordinariat die Punkte bezeichnete, welche in die Wiederverkündung der Kirchendisciplin aufzunehmen wären. Die Regierung ging darauf nicht ein; sie wies die Bitte der kirchlichen Behörde zurück und die katholische Kirchensection begründete diesen Beschluß in einer weitläufigen Denkschrift[1]. Diese Denkschrift sucht mit dem Aufwand einiger Gelehrsamkeit die Forderungen der Kirchenbehörde als unbegründet durch die canonischen Gesetze, das System der Regierung aber als in den Staatsgesetzen begründet darzustellen. Es war das erste Mal, daß die Staatsbehörde sich auf eine umfassende Erörterung eingelassen hatte, aber diese Erörterung war nicht glücklich, denn sie konnte canonisch nichts, was positiv war, aufstellen, sondern höchstens nur Zweifel erheben, und sie mußte, für die Staatsgesetze selbst, sehr gewagte Auslegungen hervorsuchen. In einem vortrefflichen, sehr ausführlichen Gutachten beleuchtete der Domcapitular Buchegger die Denkschrift der katholischen Kirchensection und zeigte mit Glück, daß die Gründe desselben canonisch unhaltbar, daß die Forderungen des Ordinariates mit den Staatsgesetzen im Einklang und folglich die Maßnahmen der Regierung mit diesen im Widerspruch seien. Dem Erzbischof genügte jedoch nicht dieses Gutachten und er machte daher der katholischen Kirchensection den Vorschlag, ihre Denkschrift den Suffraganbischöfen der oberrheinischen Kirchenprovinz zur Beleuchtung vorzulegen; aber die Staatsbehörde wies diesen Antrag rund ab, weil „die Herren Bischöfe zu Rottenburg, Mainz, Limburg und Fulda, mit den badischen Verhältnissen und Gesetzen nicht vertraut, sich nicht in der Lage befinden, über diese ihnen fremde Angelegenheit ein competentes Urtheil abzugeben" und weil die

---

[1] Der betreffende Erlaß der katholischen Kirchensection als Antwort auf die Vorstellung des Ordinariates vom 22. Juni wurde am 16. November 1838 beschlossen und am 5. December ausgefertigt.

obschwebende Frage keineswegs als eine Angelegenheit der ganzen Kirchenprovinz behandelt werden könne. — Die katholische Kirchensection hatte vergessen, daß nur der canonische Theil ihrer Denkschrift von den Suffraganbischöfen beleuchtet werden sollte, und daß das Kirchengesetz nicht in verschiedenen Ländern ein verschiedenes ist; sie hatte ferner vergessen, daß auch die Frankfurter Kirchenpragmatik und die Verordnung vom Jahr 1830 gemeinschaftlich von allen Staaten der oberrheinischen Kirchenprovinz gemacht worden ist. —

Die Conferenz, welche im März 1839 der Präsident des Ministeriums des Innern, Staatsrath Nebenius, mit dem Erzbischof hatte, führte zu keinem Ergebniß, und wenn jener erklärte, daß er es nicht wagen würde, in Betreff der gemischten Ehen einen Antrag an die Kammern zu stellen, weil derselbe mit Unwillen und zwar größtentheils von katholischen Deputirten würde verworfen werden; — so hat der genannte Staatsmann darin nur wieder die gewöhnliche Scheu und die falsche Auffassung ausgesprochen, welche der Vertretung zuweist, wofür sie in keinem Fall zuständig sein kann. Der Erzbischof machte seinem Capitel Mittheilung von dieser Besprechung und darauf beschloß dasselbe, daß weitere Vorstellungen an die großh. Regierung als fruchtlos unterbleiben, daß Brautleute gemischter Confession die priesterliche Einsegnung erhalten sollen, wenn sie vom katholischen Brauttheil gefordert wird, daß diese Concession aber die Pflicht des Seelsorgers nicht ausschließe, den katholischen Theil über die Gefahren einer solchen Ehe gründlich und liebreich zu belehren [1].

Im Jahr 1841 war für die österreichischen Bischöfe eine Instruction des heiligen Stuhles erschienen [2], welche den österreichischen Bischöfen ihr Verhalten bei gemischten Ehen nach den Grundsätzen der katholischen Kirchendisciplin vorschrieb, und diese Instruction hatte das kaiserliche Placet erhalten. War

---

[1] Für diesen Beschluß waren im Domcapitel drei Stimmen; gegen denselben waren ebenfalls drei Stimmen, und unter diesen Hermann v. Vicari; der Erzbischof gab für die Annahme den Ausschlag.

[2] Durch ein Schreiben des Cardinals Lambruschini vom 22. Mai 1841.

diese Instruction nun auch nicht an die oberrheinischen Bischöfe gerichtet, so hatte sich doch das Oberhaupt der Kirche ausgesprochen, und der Erzbischof von Freiburg, in seinem Gewissen beunruhigt, stellte am 15. October 1841 dem Domcapitel den Antrag: man möge den Großherzog bitten, daß er dieser Instruction seine Genehmigung und damit die Bewilligung zu deren Verkündung in der Erzbiöcese ertheile. In Folge dieses Antrages wurde unter dem 18. October 1841 eine dringende Vorstellung an den Großherzog gerichtet [1], aber diese wurde niemals einer Antwort gewürdiget.

Nach dem Tode des Erzbischofs Ignatius Demeter griff sein Nachfolger die Sache der gemischten Ehen mit größerer Entschiedenheit auf. Unter dem 3. Januar 1845 erließ das erzbischöfliche Ordinariat eine Verordnung an sämmtliche Decanate, welche die Seelsorger anwies, sich mit Vorlage aller Sachverhältnisse an die kirchliche Oberbehörde zu wenden und deren Weisungen zu empfangen, wenn Brautpaare eine gemischte Ehe eingehen wollten. Dieser Weg war ganz gewiß ein zweckmäßiger, denn ohne alles Aufsehen konnte für jeden einzelnen Fall die Entscheidung gegeben werden; aber nun mischte sich auch der **protestantische** Oberkirchenrath in die Sache, indem er sich bei dem katholischen Oberkirchenrath über den angeführten Ordinariatserlaß und über die Forderung der katholischen Geistlichen, daß die Kinder in der katholischen Religion erzogen werden sollten, beschwerte. Auf den Antrag des katholischen Oberkirchenrathes verfügte das Ministerium des Innern, daß die Verfügung des erzbischöflichen Ordinariates, da sie ohne Staatsgenehmigung erlassen worden, als unstatthaft und unvereinbarlich mit den bestehenden Landesgesetzen und der bisherigen Praxis zu betrachten sei, und daher als unwirksam erklärt werde. Dieser Ministerialbeschluß wurde dem Ordinariat durch den katholischen Oberkirchenrath mit einer weitläufigen Motivirung mitgetheilt, in welcher dem Unbefangenen die Be-

---

[1] Diese Vorstellung wurde von dem Domdecan und Geheimen Rath Hug verfaßt, einem Geistlichen, welcher niemals in dem Geruche des Ultramontanismus gestanden hatte.

hauptung auffällt, daß die kirchliche Behörde, entgegen den Bestimmungen des erſten Conſtitutionsedictes, ne⹂⹂ Grundſätze aufſtellte, während dieſe Grundſätze des gemeinen Kirchen= rechtes neuerdings in den meiſten Staaten und, wie oben aus= geführt, auch von der Geſetzgebung des Großherzogthums Baden anerkannt ſind ¹. Uebrigens ſchloß der Oberkirchenrath ſeinen Erlaß mit dem Erſuchen, der Erzbiſchof möge ſeine allgemeine Verordnung vom 3. Januar „direct oder indirect zurücknehmen, und etwaige Wünſche, beziehungsweiſe Anträge, über einen angemeſſenen Ritus für gemiſchte Ehen zur weitern Verhand= lung der großh. Staatsregierung vorlegen." Man muß ge= ſtehen, daß in nichts mehr als in dieſem Erſuchen ſich die gänzlich falſche Auffaſſung der gegenſeitigen Stellung kund gibt; denn wann hat man jemals gehört, daß ein katholiſcher Biſchof den Ritus in der Ertheilung eines Sacramentes von der Ver= handlung einer Staatsbehörde abhängig machen ſoll? —

Der Erzbiſchof Hermann von Vicari war nicht der Mann, welcher der Kirche ihr Recht und dem Biſchof ſeine Stellung vergab. Er erließ unterm 9. Auguſt 1845 das bekannte Kreis= ſchreiben an ſeine ſämmtlichen Decane, welches das Regulativ für die Behandlung der gemiſchten Ehen geworden iſt. Der Erzbiſchof hielt den früheren Beſchluß aufrecht, daß in jedem Fall einer gemiſchten Ehe die Seelſorger an das Ordinariat berichten und von dieſem die nöthigen Weiſungen empfangen, und daß ſie im Allgemeinen das folgende Verfahren einhalten ſollen: „Die Pfarrer ſollen die kirchliche Einſegnung geben, wenn alle zu erhoffenden Kinder in der katholiſchen Religion erzogen werden; ſie ſollen dieſelbe verweigern, wenn die Ver= ſicherung ſolcher Erziehung nicht gegeben wird. Es haben daher die Pfarrer in den Fällen, in welchen nicht ſchon durch die Landesgeſetze die katholiſche Erziehung aller Kinder geſichert iſt, einen von der competenten weltlichen Behörde geſchloſſenen Vertrag von den Brautleuten zu verlangen, nach welchem alle

---

¹ Miniſterialerlaß vom 3. Juni und die Mittheilung des Oberkirchen= raths vom 6. Juni 1845.

zu erhoffenden. Kinder in der katholischen Religion erzogen werden."

„Kommt solch' ein Vertrag in den Fällen, in welchen nicht durch die Landesgesetze schon die katholische Religion gesichert ist, nicht zu Stande, hat also der Pfarrer nicht die Gewißheit, daß die Kinder katholisch werden, so hat er zwar ohne allen Anstand den Heirathsbogen auszufüllen und die Ehe zu verkünden, ohne jedoch der Religion der Brautleute zu erwähnen, auch einen Verkündschein, worin jedoch jedes Wort unterbleiben soll, aus dem auch nur der Verdacht der Beistimmung und Billigung entstehen könnte, auszustellen, und dann einer solchen Ehe nur als testis qualificatus et authorizabilis excluso omni ritu catholico durch Vernehmung der wechselseitigen Einwilligung zur Ehe zu assistiren, und die auf eine solche Weise vollzogene gemischte gültige Ehe in die Trauungsmatrikel einzutragen."

Am Schluß seiner Verordnung sagt der Erzbischof ferner:

„Die Liebe zu den protestantischen Brüdern wird durch diese Entschiedenheit und Festigkeit des Glaubens nicht verletzt: wir lieben sie wie uns selbst, und würden unser Leben für sie opfern. Aber aus übel verstandener Liebe dürfen wir unser Gewissen nicht beschweren."

„Sollten den Seelsorgern von irgend einer Seite wegen dieses kirchlichen Verfahrens Hindernisse oder Unannehmlichkeiten in den Weg gelegt werden, so mögen sie nur erklären, daß wir alle Verantwortlichkeit auf Uns genommen."

In einem Schreiben vom 10. August 1844 benachrichtigte der Erzbischof den katholischen Oberkirchenrath von seiner Verordnung und fügte eine ausführliche Nachweisung darüber bei, daß das vorgeschriebene Verfahren den Staatsgesetzen nicht widerstrebe, daß es den Rechten der Brautleute genüge, daß es die Rechte der protestantischen Kirche nicht beeinträchtige, sondern nur die Rechte der katholischen wahre.

Allerdings erregte diese erzbischöfliche Verordnung auch bei den Katholiken nicht geringes Aufsehen, denn diese waren nicht mehr an eine wahrhafte Kirchenregierung gewöhnt, sie waren noch weniger mit den eigentlichen Vorschriften ihrer Kirche bekannt, und in jener Zeit wollten sie sich auch nicht darüber unterrichten, denn die Gleichgültigkeit war so groß, daß ihnen selbst die Verneinung gleichgültig war. Mochten die Urtheile wie immer gegen ihn ausfallen, der Erzbischof durfte sich darum nicht kümmern; er mußte sein Gewissen hören, das ihm gebot, die Vorschriften der Kirche zu vollziehen, und die Erfahrungen eines langen Lebens versicherten ihn, daß diese Urtheile sich ändern würden, sobald diesen Menschen wieder einmal das religiöse Gefühl lebendig geworden war. Man hat eine Wichtigkeit darauf gelegt, daß der Erzbischof, ohne das Capitel zu hören, diese Verordnung erlassen habe. Es beweist dieß die geringe Kenntniß der canonischen Vorschriften, denn zu den wenigen Fällen, in welchen der Bischof gehalten ist, sein Capitel zu hören, gehört nicht der Ritus und gehört nicht die Verwaltung der Sacramente.

Zwei Commissäre der Regierung, welche sich mit dem Erzbischof besprachen, konnten dessen Beschlüsse nicht ändern, und die Vermittlung des Bischofs von Straßburg wurde von der Regierung in Abrede gestellt. Der Erzbischof richtete noch mehrere Eingaben an das Ministerium des Innern, in welchen er sein Verfahren als Bischof rechtfertigte, aber seine vollkommene Ergebenheit als Staatsbürger aussprach, und endlich erschien der Erlaß des Ministeriums, welches die Verordnung des Erzbischofs, weil ohne die Genehmigung der Regierung erlassen, als nicht ergangen, unwirksam und nichtig erklärte, den Geistlichen jede Einwirkung auf die Bestimmung der Verlobten oder eines Theiles derselben über die confessionelle Eigenschaft, besonders über die Nachfrage nach Eheverträgen untersagte, und ihnen streng verbot, die Vornahme oder die Art der Trauung von der confessionellen Kindererziehung abhängig zu machen. — Die Geistlichen, welche diese Verbote nicht beachten sollten, wurden mit Strafen bedroht und die Kirchenbehörde wurde angewiesen, sich jeder weitern Aufforderung der Curatgeistlichen zum Ungehorsam gegen Gesetze des Landes zu enthalten, sondern sich, wenn sie sich beschwert fühle, an das großh. Staatsministerium zu wenden. Dieser Erlaß des Ministeriums wurde unterm 25. November 1848 dem Erzbischof von dem Oberkirchenrath mit einem weitläufigen Schreiben mitgetheilt. Der Erzbischof bescheinigte einfach den Empfang des Erlasses und erklärte, daß von weitern Verhandlungen nicht mehr die Rede sein könne.

So war es also dahin gekommen, daß die weltliche Behörde unter dem Vorwand, die Staatsgesetze aufrecht zu erhalten, den Clerus zum offenen Ungehorsam gegen seinen Obern aufforderte und ihn wegen Leistung des geistlichen Gehorsams unter die Strafgerichtsbarkeit der Kreisregierungen stellte. Mußte man doch bald erfahren, daß die Regierung einem renitenten Pfarrer in amtlicher Weise ihren Schutz zusicherte, als ihm der Erzbischof seinen Ungehorsam verwies. Das hieß die kirchliche Autorität zerstören, und es vergingen keine zwei Jahre, als dieselbe Regierung die Folgen solchen Beginnens erfuhr. Es klingt heutzutag gar eigen, wenn man in den Acten sieht, wie der Erzbischof von Freiburg der Regierung des Großherzogs schreibt: „Wer ermißt die Folgen für Staat und Kirche, wenn der Geist des Gehorsams auf solche Weise erschüttert würde, namentlich in einer Zeit, in der der Geist der Ungebundenheit so sehr überhand genommen? **Wer steht dafür, daß, wenn der kirchlichen Autorität der Gehorsam aufgekündigt ist, derselbe nicht auch der weltlichen entzogen wird?** Ich thue mein Möglichstes, um alle meine Diöcesanen in der Liebe und Treue gegen die hohe Regierung zu erhalten! Kirche und Staat müssen zusammenwirken, um die gesetzliche Ordnung zu befestigen." — Das Ronge'sche Unwesen war damals im Gang; jeder Mensch von gesunden Sinnen erkannte dessen Charakter, Jeder sah, wie eine gewisse Partei die Grundlagen der staatlichen Ordnung untergrub, nur die Regierung wollte nicht sehen, was Jedermann sah, und darum konnte das damalige Ministerium des Innern in seiner Kurzsichtigkeit antworten: „es sei der Meinung, daß aus dem Gehorsam gegen die Gesetze des Staates weder jemals Revolutionen hervorgegangen sind, noch irgend eine Gefahr für die öffentliche Ordnung entspringen könne" [1].

Der Erzbischof von Freiburg legte unterm 4. März 1846

---

[1] Schreiben des Erzbischofs an das Ministerium des Innern vom 19. November 1846 und Antwort vom 5. December 1846..

die Angelegenheit der gemischten Ehen dem heil. Stuhl zur Entscheidung vor, und schon unterm 23. März 1846 ertheilte dieser dem Erzbischof die volle Genehmigung seines Verfahrens, indem er dasselbe gänzlich übereinstimmend mit den Gesetzen und Vorschriften der Kirche erklärte [1]. Von da an wurden nun die gemischten Ehen nach den Vorschriften des Erzbischofs vom 3. Januar und 9. August 1845 behandelt. — Nach geschehener Anzeige sendet das Ordinariat den betreffenden Decanen ein Formular, in welches der Pfarrer einträgt, ob die katholische Erziehung der Kinder durch die Gesetze oder durch einen Ehevertrag gesichert ist, und nach welchem der nicht katholische Ehetheil einen Revers ausstellt oder verweigert, darüber, daß er die katholische Erziehung der Kinder niemals hindern werde. Das ausgefüllte Formular wird hierauf dem Ordinariat zugesendet, welches die Dispense ertheilt oder versagt, also die kirchliche Trauung anordnet oder verbietet. Dieses Verfahren ist seit dem Jahr 1846, also während vierzehn Jahren, in unbestrittenem Gebrauch; die Staatsgewalt hat dasselbe angenommen; die Gerichte haben es bei Behandlung und Entscheidung von Rechtsstreiten als Regel anerkannt, und in allen Kirchenbüchern ist eingetragen, ob und wie die Forderungen der Kirche erfüllt und wie die Trauungen vollzogen sind.

Unter diesen Umständen waren die gemischten Ehen kein Gegenstand der Beschwerden des oberrheinischen Episcopates; die Vorschriften der Kirche sind erfüllt und die Convention vom 28. Juni 1859 hatte daran nichts zu ändern; sie nahm deßhalb auch nur das erwähnte Breve vom 23. Mai 1846 in die Beilagen auf, welche gleich dem Vertrag bindende Kraft haben.

Man kann nun allerdings fragen: warum die Sache der gemischten Ehen so umständlich behandelt worden ist, da sie, als eine vollkommen geordnete, keine besondere Bestimmung der Uebereinkunft veranlaßt hat. — Die Frage der gemischten Ehen mußte so ausführlich erörtert werden, weil gerade darüber gänzlich falsche Meinungen verbreitet und viele Wohldenkende in

---

[1] Breve Gregors XVI. vom 23. Mai 1846 „Non sine gravi animi".

Unruhe verſetzt werden. Die Ausführung war nöthig, weil die Menſchen immer geneigt ſind, der einfachen Verſicherung den Glauben zu verſagen, und weil jedes Verhältniß durch ſeine Entwicklung am meiſten verſtändlich und klar wird. — Die Regierung — will man gerecht ſein, ſo darf man es nicht verkennen — hat in ihren Unterhandlungen mit dem Erzbiſchof in gutem Glauben gehandelt, aber ſie hat das unbeſtrittene Aufſichtsrecht mit der eigentlichen Kirchenverwaltung verwechſelt; von einer bekannten Partei in ihrer falſchen Richtung immer weiter getrieben, war ſie auf einen fremden Boden gekommen, und erſt als ſie dieſen verlaſſen, war die natürliche Ordnung begründet und war der geſtörte Friede wieder hergeſtellt.

VIII.
Die Erziehung der Geiſtlichen.

Sollen die katholiſchen Prieſter die Erziehung und die Bildung für ihren Beruf von der Kirche oder ſoll dieſe die Geiſtlichen von Staatsanſtalten empfangen, und ſie durch die Weihe in den Clerus aufnehmen und zur Ausübung der Seelſorge ermächtigen? — Geſunder Menſchenverſtand und geſchichtliche Verhältniſſe hätten ſehr ſchnell dieſe Frage beantwortet, wenn ſie ſo einfach geſtellt werden könnte; weil ſie aber eine Menge anderer Rückſichten aufnehmen mußte, weil ſich beſondere Zuſtände gebildet, und mit den Doctrinen des heutigen Staatsweſens und mit den Verhältniſſen der heutigen Geſellſchaft vermengt haben, ſo hat die Frage ihre natürliche Einfachheit verloren und deren Löſung muß gar mancherlei Anforderungen eine billige Rechnung tragen.

1. **Die Seminarien nach den Beſtimmungen des Conciliums von Trident.**

Vor uralten Zeiten waren die Biſchöfe ſelbſt die Lehrer ihrer Geiſtlichen geweſen; erſt ſpäter, als die Verhältniſſe größer geworden, entſtanden die Biſchofsſchulen (Episcopia) und faſt gleichzeitig mit diesen die Klosterschulen. In beiden ging der Unterricht mit der Erziehung und die niedern Weihen bezeichneten bestimmte Abschnitte für beide. Nach der Einführung des sogenannten canonischen Lebens an den Stiftern wohnte der Bischof mit den Clerikern unter einem Dach, und die jüngern wurden unter seiner unmittelbaren Aufsicht und unter der Leitung des Magisters für ihren Beruf erzogen und gebildet. Dieses Zusammenleben hörte allmählich auf, aber die Erziehungs- und Unterrichtsanstalten, die geistlichen Convictorien unter Leitung des bischöflichen Scholasters bestanden noch lange Zeit, und die lateranischen Concilien [1] gaben Verordnungen über die Organisation der Schulen an den Cathedral- und an den Metropolitankirchen. Fast gleichzeitig mit diesen Concilien entstanden die Universitäten [2], und diesen Anstalten wurde die Gunst der Mächtigen und die Freigebigkeit der Reichen zugewendet. Die bischöflichen Schulen gingen allmählich ein, aber die Klosterschulen bildeten sich aus, und so wurden die niedern Studien auf diesen gemacht, die höhere wissenschaftliche und besonders die theologische Bildung aber wurde auf den Universitäten erworben, welche sich des besondern Schutzes der Kirche erfreuten. Die Zeit, in welcher die Wissenschaften erwacht waren, verlangte von den Clerikern eine höhere Bildung; diese forderte viel größere Mittel, als die bischöflichen Schulen sie bieten konnten, und die Pflege der Wissenschaft wollte eine zwanglosere Bewegung, als sie möglich war in einer geschlossenen Anstalt. Die Universitäten sind die Heimath der freieren Forschung geworden, sie haben lange Zeit ihre würdige Haltung bewahrt; aber später haben sie nicht die Sittenroheit von sich abwehren können, welche noch in unserem Jahrhundert nicht ganz verschwunden war.

---

[1] Das dritte lateranische Concilium 1179 und das vierte 1215.
[2] Bologna 1158. Die Schule hatte wahrscheinlich schon früher bestanden, erhielt aber in diesem Jahre besondere Vorrechte von Kaiser Friedrich I. — Paris 1140. Doch scheinen da erst 1206 die Wissenschaften in größerem Umfange gelehrt worden zu sein. Die Sorbonne als eine Bildungsanstalt für junge Geistliche im Jahr 1253. Sie wurde später die weltberühmte Academie. — Toulouse 1233, Orford 1249, Baladolid 1346, Prag 1348, Wien 1365, Heidelberg 1386, Erfurt 1392.

Diese Sittenroheit hatte sich in den Wirren der Reformation gesteigert; die angehenden Geistlichen fanden wenig Wissenschaft, aber desto mehr sittliches Verderbniß, und das wüste Studentenleben war unverträglich mit den Bedingungen der Weihe und mit der Disciplin des geistlichen Standes. Das Alles war allgemein anerkannt, und als auf dem Concilium von Trient der Cardinal Reginald Pole zur Reform der Erziehung der Cleriker durch Rückkehr zu den alten Bischofsschulen einen Antrag stellte, so wurde dieser von der Synode mit einigen Aenderungen angenommen. „Weil das Jünglingsalter, wenn nicht richtig geführt, immer geneigt ist, die Genüsse der Welt zu suchen, und weil es — wenn nicht von den zarten Jahren an, ehe die Gewohnheit der Laster den Menschen beherrscht, in Frömmigkeit und Religion unterwiesen — ohne große und besondere Gnade Gottes in der Kirchenzucht vollkommen nicht verharren wird; so beschließt die Synode, daß jede bischöfliche oder erzbischöfliche Kirche ein Collegium errichte, in welches, je nach der Größe der Diöcese, eine gewisse Anzahl geeigneter Knaben aufgenommen, genährt, religiös erzogen, und in den geistlichen Wissenschaften unterrichtet werden soll." Die Knaben sollen ehelich geboren, mindestens das zwölfte Jahr zurückgelegt haben, lesen und schreiben können; der Bischof soll vorzüglich die Söhne armer Eltern wählen, ohne jedoch die reichen auszuschließen; er soll diese Schüler nach der Anzahl, dem Alter und ihren Fortschritten in Klassen theilen und sie nach seinem Ermessen entweder dem Kirchendienst zuweisen oder sie in dem Collegium zurückbehalten, so daß dieses eine ewige Pflanzschule würdiger Priester werde [1]. Der Beschluß der Synode gibt ganz bestimmte Vorschriften über den Unterricht, die Disciplin und die Ausstattung dieser Anstalten, welche den Knaben aufnehmen und erziehen sollten bis zu der vollkommenen Ausbildung, welche die Ertheilung der höheren Weihen voraussetzt.

In Frankreich, in Belgien und in Italien wurden die Vorschriften der Kirchenversammlung vollzogen. In Rom stiftete Gregor XIII. sechs solcher Collegien für Einheimische und Fremde,

---

[1] Concil. Trident. Sess. XXIII. decr. de Reform. Cap. XVIII.

und darunter das bekannte deutsche Collegium (Collegium germanicum), welches heute noch besteht. In Mailand errichtete der Bischof Carolus Borromäus für seine Erzbiöcese Collegien oder Seminarien, welche Muster waren durch zweckmäßige Einrichtung und vortreffliche Leitung. In Frankreich und in Belgien trennte man diese Anstalten in die kleinen und die großen Seminarien (puerorum et clericorum); in jenen erhielten die Schüler den Unterricht in den niedern Wissenschaften (humaniora) als Vorbereitung zum Studium der Theologie, welches nebst der practischen Ausbildung zum Kirchendienst in diese gelegt ward. Diese Anstalten standen und stehen noch unter der alleinigen Aufsicht, Leitung und Verwaltung der Bischöfe, und die weltliche Regierung enthält sich jeder unmittelbaren Einwirkung. — In Deutschland sind die Vorschriften des Conciliums von Trient an manchen Orten gar nicht, an manchen nur theilweise zur Ausführung gekommen. Die künftigen Geistlichen erhielten in der Mehrzahl den ersten Unterricht in den zahlreichen Klosterschulen, manche derselben lehrten auch theologische Fächer, und wenn nicht, so machten die Schüler ihre theologischen Studien auf den Universitäten, und traten, wenn diese vollendet, in Priesterseminarien, in welchen sie in einjährigem Curs den practischen Unterricht in der Seelsorge und im Kirchendienst erhielten. Durch die Aufhebung der Abteien und Klöster verschwanden die Klosterschulen, welche eigentliche Knabenseminarien waren, und es blieben nur noch die Priesterseminarien übrig. — Erst in der neuesten Zeit sind, in Folge von Vereinbarungen deutscher Regierungen mit dem heil. Stuhl, wieder Anstalten für die Erziehung und die Ausbildung katholischer Priester entstanden. Immer hatte der heil. Stuhl darauf bestanden, daß die Beschlüsse des Conciliums ausgeführt werden sollen; aber die betreffenden Staaten begnügten sich meistens mit der Einrichtung mehr oder weniger vollständiger theologischer Collegien oder Convicte.

Die neue Staatslehre ist durchaus damit einverstanden, daß die Kirche berechtiget und verpflichtet sei, für die gute Erziehung ihrer Priester zu sorgen, und daß der Staat nur das Recht habe, darüber zu wachen und dafür zu sorgen, daß die, für den Kirchendienst bestimmte, Jugend auch in Harmonie mit dem Staate, und nicht bloß zu guten Geistlichen, sondern auch zu gewissenhaften Staatsbürgern erzogen werde [1].

In der oberrheinischen Kirchenprovinz und im Großherzogthum Baden insbesondere, bestanden nur die sogenannten Priesterseminarien, in welche die Candidaten nach dreijährigem Curs in den theologischen Wissenschaften an der Universität aufgenommen und für den Dienst der Kirche und der Seelsorge, so gut es anging, unterrichtet wurden. Bei der Bildung der oberrheinischen Kirchenprovinz machten sich die betreffenden Regierungen verbindlich, an den erzbischöflichen und bischöflichen Kirchen Seminarien oder Collegien für die Erziehung und den Unterricht von Geistlichen nach der Vorschrift des tridentinischen Concils zu errichten, diese der freien Leitung und Verwaltung der Bischöfe zu überlassen und so auszustatten, daß so viele Zöglinge aufgenommen werden können, als das Bedürfniß der Diöcese verlangt [2]. Sechs Jahre später, bei der wirklichen Errichtung der Diöcese der oberrheinischen Kirchenprovinz, wurde die Errichtung der Seminarien nach der Vorschrift des tridentinischen Conciliums noch viel bestimmter und mit dem Beisatz wiederholt, daß das Urtheil über das Bedürfniß der Diöcese

---

[1] Bluntschli, Allgemeines Staatsrecht. IX. Buch. Kap. 7. Nr. 6.

[2] Die Umgrenzungsbulle der oberrheinischen Kirchenprovinz „Provida solersque" vom 16. August 1821, Art. V. Cumque ad praescriptum Sacri Concilii Tridentini pro Cleri educatione, ac institutione Seminarium puerorum Ecclesiasticum ab Episcopo libere regendum et administrandum existere debeat in singulis ex praedictis tam Archiepiscopali quam Episcopalibus Ecclesiis, ubi is alumnorum alatur numerus, quem respectivae Dioecesis necessitas et utilitas postulat; cumque in quatuor ex illis jam adesse sciamus, in reliqua Ecclesia, quamprimum poterit, congrue erigendum mandamus. — Es scheint, daß in Rom ein Irrthum vorwaltete, denn Knabenseminarien bestanden in keiner Diöcese der oberrheinischen Kirchenprovinz; auch der Umstand, daß nur solche Seminarien genannt sind, scheint darzuthun, daß man in Rom an das Bestehen theologischer Convicte glaubte, wenn nicht etwa unter dem Seminarium puerorum die ganze Bildungsanstalt vom Knabenalter bis zu der Weihe bezeichnet werden sollte.

dem Bischofe zustehen solle ¹. Die spätere, aus der Frankfurter Kirchenpragmatik hervorgegangene Verordnung widerspricht vollkommen dieser Bestimmung, indem sie verfügt: daß ein jeder der vereinten Staaten für die zweckmäßige Bildung der Candidaten des geistlichen Standes dadurch sorgen solle, daß entweder eine katholisch=theologische Lehranstalt errichtet und als Facultät mit der Landesuniversität vereiniget, oder daß die Candidaten nöthigenfalls aus dem allgemeinen katholischen Kirchenfond der Diöcese unterstützt werden sollen, um eine so eingerichtete Universität in der Provinz besuchen zu können; — daß ferner die Candidaten nach Vollendung der theologischen Studien im Priesterseminar zur Ausübung der Seelsorge ausgebildet werden sollen, und zwar insoweit unentgeltlich, als die in den Dotationsurkunden für die Seminarien angesetzten Summen zureichen ².

Seit langer Zeit hatten im Großherzogthum Baden die künftigen Priester wie andere junge Leute, die einen sogenannten gelehrten Beruf ergriffen, ihre Vorbildung auf Lyceen und Gymnasien erhalten. Wenn sie nun ihre theologischen Studien auf der Universität machten, so waren diese Candidaten des Priesterstandes weder zurückgezogen, noch durch irgend etwas von andern Studenten verschieden. Es gab zahlreiche Ausnahmen, aber in der Mehrzahl warfen sich diese Theologen kopfüber in das Studentenleben und waren in diesem oft viel toller als andere. Wenn irgend ein Streich gemacht wurde, so waren sicherlich Theologen dabei, und wenn der Universitätsrichter in Thätigkeit kam, so hatte er es sicherlich auch mit Theologen zu thun. Wenn diese jungen Leute nun wenigstens drei Jahre lang das ganze Universitätsleben durchgetollt hatten, so brachte

---

[1] Errichtungsbulle der oberrheinischen Kirchenprovinz vom 11. April 1827: „Ad Dominici gregis custodiam", Art. V. In Seminario Archiepiscopali vel Episcopali is Clericorum numerus ali, atque ad formam Decretorum Sacri Concilii Tridentini institai, ac educari debebit, qui Dioecesis amplitudini et necessitati respondeat, quique ab Episcopo congrue erit definiendus.

[2] Verordnung vom 30. Januar 1830, §§ 25 und 26.

man sie in das Priesterseminarium und da sollten sie fromm sein. Heute waren sie noch lustige, tolle Studenten, ausgelassen bei dem Abschiedscommers und morgen sperrte man sie in das Priesterseminarium, welches im Laufe von höchstens zehn Monaten ihre weltlichen Neigungen ertödten, die Zweifel zum lebendigen Glauben umgestalten und überhaupt ihre ganze Natur ändern sollte, um sie zu frommen, hingebenden Priestern zu machen. Waren diese jungen Leute bis dahin gänzlich sich selbst überlassen gewesen, so wurde es ihnen nun sehr schwer, die nothwendige Zucht mit frohem Muth zu ertragen. Konnten diese Candidaten nachweisen, daß sie die vorgeschriebenen Vorlesungen gehört hatten, so wurden sie zur Prüfung zugelassen; freilich mußten sie auch Sittenzeugnisse beibringen, aber diese konnten doch immer nur das enthalten, was den Vorgesetzten amtlich zur Kenntniß gekommen war, und von der eigentlichen Sittlichkeit wußten diese sehr wenig. So war es, ehe der erzbischöfliche Stuhl in Freiburg errichtet wurde und nach dessen Errichtung ist es wenig anders geworden. In mehreren Staaten war doch einige Vorsorge getroffen worden; in Mainz und in Fulda wurden die theologischen Studien ohne Unterbrechung in bischöflichen Seminarien getrieben; in Tübingen wurde das Wilhelmsstift errichtet, aber im Großherzogthum Baden war nichts Aehnliches geschehen; — diejenigen, welche nach Jahresfrist vielleicht Seelsorge üben und Sacramente verwalten sollten, waren eben Studenten, und häufig genug sehr lockere Studenten.

Wenn es auch gewiß ist, daß viele dieser Studenten später sehr würdige Priester geworden, so waren doch die Uebelstände des Systems zu offenkundig und zu groß, als daß die Kirchenregierung sie übersehen durfte, und viele ärgerliche Dinge, die an der Universität Freiburg vorgekommen, waren geeignet, dem Volk das Vertrauen zu den Priestern zu nehmen. Schon der erste Erzbischof, Bernhard Boll, bat die Regierung um die Errichtung der Seminarien, wie die Vereinbarung sie bestimmt hatte, und erst nach sehr langen Unterhandlungen wurde die Errichtung eines Convictes für die Schüler der eigentlich theologischen Wissenschaften beschlossen. Von Knabenseminarien war keine Rede.

Als die oberrheinischen Bischöfe einmal ernstlich für die Wahrung ihrer Rechte auftraten, da durften sie die Vorschriften der tridentinischen Kirchenversammlung um so weniger übersehen, als sie gar unangenehme Erfahrungen gemacht hatten. In ihrer Denkschrift vom März 1851 wiesen sie nach, daß die Priesterseminarien keine Anstalten im Sinne des tridentinischen Conciliums seien und daß alle bestehenden Anstalten für die Erziehung und Bildung der künftigen Priester den kirchlichen Vorschriften nicht genügen und denselben sogar widersprechen. Die Bischöfe verlangten daher, daß die Einrichtung, die Aufsicht und die Leitung der kirchlichen Erziehung auch den kirchlichen Autoritäten zustehen und daß man sie nicht hindern solle, die Cleriker nach der Vorschrift zu erziehen, welche von dem Concilium als der allerhöchsten Autorität der Kirche gegeben worden ist. Die Regierungen hatten in der Staatsschrift vom 5. März 1853 diese Forderung abgelehnt, aber in ihrer zweiten Denkschrift vom 18. Juni 1853 wurde sie von den oberrheinischen Bischöfen wiederholt und ausführlich begründet. Die Gründe des Episcopates sind vollgültig für Denjenigen, welcher die katholische Kirche als eine selbstständige Anstalt und deren eigenes Recht anerkennt, aber sie können Jenen nicht überzeugen, welcher diese Selbstständigkeit verneint und ihr Recht als ein solches betrachtet, welches die Staatsgewalt verleiht. Der heil. Stuhl hat diese Sache aufgenommen, und wie in allen neuen Vereinbarungen enthält die vom 28. Juni 1859 die Bestimmung, daß es dem Erzbischof freistehen soll ein Seminar nach der Vorschrift des Concils von Trient zu errichten, in dasselbe Jünglinge und Knaben, wie es das Bedürfniß und der Nutzen der Diöcese erheischt, zur Ausbildung aufzunehmen, über die Einrichtung, Leitung und Verwaltung der Anstalt die Aufsicht zu führen, den Unterricht zu bestimmen und die Vorsteher und Lehrer zu ernennen und zu entlassen [1].

---

[1] Convention vom 28. Juni 1859, Art. VIII. Liberum erit Archiepiscopo erigere Seminarium juxta formam Concilii Tridentini, in quod adolescentes et pueros informandos admittet, quos pro necessitate et utilitate Dioeceseos suae recipiendos duxerit. Hujus

Mit welchen Mitteln diese Seminarien errichtet, ausgestattet und unterhalten werden sollen — das hat die Uebereinkunft nicht bestimmt. — Die frühere Vereinbarung hat für das Seminar allerdings eine jährliche Einnahme von 25,000 Gulden festgesetzt [1]. Diese Summe wurde für das Priesterseminarium und für das theologische Collegium verwendet; — um aber die Errichtung der Seminarien nicht zum leeren Wort zu machen, hat die badische Regierung in der Schlußnote die Verbindlichkeit einer weiteren Leistung übernommen. — Dem Erzbischof wird überlassen für das erzbischöfliche Seminar jährlich 10,000 Gulden aus den Ueberschüssen derjenigen kirchlichen Fonds zu verwenden, deren Stiftungszwecken eine derartige Verwendung entspricht; dagegen wird die Zustimmung der großh. Regierung für alle die Fälle vorbehalten, in welchen der Erzbischof die Ueberschüsse solcher Fonds beigezogen wissen will, deren Stiftungszwecken die Verwendung für das Seminar nicht entspricht. — Ob sich solche Ueberschüsse je ergeben, das ist sehr zweifelhaft, besonders wenn die erledigten Pfründen wieder besetzt sein werden; für jeden Fall hat sich die Regierung ihre verfassungsmäßige Befugniß hinreichend gewahrt.

Man ersieht nun, daß die Uebereinkunft die Errichtung der tridentinischen Seminarien nicht unbedingt befiehlt, sondern dieselbe von den vorhandenen Mitteln abhängig macht; daß diese Mittel nur aus kirchlichen Fonds geschöpft werden können und daß daher die Finanzgesetzgebung des Landes nur mittelbar berührt wird.

Daß die Kirche in ihren Forderungen an die wissenschaftliche Bildung der Priester hinter der Zeit nicht zurückgeblieben

---

Seminarii ordinatio, doctrina, gubernatio et administratio Archiepiscopi auctoritati pleno liberoque jure subjecta erunt. Propterea Rectores et Professores seu Magistros Archiepiscopus nominabit, et quotiescumque aut necessarium aut utile ab ipso censebitur, removebit. — Die Uebereinkunft des Königs von Würtemberg mit dem heil. Stuhl vom 8. April 1857 enthält Art. VIII. fast wörtlich dieselbe Bestimmung.

[1] Umgrenzungsbulle vom 16. August 1821 „Provida solersque", Kap. XIII.

ist, das zeigen die Vorschriften, welche der Erzbischof von Freiburg in der besonderen Instruction vom heiligen Stuhl erhalten hat. „Da es", so lautet die Vorschrift, „von hoher Bedeutung ist, daß die Geistlichen nicht allein in den theologischen Wissenschaften, sondern auch in den humanistischen Studien und in der Philosophie gründliche Kenntnisse haben und wohl bewandert seien, so wird der Erzbischof veranlaßt werden, daß er in dem, nach der Vorschrift des Conciliums von Trient zu errichtenden Seminar einen Studiengang vorschreiben und beobachten lasse, welcher der Ausbildung in den gedachten Studien in der Philosophie entschieden förderlich ist; sowie, daß er in der Regel Niemanden zum Studium der Theologie zulasse, der nicht den vorgeschriebenen Studiencurs in jenem Seminar oder in einer öffentlichen Gelehrtenschule des Großherzogthums absolvirt hätte, oder der, wofern er im Ausland oder unter der Leitung von Privatlehrern den Studien obgelegen, im Wege einer mit ihm vorgenommenen Prüfung bewiesen hätte, daß er in sämmtlichen fraglichen Wissenschaften die erforderlichen Kenntnisse besitze."

Um nun klar zu erkennen, wie sich die Bestimmungen der Uebereinkunft zu den thatsächlichen Zuständen verhalten, wird es zweckmäßig sein, die folgende Erörterung nach den bestehenden Anstalten der geistlichen Erziehung zu ordnen.

2. Die Knabenseminarien oder die niederen Convicte.

So lange nicht vollkommene Seminarien zur Erziehung der Priester errichtet werden können, muß man sich eben mit Anstalten behelfen, welche die Absicht der Kirchenversammlung von Trient wenigstens annähernd erfüllen. Das Concil legt nun die größte Wichtigkeit darauf, daß die kirchliche Erziehung des künftigen Clerikers im zarten Knabenalter beginne, und daß mit dieser Erziehung die Jünglinge oder die jungen Männer in die höheren Studien eintreten. Solche kirchliche Erziehungsanstalten für Knaben gibt es nicht nur in Frankreich und in Belgien, sondern auch in Oesterreich, in Baiern und in anderen deutschen Ländern. Im Großherzogthum Baden hat man keine ähnliche Anstalten errichtet, ja es bestand ein allgemeines Vorurtheil gegen die kleinen Seminarien und es besteht jetzt noch.

Der Erzbischof von Freiburg konnte nicht hoffen, daß die Regierung ihm irgend eine Hülfe zur Errichtung solcher Pflanzschulen gewähre und vergebens hat er gebeten, daß man die betreffende Bestimmung der Errichtungsbulle ausführe. Der Prälat glaubte Nichts unversucht lassen zu dürfen, um die Vorschrift des Concils und des Oberhauptes der Kirche nach seinen Kräften zu erfüllen, und da gründete er im Jahr 1845 aus seinen eigenen Mitteln ein kleines Convict, in welchem zuerst nur sieben Zöglinge unterhalten wurden. Die Anstalt nahm allerdings zu, aber wie sehr der wohlthätige Kirchenfürst in seinen persönlichen Ausgaben sich auf das Nothwendige beschränkte, so reichten seine eigenen Mittel doch nicht hin, um der Anstalt eine bedeutende Ausdehnung zu geben.

Wenn nun die oberrheinischen Bischöfe in ihrer ersten Denkschrift vom Jahr 1851 die Errichtung solcher Knabenseminarien verlangten, so war die Gewährung ihrer Forderung kaum zu erwarten, aber dennoch hatte sich die Regierung zu einem Zugeständniß herbeigelassen. In ihrer Erwiderung vom 5. März 1853 erklärte die Regierung: sie könne sich nicht bewogen finden zur Errichtung solcher Knabenseminarien die Hand zu bieten; dieses Institut habe in Deutschland keinen Boden gewonnen; die betreffende Bestimmung in der Errichtungsbulle (Art. V.) sei in den Unterhandlungen mit dem päpstlichen Stuhl abgelehnt und nach dem Erscheinen der Bulle nicht anerkannt worden; sie, die Regierung, sei gleichwohl bereit, Convicte für Schüler, welche sich dem geistlichen Stande widmen wollen, mit einigen Gelehrtenschulen zu verbinden und dem Erzbischof den gebührenden Einfluß auf diese „Staatsanstalten" zu gestatten.

Dieser Erklärung war der Entwurf einer Verordnung über die Errichtung solcher Convicte beigelegt und ganz im Geist des Statuts für das theologische Collegium zu Freiburg, enthielt er die folgenden wesentlichen Bestimmungen:

Jedes Convict soll nicht mehr als fünfzig Zöglinge aufnehmen. Die jungen Leute, welche Priester werden wollen, sind nicht gezwungen in dieses Convict einzutreten, wohl aber darf die Anstalt auch solche zulassen, welche einen weltlichen

Beruf zu ergreifen gedenken. Die Zöglinge erhalten ihren Unterricht auf den Gelehrtenschulen; in dem Convict selbst aber Repetitionen. — Die Anstellung der Präfecten und der Repetenten, die Erlassung von Disciplinarvorschriften gehört in den Geschäftskreis des Ministeriums des Innern, die Oberaufsicht und Leitung aber führt der katholische Oberkirchenrath. — „Dem Erzbischof steht ein Mitaufsichtsrecht zu in der Art, daß er, so oft er es für gut findet, von dem Zustand der Anstalt Einsicht nehmen und dazu auch einen Commissär bestellen kann; er wird jedoch keine Verfügungen und Anordnungen unmittelbar an die Präfecten richten, sondern über etwa wahrgenommene Mängel sich mit dem Oberkirchenrath benehmen"[1]. So war denn die oberste Kirchenbehörde wieder einer staatlichen Mittelstelle unterworfen, und hatte eigentlich gar keinen Einfluß auf eine Anstalt, welche, aus katholischen Kirchenfonds errichtet und unterhalten, ihrer Bestimmung nach eine kirchliche sein sollte.

Das verlangte Gutachten wurde in der zweiten Denkschrift der Bischöfe gegeben. Sie führten aus: die niederen Convicte, ein großes Bedürfniß unserer Zeit, seien in den meisten deutschen Diöcesen vorhanden, die königlich württembergische und die großherzoglich badische Regierung haben sich erboten, solche Anstalten zu errichten, aber sie seien mit der Kirche darin im Gegensatz, daß sie dieselben rein als Staatsanstalten und Anhängsel der Gymnasien behandeln und der Kirche nur einen sehr beschränkten Einfluß auf dieselben einräumen wollen. Wenn nun die badische Regierung erkläre, daß die Anstalten aus wirklich vorhandenem Kirchenvermögen gegründet werden sollen, so habe sie einen Eingriff in das Recht der Kirche gemacht, einmal, indem sie dieser, das in der Uebereinkunft gewährte, Recht abspreche, die künftigen Clerifer vom Knabenalter an zu erziehen und dann, weil sie aus Kirchengut Staatsanstalten gründen wolle; — eine Staatsanstalt sei eine dem Staate angehörende Anstalt; sie aus Kirchengut gründen heiße dieses zu Gunsten des Staates einziehen. Unzählige Privatpersonen sagen, die Bischöfe haben Pensionate und Erziehungs-

---

[1] Entwurf der Verordnung, § 33.

häuser, welche sie selbstständig leiten, ohne dabei andern als den allgemeinen Staatsgesetzen unterworfen zu sein, wie könnte man der Kirche und ihren Bischöfen für ihre künftigen Priester verweigern, was Privatpersonen gestattet sei, für Alle, die in ihre Anstalten eintreten? Die Behauptung, daß die Errichtung von Seminarien im Sinn des Concils von Trient während drei Jahrhunderten in Deutschland keinen Boden gewonnen habe, sei unrichtig in ihrer Allgemeinheit; im Besondern aber müsse man daran erinnern, daß die Knaben früher in Klosterschulen und in anderen kirchlichen Anstalten für den geistlichen Stand herangebildet wurden, daß damals die Knabenseminarien kein dringendes Bedürfniß waren, daß sie es aber geworden seien, nachdem man jene Anstalten aufgehoben hatte.

Der Erzbischof von Freiburg hatte sich mit seinem kleinen Seminarium nicht irre machen lassen; es gingen Beiträge ein und im Jahr 1852 konnte er schon 20 bis 30 Zöglinge aufnehmen. Die Anstalt wuchs ihm unter den Händen, er mußte größere Mittel herbeischaffen; er wendete sich vertrauensvoll an die Gläubigen seines Sprengels [1] und sein Vertrauen ward nicht getäuscht. — Mit den größeren Beiträgen konnte der Erzbischof die Zahl der Zöglinge vergrößern; die bedeutende Schenkung eines würdigen Priesters und das Ergebniß der Sammlungen bei seinem Jubiläum bildeten einen Fond und er konnte im Jahr 1857 ein Haus erwerben. — Jetzt war die Anstalt consolidirt und sie zeigt ein fröhliches Gedeihen. Im Jahr 1858 zählte sie 50, das folgende Jahr 78 und jetzt im Jahr 1860 erzieht sie 85 Zöglinge von *vierzehn bis zwanzig* Jahren; diese Zöglinge erhalten ihren Unterricht an dem Freiburger Lyceum; — im Hause wird darin nachgeholfen und ergänzt, was für den künftigen Beruf etwa fehlen sollte. Ein junger, intelligenter und thätiger Geistlicher leitet die Anstalt und handhabt die Hausordnung und die Disciplin; barmherzige Schwestern führen die Haushaltung, und ein Rechner ist mit der Führung der Comptabilität beauftragt, aber die oberste Aufsicht über die Führung und die Verwaltung

---

[1] Hirtenbrief vom 14. Juli 1856.

besorgt der Erzbischof in eigener Person. — Die jungen Leute sind sehr gut gehalten, sind munter, gesund und kräftig, und sie haben so große Freiheit, als man Knaben überhaupt gestatten kann. Sie lernen fleißig, die Lehrer im Lyceum sind mit ihnen zufrieden; höflich, ohne kriechende Unterwürfigkeit, sehen sie einem Jeden frei und offen in's Auge und in ihren freien Stunden tummeln sie sich herum, wie andere gesunde Knaben ihres Alters. Wenn auch die Beiträge für diese Anstalt bedeutend genannt werden müssen, so ist die Summe ihres Betrages doch immer klein im Vergleich mit dem Bedürfniß, aber es wird mit diesen Mitteln viel geleistet, und die gute Unterhaltung der Knaben wird mit verhältnißmäßig sehr kleinem Aufwand bestritten.

Knabenseminarien nach dem Sinn der tridentinischen Vorschriften ist der Unterricht und die Erziehung junger Leute, die sich dem geistlichen Stande widmen wollen, in ihrem ganzen Umfang überlassen, so daß kein geistiges oder materielles Bedürfniß seine Befriedigung außerhalb der Anstalt suchen muß; — solche Seminarien wird es voraussichtlich noch lange nicht geben. Die Uebereinkunft hat solche mehr gestattet als mit Bestimmtheit verfügt, und die Frage, ob der Erzbischof von dieser Ermächtigung Gebrauch machen will, ist eigentlich die Frage, ob er dafür die nöthigen Geldmittel besitze; denn von den 10,000 fl., welche ihm aus den Ueberschüssen der kirchlichen Fonds zur Verfügung gestellt werden sollen, wird schwerlich genug übrig bleiben, um auch nur in einer Anstalt den Unterricht mit tüchtigen Lehrern einzurichten. Dafür hat man sich nun in Rom über ein Auskunftsmittel vereinbart. Die großherzogl. Regierung hat sich verbindlich gemacht, an katholischen Lyceen oder Gymnasien Convicte zu errichten, in welchen unter anderen Zöglingen auch diejenigen Knaben und Jünglinge aufgenommen werden, welche sich dem geistlichen Stand widmen wollen. Die Statuten und Vorschriften für diese Convicte sollen im Einvernehmen zwischen der Regierung und dem Erzbischof festgestellt oder, wo nöthig, geändert werden. Die Vorsteher und Repetenten werden im Einverständniß mit dem Erzbischof aus dem Stande der Geistlichen gewählt und nur

Katholiken können einen Dienst bei demselben bekleiden. Nur katholische Knaben und Jünglinge können als Zöglinge in diese Anstalt aufgenommen werden, auf den Grund einer Prüfung, welcher ein Abgeordneter des Erzbischofs beiwohnen wird und ohne dessen Einwilligung Niemand in das Convict eintreten und Niemand darin verbleiben kann, dessen Entfernung der Erzbischof für nöthig erachtet. — An den betreffenden Gymnasien und Lyceen sollen alle Lehrstellen mit Katholiken besetzt werden, und die Regierung verspricht den Ausstellungen und Wünschen Folge zu geben, welche der Erzbischof in Beziehung auf die Lehrer oder auf das Dienstpersonal bei den Convicten oder auf den Lehrgang und die Disciplin ausspricht. — Dem Erzbischof soll es ferner zustehen, alles dasjenige zu ordnen und zu bestimmen, was auf die religiöse Erziehung und Unterweisung der Zöglinge im Convicte Bezug hat, und darüber zu wachen, daß in keinem Unterrichtszweige etwas vorkomme, was dem katholischen Glauben und der Reinheit der Sitten zuwider ist, und folgerichtig soll es ihm zustehen, diese Anstalten zu visitiren, zu deren Prüfung Bevollmächtigte zu schicken und von den Vorgesetzten periodische Berichte einzufordern [1].

Das ist nun dieselbe Idee, welche die badische Regierung schon im Jahr 1853 ausgesprochen hat. Diese niederen Convicte sind, wie sie es auch damals bestimmte, **Staatsanstalten** geblieben, es ist nur der geistlichen Gewalt der Einfluß zugestanden, welcher unter allen Umständen gerechtfertigt wäre. In Würtemberg haben schon vor dem Abschluß der Uebereinkunft vom 8. April 1857 zu **Ehingen**, zu **Tübingen** und zu **Rottenburg** solche Convicte bestanden und dennoch hat die erwähnte Uebereinkunft die Errichtung derselben in ihre Bestimmungen aufgenommen und zwar mit einem Einfluß des Bischofs von Rottenburg, viel größer als derjenige, welcher dem Erzbischof von Freiburg zugestanden ist. Die würtembergischen Knabenconvicte stehen nicht nur in Beziehung auf die religiöse Erziehung, sondern auch in Beziehung auf die Hausordnung ganz und gar unter der Aufsicht und Leitung

---

[1] Uebereinkunft vom 28. Juni 1859, Art. X.

des Bischofs. Dieser ernennt frei die Vorsteher und die Repetenten unter der einzigen Bedingung, daß seine Wahl nicht auf Personen falle, welche aus erheblichen, auf Thatsachen beruhenden, Gründen in bürgerlicher und politischer Hinsicht der Regierung nicht angenehm sind. Die Zöglinge stehen, nur insofern sie den Unterricht an selbstständigen staatlichen Anstalten erhalten, gleich anderen Schülern unter den Gesetzen dieser Studienanstalten und unter dem vorgeschriebenen Lehrplan, — aber einerseits kann der Bischof Aenderungen dieser Gesetze und dieses Lehrplanes verlangen, und andererseits soll die Regierung an diesen ohne vorhergehendes Einvernehmen mit dem Bischof nichts ändern. Dem Bischof steht es zu diese Anstalten zu visitiren, Abgeordnete zu den Prüfungen zu senden und sich periodische Berichte erstatten zu lassen. Die Regierung verspricht überdieß, sie werde dafür Sorge tragen, daß an den Gymnasien, mit welchen die niederen Convicte verbunden sind, nach und nach nur Geistliche angestellt werden [1].

Ist nun auch die Befugniß des Suffraganbischofes mehr ausgedehnt als diejenige des Metropoliten in seinem eigenen Sprengel, so kann dieser dennoch damit zufrieden sein; denn die kleinen Convicte erfüllen vorerst den Zweck der tridentinischen Knabenseminarien und hindern ihn nicht an deren Errichtung, sobald er dazu die Mittel besitzt. Die badische Regierung aber hat ebenfalls Ursache mit diesem Zugeständniß des heil. Stuhles zufrieden zu sein, denn sie hat den Grundsatz der staatlichen Gelehrtenschulen gewahrt und dennoch der Forderung der Kirchenverfassung entsprochen, wie völkerrechtliche Bestimmungen sie dazu verpflichten.

3. Das theologische Collegium.

Schon das Fundationsinstrument der Erzdiöcese vom 16. October 1827 bestimmt, daß in das Seminarium zu Freiburg auch junge Leute, welche ihre Studien auf der Universität fortsetzen, aufgenommen, verpflegt und zum geistlichen Stande vor-

---

[1] Uebereinkunft des Königs von Württemberg mit dem heil. Stuhl vom 8. April 1857, Art. VIII.

bereitet werden sollen, jedoch deren nicht mehr, als es der Raum des Hauses und die für das Seminarium bestimmte Ausstattung erlaube. Es hatte sich aber sogleich gezeigt, daß diese Maßregel, wenn je ausführbar, doch immer ungenügend sei. Der Erzbischof verlangte die Errichtung eines Convictes und es wurden darüber lange Verhandlungen gepflogen.

Der Großherzog Leopold hatte die Errichtung des theologischen Collegiums schon unter dem 4. April 1835 genehmiget; der Beschluß war nicht zur Ausführung gekommen, weil die Statuten Bestimmungen enthielten, deren Annahme der Erzbischof verweigerte; aber nach ferneren Unterhandlungen ließ dieser den Widerstand gegen die Vorschläge der Regierung fallen. Man hat den jährlichen Zugang auf 40 Candidaten berechnet; man wollte deßhalb die Anstalt für 150 Zöglinge einrichten; als das Priesterseminar in die ehemalige Abtei St. Peter verlegt worden war, wurde dessen Gebäude in Freiburg für diese neue Anstalt bestimmt und sie wurde im November 1841 eröffnet.

Das theologische Collegium war eine Staatsanstalt, die Staatsbehörde hatte dessen Statuten verfaßt und verkündet, und nach den Bestimmungen dieser Statuten war es der Universität angehängt unter unmittelbarer Aufsicht des Ministeriums des Innern. Die Alumnen besuchten die academischen Vorlesungen, sie erhielten Repetitionen in der Anstalt, hatten Wohnung und Kost im Hause und waren der Hausordnung unterworfen, für welche das Statut jeden klösterlichen Zwang verbot. Die unmittelbare Leitung besorgte ein geistlicher Director, mit wenigstens zwei Repetenten, welche sämmtlich vom Ministerium ernannt wurden. Die Aufsicht sowohl in pädagogischer als in ökonomischer Hinsicht war einer Commission übertragen, welche ebenfalls das Ministerium des Innern ernannte. Der Erzbischof war berechtiget „zu den Prüfungen und sonstigen öffentlichen Acten einen Commissarius zu senden, das Haus zuweilen persönlich zu besuchen und die Zöglinge sämmtlich oder einzeln vor sich zu rufen"; der Erzbischof durfte ferner Einsicht nehmen von den halbjährigen Generalberichten der Direction über den wissenschaftlichen und sittlichen Zustand der Anstalt; er sollte von allen neuen, sowie von wesentlichen Abänderungen bestehender Disciplinar-Verordnungen amtlich in Kenntniß gesetzt werden, und endlich war ihm gestattet, „die in Bezug auf die Anstalt und ihre innere Einrichtung gutfindenden Vorschläge an das Ministerium des Innern zur Berücksichtigung gelangen zu lassen." — Der Aufwand wurde aus Stiftungen und aus der erzbischöflichen Alumnats- und Seminariumskasse bestritten [1].

Der materielle Theil des theologischen Collegiums war ohne allen Zweifel mit Liberalität ausgestattet und verwaltet. Die Alumnen waren sehr gut gehalten, es fehlte ihnen Nichts zum körperlichen Wohlsein, — auch nicht ein gutes Maß von academischer Freiheit, welche die nachsichtige Hausordnung nicht allzusehr beschränkte. Die Alumnen besuchten die Collegien an der Universität und im Innern des Hauses fanden sie tüchtige Lehrer; sie lernten ohne Zweifel mehr, als die Theologen früher gelernt hatten. — War die Erziehung der jungen Priester auch in mancher Beziehung keine schlechte, eine **geistliche** war sie nicht; die Alumnen waren und blieben Studenten, die zusammenwohnten und speisten und arbeiteten, aber keineswegs eine geistige Gemeinschaft bildeten, wie das tridentinische Concilium sie wollte. — Diese Erziehung in dem Convict war denn auch vom Staat nicht als eine nothwendige Bedingung für den Eintritt in den Stand der Priester betrachtet, und die Kirchenbehörde selbst konnte noch weniger eine solche Bedingung aufstellen für eine Anstalt, welche nicht im Sinn der Kirchengesetze eingerichtet und geführt war. So gab es denn immer noch viele junge Leute, welche außerhalb des Collegiums ihre theologischen Studien machten und aus dem Studentenleben unmittelbar in das Priesterseminarium eintraten.

Dem Convict in Freiburg brachten die stürmischen Jahre mancherlei Schicksale. Im Jahr 1848 traten schon viele Störungen ein; im Jahr 1849, nach dem Umsturz der legitimen Regierung, mußten die Alumnen die Waffen ergreifen und in den Reihen der sogenannten academischen Legion ausziehen, es blieben keine Schüler mehr in dem Collegium, nur noch die

---

[1] Staatsministerialerlaß vom 1. Juni 1841 Nr. 1038.

Angestellten wohnten mit dem Dienstpersonal in dem Gebäude.
Da erschien in einer Nacht des Monats Juni ein Trupp der
meuterischen Soldaten, vertrieb den Director und die Repe=
tenten und nahm Besitz von dem Hause. Während der preußi=
schen Besetzung des Landes war das Gebäude ein Spital für
preußische Soldaten; als diese am Ende des Jahres 1850 ab=
gezogen waren, ließ die Regierung das Haus und dessen Ein=
richtung wieder herstellen; aber ehe diese Herstellung voll=
endet war, erließen die oberrheinischen Bischöfe ihre erste
Denkschrift.

In dieser Denkschrift forderten die Bischöfe, wie oben er=
wähnt, die geistliche Erziehung der Cleriker vom Knabenalter
bis zum Eintritt in den Priesterstand; Alles was sie wünschten,
war in diesem Verlangen enthalten; vielleicht aber unterwarfen
sie das theologische Collegium zu Freiburg auch deßhalb keiner
besondern Erörterung, weil sie die geschlossene Anstalt als eine
gewissermaßen aufgehobene betrachteten.

Das Gebäude und dessen Einrichtung war wieder schöner
als jemals in Stand gesetzt, und es sollte im Spätjahr 1851
mit dem Beginnen der Vorlesungen an der Universität wieder
eröffnet werden, und zwar auf Grundlage der früheren Statu=
ten. Dagegen protestirte nun der Erzbischof, und in Ueber=
einstimmung mit den Anträgen der Denkschrift des oberrheini=
schen Episcopates, forderte er eine Veränderung der Satzungen
in der Art: daß die Anstalt, seiner alleinigen Aufsicht und Lei=
tung unterworfen, die Vorschriften der Kirche erfülle. Das
verweigerte die Regierung, und der Erzbischof wurde nach
mannigfachem Schriftenwechsel zu der Erklärung getrieben, daß er
diejenigen Alumnen nicht in das Priesterseminar zulassen oder
nicht ausweihen werde, welche in dem Convict unter der bis=
herigen Einrichtung ihre Studien gemacht haben würden. So
wurde die Anstalt nicht eröffnet, und die Studirenden, welche
darin aufgenommen werden sollten, erhielten Unterstützung aus
den betreffenden Fonds und waren nun wieder Studenten, die
in der Stadt wohnten, jedoch unter Aufsicht des Ordinariates
standen.

Unter diesen Umständen ist es natürlich, daß die badische

Regierung in ihrer Staatsschrift vom 5. März 1853 auf die Angelegenheit des theologischen Collegiums ganz besonders einging. Sie erklärte, daß sie von den bisher beobachteten Grundsätzen nicht abgehen könne, und daß dieses Collegium eine Universitätsanstalt unter der unmittelbaren Leitung des Ministeriums des Innern bleiben müsse, daß jedoch die Regierung bereit sei, „die Einwirkung des Landesbischofs auf diese Anstalt in wirksamer Weise zu erweitern." Für solche Erweiterung wurden nun einige Aenderungen der Statuten vom 6. Juli 1841 zugestanden, deren wichtigste die Bestimmung war, daß es vorderhand dem Erzbischof gestattet sein solle, nicht zuweilen, sondern nach seinem Ermessen jederzeit das Haus zu besuchen, die Zöglinge sämmtlich oder einzeln vor sich zu rufen, und zu den halbjährigen Prüfungen einen Commissär zu senden. Daß die Wünsche des Herrn Erzbischofs in Beziehung einer Abänderung der Hausordnung „nach aller Thunlichkeit" berücksichtigt werden; — war die gewöhnliche Formel.

In ihrer zweiten Denkschrift vom 18. Juni 1853 behaupteten die oberrheinischen Bischöfe ihren früheren Standpunkt; die Verordnung vom 30. Januar 1830, sagten sie, habe ihnen wenigstens das Recht nicht genommen, für die Erziehung der Priester zu sorgen, jetzt aber wolle man einen Zwang einführen für das theologische Studium an den Staatsanstalten; Convicte als Universitätsanstalten können dem kirchlichen Zweck nicht genügen, und es sei auch jetzt noch kein Grund vorhanden, warum die Wissenschaft auf dem Boden der Kirche nicht eben so gut gedeihen solle, als auf dem Boden des Staates; ungeachtet der Verordnung vom Jahr 1830 haben bischöfliche und theologische Lehranstalten thatsächlich mit aller Anerkennung fortbestanden; allerdings habe die kurhessische Regierung eine katholisch-theologische Facultät in Marburg errichten wollen, aber der Bischof von Fulda habe dieser Facultät seine Anerkennung verweigert, der kurhessische Staat habe das Recht des Bischofs geachtet, die Facultät zu Marburg sei nicht errichtet worden, und die theologische Lehranstalt im Seminarium zu Fulda bestehe und wirke fort, heute wie früher; — die großh. hessische Regierung habe im Vollzug der Ver=

ordnung vom 30. Januar 1830 eine katholisch-theologische Facultät in Gießen errichtet, aber die Lehranstalt am Mainzer Seminar deßhalb nicht aufgehoben; ja der Bischof **Vitus Burg** habe dieselbe sogar so erweitert, daß sämmtliche theologische Lehrstühle dieser Anstalt besetzt seien, und daß es nun den Theologen aber freigestellt sei, in Mainz oder in Gießen zu studiren — und das Alles sei ohne irgend eine Einsprache von Seite der Regierung geschehen.

Es ist, sagten die Bischöfe ferner, „der theologische Unterricht und die clericale Erziehung ebenso wesentlich eine ausschließlich und rein kirchliche und bischöfliche Amtsverrichtung, als das Predigen der katholischen Glaubenslehre, als die Seelsorge und die Ertheilung der Priesterweihe."

Im Laufe des Kirchenstreites wollte der Erzbischof von Freiburg auch mit der Umgestaltung des Convictes thatsächlich vorgehen. Die Vorstellungen der Bischöfe waren nicht berücksichtiget worden; die Candidaten der Theologie lebten als Studenten in der Stadt, und es schien eine allgemeine Unordnung in die Aufnahme junger Priester gekommen zu sein, deren der Kirchendienst so nothwendig bedurfte. Im April 1854, nach verschiedenen Mittheilungen an die Regierung, beschloß nun der Erzbischof die Alumnen in das Collegium einzurufen und dieses vorläufig nach den Vorschriften der Kirche einzurichten; die Regierung aber, nachdem sie davon Kenntniß erhalten hatte, ließ das Gebäude schließen, Zimmer und Schränke versiegeln und das Haus mit Gendarmen besetzen. Dieser Zustand der Bewachung währte vierzehn Monate, also noch fast ein Jahr lang nach der Herstellung des Interims.

Während der Unterhandlungen in Rom ältderte die Regierung ihre frühere Ansicht, sie übergab dem Erzbischof die Anstalt, und zwar mit vollkommener Freiheit zur Einrichtung und Führung derselben. Der Erzbischof erließ nun ein provisorisches Statut vom 10. Mai 1857, welches selbstverständlich sich von dem frühern, vom 6. Juli 1841, in wesentlichen Punkten unterschied. Die Anstalt war eine vollkommen kirchliche geworden, ganz und gar von der Kirchenbehörde geleitet und verwaltet. — Die unmittelbare Leitung besorgt der Director mit mindestens zwei Repetenten;

in Beziehung auf die Hausordnung stehen die Alumnen unter der Disciplinargewalt dieses Directors, in ihren Rechtsverhältnissen sind sie der Gerichtsbarkeit und der Polizei der Universitätsbehörde unterworfen. Die nächste Aufsicht sowohl in pädagogischer als ökonomischer Beziehung führt eine Commission, die mindestens zur Hälfte aus Professoren der theologischen Facultät besteht. Der Director, die Repetenten, die Mitglieder der Aufsichtscommission und aus ihnen der Vorstand derselben, sowie den Oekonomen der Anstalt ernennt der Erzbischof aus Personen, welche nicht der Regierung „aus wichtigen, auf eine Thatsache von streng politischer und bürgerlicher Natur gestützten, Gründen, minder genehm sind", und er kann, wo nöthig, Alle von ihren Aemtern entfernen. Die Alumnen werden nur mit Zustimmung des Erzbischofs in die Anstalt aufgenommen, und er selbst kann diejenigen ausschließen, deren Entfernung er nach Vernehmung der Aufsichtscommission für nöthig erachtet. Bei dieser Gewalt ist es billig, daß der Erzbischof jede neue Instruction über die amtlichen Functionen der Aufsichtscommission dem Ministerium des Innern zur Kenntnißnahme mittheile. — Unbemittelte Inländer werden unentgeltlich aufgenommen; diejenigen, welche Stipendien beziehen, sollen vier Fünftel derselben der Anstalt überlassen; bemittelte müssen die Kosten der Verpflegung theilweis oder ganz, je nach dem Stand ihres Vermögens, vergüten.

Die Alumnen besuchen auch jetzt noch die Vorlesungen an der Universität und erhalten im Innern der Anstalt den Unterricht der Repetenten. Der Curs währt drei Jahre; diejenigen Alumnen aber, welche nach Verlauf dieser Zeit nicht zur Aufnahme in das Priesterseminarium befähiget sind, können, mit Genehmigung der Aufsichtscommission, noch ein oder zwei weitere Jahre unentgeltlich in der Anstalt verbleiben.

Die Hausordnung der Anstalt vom 5. October 1857 ordnet das geistliche Leben, und darum bestimmt sie zuerst die religiösen Uebungen als Pflege der Religiosität. Wir finden unter dieser auch die tägliche gemeinsame Lesung eines Abschnittes aus der heiligen Schrift, und im Vergleich mit manchen andern Anstalten scheinen diese Uebungen in keiner Weise ein vernünftiges

Maß zu überschreiten. — Dieselbe Verordnung enthält Anweisungen für das Streben nach sittlicher Vervollkommnung, denn „als Candidaten des priesterlichen Standes dürfen sich die Alumnen mit jenem Maß christlicher Tugendhaftigkeit nicht begnügen, das allen Christen insgemein geboten ist; sondern sie sollen schon während ihrer Vorbereitungszeit eine höhere sittliche Vervollkommnung anstreben, insbesondere jene Tugenden in höherem Maß sich aneignen, welche von dem katholischen Priester ganz besonders verlangt werden." Als diese Tugenden werden den Alumnen nun Demuth, Sanftmuth, Liebe, Keuschheit, Nüchternheit und Mäßigkeit, Uneigennützigkeit und Eifer für die Ehre Gottes und das Heil der Seelen bezeichnet. —

Die Anordnung der Studien ist zweckmäßig, enthält nichts Uebertriebenes, und eine ehrenhafte Liberalität liegt in der Bestimmung, daß sie vor dem Beginn eines jeden Semesters das Verzeichniß der Vorlesungen, welche sie zu hören gedenken, dem Director vorlegen, daß dieser ihnen dabei rathend an die Hand gehen und die Vorlesungen nur dann bestimmen soll, wenn von dem Rechte der Wahl ein Mißbrauch gemacht werden will [1]. Ebenso scheint es sehr zweckmäßig, daß man die Alumnen im öffentlichen Vortrag nicht minder als in Gesang und Musik übt.

Die Bestimmungen über das innere Leben sind keine anderen, als sie in einer großen Anstalt sein müssen. Von klösterlichem Zwang ist überall keine Rede, und es ist den jungen Leuten ein so großes Maß von Freiheiten gestattet, als es sich mit ihrem Zusammenleben und mit dem Zweck der geistlichen Anstalt nur irgend verträgt. In den Ferienzeiten, zu Ostern und im Herbst, verlassen die Alumnen die Anstalt; während der erstern jedoch wird auf besondere Bitte und aus gewichtigen Gründen, als: wegen Ausarbeitung wissenschaftlicher Aufsätze, drückender Armuth, zu großer Entfernung von der Heimath ꝛc. das Verbleiben in dem Convicte gestattet. Die Strafen bestehen in Entziehung gewisser Begünstigungen im Hause, in Haus- und Zimmerarrest, und in Androhung des Ultimatums. Diese

---

[1] Hausordnung, Abschn. III. § 21.

Strafen kann der Director verhängen; die höheren, als die Unterschrift des Ultimatums mit oder ohne Anzeige an die Eltern und Vormünder, erkennt die erzbischöfliche Aufsichts=commission, — den Ausschluß hingegen, als die härteste Strafe, kann nur allein der Erzbischof verfügen. Wegen gewissen Vergehungen, welche die Anstalt in der öffentlichen Meinung, oder welche den sittlichen Charakter des Betreffenden in hohem Grad schänden [1], kann jedoch die Entfernung eines Alumnen ohne weitere Förmlichkeiten erkannt werden.

Das theologische Collegium wurde Ende Octobers im Jahr 1857 mit 129 Alumnen eröffnet. Das Personal der Anstalt besteht jetzt aus einem Director und drei Repetenten. Ein Verwalter besorgt die Comptabilität, und vier barmherzige Schwestern vom Orden des heiligen Vincentius führen das Hauswesen, für welches noch überdieß neun Dienstboten angestellt sind. Das Ausgabenbudget des Convictes beträgt jährlich etwa 20,000 fl., wovon 16,000 — 18,000 fl. für die Verpflegung der Alumnen verwendet werden. Dieser Aufwand wird aus dem Seminariums= und anderen kirchlichen Fonds, aus einigen Stiftungen, aus den Beiträgen bemittelter Alumnen und aus Stipendien bestritten; was fehlt, muß das Ordinariat aus anderen verfügbaren Mitteln zulegen [2].

---

[1] Hausordnung, Art. XII. § 77.
[2] Im Jahr 1859/60 sind 136 Alumnen in der Anstalt; durchschnittlich kostet also die Verpflegung eines solchen etwa 120—130 fl. Die Einnahmen stellen sich, wie folgt:

1) Aus der Seminariumskasse	8,000 fl.
2) Aus anderen kirchlichen Fonds	4,150 fl.
3) Aus verschiedenen Stiftungen	800 fl.
4) Beiträge bemittelter Alumnen	3,380 fl.
5) Beiträge von den Stipendien	2,000 fl.
Summa	18,330 fl.
Der bisherige Zuschuß des Ordinariats betrug . . .	3,000 fl.
Im Ganzen	21,330 fl.

Der Ueberschuß über Besoldungs= und Verpflegungskosten und Löhne des Dienstpersonals ꝛc. wird zur Vervollständigung der inneren Einrichtung verwendet. — In diesem Jahr 1859/60 befinden sich 33 einigermaßen

Die Alumnen führen ein sehr geordnetes, aber ein heiteres Leben; ihr Aussehen zeigt, daß sie sich wohl befinden. Der Director ist zugleich Mitglied des Ordinariates, und die Repetenten sind junge, fähige Geistliche, welchen ihr Amt noch Zeit zu Studien und zu wissenschaftlichen Arbeiten läßt, — junge Männer, welche die Jugend und ihr Bedürfniß verstehen; darum herrscht kein finsterer Geist in dieser Anstalt. Man sieht so viel Unterwürfigkeit, als der künftige Priester nöthig hat, und so viel Gehorsam, als die Erziehung des freien Mannes verlangt.

Das ist der thatsächliche Zustand, wie er im Großherzogthum Baden seit drei Jahren und in anderen Diöcesen der oberrheinischen Kirchenprovinz seit viel längerer Zeit ohne jegliche Anfechtung besteht. — Durch die Uebereinkunft vom 28. Juni 1859 gibt der heilige Stuhl die Einwilligung, daß, so lange ein Seminar nach der tridentinischen Vorschrift nicht errichtet ist, die Candidaten der Theologie an der Universität Freiburg studiren, daß ein theologisches Collegium oder Convict wieder errichtet werde, und daß dessen Leitung dem Erzbischof zustehe. — Sollte nun diese Bestimmung einen practischen Sinn und wirkliche Bedeutung haben, so mußte man sich folgerichtig auch darüber vereinbaren, daß der Erzbischof die Hausordnung vorschreibe, die Mitglieder der Aufsichtscommission, den Vorsteher, die Repetenten und den Oekonomen ernenne, sie in der Führung ihrer Aemter leite und, wo nöthig, sie derselben entlasse. — Noch sicherer folgt die Bestimmung, daß ohne die Einwilligung des Erzbischofs kein Candidat aufgenommen werden und daß er bereits aufgenommene Alumnen jederzeit entlassen könne [1]. Da jedoch die Alumnen den Universitätsgesetzen unterstehen, so ist die Aufnahme derselben, wenigstens mittelbar, an die Bedingungen gebunden, welche diese Gesetze für die Erwerbung des

---

bemittelte Alumnen, deren Beiträge je nach ihren Verhältnissen von der Aufsichtscommission verschieden bestimmt sind. Durchschnittlich leistet Einer 102 fl. 25 kr. — Als während der Sperrung des Hauses die Alumnen außer dem Hause unterstützt wurden, betrugen die jährlichen Ausgaben 22,000—23,000 fl.

[1] Uebereinkunft, Art. IX. Abs. 1 und 2.

acamemischen Bürgerrechtes festsetzen. Die Uebereinkunft macht das Zugeständniß der Regierung zum Recht und sie hat um so weniger die Absicht, an dem Bestehenden etwas zu ändern, als die Instruction für den Erzbischof noch besonders die Zustimmung des heiligen Stuhles enthält, daß das Statut, welches bei der Wiedererrichtung des theologischen Collegiums im Jahr 1857 erlassen worden ist, in Kraft bleibe, — und wenn eben diese Instruction dem Erzbischof anweist, daß er die Satzungen und Vorschriften der großh. Regierung zur Kenntnißnahme mittheile, so verfügt sie, was dieses provisorische Statut enthält und was bisher vollzogen worden ist.

Der Erzbischof wird ermächtiget, auf die Unterhaltung des Convictes jene Summe zu verwenden, welche er bisher aus Mitteln genommen hat, die für das Seminarium bestimmt sind, unter der Bedingung jedoch, daß fortan die Beiträge aus den allgemein kirchlichen und anderen katholischen Fonds geleistet werden; das ist nun aber wieder nur eine vertragsmäßige Anerkennung des bestehenden Zustandes, und die Bestimmung, daß nöthigenfalls die Regierung unter Verständigung mit dem Erzbischof einen Zuschuß gewähre [1], sagt doch nichts anderes, als daß für das Convict ein Theil von den 10,000 Gulden verwendet werden dürfen, welche nach Umständen aus den Ueberschüssen kirchlicher Einnahmen der Erziehung der Geistlichen bestimmt sind.

Eine Erweiterung der Statuten des Convictes ist allerdings dadurch gegeben, daß die Uebereinkunft dem Erzbischof gestattet, in das Convict auch junge Leute aufzunehmen, welche, um sich dem geistlichen Stande zu widmen, eine größere Ausbildung in den philosophischen Wissenschaften an der Universität erwerben wollen [2]. Diese Erweiterung steht in genauem Zusammenhang mit den Bestimmungen der Instruction, welche dem Erzbischof vorschreiben, für eine gründliche philosophische Bildung seiner Priester Sorge zu tragen, und sie ist eigentlich schon in der ziemlich unbeschränkten Befugniß des Erzbischofs

---

[1] Uebereinkunft, Art. IX. Abs. 3.
[2] Uebereinkunft, Art. IX. Abs. 2.

zur Aufnahme der Alumnen enthalten; eine positive Bestimmung war aber nothwendig, weil diese Erweiterung der Anstalt bewirken kann, daß ihr Budget erhöht werden muß, woran die Regierung freilich ein naheliegendes Interesse hat. Es liegt aber auch im Interesse der Regierung, daß die Geistlichen des Landes eine gründliche Bildung erhalten, und sie schlägt dieses Interesse gewiß höher an, als die Verwendung einer verhältnißmäßig kleinen Summe. Die Mittel, um jedem möglichen Mißbrauch zu begegnen, liegen eben in der Bewilligung dieser Mehrausgabe, aber ein Mißbrauch ist kaum denkbar. Für die nächste Zeit wird der Erzbischof von der Erweiterung seiner Ausnahmsbefugniß noch keinen Gebrauch machen; und da jetzt noch mehr als 300 Pfründen erledigt sind, so werden Jahre vergehen, ehe in dem theologischen Collegium andere Stellen, als solche für eigentliche theologische Studien, frei werden — und der Erzbischof wird demnach weniger noch als die Regierung das theologische Collegium ausdehnen wollen.

4. Das Priesterseminarium.

Das Priesterseminarium für das Großherzogthum Baden war früher im sogen. neuen Schlosse zu Meersburg; nach Errichtung der Erzbiöcese wollte man dasselbe an den Sitz des Erzbischofs verlegen, und man glaubte das Gebäude des ehemaligen Augustinerklosters in Freiburg dazu verwenden zu können; es zeigte sich aber bald, daß der Raum für diese Bestimmung zu klein war, und so errichtete man auf dem Platz des Kapuzinerklosters ein neues Gebäude. Die wenigen noch vorhandenen Kapuziner mußten in das Klösterlein nach Staufen auswandern, und in Freiburg riß man ihre Zellen nieder. Zu dem neuen Gebäude wurde im Jahre 1823 mit großer Feierlichkeit der Grundstein gelegt, und drei Jahre später wurde es vollendet, eingerichtet, durch das Fundationsinstrument vom 16. October 1827 dem Erzbischof bei seiner Einsetzung übergeben und ihm die vereinbarte Dotation von jährlich 25,000 fl. überwiesen. Diese Anstalt ist jedoch nur einige Jahre in Freiburg geblieben; denn als das theologische Convict errichtet werden sollte, war alsbald die Rede davon, das Seminarium in die ehemalige Abtei von St. Peter, vier Stunden von Freiburg, an dem Ursprung eines Schwarzwaldthales, zu verlegen. Diese Abtei war die Grabstätte der Zähringer gewesen. Der Großherzog Leopold ehrte das Andenken seiner Ahnen; ihn verletzte die Entheiligung und der Zerfall der Gebäude, er wollte die Ruhestätte seiner Vorvordern einer kirchlichen Anstalt zurückgeben, und darum war ihm diese Verlegung des Priesterseminariums ein Act der Pietät.

Im Jahre 1841 wurde diese Verlegung bewirkt, und sie hat sich als eine sehr zweckmäßige Maßregel erwiesen. In der schönen Räumlichkeit konnte alles nach Bedürfniß geordnet werden, die Anstalt ist jeder äußern Einwirkung entzogen; die Vorsteher und die Repetenten leben nur allein mit ihren Zöglingen, und sie haben in der einsamen Lage nichts Anderes als ihren Beruf. Der Staat hatte sich niemals in die innere Angelegenheit der Anstalt gemischt, in dieser hat die Kirche frei gewaltet und sie hat die Männer, welchen sie die letzte Ausbildung ihrer Geistlichen anvertraute, in hohem Grad glücklich gewählt. Die Candidaten gehen schon mit den niedern Weihen in das Seminarium; die Monate, die sie darin zubringen, sollen eine Zeit sein, nicht nur der practischen Ausbildung für den Kirchendienst und für die Seelsorge, sondern auch eine Zeit der Zurückgezogenheit in sich selber — denn auch der Heiland hat sich in die Einsamkeit zurückgezogen, ehe er das Amt seiner göttlichen Sendung antrat. — Der angehende katholische Priester soll sich dessen entledigen, was weltlich ist; in dieser Anstalt soll er die Neigungen und die Wünsche des weltlichen Menschen zurücklassen, und erfüllt von dem Geist seiner Sendung, soll er aus der Abgeschiedenheit wieder in das Leben heraustreten. Diese Abgeschiedenheit von der Welt wird allerdings ernstlich gehandhabt; sie macht eine strenge Ordnung nöthig, aber diese Ordnung ist keineswegs drückend, und alle jungen Geistlichen erinnern sich mit angenehmer Empfindung der Tage, die sie in Selbstbetrachtung, im Gebet und in der Vorbereitung zur Ausübung ihres Berufes auf der Höhe des Gebirges verlebt haben. — Die Zusammenwirkung aller Umstände hat denn auch ein schönes Ergebniß errungen; denn im Laufe zweier Jahrzehnte sind dem

Clerus im Großherzogthum Baden vortreffliche Glieder zugegangen.

Hatte sich die Regierung der Aufsicht und Leitung des Priesterseminariums begeben, so übte sie doch eine entscheidende Einwirkung auf den Eintritt der Candidaten aus; denn diese wurden in die Anstalt nur zugelassen, wenn sie den landesherrlichen Tischtitel erhalten hatten, welcher auf den Grund einer Prüfung ertheilt wurde. Diese Prüfung aber wurde von den staatlichen und den kirchlichen Behörden gemeinschaftlich vorgenommen und die endgültige Entscheidung stand jenen zu [1]. Gegen diese Beschränkung der geistlichen Gewalt protestirten nun die oberrheinischen Bischöfe als gegen ein Verfahren, wodurch diese Prüfung eine Staatsprüfung wird, und sich deßhalb mit der Selbstständigkeit der Kirche in Ordnung und Verwaltung ihrer Angelegenheiten nimmer vereinbart. Die Regierung in ihrer Erwiderung im Jahre 1853 veränderte die betreffende Bestimmung vom Jahre 1830, und verfügte sofort, daß diese Prüfung durch die bischöfliche Behörde angeordnet und geleitet werde, daß derselben jedoch ein landesherrlicher Commissär beiwohne, um sich die Ueberzeugung von der Befähigung und der Würdigkeit der Candidaten zu verschaffen; daß dieser Commissär durch seine Einsprache die Aufnahme suspendiren könne, und daß die Entscheidung über diese Einsprache der Staatsbehörde zustehe.

Die zweite Denkschrift der oberrheinischen Bischöfe beleuchtete mit einer großen Schärfe die Gründe und die Folgen dieser Verordnung. Der Staat, sagen sie, könne höchstens nur das Recht ansprechen, die bürgerlichen und die politischen Eigenschaften der Candidaten zu prüfen, und wenn er das wolle, so möge er eine besondere Prüfung mit den Verdächtigen vornehmen, nicht aber sich an den kirchlichen Prüfungen betheiligen. Habe der Staat ein Interesse zu solcher Betheiligung, so sei das Interesse kein Recht; ein Recht habe der Staat nur von den Geistlichen zu fordern, daß sie gute Bürger seien, und wenn, wie die Staatsschrift sage, das Beste der Kirche solche

---

[1] Verordnung vom 30. Januar 1830.

Einmischung fordere, so protestire diese mit aller Kraft gegen solche Fürsorge für ihr angebliches Beste und bitte nur um die Freiheit, es selber besorgen zu dürfen.

Wenige Monate nachher sollte über den Eintritt der Candidaten in das Priesterseminarium entschieden werden und die Aufnahmsprüfung wurde von dem Erzbischof auf den 17. September 1853 festgesetzt; — dem Oberkirchenrath wurde davon keine Nachricht gegeben und die Prüfung ohne die Anwesenheit eines Regierungscommissärs unter der Leitung eines Domcapitulars abgehalten. Die Staatsbehörde versagte dieser Prüfung ihre Anerkennung und verweigerte den Candidaten die Verleihung des landesherrlichen Tischtitels, aber der Erzbischof verfügte die Aufnahme in das Seminar und gab ihnen im folgenden Jahre die Weihen. — So wurde es nun bisher gehalten; seit sechs Jahren hat sich die Regierung jeder Einmischung und jedes Einflusses auf die Zulassung in das Priesterseminar enthalten, und wenn die Uebereinkunft bestimmt, daß der Erzbischof das Recht haben solle, die Prüfungen für die Aufnahme in das Priesterseminar anzuordnen, auszuschreiben und zu leiten [1], so hat sie nur eine unbestrittene Uebung zu Recht anerkannt. — So sehr nun dieses Recht unbeschränkt ist, so hat der heil. Stuhl doch die Erfüllung der Forderungen gesichert, welche, übereinstimmend mit der Kirche, der Staat an die Aufnahme der Candidaten in die Priesterschaft stellt. Die Instruction für den Erzbischof verordnet, daß „er in den Priesterstand nur Solche aufnehme, welche die theologischen Studien nach Vorschrift vollendet haben", — daß er jedoch eine Ausnahme von dieser Regel machen könne, „wenn er dieß wegen der besonderen Eigenschaften und Verhältnisse eines Candidaten oder wegen anderer Umstände für nothwendig erachte." — Heutzutage werden solche Ausnahmen sehr selten eintreten.

---

[1] Uebereinkunft vom 28. Juni 1859, Art. IV. Abs. 3.

IX.
Die Universität Freiburg.

Die Universitäten enthielten die höchsten theologischen Lehranstalten und waren regelmäßig mit kirchlichem Gut, häufig mit einverleibten Pfarreien dotirt, deßhalb wurde denn auch in Deutschland die päpstliche Bestätigung zur Regel, mit welcher die Anstalten einen Conservator erhielten, welcher als päpstlicher Commissär über ihre Privilegien wachte. Die Lehrer waren meistens Geistliche, die kirchliche Pfründen besaßen, und so standen die Universitäten mit der Kirche in wesentlichem Zusammenhang. „In Folge der Rückwirkungen der Reformation hat sich aber dieser Standpunkt in der katholischen Kirche geändert. Der Staat ist zu dem Bewußtsein gekommen, daß sein eigenes Leben durch das Leben der Wissenschaft bedingt wird, und er hat deßhalb die Pflege und Leitung der Universitäten in seine Hände genommen. Da jedoch die Kirche zu fordern berechtigt ist, daß die theologische Wissenschaft allein auf dem Grunde gepflegt werde, den sie als den göttlichen erkannt hat, so ist ihr nicht zu verweigern, daß sie durch ihre Organe, die Bischöfe, bei der Anstellung der academischen Lehrer mitwirke, und die Thätigkeit derselben überwache. Diesem Anspruche ist auch in den neueren Statuten katholischer Facultäten Genüge geleistet [1]. In der evangelischen Kirche haben die theologischen Facultäten von Anfang die Bestimmung empfangen, die göttliche Wahrheit durch das lebendige Wort und durch die Schrift, durch Rath und That zu verbreiten. Ihre Glieder wurden deßhalb auch zu dem ministerium verbi divini gerechnet" [2].

Die kirchlichen Rechte der theologischen Facultäten beschränk=

---

[1] Vergl. z. B. die preußischen Ordres vom 26. August 1776 und 26. Juli 1800 (für Breslau) und die Statuten der katholisch-theologischen Facultät zu Bonn, bei *Rheinwald*, Act. hist. eccles. 1835. S. 297 f.

[2] Lehrbuch des katholischen und evangelischen Kirchenrechts, mit besonderer Rücksicht auf deutsche Zustände, von Dr. Em. Ludwig Richter. Dritte verbesserte Auflage. Leipzig 1848. § 284 S. 603 f.

ten sich nicht allein auf die Diöcese, sondern sie bezogen sich auf den Gesammtkörper der Kirche. Die Facultäten haben das Recht, theologische Gutachten über allgemeine kirchliche Angelegenheiten zu ertheilen, Abgeordnete zu den allgemeinen Concilien zu senden und Doctoren der Theologie zu creiren, welche in dem ganzen Umfang der Kirche anerkannt werden; aus den Gliedern der Facultät sollen die Bischöfe und die Capitulare gewählt werden. — Diese Rechte kann aber die kirchliche Autorität doch nicht einem Collegium gewähren, dessen Glieder von ihrer Glaubenslehre abweichen, und darum ist es natürlich, daß die Kirchengewalt sich von der Reinheit ihrer Lehre überzeuge, und es ist ebenso natürlich, daß diesen Lehrern, als Organen des kirchlichen Lehramtes, auch die Kirche die Mission zur Führung ihres Amtes ertheile. Darum verordnen die Kirchengesetze die Aufsicht des Bischofes, darum verordnen sie die Ablegung des Glaubensbekenntnisses nicht nur für die Lehrer der streng theologischen Wissenschaften, sondern auch für den Professor des canonischen Rechtes, selbst wenn er der Facultät der Rechtsgelehrten beigezählt wird [1].

Was für alle galt, das galt auch für die Universität Freiburg, auch wenn man gänzlich davon absieht, daß sie nach dem Wortlaut des Stiftungsbriefes, nach den Eigenschaften ihrer Dotation und ihrer Einrichtungen eine kirchliche Anstalt mehr als andere war. Die Josephinischen Verordnungen haben allerdings Manches geändert, aber sie haben den Charak-

---

[1] Adhaec omnes ii, ad quos universitatum et studiorum generalium cura, visitatio et reformatio pertinet, diligenter curent, ut ab eisdem universitatibus canones et decreta hujus sanctae Synodi integre recipiantur, ad eorumque normam magistri, doctores et alii in eisdem universitatibus ea, quae catholicae fidei sunt, doceant et interpretentur, seque ad hoc institutum initio cujuslibet anni solenni juramento obstringant; sed et si aliqua alia in praedictis universitatibus correctione et reformatione digna fuerint, ab eisdem, ad quos spectat, pro religionis et disciplinae ecclesiasticae augmento emendentur et statuantur. *Concil. Trident. Sess. XXV. 4. Decemb. 1563 Decret. de reform. Cap. II.* in der Ausgabe von Schulte und Richter, S. 439.

ter der Anstalt nicht aufgehoben und nicht den angedeuteten Zusammenhang mit der Kirche. Der Kaiser Joseph hat zum ersten Mal einen protestantischen Professor angestellt, aber er hat die Universität nicht protestantisch machen wollen und die theologischen Professoren waren immer noch Organe des kirchlichen Lehramtes geblieben. Hätte man das nicht später vergessen, so hätten nicht die Aergernisse vorkommen können, daß nach der Errichtung des Erzbisthums am Sitz und unter den Augen des Metropoliten der Professor der Kirchengeschichte unter dem Titel: **Geschichte des Christenthums** die Anfänge eines Buches herausgab, so schamlos, als nur jemals eines erschien, und daß der Erzbischof mit Mühe von dem Ministerium des Innern die Erlaubniß erhielt, diesem Priester zwei Fragen zu stellen, welche er zuerst der Staatsbehörde hatte vorlegen müssen. Nicht die Verweigerung des Glaubensbekenntnisses, sondern sein Uebertritt zur protestantischen Kirche konnte die Versetzung dieses Lehrers bewirken. Ein Professor der **christlichen Moral** griff in seinen Vorlesungen anerkannte Sätze mit Bitterkeit an, erklärte besonders den Cölibat für widernatürlich, widerrechtlich, unsittlich und unchristlich, und der Scandal hatte sehr arg werden müssen, ehe man ihn zur philosophischen Facultät versetzte, an welcher er unter anderem Namen sein Wesen trieb. Er wurde in Ruhestand versetzt, erst nachdem er sich zum Ronge'schen Unwesen bekannt hatte. Der Lehrer des **Kirchenrechtes** steigerte die Angriffe auf die Verfassung, die Disciplin und selbst auf die Glaubenssätze der katholischen Kirche zu einer Heftigkeit, welche die fanatischen Eiferer des sechzehnten Jahrhunderts noch übertraf. Nicht die Beschwerden des Erzbischofs, nicht die Vorstellung unbetheiligter Männer und nicht das allgemeine Aergerniß konnten eine Abhülfe gewähren, und es vergingen Jahre, ehe ihm von der Regierung die Vorlesungen über canonisches Recht untersagt wurden. Im Jahre 1828 waren es zehn Professoren der Universität Freiburg, welche die berüchtigte Petition um Aufhebung des Cölibates an die zweite Kammer unterzeichneten, und durch fortgesetztes Höhnen, Spotten und Wühlen brachten es diese Professoren dahin, daß im Jahre 1831 nicht weniger als 170 Studirende, meist Candidaten der

Theologie, ähnliche Petitionen unterschrieben. Solches Unwesen mußte der Erzbischof an seinem Sitze ertragen.

Die theologische Facultät war eben nur noch der Bestandtheil einer Staatsanstalt, und die Professoren wurden von der Staatsbehörde angestellt, je nach ihrem wissenschaftlichen Ruf oder nach dem Belieben der Minister. Diese Professoren schlugen wieder andere vor; die Staatsbehörde nahm auf diese Vorschläge Rücksicht, so viel ihr eben beliebte, und das war auch ganz natürlich, denn ihr war die theologische Facultät eine Schule, wie irgend eine andere. Nur der Minister Winter, obwohl ein Protestant, wußte noch die Eigenthümlichkeit der Stellung zu würdigen. Später wurde allerdings bei der Anstellung eines theologischen Professors der Erzbischof gefragt, keineswegs aber um einen Vorschlag zu machen, sondern nur allein um zu erklären, daß er gegen diesen oder jenen Candidaten Nichts einzuwenden habe. Dem neu angestellten Professor wurde kein Glaubensbekenntniß abgefordert, er verlangte und erhielt keine kirchliche Mission, er war eben ein Staatsdiener im Lehrfach; er mochte im Sinn der Kirche lehren, oder ihre Doctrin angreifen — die Staatsdienerpragmatik schützte ihn, und Besoldungszulagen, Titel und Auszeichnungen wurden ihm auch ohne Glaubensbekenntniß gegeben. Die theologische Facultät stand, wie jede andere, mittelbar unter dem Ministerium des Innern, und wenn der betreffende Respicient in diesem ein Protestant war, so war er auf jeden Fall besser als ein Katholik, welcher vergessen hatte, daß es eine Kirche und eine Autorität außerhalb der Beamtenhierarchie gebe, und welcher durch seine „Freisinnigkeit" sich angenehm machen wollte. — Seit langer Zeit sind offene Aergernisse nicht mehr vorgekommen; die theologische Facultät an der Universität Freiburg ist achtungswerth im Ganzen wie in ihren Gliedern; daß sie aber so werden konnte — das verdankt die Universität wahrlich nicht den bestehenden Verhältnissen.

Was die Kirche vorschreibt, das haben die oberrheinischen Bischöfe verlangt; sie haben verlangt, daß kein Lehrer an einer katholisch-theologischen Facultät ohne ausdrückliche Einwilligung des Bischofs der Diöcese berufen werden und daß er vor

Ausübung seines Lehramtes nach kirchlicher Vorschrift sein Glaubensbekenntniß ablegen solle. — Die Bischöfe haben ferner verlangt, daß man der Kirchengewalt das alte Recht zugestehe, über diese, für die höhere Wissenschaft so wichtigen Anstalten diejenige Aufsicht auszuüben, welche die Bewahrung der reinen Lehre und der Disciplin der Kirche erfordern.

Das badische Ministerium konnte der Gewalt der Gründe nicht widerstehen, aber es wollte doch die Idee der Kirchenoberherrlichkeit auch in dieser Frage sich wahren. Die Universität war ihm einmal eine Staatsanstalt und es wollte nicht einen wichtigen Bestandtheil von dieser trennen. Demzufolge erklärte die Regierung, daß sie auf die oberste Leitung und Anordnung hinsichtlich der Universität als Staatsanstalt und der dazu gehörigen katholisch-theologischen Facultät nicht verzichten könne, daß sie aber doch gerne dem Erzbischof denjenigen Einfluß einräume, welcher sich mit dem selbstständigen Anordnungsrecht der Staatsgewalt vertrage. So wurde denn über die Besetzung der Lehrstellen und über die Beaufsichtigung der Vorträge an den katholischen Facultäten unterm 1. März 1853 eine Verordnung erlassen, welche die von sämmtlichen Regierungen der oberrheinischen Provinz vereinbarten Grundsätze enthält. Nach dieser Verordnung sollte vor Anstellung eines Professors an einer katholisch-theologischen Facultät jeweils der Bischof über den vorgeschlagenen Candidaten vernommen werden, und die Anstellung sollte erst erfolgen, wenn die etwa erhobenen Bedenken des Bischofs gegen Wandel und Lehre des Vorgeschlagenen beseitiget wären. — Auf Verlangen des Erzbischofs sollte der ernannte Professor vor dem Antritt seines Lehramtes sein Glaubensbekenntniß ablegen [1]. — Dem Bischof sollte das Recht zustehen, der Regierung die amtliche Anzeige über „kirchliche Verirrungen" der angestellten Professoren der Theologie zu machen; die anzuordnende Untersuchung sollte durch einen landesherrlichen und einen erzbischöflichen Commissär gemeinschaftlich geführt und der Beschluß zwischen der Staats- und der

---

[1] In der betreffenden Verordnung Art. II. steht das **christliche** Glaubensbekenntniß.

Kirchenbehörde vereinbart, sofort aber von der erstern verkündet werden. Mit der Vertretung der Staatsgewalt war das Ministerium des Innern betraut.

Diese Verordnung, von dem badischen Ministerium als feststehend betrachtet, wurde nicht, wie andere, der Erklärung des Erzbischofs unterbreitet. Sie gibt einen großen Spielraum für alle möglichen Deutungen, und enthält das Zeug zu Conflicten in jedem einzelnen Fall; vor Allem aber ist sie darin fehlerhaft, daß sie der weltlichen Behörde die Befugniß zugesteht, in Sachen des Glaubens zu untersuchen und zu entscheiden; in Sachen, für welche sie den Ausspruch der kirchlichen Autorität annehmen und höchstens nur die höhere anrufen muß. Im gegebenen Fall mag der Bischof gerne mit der Staatsbehörde in's Einvernehmen treten, um gemeinsam das Nöthige zu verfügen, aber nimmer kann er auf das Recht verzichten, von der Lehre und dem Leben der theologischen Professoren selbstständige Kenntniß zu nehmen und dieselben über Verirrungen zu warnen, zurechtzuweisen, zur Verantwortung zu ziehen und ihnen, wo nöthig, die Ermächtigung zur Ausübung eines kirchlichen Lehramtes zeitweis oder für immer zu entziehen.

Diese Befugnisse des Bischofs sind durch die Natur der Sache gegeben, und man kann deren Ausübung nicht hindern, weil die Professoren, als Geistliche, in canonischem Gehorsam dem Bischof unterworfen sind, und weil dieser jeden, welcher, im Irrthum beharrend, sich der kirchlichen Autorität widersetzt, von der kirchlichen Gemeinschaft ausschließen kann. — Diese Gründe haben die oberrheinischen Bischöfe in ihrer zweiten Denkschrift aus ihrem Gesichtspunkt entwickelt. — Von dem Standpunkt der badischen Regierung waren die angeführten Bestimmungen der Verordnung allerdings namhafte Zugeständnisse, aber so lange dieser Standpunkt festgehalten wurde, war eine Ausgleichung nicht möglich. Als das Unhaltbare endlich aufgegeben war, so hat sich von selbst die Bestimmung der Uebereinkunft ergeben, „daß die katholisch-theologische Facultät an der Universität Freiburg in Bezug auf das kirchliche Lehramt unter Leitung und Aufsicht des Erzbischofs stehe — daß derselbe demnach den Professoren und andern Lehrern die Ermächtigung und Sendung zu theologischen Lehrvorträgen ertheilen und nach seinem Ermessen wieder entziehen, ihnen das Glaubensbekenntniß abnehmen, auch ihre Hefte und Lehrbücher seiner Prüfung unterwerfen könne" [1].

Die Uebereinkunft des Königs von Würtemberg mit dem päpstlichen Stuhl enthält wörtlich dieselbe Bestimmung [2], aber in beiden Nachbarstaaten möchten, vorkommenden Falls, verschiedene Folgen für die Betheiligten daraus hervorgehen. — In Würtemberg wird die persönliche Stellung der katholisch-theologischen Professoren zu der Regierung verändert, denn diese „glaubt nicht die Staatsdienerrechte an Personen verleihen zu können, welche durch einen ihr fremden Willen außer Stand gesetzt werden können, den Dienst, für welchen sie allein berufen worden sind, zu versehen." — Nicht so im Großherzogthum Baden. Die Professoren der theologischen Facultät zu Freiburg werden fortan dieselbe Stellung wie die andern Professoren der Universität einnehmen; sie bewahren ihre Eigenschaft als Staatsbeamte und als solche die Rechte, welche die betreffenden Gesetze und etwa besondere Bestimmungen der Anstellungsurkunden diesen verleihen. Diese Rechte würden sie auch nicht verlieren, wenn ihnen der Erzbischof die Sendung zu theologischen Lehrvorträgen entzöge, und deßhalb hat der päpstliche Stuhl dem Erzbischof bemerkt: er solle, wenn er es für nöthig erachten sollte, einem Professor der Theologie an der Universität Freiburg die canonische Mission zu entziehen, seinen Entschluß nicht ausführen, ohne sich vorher mit der großh. Regierung in's Benehmen zu setzen. — Bisher übten die theologischen Professoren ihr Lehramt nur aus dem Mandat der Regierung, jetzt erhalten sie eine kirchliche Sendung für die Ausübung dieses Mandates; — die Regierung gibt dieses nach wie vor, aber sie ist für dessen Ertheilung an die kirchliche Ermächtigung der betreffenden Person zum kirchlichen Lehramt gebunden.

In der Schlußnote hat die Regierung durch ihre Bevollmächtigten dem heil. Stuhl die folgende Erklärung gegeben:

---

[1] Uebereinkunft vom 28. Juni 1859, Art. XI.
[2] Würtembergische Uebereinkunft vom 8. April 1857, Art. XI.

„Würde ein der theologischen Facultät nicht angehöriger Lehrer der Universität Freiburg in seinen Lehrvorträgen mit der katholischen Glaubens- und Sittenlehre in Widerspruch gerathen, so wird die großh. Regierung den etwa hierwegen zu erhebenden Beschwerden des Erzbischofs jede thunliche Rücksicht gewähren." Warum aber, frägt man, hat die aufgeklärte badische Regierung diese gefährliche Erklärung gegeben? — einfach deßhalb, weil sie dieselbe nicht vermeiden konnte, und weil sie keine Gefahr darin findet. Wollte sie die theologische Facultät, d. h. wollte sie die Universität Freiburg erhalten, so mußte sie der Kirche eine formelle Gewähr stellen.

Betrachten wir die wahre Lage der Dinge. Der Papst ist gebunden, die Beschlüsse des tridentinischen Conciliums überall und bei jeder Gelegenheit zu wahren und nach Möglichkeit sie zum Vollzug zu bringen; deßhalb besteht er und muß er auf der Errichtung von Seminarien bestehen, wie das Concilium für die Erziehung der Geistlichen sie vorschreibt. Wenn nun in der Uebereinkunft bestimmt ist: „Der heilige Stuhl willige ein, daß die Candidaten der Theologie an der Universität Freiburg studiren, so lang ein Seminarium nach der Vorschrift des Conciliums von Trident nicht errichtet sei"[1], so hat er damit der Anstalt eine Gunst erweisen wollen. — In Rom weiß man wohl wenig von den Zänkereien, welche über den Charakter der Universität Freiburg geführt worden sind; man hält sie dort ganz einfach für eine katholische Anstalt — und die Bevollmächtigten der Regierung haben es gewiß nicht für nothwendig gehalten, diese Ansicht amtlich zu bekämpfen. Weil nun aber die Universität eine katholische Anstalt ist, so hat man in Rom eine kirchenfeindliche Richtung nicht für möglich gehalten, und man hat sich mit dem Schein einer Controle begnügt, um nicht die Trennung der theologischen Facultät fordern zu müssen. Die Aufsicht, welche die Uebereinkunft vorsieht, besteht nun in nichts Anderem, als was die Kirche oder der Staat über jede ihrer Anstalten ausübt, ohne daß sie deßhalb aufhörten, sich mit voller Freiheit zu bewegen. Was dem Erz-

---

[1] Uebereinkunft, Art. IX. Abs. 1.

bischof zugestanden wurde, das steht nicht nur jeder Staatsbehörde, es steht jedem einzelnen Bürger zu; — die zuständige
Autorität aufmerksam zu machen, daß ein Mann in öffentlichem
Amt seine Stellung mißbrauche, das ist ein allgemeines Recht,
— ein Recht, welches leider am meisten von denjenigen ausgeübt wird, die zur Ausübung desselben nicht Beruf, und
nicht guten Glauben besitzen. — Eine vernünftige Regierung
wird niemals ein verächtliches Denunciantenwesen oder ein
schlechtes Spionirsystem aufkommen lassen, aber der offenen
Anzeige über einen verderblichen Mißbrauch des Amtes und
der öffentlichen Stellung von Seiten eines einsichtsvollen und
rechtschaffenen Mannes, der für seine Angabe einsteht, wird sie
doch wohl unter keinen Umständen „eine thunliche Berücksichtigung" versagen. Wenn man aber bei irgend Jemandem Einsicht voraussetzen und Beruf anerkennen muß, um über Verletzungen der Religion und der Sittlichkeit eine gerechte Beschwerde zu führen, so ist es eine kirchliche Autorität. Jeder
protestantische Pfarrer könnte vorkommenden Falles dasselbe thun,
der Erzbischof müßte es thun, und die Regierung müßte dieselbe Rücksicht gewähren, auch wenn davon kein Wort in dem
Vertrage oder in einer Urkunde stünde, die Vertrageskraft hat.

Wenn nun der Papst die formelle Gewähr angenommen,
und wenn sie die Regierung gegeben hat, um ihn der Ver-
legenheit zu entziehen, die Errichtung der Seminarien unbedingt
fordern zu müssen; so hat sich die Regierung andererseits mit
ängstlicher Sorgfalt gegen die Möglichkeit eines unmittelbaren
Eingriffes gewahrt. Sie hat nicht gestattet, daß der Erzbischof
über solche Vorkommnisse sich unmittelbar an die academische
Behörde wende; sie hat nicht gestattet, daß er aus eigener
Autorität eine Verfügung erlasse, oder eine Untersuchung anordne; sie hat nicht einmal festgesetzt, daß bei einem Verfahren,
welches sie verfügt, die Kirchenautorität mitwirke; sie hat nur die
Beschwerde gestattet, und eine thunliche Berücksichtigung derselben
versprochen. Der Regierung steht es ganz frei, wie sie diese
Berücksichtigung ausführen will; sie kann nach ihrem Gefallen
das Verfahren wählen, und wie dasselbe auch sei, so erkennt
sie selbst über den Stoff der Beschwerde. Der Erzbischof hat

kein Mittel gegen das Erkenntniß, welches aus der Untersuchung hervorgeht; wohl aber kann er, wenn ihm die gerechte Berücksichtigung versagt wird, der Universität die Theologen entziehen; denn „sollte," so heißt es in der Schlußnote, „der Erzbischof es für nöthig erachten, daß die Zöglinge des höheren Convictes zu Freiburg bei Anhörung von Lehrvorträgen von den übrigen Studirenden der Universität getrennt werden; so wird die großh. Regierung die zu solcher Trennung nöthigen Maßregeln in's Werk setzen." — Was ist aber diese Trennung anders, als die Losreißung der theologischen Facultät? — Es wird dem Erzbischof immer schwer werden, diese Trennung zu verlangen, wenn man ihm sagen kann, daß er selbst ein mittelbares Aufsichtsrecht innerhalb eines gewissen Kreises besitze.

Für die paritätische Universität Tübingen ist man anders verfahren — die würtembergische Uebereinkunft hat kein solches Beschwerderecht festgestellt; „damit aber den Zöglingen des Wilhelmstiftes Gelegenheit werde, philosophische Vorlesungen bei Katholiken zu hören, wird vor Allem der Bischof von dem Rechte, welches ihm durch die Ernennung des Directors und der Repetenten dieser Anstalt zusteht, Gebrauch machen, und das Geeignete verfügen; allein auch die königliche Regierung wird bei Besetzung der Lehrstühle in der philosophischen Facultät auf diesen Gegenstand thunliche Rücksicht nehmen." Aus dem Grundsatz der Parität wird dann als einfache Folgerung hervorgehoben, „daß solche Disciplinen, bei welchen sich der confessionelle Standpunkt der Natur der Sache nach geltend machen muß, wie z. B. die Universalgeschichte, in der philosophischen Facultät doppelt vertreten sind" [1]. — Wünschen die Professoren in Freiburg vielleicht auch eine doppelte Besetzung der philosophischen Lehrfächer? —

Die Folgen der angeführten Bestimmung in der badischen Uebereinkunft und in der Schlußnote werden später noch eine kurze Beleuchtung finden.

---

[1] Officiöse Erklärung in dem Staatsanzeiger für Würtemberg 1858. Nr. 144.

X.
Die Weihetitel.

Ein Gegenstand heftigen Streites war die Abhängigkeit der Weihen von dem **landesherrlichen Tischtitel**. Im Großherzogthum Baden waren die Klöster und Stifte aufgehoben, ihre Güter eingezogen und das noch übrige, allerdings sehr bedeutende, Kirchenvermögen wurde von dem Staate fast mit vollkommenem Ausschluß der Kirchenbehörde verwaltet; es gab daher keine Ordinationstitel mehr. Ist es nun eine unerläßliche Bedingung, daß die höhere Weihe nur demjenigen ertheilt werden kann, welchem, auch ohne bestimmte Pfründe, die Mittel zum Lebensunterhalt gesichert sind [1], so blieb nichts Anderes übrig, als daß der Staat, im Besitz der eingezogenen Kirchengüter und der Verwaltung des noch bestehenden Kirchenvermögens, die Gewähr übernehme. Es lag in dem Geist der damaligen Verwaltung, daß sie nur diejenigen Titel anerkennen wollte, welche sie selbst verlieh, und daß sie die Verleihung von Tischtiteln durch Privaten gänzlich verbot [2]. — Als die oberrheinische Kirchenprovinz gegründet und das Erzbisthum errichtet war, da blieb die Verwaltung des Kirchenvermögens noch immer in den Händen des Staates. Der Erzbischof konnte nicht über die kleinste Summe verfügen, deßhalb konnte er keinen Ordinationstitel verleihen, und so blieb denn nur der landes-

---

[1] Quum non deceat eos, qui divino ministerio adscripti sunt, cum ordinis dedecore mendicare, aut sordidum aliquem quaestum exercere, compertumque sit, complures plerisque in locis ad sacros ordines nullo fere delectu admitti, qui variis artibus ac fallaciis confingunt se beneficium ecclesiasticum aut etiam idoneas facultates obtinere; statuit sancta synodus. . . . Patrimonium vero vel pensionem obtinentes ordinari posthac non possint, nisi illi, quos episcopus judicaverit assumendos pro necessitate vel commoditate ecclesiarum suarum; eo quoque prius perspecto, patrimonium illud vel pensionem vere ab eis obtineri, taliaque esse, quae eis ad vitam sustendandam satis sint. — Concil. Trident. Sess. XXI. cap. 2. De reformat.

[2] Verordnung vom Jahr 1810, Regierungsblatt Nr. 7.

herrliche Tischtitel übrig. — Nach den Bestimmungen der Frankfurter Pragmatik wurde nun verfügt: daß in das erzbischöfliche Seminarium nur solche Candidaten aufgenommen werden sollen, welche in einer, durch Staats- und bischöfliche Behörden gemeinschaftlich vorgenommenen Prüfung gut bestanden und zur Erlangung des landesherrlichen Tischtitels, der ihnen unter obiger Voraussetzung ertheilt wird, würdig befunden werden. Der landesherrliche Tischtitel, so wird weiter verfügt, gibt ihnen die urkundliche Versicherung, daß im Fall der nicht verschuldeten Dienstunfähigkeit der dem geistlichen Stand angemessene Unterhalt, wofür ein Minimum von jährlich 300—400 fl. festgesetzt wird, sowie für die besondere Vergütung für Kur- und Pflegekosten subsidiarisch werde geleistet werden. Von dem Titulaten kann nur dann ein billiger Ersatz gefordert werden, wenn er in bessere Vermögensumstände kömmt, oder in der Folge eine Pfründe erhält, welche mehr als die Congrua abwirft [1]. Es ist die Bemerkung fast überflüssig, daß der landesherrliche Tischtitel immer auf kirchliche Fonds angewiesen wird.

Der Erzbischof darf nach den klaren Bestimmungen der Kirchengesetze ohne bestimmten Titel (titulus ordinationis) keinem Cleriker die höheren Weihen ertheilen; das Kirchenrecht der Frankfurter Kirchenpragmatik verwarf alle Titel, welche das canonische Recht für gültig erkennt, es gestattete keinen andern als den **landesherrlichen** Tischtitel; dieser wurde ohne Mitwirkung des Kirchenoberen von der Staatsbehörde verliehen, folglich verfügte diese über die Weihen.

Gegen diesen wunderlichen Zustand erhoben sich die oberrheinischen Bischöfe in ihrer Denkschrift vom März 1851; sie anerkannten die Sorge der Regierung, verlangten aber, daß die Weihe auch auf den Grund anderer, canonisch gültiger Titel ertheilt werden, und daß diese nach den Bestimmungen der Reichsgesetze auf die Einkünfte säcularisirter geistlicher Güter von den Bischöfen verliehen werden können [2]. — In der Erwiderung vom 5. März 1853 antwortete die Regierung, sie

---

[1] Verordnung vom 30. Januar 1830, §§ 27 und 28.
[2] Reichsdeputationshauptschluß vom 25. Februar 1803, § 35.

wolle den Herrn Erzbischof in Ertheilung der Weihen durchaus nicht beschränken, und sie wolle namentlich nicht die Nachweisung des landesherrlichen Tischtitels als deren nothwendige Bedingung verlangen; sie könne aber nicht die Verbindlichkeit anerkennen, nöthigenfalls für den standesmäßigen Unterhalt eines Geistlichen Sorge zu tragen, welcher ohne einen solchen, von ihr als genügend erkannten, Titel die Weihen erhalten habe. Wie sie es im Interesse des Staates nicht für zulässig erachte, daß Leute zu dem inländischen Clerus gehören, welche, möglicherweise durch Armuth veranlaßt, eine mit der Würde ihres Standes unvereinbare Lebensweise führen, so könne sie nicht gestatten, daß die Geweihten, ohne die erwähnte Vorbedingung erfüllt zu haben, dem inländischen Clerus beigezählt und zu öffentlichen Functionen im Kirchendienste und zur Bewerbung um kirchliche Aemter zugelassen werden. — Bei anderen Gelegenheiten hat die Regierung erklärt, daß die Ertheilung von Weihetiteln auf den allgemeinen katholischen Kirchenfond selbstverständlich dem Landesherrn zukomme.

In ihrer zweiten Denkschrift vom 18. Juni 1853 beleuchteten die oberrheinischen Bischöfe die Frage der Weihetitel, und es ist nicht zu verkennen, daß sie die Erklärung der Staatsregierungen mit schlagenden Gründen bekämpften. — Sie führten aus, daß die betreffenden Bestimmungen der Verordnung vom Jahr 1830 den Zweck der Weihetitel nur ungenügend erfüllen, und daß über das Bestehen derjenigen, welche die Kirche als gültig erachtet, nur die Kirche entscheiden könne. Ob Jemand, sagen sie, im Staatsgebiet zu dulden sei, das werde von den allgemeinen bürgerlichen und politischen Gesetzen bestimmt, und wenn ein Geistlicher diesen Gesetzen genüge, so könne ihm so wenig als einem andern der Aufenthalt im Staatsgebiete versagt werden: — ob Jemand im Clerus der Diöcese zu dulden sei und kirchliche Functionen verrichten dürfe, das werde von den kirchlichen Gesetzen und von der kirchlichen Ordnung entschieden, und kraft bestehender Rechte sei die Staatsgewalt verpflichtet, diese Gesetze und diese Ordnung anzuerkennen und, wo nöthig, zu schützen. — Die Frage hängt innig mit jener über die Verwaltung des Kirchenvermögens zusammen, und darauf wurden die Bischöfe geführt, als sie sagten: der Staat, wenn er nicht durch die Ertheilung eines Tischtitels verpflichtet sei, habe allerdings keine Verbindlichkeit für den Unterhalt eines Geistlichen zu sorgen; aber es sei gegen Recht und Billigkeit und gegen die Natur der Sache, daß der Kirche nicht gestattet sein solle, aus ihrem eigenen Vermögen die Sorge für Geistliche zu übernehmen, welche, dienstunfähig, keine Mittel zur Fristung ihres Lebens besitzen. Da nun der landesherrliche Tischtitel immer nur auf das Vermögen der Kirche ertheilt werde, müsse doch billigerweise das Recht der Verfügung auch der Kirche zustehen.

Während des sogenannten Interims wurden die Weihetitel von dem Erzbischof auf das allgemeine Kirchenvermögen ertheilt, und die Regierung machte keine Einsprache. Wenn ein Priester wirklich in den Genuß des Tischtitels eintreten sollte, so wurde von dem Ordinariat das Ministerium des Innern benachrichtiget, und dieses verfügte ohne Anstand die Ausbezahlung unter der Benennung eines Sustentationsgehaltes. So hatte sich denn ein thatsächlicher Zustand gebildet.

So lange die Autonomie der Kirche bestritten wurde, konnten die Gründe des Episcopates keine Beachtung finden, — aber sie waren schlagend, als der Staat diese Autonomie anerkannt hatte. Die Anerkennung war durch die Thatsache der Unterhandlung mit dem heiligen Stuhle gegeben, und so konnte die badische Regierung in der Sache der Weihetitel ihr bisheriges System nicht mehr festhalten. Die Bestimmung, daß der Erzbischof das Recht habe „den Clerikern die heiligen Weihen nicht nur auf die bestehenden canonischen, sondern auch auf den Tischtitel zu ertheilen" [1], war demnach eine Nothwendigkeit.

Diese Bestimmung der Uebereinkunft wird nun noch durch die besondere Weisung an den Erzbischof mit größerer Schärfe festgestellt. „Da es dem Erzbischof freisteht, die heiligen Weihen auch auf den Tischtitel hin zu ertheilen, so kann er diesen Titel auf den Intercalarfond und auf die übrigen allgemeinen kirchlichen Fonds verleihen. Sollte er aber alle diese Fonds nicht

---

[1] Vereinbarung IV. 4.

für ausreichend halten, um die fragliche Last zu tragen, so wird er sich an die großh. Regierung wenden, welche die Verbindlichkeit übernommen hat, den vom Erzbischof bezeichneten Personen den Tischtitel zu ertheilen. In allen solchen Fällen wird er sowohl die Namen, als auch die Studienzeugnisse der Betreffenden der großh. Regierung vorlegen [1].

Man kann nicht verkennen, daß auch diese Bestimmungen billig und gerecht sind. Es folgt aus dem Princip der kirchlichen Autonomie, daß die Kirchengewalt den Weihetitel auf bestehende kirchliche Fonds ertheile; muß aber, wenn diese nicht zureichen, die Regierung einschreiten, so sind ihr durch die Vorlage der Studienzeugnisse das Recht und die Mittel gegeben, um die Begründung der Zulassung beurtheilen zu können, — und damit ist der Staatsgewalt ihr Aufsichtsrecht hinreichend gewahrt. In der Verbindlichkeit, welche die Regierung dadurch übernimmt, liegt aber durchaus keine besondere Leistung des Staates; denn kömmt er in den Fall, einen Tischtitel zu leisten, so schöpft er die Mittel nicht etwa aus eigentlichen Staatsgeldern, also nicht auch aus Beiträgen protestantischer Bewohner, sondern aus den großen Einkünften der bestehenden oder säcularisirten Kirchengüter, und er erfüllt damit nur eine Verbindlichkeit, die ihm durch die Uebernahme dieser Güter völkerrechtlich und reichsgesetzlich auferlegt worden ist; denn alle Güter der fundirten Stifter, Abteien und Klöster sind den betreffenden katholischen und protestantischen Fürsten unter der Bedingung überlassen worden, daß sie für die feste Ausstattung der Domkirchen und für die Unterhaltung der Geistlichen sorgen [2]. Diese Verbindlichkeit besteht nicht weniger in Beziehung auf die Klöster und

---

[1] Cum liberum sit Archiepiscopo conferre ordines sacros etiam ad titulum mensae, poterit ipse hujusmodi titulum assignare super fundis intercalaribus ceterisque fundis ecclesiasticis generalibus. Quodsi vero fundos istos impares judicaverit tali oneri sustentando, Gubernium monebit, quod obligationem adsumit conferendi scilicet titulum mensae iis, qui ab Archiepiscopo fuerint designati. Quo in casu Gubernio tum nomina tum documenta de studiis peractis a Candidatis exhibebit.

[2] Reichsdeputationshauptschluß vom 25. Februar 1803, § 35.

Stifte, welche die badische Regierung nach dem Preßburger Frieden aufgehoben hat; denn dieser hat bestimmt, daß der Kurfürst von Baden die abgetretenen österreichischen Besitzungen in dem Rechtsstand übernehme, unter welchem sie die Kaiser von Deutschland oder die Erzherzoge von Oesterreich besessen haben [1].

Das Großherzogthum Baden wollte sich dieser Verbindlichkeit wohl niemals entziehen — aber jetzt erst ist die Erfüllung derselben geregelt, d. h. die Ordnung, welche seit sechs Jahren thatsächlich gewesen, ist jetzt zum förmlichen Rechte geworden.

XI.
Die Dienstprüfungen der Geistlichen oder die sogenannten Pfarrconcurse.

Von einem Geistlichen, welcher sich um das Amt eines Seelsorgers bewirbt, fordert die Kirche außer den übrigen canonischen Eigenschaften auch den Nachweis über dessen wissenschaftliche Bildung. Das Concilium von Trident hat verfügt, daß die für eine Seelsorge bezeichneten Geistlichen einer Prüfung unterworfen werden sollen. — Zur Vornahme dieser Prüfung sollte der Bischof oder sein Vicar der Diöcesan-Synode mindestens sechs Examinatoren, und zwar Doctoren oder Licentiaten der Theologie oder des canonischen Rechtes, oder andere Welt- oder Ordensgeistliche vorschlagen. Wenn die Synode sechs solcher Vorgeschlagenen genehmiget hatte, so sollte bei jeder Erledigung der Bischof drei Prüfungscommissäre wählen, welche durch einen feierlichen Eid sich zur gerechten Führung ihres Amtes verpflichten. Unter den Candidaten, welche diese Prüfungscommission als tauglich erkannt hatte, sollte dem Bischof die freie Ernennung für die betreffende Stelle zustehen, insofern nicht etwa ein Patronatsrecht diese Freiheit beschränkte; aber

---

[1] Friede von Preßburg, 26. Dec. 1805, Art. VIII. Abs. 4 und 5.

auch der Patron sollte gehalten sein, nur einen Geistlichen zu
präsentiren, welcher in der Prüfung als befähigt befunden wor=
den war [1]. Den Kreis der verlangten Kenntnisse hat das
tridentinische Concilium in seinen Verordnungen über die theo=
logischen Collegien bestimmt, und spätere päpstliche Bullen und

---

[1] Der Verfasser glaubt, diesen interessanten und wichtigen Beschluß
mit dessen eigenen Worten geben zu müssen: „.... Transacto constituto tempore omnes, qui descripti fuerint, examinentur ab episcopo,
sive eo impedito ab ejus vicario generali atque ab aliis examinatoribus non paucioribus quam tribus, quorum votis, si pares aut
singulares fuerint, accedere possit episcopus vel vicarius, quibus
magis videbitur. Examinatores autem singulis annis in dioecesana
synodo ab episcopo vel ejus vicario ad minus sex proponantur,
qui synodo satisfaciant et ab ea probentur. Advenienteque vocatione cujuslibet ecclesiae tres ex illis eligat episcopus, qui cum eo
examen perficiant, indeque succedente alia vocatione aut eosdem,
aut alios tres, quos maluerit, ex praedictis illis sex eligat. Sint
vero hi examinatores magistri seu doctores aut licentiati in theologia aut jure canonico, vel alii clerici seu regulares, etiam ex
ordine mendicantium aut etiam saeculares, qui ad id videbuntur
magis idonei, jurentque omnes ad sancta Dei evangelia, se quacunque humana affectione postposita fideliter munus executuros.
Caveantque, ne quicquam prorsus occasione hujus examinis nec
ante nec post accipiant; alioquin simoniae vitium tam ipsi quam
alii dantes incurrant, a quo absolvi nequeant nisi dimissis beneficiis, quae, quomodocunque etiam antea obtinebant, et ad alia in
posterum inhabiles reddantur. Et de his omnibus non solum coram
Deo, sed etiam in synodo provinciali, si opus erit, rationem reddere teneantur, a qua, si quid contra officium eos fecisse compertum fuerit, graviter ejus arbitrio puniri possint. Peracto deinde
examine renuncientur quotcunque ab his idonei judicati fuerint
aetate, moribus, doctrina, prudentia et aliis rebus ad vacantem
ecclesiam gubernandam opportunis. Ex hisque episcopus eum eligat, quem caeteris magis idoneum judicaverit, atque illi, et non
alteri, collatio ecclesiae ab eo fiat, ad quem spectabit eam conferre. Si vero juris patronatus ecclesiastici erit, ac institutio ad
episcopum, et non ad alium pertineat, is, quem patronus digniorem
inter probatos ab examinatoribus judicabit, episcopo praesentare
teneatur, ut ab eo instituatur etc." *Concil. Trid. Sess. XXIV. cap. 18.
De reform.* In der Ausgabe von Schulte und Richter. Leipzig 1853.
S. 378.

Breven haben für die Vornahme der Concursprüfung theils die Vollzugsverordnungen mit den nöthigen Vorschriften gegeben, theils aber auch die Bischöfe zu strenger Aufrechthaltung dieser gesetzlichen Bestimmungen ermahnt [1].

Diese Dienstprüfungen für Pfarrer waren denn überall im Gebrauch und sind unter verschiedenen Formen abgehalten worden. Im Großherzogthum Baden wurden sie von den Vicariaten auf verschiedene Weise und nicht eben mit allzu großer Strenge vorgenommen. Nach der Errichtung des Erzbisthums aber wurde der kirchlichen Behörde die selbstständige Leitung entzogen; denn in Folge der Frankfurter Kirchenpragmatik wurde verfügt, daß die Concursprüfungen von einer, durch die Staats- und bischöflichen Behörden gemeinschaftlich anzuordnenden, Commission mit denjenigen Geistlichen vorgenommen werden sollen, welche wenigstens zwei Jahre lang als Hülfspriester angestellt waren, und daß ferner die Classification, welche sich in Folge dieser Prüfung ergeben, bei künftigen Beförderungen des Geprüften berücksichtigt werden solle [2]. Diese allgemein gehaltene Bestimmung ließ immer noch einen Zweifel über den Antheil, welchen die geistliche und welchen die weltliche Behörde an diesen Prüfungen nehmen sollte; aber dieser Zweifel wurde vollkommen durch eine spätere Regierungsverordnung gehoben. Nach dieser Verordnung wurden zu der Prüfungscommission von der katholischen Kirchensection zwei geistliche Examinatoren, natürlich die beiden geistlichen Mitglieder dieser Behörde, und von dem Ordinariat ein erzbischöflicher Prüfungscommissär und gleichfalls zwei geistliche Examinatoren ernannt. Gemeinschaftlich wurde zu dieser Commission ein *landesherrlicher* Decan oder Bezirksschulvisitator berufen, und dieser als landesherrlicher Commissär hatte den Vorsitz. Nach Beendigung der Prüfung und Erstattung der schriftlichen Gutachten von Seiten der Commissäre und Examinatoren traten sämmtliche

---

[1] Die bemerkenswerthesten: Bulle von Pius V. vom 18. Mai 1566, De conferendis, — Benedict XIV. vom 14. December 1742, Cum illud, und Benedict XIV., De synod. dioecesan. Lib. IV. cap. 7 seq.

[2] Verordnung vom 30. Januar 1830, §§ 29 und 30.

Mitglieder zusammen, um die Classificationstabelle nach Stimmenmehrheit zu entwerfen. — Ueber die Ergebnisse der Prüfung mußten die beiderseitigen Commissäre ihren committirenden Behörden Vortrag erstatten, und dem Vortrag des landesherrlichen Commissärs wurden die Prüfungsacten beigelegt, welche nach gemachtem Gebrauch dem erzbischöflichen Ordinariate mitgetheilt werden sollten. Im Einverständniß mit diesem erfolgte sodann die Aufnahme der als befähigt erkannten Concurrenten in die Zahl und in die betreffende Klasse der Concurscandidaten, worüber die kirchliche Staatsbehörde einem jeden derselben eine Fertigung zustellte [1].

Die Fächer, aus welchen die Prüfung vorgenommen werden sollte, wurden ebenfalls in dieser Verordnung bestimmt. Es war ohne Zweifel ein sehr absonderliches Verfahren, daß die Staatsbehörde in einer Verordnung, an deren Entwurf der Bischof oder das Ordinariat auch nicht den geringsten Einfluß gehabt hatte, die wissenschaftlichen Bedingungen der Fähigkeit eines Seelsorgers bestimmte. — War die ganze Anordnung auch nicht darauf berechnet, das Erkenntniß über die Erfüllung dieser Bedingungen ganz und gar in die Hände der staatlichen Behörde zu legen, so hat doch keine Maßregel das kirchliche Bewußtsein tiefer als diese verletzt. Ausgezeichnete Geistliche wollten lieber ihre Ansprüche auf eine Pfründe nicht geltend machen, als sich dieser Prüfung unterziehen.

Die oberrheinischen Bischöfe, in ihrer Denkschrift vom März 1851, beriefen sich auf den Beschluß des Conciliums von Trient; sie forderten, daß ihnen das Urtheil über die Befähigung derjenigen zustehe, welche zu dem Amt eines Seelsorgers berufen werden sollen, und sie erklärten, daß sie in Berathung ziehen werden, wie die Anordnungen des Conciliums von Trient ausgeführt werden können, sobald sie „in den Vollgenuß freier Selbstthätigkeit eingetreten" seien. — Diese Erklärung ließ denn erwarten, daß der selbstständige Episcopat den Beschluß des

---

[1] Staatsministerialverordnung vom 10. April 1840, Regierungsblatt S. 89. §§ 4. 7. 8. 9. und 5.

Die katholische Kirche.

Conciliums vollkommen vollziehen, und also auch die Einwirkung der Diöcesan-Synoden nicht vergessen werde.

In der Erwiderung vom 5. März 1853 verwahrte sich die Regierung gegen den Grundsatz der Bischöfe; sie habe, sagte die Staatsschrift, nie aufgehört an der Ausbildung der Candidaten für geistliche Aemter ein lebhaftes Interesse zu nehmen, und darum könne sie dem Bestreben, sie von der Mitwirkung auszuschließen, zum Besten der Kirche selbst, keinen Raum gestatten; sie sei aber gerne bereit ihre eigene Betheiligung zu beschränken und die Befugnisse der erzbischöflichen Behörde zu erweitern. Zu diesem Zweck wurde denn auch der Entwurf einer Verordnung über die Concursprüfung beigelegt. Nach diesem Entwurf sollte diese Prüfung unter der Leitung des Erzbischofs stattfinden und von dem Ordinariat ausgeschrieben werden; dieses sollte auch über die Zulassung erkennen und die Prüfungszeugnisse in seinem Namen ausfertigen lassen; der Oberkirchenrath aber sollte einen oder zwei Examinatoren für das **Kirchenrecht und die staatliche Gesetzgebung** über Kirche und Schule ernennen, und diese sollten bei der Bestimmung des Gesammtergebnisses mitwirken. Durch einen besonderen Commissär sollte sich die Staatsbehörde von der Einhaltung der Prüfungsvorschrift überzeugen und es sollte dieser Commissär ermächtigt sein, die Befähigungserklärung zu beanstanden, und die endgültige Entscheidung sollte wieder dem Oberkirchenrath zustehen. Ueber diesen Entwurf wurde von dem erzbischöflichen Ordinariat ein Gutachten verlangt, auf welches dann „angemessene" Rücksicht genommen werden solle.

Es ist für sich klar, daß der Verordnungsentwurf vom März 1853 nur eine scheinbare Milderung gewährt, und daß die oberrheinischen Bischöfe kaum nöthig gehabt hätten, in ihrer zweiten Denkschrift vom 18. Juni 1853 weitläufig auszuführen, daß die Bevormundung nur eine etwas andere Form erhalten habe, ihrem Wesen nach aber dieselbe geblieben seie. Wenn die Verordnung nun gerade das **Kirchenrecht und die Landesgesetzgebung** über die Kirche ausdrücklich dem Examinator zuweist, welchen die Staatsbehörde bestellt, — so war damit ausgesprochen, daß man das bisherige System noch keineswegs aufgeben wolle. Es lag darin gewissermaßen eine thatsächliche Entscheidung des Streites, denn die Bischöfe stützten sich auf das canonische Recht und die Regierung verwarf es, — diese berief sich auf die Landesgesetzgebung über die Kirche, d. h. auf die einseitigen Verordnungen, und gerade diese wollten die Bischöfe nicht anerkennen; wie mußte der Examinator die Fragen stellen, wie sollte der Geistliche antworten? — was der bischöfliche Commissär für richtig erkannte, das war bei dem Regierungscommissär verfehlt, und was dieser als genügend annehmen mußte, das verwarf der erzbischöfliche Commissär als unkirchlich. In jeder Prüfung mußten Conflicte entstehen und über diese stand dann die endgültige Entscheidung der Staatsbehörde zu. —. Diese Prüfung als Mittel benützen, um die Grundsätze der Geistlichen über das kirchliche Rechtswesen kennen zu lernen, das wäre eine Absicht gewesen, unwürdig der beiden Gewalten. Der Glaube an solche Absicht würde sich aber bald des Clerus bemächtigt haben und darunter hätte am meisten das Ansehen der Staatsgewalt gelitten, denn sie hatte die Vergebung der Pfründen. — Es wäre, wenn nicht eine Corruption, doch ein ungeeignetes Parteiwesen unter den Geistlichen und damit eine heillose Spaltung im Clerus entstanden. — Solche Zustände wären aus unscheinbaren Anfängen allmählich zu Verhältnissen angewachsen, welche der Staat noch mehr als die Kirche hätte beklagen müssen.

Die Bischöfe machten darauf aufmerksam, daß eine Prüfung vor ihrem Bischof auch für ältere Geistliche durchaus nichts Hartes habe, daß aber die Prüfung vor einem Commissär, welchen die weltliche Behörde nach ihrer Willkür bestimmt, eine unendliche Härte für solche Geistliche sei. Die Bischöfe haben darin allerdings Recht; denn der Clerus ist eine anerkannte Körperschaft und in dieser entwickelt sich der Körperschaftsgeist, den man niemals beleidigen soll, so lange die Körperschaft besteht. Was innerhalb dieser sehr gleichgültig ist, das verletzt, wenn es von Außen kömmt. Es gibt viele Männer, die, außerhalb des Militärverbandes stehend, den Kriegsdienst und die Kriegswissenschaften kennen; hat man auch schon Offiziersprüfungen von Solchen vornehmen lassen, welche nicht die Uni=

form tragen? — und der Clerus ist doch weit mehr eine geschlossene Körperschaft als das Offiziercorps. Dieses, obwohl groß und ehrenhaft durch seinen Beruf und seine Hingebung, ist doch immer ein Werkzeug, eine Waffe der Staatsgewalt, — jener ist selbstständig aus eigenem Recht.

In zwei Diöcesen der oberrheinischen Kirchenprovinz, in den Diöcesen Mainz und Limburg, suchten die Regierungen ähnliche Prüfungen einzuführen, wie diejenigen, welche die Verordnung vom März 1853 verfügt; aber sie sind niemals wirklich abgehalten worden, und in der Diöcese Fulda ist der Bischof darin gänzlich frei. Durch das sogen. Interim hatten die badische Regierung und der Erzbischof von Freiburg sich gegenseitig verpflichtet, vor Abschluß der Unterhandlungen mit dem päpstlichen Stuhl keine erledigten Pfründen zu besetzen, und so wurden denn auch seit sechs Jahren keine Concursprüfungen der Pfarrer abgehalten; es hat sich folglich auch darin ein thatsächlicher Zustand gebildet.

Die Vereinbarung vom 28. Juni 1859 überläßt nun die Prüfungen zur Erlangung von Pfründen ganz und gar der Kirchenbehörde und bestimmt ausdrücklich, daß es dem Erzbischof zustehe, diese Prüfungen anzuordnen, auszuschreiben und zu leiten [1]. Durch eine besondere Note hat die großherzogl. Regierung ferner die Zusage gegeben, daß sie auf Pfründen, zu welchen der Großherzog das Präsentationsrecht besitzt, nur solche Geistliche präsentiren werde, welche den allgemeinen Pfarrconcurs mit Erfolg bestanden haben oder bereits im Besitz einer Pfründe sind. Dagegen aber hat die Regierung auch Sorge getragen, daß diese Prüfung nicht zur Beeinträchtigung derer benützt werden kann, welche sich um landesherrliche Präsentationen bewerben. Würde ein solcher Priester behaupten, daß er zur Prüfung gar nicht zugelassen oder in Folge derselben mit Unrecht für unbefähigt erklärt worden sei, so würde die Staatsbehörde mit dem Ordinariat in's Benehmen treten, um sich zu überzeugen, daß dem Bewerber nicht Unrecht geschehen. Diese bestimmte Erklärung der Bevollmächtigten ist

---

[1] Convention, Art. IV. 3.

von dem heiligen Stuhl angenommen worden, und der Erzbischof hat ferner noch die Weisung erhalten, der Staatsregierung ein Verzeichniß derjenigen vorlegen zu lassen, welche die Prüfung bestanden haben, damit sie zum Behuf der Bezeichnung von Geistlichen für einzelne Pfründen ermessen könne, welche in wissenschaftlicher Beziehung als geeignet erscheinen. Wenn die großherzogl. Regierung zu diesem Behufe vom Erzbischofe begehre, daß er ihr über einen bestimmten Geistlichen weitere Mittheilungen mache, so könne der Erzbischof dem Verlangen willfahren, doch müsse er, wenn durch Mittheilungen der fraglichen Art der Ruf des Geistlichen leiden könnte, nur im Allgemeinen erklären, daß wegen, ihm bekannter, Gründe der Betreffende für die Pfründe, um die es sich handle, minder geeignet sei.

Damit scheint Alles gewahrt, was die weltliche Gewalt billigerweise ansprechen kann.

XII.
Die Verleihung der Pfarren und Pfründen.

Die Verleihung der Pfründen bildete fast den Hauptgegenstand in dem Streit zwischen dem Staat und der Kirche, und in keinem anderen standen sich die beiderseitigen Grundsätze so schroff gegenüber.

Die Kirchengewalt behauptet, daß ihr das Recht zustehe alle die Pfründen zu verleihen, welche nicht einem rechtmäßig erworbenen Patronatsrechte unterliegen; die Staatsgewalt aber sprach dieses Recht als einen Ausfluß des Majestätsrechtes an.

Wo weltliche Reichsfürsten früher die Ernennung zu vielen Kirchenämtern ausübten, da beruhte die Berechtigung auf verschiedenen Titeln, — auf dinglichen Patronaten, jedoch meistens auf besonderen päpstlichen Indulten; aber schon vor dem Verfall des Reiches hat man sich bestrebt, ein allgemeines landesherrliches Patronatsrecht aus dem Majestätsrecht der Regenten ab=

zuleiten. Bei der Säcularisation der Klöster und Stifter bemächtigte sich der betreffende Landesherr deren Patronatsrechte; diese aber waren in weit überwiegender Mehrzahl nicht dingliche Laienpatronate an die Güter, sondern, wie man nachweisen kann, an die moralische Person der betreffenden Körperschaften geknüpft. Es war sonst ein unbestrittener Satz, daß das Patronatsrecht erlösche durch die Aufhebung des Amtes, worauf es sich bezieht oder durch das Absterben der Körperschaft, welcher es zusteht, und darum konnte der Landesherr nicht in die Amts- und Standesrechte der aufgehobenen Corporationen nachfolgen, sondern das Recht der Präsentation mußte an den ordentlichen Collator zurückfallen. Neue Lehrer des Staatsrechtes verwerfen auch das allgemeine landesherrliche Patronatsrecht und erklären, daß der Kirche das Recht nicht bestritten werden könne, ihre Organe, die Beamten und Diener der Kirche, selbstständig zu ernennen; „denn sollen diese ihr angehören und ihr dienen, so müssen sie auch von ihrem Geiste erfüllt und nicht von einer fremden Macht gewissermaßen als fremde Glieder an ihren Körper geheftet worden sein"[1]. Weil aber zwischen den Staats- und den Kirchenbehörden eine nothwendige Wechselbeziehung besteht, weil die Beamten der anerkannten Kirchen das Recht und den Rang von Staatsbeamten erhalten, und im Staat selbst eine, oft erhöhte, Autorität und Bedeutung in Anspruch nehmen; so soll, nach dem Ausspruch derselben Rechtslehrer, die Kirchengewalt kirchliche Aemter keinen Personen anvertrauen, welche dem Staat nicht genehm sind, es soll sich aber diese Genehmhaltung nur auf staatliche Rücksichten beziehen.

Die badische Regierung hat in einem ihrer ersten Gesetze die Verleihung der Pfründen als ihr Recht an sich gezogen, bei Präsentation für Patronatspfarreien jedoch der Kirchengewalt die Befugniß zugestanden, unwürdige oder unfähige Priester zu verwerfen und ihr bei Versäumung des Präsentationstermines die Ernennung als überwälztes Recht (jus devolu-

---

[1] Bluntschli, Allgemeines Staatsrecht. München 1852. IX. Buch. Kap. 7. S. 559.

tionis) überlassen ¹. Im Jahr 1813 hat die badische Regierung alle Präsentationsrechte der Corporationen, Privaten und Stiftungen aufgehoben, sie aber im Jahr 1824 den Standes- und den Grundherren wieder zurückgegeben ².

Die Ernennung zu Pfründen wurde von den Staatsbehörden ohne Beschränkung ausgeübt und nur der Form nach wurde die geistliche Behörde gehört. Diese Form aber war in den verschiedenen Landestheilen oder vielmehr für die Pfründen der verschiedenen Diöcesen eine verschiedene, und besonders wurde noch für diejenigen in den ehemals vorderösterreichischen Landen die Josephinische Verordnung, jedoch auch diese nicht vollständig in Uebung erhalten. Die erledigten Pfründen wurden von der Regierungsbehörde ausgeschrieben, die Bewerber mußten ihre Gesuche an die kirchliche Staatsbehörde (Kirchendepartement, später Kirchensection und zuletzt Oberkirchenrath) richten und sie mit den nöthigen Belegen der betreffenden Kreisregierung übergeben. Unter diesen Zeugnissen war ein Nachweis über Dienstjahre, Studien, Aufführung, Verwendung in der Seelsorge und insbesondere „über Verdienste um Beförderung des Unterrichts in der Kirche" gefordert. Die Kreisregierung erhob von den betreffenden Aemtern und von den landesherrlichen Decanaten dienstliche Berichte über die Fähigkeiten, den Fleiß, die Kenntnisse ꝛc. des Bewerbers, und sendete dessen Gesuche mit einem gutachtlichen Vorschlag an den katholischen Oberkirchenrath. Nach der Errichtung des Erzbisthums verlangte dieser wohl auch ein Gutachten des Ordinariats, stellte aber, ungebunden durch dieses, seine Anträge an das Ministerium des Innern, welches die Ernennung beschloß ³.

Für Pfründen in den ehemals vorderösterreichischen Landen mußten die Gesuche allerdings dem Ordinariat vorgelegt werden;

---

¹ Edict, die kirchliche Staatsverfassung betreffend, vom 14. Mai 1807 § 13.
² Edict vom 22. April 1824. — Im Jahr 1848 traten die Standes- und Grundherren ihre Patronatsrechte an den Staat ab, erhielten sie aber im Jahr 1851 wieder zurück.
³ Verordnungen vom 4. Mai und vom 13. September 1810.

dieses sendete dieselben mit einem Gutachten und einer Classification der Bewerber an den Oberkirchenrath, welcher deßhalb aber darauf keine größere Rücksicht nahm, als ihm eben beliebte. — Viele Jahre später wurden diese Verfügungen dahin geändert, daß der Bewerber um eine ausgeschriebene Pfründe sein Gesuch mit den erforderlichen Zeugnissen dem, ihm vorgesetzten, landesherrlichen Decanat übergeben mußte; dieses legte dasselbe mit Beibericht dem Oberkirchenrath vor, welchem freigestellt war, auch die politischen Behörden mit ihren Ansichten und Anträgen darüber zu vernehmen, und diesen Behörden stand es wieder frei, ihre Bemerkungen und Wünsche auch ohne jede Aufforderung dem Oberkirchenrath vorzutragen. Die Bewerber um Pfründen in den vorderösterreichischen Landen hatten ihre Anmeldungen überdieß auch dem erzbischöflichen Ordinariat vorzulegen, welches darüber gutachtliche Anträge an den Oberkirchenrath erstattete. Dieser legte seine Anträge dem Ministerium des Innern vor [1], ohne daß er an die Gutachten der geistlichen Behörde gebunden gewesen wäre; und daß er von dieser Freiheit vollen Gebrauch machte, das lag in der Natur des büreaukratischen Wesens.

So war nun dem Erzbischof gar nichts übrig geblieben, als den Pfarrern, welche die Regierung ernannt hatte, die kirchliche Mission zu ertheilen. Die Lehre von dem allgemeinen landesherrlichen Patronat wurde von der badischen Regierung mit ihren weitesten Folgerungen in die Verwaltung eingeführt, und wenn die Regierung dem Erzbischof 24 Pfarreien persönlich und auf Lebenszeit zur freien Verleihung überließ, so war das eine Handlung des Wohlwollens und der Gnade, welche dem Grundsatz nichts vergab und die Allmacht des Majestätsrechtes erst recht hervorhob. Dieser Zustand wurde im Großherzogthum Baden noch festgehalten, als andere Staaten schon lange zu rechtlichen Verhältnissen zurückgekehrt waren. In Frankreich wurden alle Pfründen von den Bischöfen verliehen, nur auf die Ernennung der Cantonalpfarrer übte die Regierung einigen Einfluß und doch bestanden in Frankreich die sogenannten galli-

---

[1] Verordnung vom 18. Juni 1847, Regierungsblatt Nr. XXV. §§ 2. 3. 4.

canischen Freiheiten noch in voller Kraft und das organische Statut vom 8. April 1802 war und ist heute noch nicht aufgehoben. In Belgien übten die Bischöfe alle canonischen Rechte in ihrem ganzen Umfange aus und selbst in dem streng calvinistischen Holland dachte die Regierung nicht daran, katholische Pfarrer zu ernennen. In Hannover hatte man ebenfalls nicht geglaubt, daß die Verleihung katholischer Pfründen ein Ausfluß des Majestätsrechtes sei, und in Preußen waren die Bischöfe schon vor der Verfassung in die meisten ihrer canonischen Befugnisse eingesetzt. In den süddeutschen Staaten jedoch wurde der Grundsatz des allgemeinen landesherrlichen Patronates noch am längsten festgehalten, aber in keinem derselben so rücksichtslos ausgeführt, wie im Königreich Würtemberg und im Großherzogthum Baden [1].

In ihrer ersten Denkschrift vom März 1851 forderten die Bischöfe der oberrheinischen Kirchenprovinz das, ihnen nach den canonischen Bestimmungen zustehende Recht, alle geistlichen Aemter und Pfründen in ihren Sprengeln zu verleihen, ohne daß sie dabei durch die Einwirkung irgend einer, vom Staat angeordneten, Mittelbehörde beengt und von einer Bestätigung oder Decretertheilung der Staatsgewalt abhängig seien. Sie erklärten, das Patronatsrecht, obwohl es vielfach ein Hemmniß der kirchlichen Wirksamkeit gewesen, überall heilig zu achten, wo es nach den Bestimmungen der Kirchengesetze begründet erscheine, aber sie verwahrten sich gegen ein *allgemeines Staatspatronat*, welches aus der Nachfolge in die säcularisirten geistlichen Besitzthümer hergeleitet wird.

In der Staatsschrift vom 5. März 1853 erwiderte hierauf die Regierung: die Satzungen des canonischen Rechtes seien im Großherzogthum wenig in Rechtsgültigkeit getreten oder ge-

---

[1] Im Großherzogthum Hessen und im Herzogthum Nassau war bekanntlich auch die Frankfurter Kirchenpragmatik eingeführt, aber die Vollzugsverordnungen milderten die Praxis. In jenem geschah nach einer Verordnung vom 8. Februar 1830 die Besetzung der katholischen Pfarreien auf Vorschlag des Bischofes, und auch in Nassau wurden nach den Edicten vom 16. und 31. August 1803 die Befugnisse des Bischofes wenigstens nicht so übermäßig beschränkt.

blieben, das Patronatsrecht der Laien und der geistlichen Corporationen sei fast zur ausnahmslosen Regel und die Ernennung der Pfarrer ein Recht des Landesherrn geworden. Jede Regierung würde unverantwortlich handeln, wenn sie sich bei Ernennung der Seelsorger nicht betheiligen wollte, und keine könne gestatten, daß irgend Jemand ohne ihr Zuthun ein Amt im Staate bekleide. Um jedoch dem Herrn Erzbischof einen Beweis höchstihres Entgegenkommens zu geben, habe Seine Königl. Hoheit der Regent unterm 1. März eine besondere Verordnung erlassen. — Diese Verordnung, welche vor ihrer Mittheilung an den Erzbischof im Regierungsblatt verkündet worden ist, enthält die folgende Bestimmung: So lange nicht anders verfügt wird, ist dem erzbischöflichen Stuhl das Recht eingeräumt diejenigen, nicht im Patronat befindlichen, katholischen Kirchenpfründen zu verleihen, welche in den Monaten Juni und December eines jeden Jahres durch Todesfall erledigt werden. Wird von einem Privatpatron die Präsentationsfrist für eine, in diesen Monaten erledigte, Pfründe versäumt, so soll das Verleihungsrecht für diesen Fall von dem Erzbischof ausgeübt werden. Kirchenpfründen, welche aus dem allgemeinen Kirchenvermögen neu errichtet oder über die Hälfte aufgebessert werden, sollen mit dem Regenten oder mit dem bisherigen Privatpatron abwechselnd besetzt werden. — Für alle Ernennungen aber behielt sich die Regierung die landesherrliche Bestätigung vor.

Diese Zugeständnisse hatten in keiner Rechtsbestimmung irgend eine Begründung, sie waren vorübergehende Zugeständnisse der Willkür und die Regierung hatte sich, wie man gesehen, noch die beliebige Zurücknahme derselben vorbehalten. Die Regierung hatte in dieser Verordnung den Grundsatz des allgemeinen Patronatsrechtes vollständig festgehalten, aber sie mußte an dasselbe doch nicht so recht geglaubt haben, denn sonst hätte sie wohl in der Staatsschrift sich nicht der Worte bedient: „wir wollen nicht darauf eingehen, was das bestehende Recht besagt, es dürfte genügen in's Auge zu fassen, was das Wohl des Staates und das Wohl der Kirche erheischen". Sollte es dem damaligen Ministerium des Großherzogs entgangen sein, daß es sich auf Bestimmungen berief, deren Rechtskraft angefochten war und auf Verordnungen, die daraus hervorgingen und die von der Kirche niemals als gültig anerkannt wurden; sollte es nicht eingesehen haben, daß diese Staatsschrift die Begründung ihrer Erklärungen und Verordnungen in Titeln suchte, deren Rechtskraft in Frage gestellt war, und daß sie sich demnach unlogisch in einem fehlerhaften Kreise bewegte? —

Es war leicht vorauszusehen, daß die Bischöfe mit aller Kraft gegen diese Verordnungen protestiren würden; denn die Behauptung des Staatspatronates, das aus dem Majestätsrecht hervorgegangen, berührte das Leben der Kirche. In ihrer größern Denkschrift vom 18. Juni 1853 wurde daher das sogenannte Collationsrecht nach allen Richtungen beleuchtet. Es ist hier nicht der Ort, dieser umfangreichen aber gründlichen staats- und kirchenrechtlichen Abhandlung zu folgen. So viel ist gewiß, daß sie den Bestand eines allgemeinen Staatspatronatsrechtes gründlich widerlegte, daß sie dieses Recht aus der Nachfolge in die säcularisirten kirchlichen Besitzthümer als unstatthaft nachwies, das Patronatsrecht überhaupt in seiner eigentlichen Bedeutung beleuchtete, die Stellung des Pfarramtes als eines kirchlichen Amtes feststellte und die Nachtheile des bisherigen Systemes überzeugend hervorhob.

Der Ordinariats-Erlaß vom 10. Juli 1853 benachrichtigte den katholischen Oberkirchenrath, daß der Erzbischof, auf die Grundsätze des oberrheinischen Episcopates sich stützend, der Staatsregierung bei Verleihung der Pfründen keine andere Mitwirkung als die Präsentation zu denjenigen anerkenne, für welche der Großherzog, beziehungsweise der Regent, ein canonisch gültiges Patronatsrecht besitze. Das Ministerium des Innern seinerseits aber forderte den Erzbischof auf zur Besetzung der Pfarrpfründen, welche im Juni erlediget worden, nach Vorschrift der Verordnung vom 1. März 1853 seine Vorschläge an die Regierung gelangen zu lassen. Der Erzbischof konnte nicht selbst eine Verordnung vollziehen wollen, gegen welche er mit all' seinen Suffraganbischöfen feierlich protestirt hatte und er verlangte daher, die Staatsregierung solle die Pfründen bezeichnen, auf welche sie ein Patronatsrecht nachzuweisen vermöge; diesem Verlangen gab natürlicher Weise das Ministerium keine Folge.

Nachdem zwei Monate verfloffen waren, verließ der Erzbischof aus eigener Machtvollkommenheit dem Pfarrer Hensler von Urloffen die erledigte Pfründe an der Spitalkirche zu Conftanz, er ernannte zu gleicher Zeit den Dompräbendar S u l z e r zu seinem geistlichen Rath und zum Mitglied des Ordinariates — und damit hatte der thatsächliche Kirchenstreit begonnen. Während der Dauer desselben hat der Erzbischof noch a ch t Pfarrer ernannt und ihnen die canonische Institution ertheilt. Die Regierung störte diese Geistlichen nicht in der Verwaltung der Seelsorge, aber sie anerkannte dieselben auch nicht als P f a r r e r, und setzte sie nicht in den Genuß ihrer Pfründen. Durch das sogenannte Interim machte sich die Staatsregierung sowohl als der Erzbischof verbindlich, während der Dauer der Verhandlungen in Rom keine Pfründen zu verleihen, die erledigten Pfarrstellen wurden mit V e r w e f e r n besetzt, die während des Kirchenstreites ernannten Pfarrer wurden von der Regierung zu diesen gerechnet, sie erhielten deren kleine Gehalte, und die Einkünfte der Pfründen fielen in den Intercalarfond.

Bei den Unterhandlungen mit dem heiligen Stuhle versuchte man allerdings wohl das Patronatsrecht des Staates aufrecht zu halten. — Die Patronatsrechte, welche der Regent aus canonischen Titeln besaß oder unter solchen von seinen Rechtsvorfahrern überkommen, oder welche dinglich auf den Besitzungen des badischen Hauses hafteten, wurden in keiner Weise in Frage gestellt, besonders da die Regenten aus diesem Hause gegen die katholische Kirche niemals feindlich, meistens aber und zwar in der neuesten Zeit, offenbar freundlich gesinnt waren; das sogenannte Patronatsrecht des Staates jedoch wurde entschieden in Abrede gestellt, denn man konnte dafür keinen gültigen Titel anführen. Es ließ sich nicht durch V e r j ä h r u n g begründen, denn es fehlte der canonisch-rechtliche animus possidendi, da die Besitznahme dieses Rechtes ohne alles Zuthun der Kirche durch einen bloßen Staatsact vollzogen worden war und da die Bischöfe aller Sprengel, so wie später der erste Erzbischof von Freiburg, dagegen protestirt haben. Dieses Patronatsrecht hat thatsächlich auch nur vom Jahr 1807 bis zum Jahr 1850, also nicht einmal ein halbes Jahrhundert, bestanden, und es konnten für die

Verleihungen keine Urkunden der Präsentation, sondern nur solche der landesherrlichen Ernennung vorgelegt werden. Ebenso wenig konnte das Herkommen einen Titel gewähren, denn öffentliche Rechte können nicht verjähren und ein Bischof kann die Rechte der Kirche nicht veräußern. Die Zustimmung durch Stillschweigen war auch nicht vorhanden, da, wie erwähnt, gehörige Rechtsverwahrungen eingelegt worden waren. Seit dem Jahr 1807 war der Kirchengewalt die physische Möglichkeit genommen, auch nur eine einzige Pfründe der Diöcese frei zu übertragen, folglich war auch keine Möglichkeit vorhanden den juristischen Dissens zu erklären und durchzuführen. Das Herkommen (consuetudo) bestand also nicht nach den Grundsätzen des canonischen und ebenso wenig nach den Grundsätzen des Staatsrechtes [1]. — Aus den Bestimmungen des Reichsdeputationshauptschlusses konnte man das Patronatsrecht wieder nicht herleiten, denn die Reichsdeputation konnte über das kirchliche Recht der freien Collatur nicht verfügen; sie hat nur nutzbringende Güter, nur das weltliche Besitzthum der kirchlichen Corporationen, nicht aber deren kirchliche und geistige Rechte an die weltlichen Fürsten übertragen. Die Reichsdeputation hat vielmehr klar ausgesprochen [2], daß ihr nur über Verlust und Ersatz, nicht aber über die Rechte der Unterthanen, über die kirchliche Verfassung, welche beibehalten werden sollen, und besonders nicht über die Patronatsrechte der kirchlichen Corporationen eine Entscheidung zustehe.

Daß der Staat oder dessen Regent nicht in die Patronatsrechte geistlicher Körperschaften als Nachfolger eintrete, das ist ein festgestellter Satz. Tritt der Landesherr in die Regierungsrechte seiner Vorfahren, so folgt die Kirche, beziehungsweise der Ordinarius, in die Jurisdictions-, also in die freien Verleihungsrechte derjenigen Bischöfe, welche vor dem Jahr 1803 die Erzdiöcese Freiburg regierten. Die Patronate der säcularisirten kirchlichen Körperschaften gehen als geistliche Rechte (jura spirituali annexa) nicht an die Besitzungen ihrer weltlichen Güter über; denn sie sind mit dem Aufhören ihrer geist-

---

[1] S. Gönner, Deutsches Staatsrecht. § 27.
[2] In der XVI. und XXXVIII. Sitzung.

lichen Rechtsinhaber erloschen, weßhalb die Regel der freien Verleihung eintritt. „Dieser Grundsatz wurde nicht bloß vom heiligen Stuhl als richtig anerkannt, sondern er ist die gemeinschaftliche Meinung der Rechtslehrer (communis opinio doctorum). Das kirchliche Patronat kann seiner Natur nach nur ein persönliches sein, da es von der Kirche, welche ja die alleinige Quelle jedes Patronatsrechtes ist, nur der kirchlichen Corporation, nur der moralischen Person verliehen, nicht einer Sache anhängt, und, wenn mit einer solchen an eine kirchliche Corporation übertragen, dieser nur aus Rücksicht auf ihre Person zugewiesen wurde. **Das kirchliche Patronat war stets nur an die moralische Person geknüpft**" [1].

Die Bischöfe und Klöster waren an Orten, wo sie Verleihungs- oder Patronatsrechte ausübten, häufig nicht Landes- oder Grundherren oder auch nur Besitzer eines Grundstückes oder eines dinglichen Rechtes. Die zahlreichen Documente über ausgeführte Präsentationen erweisen, daß kirchliche Körperschaften fast immer als moralische Person und sehr selten als Grundbesitzer diese Präsentationen vollzogen, also stets ein **persönliches** und nie ein **dingliches** Patronatsrecht ausgeübt haben. Bestand nun zur Zeit der Säcularisation thatsächlich und rechtlich nur ein persönliches Patronatsrecht der kirchlichen Körperschaft, und war die Säcularisation den Fürsten nur „zur Erleichterung ihrer Finanzen" und zur Entschädigung verlorener Gebietstheile gestattet, so konnten sie nur der nutzbaren weltlichen Güter kirchlicher Körperschaften sich bemächtigen, aber keineswegs deren persönliche kirchliche Rechte ansprechen; denn das persönliche Recht konnte nicht mit der Gesammtheit des Besitzes (universitas rerum) veräußert werden. Die Patronats- oder Verleihungsrechte der aufgehobenen geistlichen Körperschaften gehören demnach keineswegs dem Landesherrn oder dem Staate. Die ba-

---

[1] Si Rex aut Imperator investivit abbatem de feudo, cui est annexum jus patronatus alicujus ecclesiae, censeatur jus patronatus esse ecclesiasticum. *Decis. Rotae in Amprut. benef. d. d. 19. Juni 1705.* — Hiefür sprechen auch die gedruckten Urkunden, besonders die Schenkungsacte.

bische Regierung hat allerdings viele Pfründen besser ausgestattet, hat die Pfarrer in Gemeinden, in welchen die Seelsorge früher den aufgehobenen Stiftern und Klöstern oblag, viel besser als andere Staaten dotirt; aber ein sogenannter Redotationstitel kann wenigstens nur in sehr beschränktem Maß geltend gemacht werden, denn alle diese Dotationen waren eben nur wieder aus dem Kirchenvermögen geschöpft und waren dem Landesherrn durch die Bedingungen zur Pflicht gemacht worden, unter welchen die geistlichen Güter erworben worden sind [1].

So waren denn alle Pfründen kirchlichen Patronates der freien Verleihung anheim gefallen, aber nach gemeinem Kirchenrecht nicht nur diese, sondern auch jene, welche großentheils oder ganz aus Kirchengut dotirt oder deren Patrone durch irgend einen canonischen Grund erloschen sind [2].

Die badische Regierung konnte so wenig als die würtembergische das allgemeine Staatspatronat als Majestätsrecht aufrecht erhalten, und sie hatte es durch die Thatsache aufgegeben, als sie sich auf die Erörterung der Patronatstitel einließ. — Allerdings rief sie alle möglichen Titel zu Hülfe. Sie sprach die Patronate der Pfründen an, welche schon vor dem Jahre 1803 von dem Landesherrn ausgeübt worden waren; sie verlangte diejenigen, welche den aufgehobenen geistlichen Corporationen gehört, und endlich alle andern, welche sie von Privaten, Körperschaften oder Stiftungen an sich gezogen hat. Nach gewissen Schätzungen soll der Regent oder das badische Haus canonisch begründete Patronatsrechte nur etwa auf ein Sechstheil sämmtlicher Pfründen besitzen; aber es ist für sich klar, daß die Kirchengewalt nicht darauf bestehen konnte, die andern fünf Sechstheile zur freien Verleihung des Erzbischofs zu stellen. Neben der Rechtsfrage traten nun auch andere Rücksichten der Billigkeit und der Klugheit in Wirkung. Wenn eine politische

---

[1] Reichsdeputationshauptschluß, § 35.
[2] Der Verfasser glaubt bemerken zu müssen, daß er bei obiger Erörterung in der Hauptsache der vortrefflichen Darstellung eines Sachkenners gefolgt ist. Siehe Historisch-politische Blätter, Band 42: Zur Orientirung über die badische Kirchenfrage. S. 849 f.

Rücksicht der badischen Regierung gebot, daß sie der Kirche nicht weniger gebe, als ihr unter ähnlichen Verhältnissen von andern Staaten zugestanden worden ist; so durfte auf der andern Seite auch der heil. Stuhl sich nicht den Wirkungen einer sehr gewichtigen Rücksicht entziehen. Die badische Regierung wollte die Kirche in ihre Rechte wieder einsetzen; dagegen wollte sie doch nicht sich jeglichen Einflusses auf die Geistlichkeit begeben, und sie wollte einen solchen dadurch ausüben, daß sie eine möglichst große Anzahl von Pfründen verleihe. Der römische Hof, von jeher an die strenge Festhaltung des Grundsatzes gewöhnt, war oft sehr gefällig in einzelnen Dingen, er wußte die Zeit und ihre Verhältnisse richtig zu beurtheilen und unbeschadet des Grundsatzes zeitgemäße Zugeständnisse zu machen. Die badische Regierung hatte die Absicht, der Kirche einen großen Dienst zu leisten, und so konnte der heil. Stuhl durch ein Indult (privilegium ex indulgentia) dem Großherzog von Baden einen canonischen Titel für das Patronat sehr vieler Pfründen verleihen.

In der Erzdiöcese Freiburg befinden sich 841 Pfründen, von welchen für 229 noch Privatpatronate bestehen, und es waren also 612 Beneficien und Pfarren, welche den Gegenstand der Ausgleichung darstellten. — Von diesen verlangte die Regierung 528 Pfründen für das landesfürstliche Patronat, so daß nur 84 zu freier Verleihung geblieben wären; dagegen aber forderte die Kirchengewalt auf den Grund der Untersuchungen, welche die gemischte Commission geführt hatte, die freie Verleihung von 309 Beneficien und Pfarreien, so daß die Zahl der, in Frage stehenden, Pfründen ziemlich gleich zwischen beiden getheilt worden wäre. Bei der Lage der Dinge war dieß ein bedeutendes Zugeständniß von Seiten der Kirchengewalt, aber die badische Regierung bestand mit Entschiedenheit auf ihrer Forderung und machte die Genehmigung derselben zur Bedingung des Abschlusses der Uebereinkunft. Da nun über den beiden streitenden Parteien kein Richter stand, so war die Erledigung der Sache nur durch ein Abkommen zu erreichen, und dazu bot der heil. Stuhl auch die Hände. Sein definitiver Antrag stellte die ursprüngliche und, wie es scheint, rechtlich begründete Forderung der Kirche so weit herunter, daß dem Patronat des Staates 353, der freien Verleihung des Erzbischofs 259 Pfründen zugeschrieben werden sollten. Auch damit war die badische Regierung nicht zufrieden gestellt, und sie verlangte als Ultimatum noch das Ernennungsrecht für 50 weitere Pfarreien. Die Zeitverhältnisse waren schwierig, der Krieg wüthete an den Grenzen des Kirchenstaates und die Revolution konnte nur mit Gewalt in diesem niedergehalten werden. In Deutschland selber sah man einer großen Katastrophe entgegen, man wußte Heute nicht was Morgen kommen sollte und in solcher Zeit durfte man Nichts dem Zufall überlassen. Wurden die Unterhandlungen abgebrochen, so trat im Großherzogthum Baden wieder die Verwirrung ein, welche man sechs Jahre früher mit Mühe bewältigen konnte, und innere Wirren durfte die Regierung in einer Zeit nicht aufkommen lassen, in welcher der Krieg gegen Außen sehr wahrscheinlich war. So wurden beide Parteien zum Abschluß gedrängt. Die badische Regierung begnügte sich mit der Mehrforderung von 50 Pfründen und der heil. Stuhl konnte eine Erweiterung seiner Indulgenzen bewilligen, ohne mit seinem Grundsatz zu zerfallen; er brachte dieses Opfer, und so wurden dem landesherrlichen Patronat 403 und dem Erzbischof zu freier Verleihung 209 Pfründen, und zwar jenem weitaus die besseren zugeschrieben [1].

---

[1] Die Beilage einer besondern Note führt die Vertheilung der Pfründen im Einzelnen auf. Es erhält:
A. Der Großherzog:
    Zu ganz freier Verleihung 397
    Wechselnd mit Privat-Patronen 6
                                                  403
B. Der Erzbischof:
    Zu ganz freier Verleihung 208
    Wechselnd mit Privat-Patronen 1
                                                  209
C. Privat-Patrone: 229
                  Im Ganzen Pfründen: 841
Ohne in die innerste Geschichte der Unterhandlungen eingeweiht zu

Unter diesen Umständen konnte die Regierung sehr wohl die Bestimmung annehmen, daß dem Erzbischof das Recht zustehe, alle Pfründen zu verleihen mit Ausnahme jener, welche einem rechtmäßig erworbenen Patronatsrechte unterliegen [1], denn das rechtmäßige Patronatsrecht auf die große Mehrzahl der Pfarreien war nun ja dem Großherzog canonisch gültig verliehen.

Bei der Besetzung von Pfründen, welche ihm zustehen, ist aber der Erzbischof durchaus nicht so ungebunden, als es auf den ersten Anblick erscheint. In den Weisungen, welche der Erzbischof von dem heil. Stuhl erhalten hat, ist ihm vorgeschrieben, eigentliche Pfründen nur Inländern zu verleihen und Ausländer nur vorübergehend zur Seelsorge zu verwenden; wer aber als Ausländer betrachtet werden soll, darüber entscheidet die Regierung nach Vorschrift bestehender Verordnungen oder Gesetze. Hoffentlich wird es in den deutschen Bundesstaaten noch dahin kommen, daß man den Begriff des Inländers etwas weiter faßt und nicht den Deutschen aus dem benachbarten Bundeslande mit dem Franzosen oder mit dem Russen auf eine Linie stellt. Bis dahin aber gelten eben jetzt noch die besonderen Landesgesetze.

Hat aber die Regierung gar keinen Einfluß auf die Ernennung bestimmter Personen? — Gewiß hat sie einen solchen, welcher allerdings nur negativ aber doch hinreichend wirksam ist, um die Interessen der Regierung zu schützen. Dem Erzbischof ist von dem heil. Stuhl vorgeschrieben, in jedem einzelnen Fall der Erledigung einer Pfründe die Namen der Bewerber in **officiöser** Weise der großh. Regierung mitzutheilen, die Einwendungen derselben entgegen zu nehmen und diejenigen auszuschließen, welche aus erheblichen, auf Thatsachen gestützten

---

sein, kann man die Motive nicht angeben, welche den Einzelnheiten dieses Abkommens zu Grunde liegen; es scheint aber, daß die Forderungen der badischen Regierung von einem arithmetischen Verhältniß geleitet waren. Daß die Regierung die Vertheilung nach dem Verhältniß von 2 : 1 nur allein festgehalten, scheint kaum wahrscheinlich zu sein; eher mochte sie die Privat-Patronate des großh. Hauses von der Gesammtsumme der 841 Pfründen abgezogen und den Rest in gleiche Theile getheilt haben.

[1] Uebereinkunft, Art. IV. Abs. 1.

Gründen, in politischer und bürgerlicher Hinsicht der Regierung mißfällig sind. Auch Geistlichen, welche von Laien-Patronen präsentirt werden, soll der Erzbischof die canonische Einsetzung erst dann ertheilen, wenn er sich überzeugt hat, daß sie in bürgerlicher und politischer Hinsicht der Regierung nicht mißliebig sind. Für Ausländer muß das Ordinariat über deren bürgerlichen und politischen Stand die Urkunden vorlegen und es darf denjenigen nicht verwenden, dessen Ausweise die Regierung für ungenügend erachtet.

So wären denn in der Uebereinkunft die Grundsätze der Kirche gewahrt und dennoch nichts verfügt, was nicht streng mit den Forderungen des modernen Staatsrechts übereinstimmt.

XIII.
Die Schulen und der Religionsunterricht an denselben.

In früheren Zeiten war der Schulunterricht eine Ehre und eine Pflicht der Geistlichen; und freilich waren sie auch die Einzigen, welche überhaupt Unterricht zu ertheilen vermochten. — Die Kirche hat die Schulen in ihren Kreis gezogen, nicht nur weil sie die Mittel zum Unterricht besaß, sondern weil sie durch viele Jahrhunderte allein das Geistige im Menschen pflegte und vertrat. Die Reformation konnte selbst in protestantischen Ländern den Zusammenhang zwischen Schule und Kirche nicht vollkommen aufheben, und die Trennung erfolgte erst dann, als auch die katholischen Fürsten, geblendet von der Allgewalt der protestantischen Herrscher, die Selbstständigkeit der Kirche unverträglich fanden mit ihrer Gewalt und mit der Würde des Staates. Der moderne Staat hat sich gänzlich der Schulen bemächtiget, sie haben ihren Charakter als kirchliche Erziehungsanstalten verloren, um staatliche Unterrichtsanstalten zu werden, und die besten Gründe für diese Erwerbung sind genau diejenigen, welche die Kirche für sich angeführt hat.

Sei diese Trennung heilsam oder schädlich, sie lag unverkennbar in dem natürlichen Gang der Dinge, und sie konnte nicht ausbleiben, als die Mehrheit der menschlichen Kenntnisse nicht mehr das Eigenthum der Kirche war. Der moderne Staat war kein harter Vater den Schulen; er hat viel für diese gethan, vielleicht zu viel, um die natürlichen Verhältnisse nicht zu verrücken. Die Organe der Staatsverwaltungen hatten gewiß nicht unrecht, wenn sie daran dachten, den Kreis des Unterrichtes zu erweitern; die neue Wissenschaft mußte sich verbreiten, um nutzbar zu werden; — aber der Nutzen entfloh, als man sich nicht zu beschränken verstand, als der Lehrstoff das Bedürfniß der Schüler und die Fähigkeit der Lehrer übergriff. So kam es, daß der Luxus des Lehrstoffes die Mittel für das Bedürfniß verzehrte; und der Geist der Verneinung ist in die Schulen gedrungen, weil man unnöthigem Halbwissen das religiöse Princip der Erziehung geopfert hat.

Im Großherzogthum Baden ging es nicht besser als in andern Ländern; nirgend waren die Schulen so ganz und gar Staatsanstalten geworden, nirgend wurde mehr für die Schulen gethan, aber auch nirgend wurde mehr als in diesem Lande die falsche Richtung des Unterrichtes gehalten. Es war eine Zeit, in welcher der Religionsunterricht an den Volksschulen eine Nebensache, an andern Anstalten oft kaum noch ein christlicher war. — Die Schulmeister wurden in den Lehrerseminarien abgerichtet, denn für eine Erziehung war die Zeit viel zu kurz; sie wurden von Lehrern, die davon selbst nicht viel wußten, in allen Zweigen des menschlichen Wissens unterrichtet, sie lernten genug, um einem unglückseligen Dünkel anheimzufallen, und lang nicht genug um zu wissen, daß für eine einzige von all' den Wissenschaften, in die man sie einführte, das Leben eines begabten und thätigen Mannes nicht genügte. Dadurch verlor die Volksschule ihre Einfachheit und mit dieser ihre moralische Gesundheit. — Der kirchlichen Behörde, als solcher, war jeder Einfluß selbst auf den Religionsunterricht und die Lehrbücher für diesen genommen, und aufgeblähte Lehrer sahen mit Unwillen auf den „Schwarzrock", wenn er in seiner Stellung als staatlicher Schulbeamter sich mit der Führung des Unterrichtes befaßte.

Der Pfarrer ist in jeder Kirchengemeinde der Ortsschul=
inspector, nur in gemischten Gemeinden kann die Oberschul=
behörde einen besondern Inspector ernennen. — Der Schul=
vorstand besteht aus dem Inspector, welcher den Vorsitz hat,
dem Bürgermeister und den Mitgliedern des Stiftungsvorstandes;
die Schullehrer wohnen den Sitzungen bei, so oft nicht über
ihre Person oder über ihre Dienstführung verhandelt wird, und
auch die Geistlichen, die zur Kirchengemeinde gehören, können
eingeladen werden. In größern Städten kann die Oberschul=
behörde einen Vorstand für sämmtliche oder für jede einzelne
Schule bestellen, und für gemischte Schulen wird ohnedieß im=
mer ein besonderer Vorstand bestimmt. Der Schulinspector soll
den Vollzug aller Vorschriften überwachen, welche sich auf den
Lehrplan und auf die Ordnung der Schule beziehen; und er
soll die Dienstführung und den Lebenswandel des Schullehrers
beaufsichtigen. Der Schulvorstand aber soll die Aufsicht führen
über den Vollzug der betreffenden Gesetze, Verordnungen und
der Verfügungen der obern Schulbehörde; er ist belastet mit
der Sorge für die gute Verwendung des Schulvermögens, so=
wie für den regelmäßigen Schulbesuch der Kinder; er darf
Vorschläge zu Verbesserungen oder zur Anstellung von Hülfs=
lehrern machen, und es liegt ihm ob, Klagen und Streitig=
keiten zu schlichten u. s. w.

Für sämmtliche, in einem Amtsbezirk befindliche Schulen
eines Confessionstheiles wird ein in diesem Bezirk angestellter
Geistlicher für die Dauer von sechs Jahren zum Bezirks=
schulvisitator ernannt. Dieser soll die Schulen besichtigen,
und wenn er etwas wahrnimmt, was mangelhaft ist, oder was
den Verordnungen zuwiderläuft, Belehrungen, Erinnerungen oder
Warnungen ertheilen; er soll über seine Besichtigungen Proto=
colle aufnehmen und Berichte an die Oberschulbehörde erstatten.
Veränderungen in der Zahl des Lehrerpersonals, die Aufstellung
besonderer Ortsschulinspectoren und Schulvorstände, die Ernen=
nung der Schulvisitatoren gehören in den Wirkungskreis der
Kreisregierungen; und die betreffenden Anträge müssen durch
Vermittlung der Aemter an diese, und sofort an die obere
Schulbehörde gebracht werden.

Die Oberschulbehörde für Schulen der katholischen und evangelischen Religionstheile sind die beiden Oberkirchenräthe; — für die israelitischen Schulen, der israelitische Oberrath; — sind jedoch mit den Volksschulen auch Industrieschulen verbunden, so haben für diese die Kreisregierungen die Befugnisse und die Pflichten der Oberschulbehörde. — Die Oberschulbehörde hat die Leitung des ganzen Volksschulwesens und die Dienstpolizei über die Aufsichtsbehörden der einzelnen Orte und Bezirke; sie verwaltet selbstständig die Schulangelegenheiten nach Vorschrift der bestehenden Verordnungen, stellt die Lehrer an, macht über deren Entlassung Vortrag an das Ministerium des Innern, an welches auch alle Vorschläge über allgemeine Verordnungen und besonders über die Einführung neuer Schulbücher gebracht werden müssen.

Ueber diesen Behörden besteht noch eine Oberschulconferenz, welche zusammengesetzt ist aus zwei geistlichen Mitgliedern von jedem Oberkirchenrath, zwei Schulmännern der beiden christlichen Confessionen, deren jeder von dem betreffenden Oberkirchenrath vorgeschlagen und von dem Ministerium des Innern ernannt wird. Diese Oberschulconferenz aber kann selbst noch correspondirende Mitglieder ernennen, auch zu einzelnen Verhandlungen noch andere Glieder der beiden Kirchenräthe zuziehen. Von den angeführten vier Räthen, welche von den beiden staatlichen Kirchenbehörden zum regelmäßigen Stande der Oberschulconferenz gehören, führt der Aelteste den Vorsitz, welcher nach zwei Jahren auf den ältesten Rath des anderen Confessionstheiles übergeht, und so unter den beiden ältesten Räthen der Oberkirchenräthe beider Confessionen wechselt. Wenn das Ministerium in besonderen Fällen zur Oberschulconferenz einen Commissär abordnet, so führt dieser den Vorsitz. Die Beschlüsse werden nach Stimmenmehrheit gefaßt, der Vorsitzende stimmt mit, und bei Gleichheit der Stimmen entscheidet das Ministerium des Innern. Zu dem Wirkungskreis der Oberschulconferenz gehört vorzüglich die Berathung und der Entwurf aller allgemeinen Verordnungen über das Volksschulwesen, insoweit solche Verordnungen nicht den Religionsunterricht betreffen und in den Wirkungskreis der Kirchenbehörde gehören. Dieser Be=

hörde steht ferner zu, die Beaufsichtigung und Leitung der Schullehrerseminarien in Beziehung auf den Unterricht, — die Genehmigung der Einrichtung gemischter Schulen und die Leitung derselben.

Diese weitläufige Organisation zeigt nun, wie man die Volksschulen zu Staatsanstalten gemacht, und dennoch die Absicht gehabt hat, den Schein einer lockern Verbindung mit der Kirche zu bewahren. Früher waren die Pfarrer, als solche, die unmittelbaren Vorstände der Schulen, und die landesherrlichen Decane bildeten die Aufsichtsbehörden. Die Eigenschaft, welche sonst dem Pfarrer anhing, ging auf den Ortsschulinspector über und die Functionen des Decanes auf den Schulvisitator. Mochten nun diese Aemter von denselben Personen versehen werden, so waren sie von den Schulvorständen, und diese von den weltlichen Behörden abhängig. Das Princip war ein anderes geworden, denn nicht das kirchliche Amt enthielt diese Functionen, sondern diese waren nur an Personen übertragen, welche kirchliche Aemter bekleideten, aus dem einfachen Grund, weil man auf dem Lande keine anderen hatte. Daß diese Auffassung in der Organisation liegt, geht aus der Bestimmung hervor, daß dem Pfarrer, als solchem, auch wenn er nicht Schulinspector ist, die besondere Verbindlichkeit obliegt, wenigstens zweimal in der Woche Religionsunterricht zu ertheilen, über diesen, ebenso wie der Schulinspector als solcher, ein Tagebuch zu führen und dieses dem Schulinspector zu übergeben. — Die Mitwirkung der Kirche beschränkte sich lediglich darauf, daß „hinsichtlich der katholischen Volksschulen dem Erzbischof das Recht verblieb, noch neben der Oberschulbehörde die Mitaufsicht zu führen und zu diesem Zweck auch Duplicate oder Abschriften der Tagebücher, welche die Pfarrer über die Ertheilung des Religionsunterrichtes führen, sich vorlegen zu lassen." — Nur mit den Pfarrern hat es der Erzbischof zu thun, aber keineswegs mit den Schulinspectoren, — was sollte er mit diesen Tagebüchern anfangen? —

Was nun den Religionsunterricht insbesondere betrifft, so war verfügt, daß dessen Inhalt mit seinen verschiedenen Abstufungen sich im Einzelnen bei jeder Confession nach den An ordnungen der betreffenden obersten Kirchenbehörde richten und daß der Katechismus und andere Religionsbücher, wie sie durch die Kirchenbehörde mit Staatsgenehmigung vorgeschrieben sind, zu Grund gelegt werden müssen. — Ueber den Stoff und die Mittel des katholischen Religionsunterrichtes entscheidet demnach endgültig eine Behörde, welche mindestens zur Hälfte aus Protestanten zusammengesetzt ist, in welcher diese nach Gefallen der Regierung die Mehrheit bilden konnten. Wenn nun durch „den Religionsunterricht zugleich die bürgerlichen Tugenden geweckt werden sollten", so ist dagegen gewiß nichts zu erinnern, denn Tugenden zu erwecken ist ja die Bestimmung des religiösen Lebens; glaubte man aber, daß die kirchliche Behörde diese Tugenden nicht anerkenne, und daß ihre Einwirkung auf die Schulen deren Erweckung widerstrebe? [1]

Für den Religionsunterricht wurde täglich eine halbe Stunde bestimmt; da nun aber der Pfarrer nur zweimal in der Woche einen solchen zu ertheilen verpflichtet ist, so fällt der größte Theil dieses Unterrichtes dem Schullehrer zu. Für die protestantischen Schulen bestimmte eine besondere Verordnung die Abstufungen des Religionsunterrichtes und die Gegenstände desselben, welche dem weltlichen Lehrer zufallen sollten [1]. — In den katholischen mußte die Einsicht und der gute Wille des Pfarrers aushelfen, aber nicht jeder hatte hinreichende Energie, um die Hindernisse zu besiegen, welche ihm nur allzuhäufig der Schulvorstand entgegensetzte, und daß der Pfarrer in diesem nur geringen Einfluß habe, dafür wußte häufig genug der Schulmeister zu sorgen.

So mangelhaft und verkehrt manche Bestimmungen der Schulordnung auch sein mochten, so war die Uebung doch noch viel ärger. Es ist gewiß, daß Staatsbeamte gar gerne den Einfluß der Geistlichen schwächen, und es ist natürlich, daß die Aemter und die Kreisregierungen ihre Macht auch ausüben wollten; aber es hätte sich dennoch ein leidliches Verhältniß

---

[1] Die oben angeführten Bestimmungen sind enthalten in der Staatsministerialverordnung vom 15. Mai 1834, §§ 26—49.

[2] Verordnung des evangel. Oberkirchenraths vom 21. April 1837.

herstellen lassen, wenn man sich immer erinnert hätte, daß „der Religionsunterricht den wichtigsten Gegenstand der Volkserziehung ausmache, und daß man bewirken müsse, daß des Schülers Erkenntniß klar und sicher, sein Gefühl erwärmt und sein Wille zum Guten gestärkt werde" [1]. Aber gerade diese schöne Vorschrift wurde vergessen. Der Lehrstoff war in allzu großer Ausdehnung bestimmt [2]; die Lehren wurden in ihren Seminarien für eine Menge von Lehrfächern eingelernt; es war natürlich, daß sie die Nebengegenstände mit Vorliebe betrieben, und diese Vorliebe war um so größer, als die Lehrer lernbegierig und strebsam blieben, aber auch um so größer, als sie von diesen Dingen nur wenig verstanden. — In den Schullehrerseminarien wurde das religiöse Gefühl nicht erweckt; wohlbekannte Thatsachen beweisen sogar das Gegentheil, und der Kundige weiß, welche Verschrobenheit häufig auf den sogenannten Schullehrerconventen zum Vorschein kam.

Ein anderer, der Führung der Schulen häufig sehr nachtheiliger, Umstand war die Verwendung der Lehrer für Besorgung von Angelegenheiten der Gemeinde. Das Gesetz verfügt, daß in den Landgemeinden die Schullehrer die Dienste des Rathschreibers versehen dürfen, auch wenn sie keine Gemeindebürger sind, und es wurde diese Bestimmung selbst auf die Unterlehrer und auf die Hülfslehrer ausgedehnt [3]. Allerdings verlangt das Gesetz die besondere Erlaubniß der obern Schulbehörde, und ein späteres Gesetz beschränkt diese Erlaubniß, aber eine gleichzeitige Verordnung des Ministeriums ertheilt

---

[1] Schulordnung vom 21. April 1837, § 32.
[2] Nach der Verordnung vom 30. Mai 1834 § 1 sind diese Gegenstände a) Religion, b) deutsche Sprache, c) Schreiben, d) Rechnen, e) Gesang, f) andere gemeinnützige Kenntnisse aus der Naturgeschichte, Naturlehre, Erdkunde, Geschichte, Gesundheitslehre und aus der Landwirthschaft; dazu kommt noch, wo die Mittel reichen, g) der Zeichnungsunterricht, jedoch die beiden letzten Gegenstände nur insofern, als der unter a bis e bezeichnete, für Volksschulen nothwendigste Unterricht darunter nicht leide.
[3] Gemeindeordnung vom 31. December 1831 § 18 und Erlaß des Ministeriums des Innern vom 7. April 1834 Nr. 3436.

der Oberschulbehörde wieder die Befugniß, in einzelnen Fällen den Schullehrern die Führung der Geschäfte des Rathsschreibers zu ertheilen [1]. Diese Erlaubniß war allerdings kaum zu vermeiden, weil in einer kleinen Gemeinde nicht leicht ein anderer Mann vorhanden ist, der im Stande wäre, die Geschäfte zu führen, wie die Gemeindeordnung sie vorschreibt, und sie ist menschlich, weil man dem armen Schulmeister den kleinen Nebenverdienst wohl gönnen konnte; aber man hat dabei versäumt, den unvermeidlichen Uebelständen zu begegnen. Mochte bei dieser Verwendung auch der Schuldienst nicht leiden, so war der Schullehrer, wenn er zugleich Rathsschreiber war, gewissermaßen in einen fremden Kreis gestellt, und da all' die Masse schriftlicher Arbeiten, da besonders die Führung der Gemeindebücher ihm überlassen war, so beherrschte er den Bürgermeister und wohl auch den Gemeinderath; er wirkte dadurch auf das Bezirksamt und erhielt gar zu leicht ein gewisses Uebergewicht über den Ortsschulinspector, d. h. über den Pfarrer. Dieser fand keinen Gehorsam, mitunter aber wohl alle möglichen Hindernisse in dem Schulvorstand, und in einzelnen Fällen war es nicht der Ortsschulinspector, welcher bei den höheren Behörden zuletzt Recht behielt. Schon vor dem Jahr 1848 waren die Klagen nicht selten, daß Schullehrer das Ansehen des Pfarrers untergruben und häufig genug von den Behörden unterstützt wurden.

Gewissenlos hatte eine bekannte Partei die Selbstüberschätzung und den Dünkel der armen Schullehrer erweckt und gesteigert; denn sie wollte sich „der Bildner des Volkes" zu ihren Zwecken bedienen. Man gab sich daher alle Mühe, um sie den Geistlichen entgegen zu stellen, und man hatte es bald dahin gebracht, daß viele der jüngeren sich den „Meßlesern" mindestens gleich achteten; mit großer Meinung von sich, mit übertriebenen Ansprüchen an den Staat und an die Gesellschaft, fühlten sie sich unglücklich in ihrem ärmlichen Verhältniß. Die liberale Partei hatte viel für sie gethan, und doch blieben

---

[1] Gesetz vom 21. Juli 1839 und Verordnung des Ministeriums des Innern vom 2. August 1839 Nr. 8414.

noch billige Wünsche übrig; die Versprechungen der Radicalen überboten diese Wünsche — war es ein Wunder, daß sie zu diesen sich neigten? — Mehr als Andere waren die jüngeren Schullehrer von der Strömung der Zeit ergriffen, und da ihnen gesetzlich vorgeschrieben war, durch den Religionsunterricht „die bürgerlichen Tugenden zu wecken", so glaubten sie ihre Amtspflicht zu erfüllen, wenn sie den Bauernjungen die Grundsätze der liberalen Staatslehre vortrugen, wie sie dieselben in den Seminarien empfangen und im Leben ausgebildet hatten. Absichtlich oder willenlos wurden diese Männer die brauchbarsten Werkzeuge der Verneinung; ihnen war ein Theil des Religionsunterrichtes übertragen, und wenn ein tüchtiger Pfarrer sich dieses Unterrichtes wieder bemächtiget hatte, so wurden die Früchte seiner Bemühungen von der Einwirkung zerstört, welche der Schullehrer in seinem andern Unterricht ausübte. Aber überdieß, wir müssen es frei bekennen, war auch nicht in jeder Gemeinde ein einsichtsvoller, ein tüchtiger und ein hingebender Pfarrer.

Was sollte nun in den Volksschulen aus dem Religionsunterricht werden, der von anderen Gegenständen überwuchert, von der Ungläubigkeit und der Verneinung in falsche Richtungen gebracht wurde — was sollte daraus werden, wo der Pfarrer keine Gewalt über den Schullehrer hatte, und der Bischof keine über den Pfarrer? — Was sollte aus diesem Unterricht werden, wo die kirchliche Autorität nicht die geringste Anordnung für sich geben konnte, und thatsächlich einer staatlichen Mittelstelle unterworfen war, in welcher der Geist der Verneinung wohl selbst seine Wirkung ausübte?

Alle Gesetze und alle Verordnungen hatten die Schulen nach Confessionen getrennt, und wenn diese Gesetze und Verordnungen von paritätischen oder gemischten Schulen sprechen, so verstehen sie unter solchen nur diejenigen, „an welchen der Religionsunterricht von Lehrern beider Confessionen, und zwar von jedem den Schülern besonders, ertheilt wird"[1]. Die Zusammen-

---

[1] Verordnung des Ministeriums des Innern vom 12. Septbr. 1837 Nr. 8278.

setzung der Oberschulconferenz zeigt ein gewisses Hinneigen zur Vereinigung der beiden Confessionen in der Organisation der Schulen, und darum wurde es der Regierung weniger schwer, im Jahr 1848 der Revolution auch darin ein Zugeständniß zu machen. Die Trennung sollte aufgehoben und an die Stelle der bisherigen Confessionsschulen sollten die sogenannten Communalschulen gesetzt werden. War dieß eine Verlängnung der Principien, eine Erklärung gegen die positive Religion, — so war sie noch mehr eine Verletzung des Rechtes; denn durch diese Einrichtung hätten die katholischen und die protestantischen Schulfonds durcheinander geworfen, — die Stiftungen aufgehoben werden müssen. Freilich hatte damals die Idee des Rechtes ihre Gewalt verloren; wie ein Mensch in Todesnoth klammerte man sich an jeden schwachen Halm, um von diesem auf den hochgehenden Wogen getragen zu werden. Der Erzbischof von Freiburg that auch in dieser Periode, was seine Pflicht war; er protestirte kräftig gegen die Einrichtung dieser Communalschulen, und in einem Hirtenbrief vom 8. December 1848 zeigte er die ungeheuren Nachtheile einer solchen Einrichtung; er zeigte die Verletzung der Rechte der Stiftungen und forderte von den Angehörigen seines Sprengels, daß sie Alles anwenden sollten, um die bedrohten Stiftungen zu erhalten.

Mit bitterer Empfindung hab' ich die Verirrungen von Männern berührt, welchen der Staat und die Gesellschaft so heilige Interessen anvertrauen. Der Beruf des Lehrers an der Volksschule ist ein ehrenhafter Beruf, und in Würde und Wirksamkeit stell' ich ihn nicht niedriger, als den Beruf des academischen Lehrers; — aber die Würde des Volkslehrers liegt in der Einfachheit, und die Bürgschaft seiner Erfolge liegt in der Volksthümlichkeit seines Wesens, und er hat beide aufgegeben, wenn er mit thörichten Ansprüchen seinen natürlichen Kreis verläßt. Er kann das besondere Wissen des Gelehrten von fern nicht erreichen, er wird lächerlich, wie jeder Halbwisser, und lächerlich werden dann auch seine billigen Ansprüche. Im Volk und mit dem Volk soll er leben, das ist seine gesellschaftliche Stellung, eine andere kann er nicht erreichen, und wenn er sie erstrebt, so ist es sein eigener Schade.

In dem Treiben jener Tage des Sturmes hat man mit Rührung auf Lehrer gesehen, die einfach ihrem nächsten Berufe lebten, ihre wahre Stellung erkannten und dadurch die allgemeine Achtung sich wahrten. — Solche Männer haben in bescheidener Stille unendlich viel des Guten gewirkt. Kein wohlwollender Regent und kein kräftiger Staatsmann kann hindern, daß man denjenigen, welcher großen Herren die Pferde abrichtet, jetzt noch höher stellt, als diejenigen, welche die Kinder des Volkes zu sittlichen Menschen und zu fähigen Gliedern der Gesellschaft erziehen; — aber die Zeit wird kommen, welche diesen, bleiben sie nur in ihrem natürlichen Kreise, auch die äußere Anerkennung erwirbt.

Als die Wogen der Bewegung verlaufen und die Ruhe wieder hergestellt war, da erkannte man, daß die Gesellschaft innerlich erkrankt sei, und als man es erkannt hatte, da fragte man nach den Ursachen. Man fragte: was haben die Volksschulen geleistet, haben sie die hochgespannten Erwartungen erfüllt, haben sie auch nur den billigsten Ansprüchen genügt? — Die Frage wird schon durch den zugestandenen Umstand verneint, daß in den kleinen Gemeinden außer dem Schullehrer kein Mann aufgefunden werden konnte, welcher im Stande war, die Geschäfte eines Gemeinderathschreibers zu besorgen. Gibt es nicht jetzt selbst in den Städten noch junge Handwerksmeister, die keine ordentliche Rechnung und keinen ordentlichen Empfangsschein zu schreiben verstehen? — Aber weit mehr noch, wenn man bei den Bauern und bei den Bürgern die Mißachtung der Religion, die Genußsucht, und oft genug den Mangel äußerer Ehrbarkeit beklagte, wenn man sah, wie aus der Genußsucht das ungereimte Streben nach Gelderwerb ohne beharrlichen Fleiß entstand, und darum neben der Gesinnungslosigkeit die Kriecherei und die Selbstüberschätzung wahrnehmen mußte, sollte man da nicht fragen, ob nicht auch die Schule ihren Theil an diesen Schäden der Gesellschaft gehabt habe? — Daß es so sei, darüber waren alle einsichtsvollen Männer einig; sie haben in Schrift und Wort ihre Meinung ausgesprochen, und diese Meinung mußte auch in die Sitzungssäle der Regierungscollegien eindringen.

Im Großherzogthum Baden suchte man die Volksschulen wieder auf ihr einfaches Wesen zurückzuführen, und viele Stimmen sprachen laut gegen die Art, wie man die Lehrer erzog. Auf dem Landtag vom Jahr 1850 erhob sich in der zweiten Kammer ein Abgeordneter, zugleich ein hochgeachteter Staatsdiener, gegen die bisherige Erziehung der Lehrer. „Die frühere Bildungsweise der jungen Schullehrer" sprach er, „war viel zweckmäßiger in jener Zeit, als die Lehrer noch eine Ehre darein setzten, Schulmeister, Meister der Schule sich nennen und begrüßen zu lassen. Damals war dieß die gewöhnliche Uebung: der junge Mensch, welcher Neigung und Beruf zum Schulfache hatte, kam, nachdem er selbst die Schule als Schüler zurückgelegt hatte, zu einem tüchtigen Schulmeister in die Lehre. Im Hause und in der Schule des Lehrers und von ihm beaufsichtiget und geleitet, wuchs er heran. Er nahm zugleich an den häuslichen Arbeiten und Feldarbeiten Theil; er blieb so innerhalb des Kreises, wo er später zu wirken bestimmt war. So konnte nicht vorkommen, was jetzt geschieht, daß die jungen Landschullehrer vornehm auf den Bauernstand herabsehen. — So sollte es auch in Zukunft wieder sein: die künftigen Schullehrer auf dem Lande sollten als Lehrlinge bei dem Meister unterrichtet und erzogen werden. Im Seekreis hatte ich früher Gelegenheit, tüchtige Schullehrer, welche diesen Bildungsgang durchgemacht hatten, kennen zu lernen. In der Regel hatte man sie am liebsten in den Gemeinden, und sehr oft wurde an mich in meiner früheren dienstlichen Stellung im Seekreis von Gemeinden die Bitte gestellt, ihnen doch solche Lehrer und nur ja keine in den Schullehrerseminarien gebildete zu verschaffen. Ich will nicht, daß die intellectuelle Bildung der Volksschullehrer Noth leide, aber sie soll ihrem Berufe gemäß geleitet werden."

Aus dieser Auffassung ging nun der Antrag hervor, „die Kammer wolle den Wunsch in ihre Protocolle niederlegen, daß die großh. Regierung verfüge, daß neben dem Unterricht in den Schullehrerseminarien auch verständigen und zuverlässigen Schullehrern gestattet werde, Schulzöglinge in der Weise anzunehmen, wie dieß früher gestattet war. Die Kammer hat diesen Antrag angenommen, und bald erschienen Regierungsverordnungen, welche verfügten, daß die **Vorbereitung zum Lehrfache** nicht in einem der bestehenden Seminarien geschehen müsse, sondern daß sie auch bei einem befähigten Geistlichen oder einem Schullehrer erlangt werden könne, welchen die Oberschulbehörde dazu ermächtigt habe [1].

Man muß diese Verfügungen für einen wirklichen Fortschritt erkennen, denn wenn auch die Seminarien noch immer bestanden, so mußte diese Anordnung eine bedeutende Rückwirkung auf diese äußern. Offenbar hob sich seit dieser Zeit der religiöse Sinn in den Schulen, aber nach wie vor war der Religionsunterricht von der Meinung der weltlichen Behörden abhängig; und die Kirchengewalt hatte für eine unmittelbare Einwirkung noch immer kein R e ch t.

So war es mit den Volksschulen; werfen wir jetzt einen Blick auf die höheren Lehranstalten, im Großherzogthum Baden die **Gelehrtenschulen** genannt.

Die Gymnasien und Lyceen in ihrer Mehrzahl sind Stiftungen des einen oder des andern Religionstheiles, und deßhalb mußte man diesen Unterschied immer wenigstens der Form nach anerkennen. An den katholischen Lehranstalten wirkten früher meistens geistliche Lehrer; nach und nach aber besetzte man sie mit weltlichen Professoren, und es war eine Zeit lang nichts Seltenes, daß auch protestantische Philologen an katholischen Gymnasien verwendet und daß an diesen wohl auch ein protestantischer Religionsunterricht eingerichtet wurde. Das mochte nun wohl manche Uebelstände herbeiführen, vielleicht auch manche Vortheile gewähren, aber es konnte den ursprünglichen Charakter der Anstalt nicht ändern. So lange an Gymnasien und Lyceen geistliche Lehrer angestellt waren, wurde dem Religionsunterricht die gebührende Aufmerksamkeit gewidmet, und auch die Verordnungen, welche diesen Anstalten ihre heutige Organisation gaben, haben der Nothwendigkeit dieses Unterrichtes die gebührende Rechnung getragen. — „Von den Reli-

---

[1] Verordnung der Oberschulconferenz vom 14. Decbr. 1850 und Ministerialverordnung vom 3. Octbr. 1851.

gionslehrern beider Confessionen wird erwartet, daß sie bei ihrem Unterricht, besonders auch in den untern Klassen, nicht bloß auf das Gedächtniß, sondern auch auf den Verstand und das Gemüth der Jugend wirken werden, und sich mit aller Treue und Gewissenhaftigkeit angelegen sein lassen, einen christ= lichen, frommen Sinn in ihren Schülern zu erwecken. Jede Stunde dieses Unterrichtes soll mit einem einfachen christlichen Gebete, das mit gebührender Würde und Andacht gesprochen wird, angefangen und beschlossen werden" [1].

Diese Verordnung wurde jedoch willkürlich vollzogen; die Persönlichkeit des Lehrers und die Meinung des Directors waren entscheidend, im Allgemeinen waren die Lehrer an Gym= nasien und Lyceen diesem Unterricht nicht hold; und die Geist= lichen, welche denselben überwachen sollten, waren lau oder konnten ihrer Meinung keine Geltung verschaffen. — Allerdings soll der Religionsunterricht „unter der verfassungsmäßigen Mit= aufsicht der betreffenden Kirchen=Behörden stehen" [2]. Für die katholischen Anstalten war diese kirchliche Behörde der Erzbischof; aber worin bestand dessen Mitaufsicht? — Die Vertheilung der Gegenstände des Religionsunterrichts war gemacht ohne ihn; der Oberstudienrath, eine gemischte, dem Ministerium des Innern unterstehende, Behörde mit dem betreffenden Oberkirchen= rath entscheidet über die Zulassung der Lehrer, über die Ver= theilung der Unterrichtsstunden, erläßt Verordnungen, ertheilt Instructionen, bestimmt die Lehrbücher und übt die Dienstpolizei, wie über Alle, so auch über den Religionslehrer. Zum Wirkungs= kreis des Oberstudienrathes gehören alle Anträge auf Anstellun= gen, Beförderungen und Entlassungen sämmtlicher Lehrer. „Ist mit der zu besetzenden Lehrstelle ein Kirchenamt verbunden, oder steht die Rückversetzung eines Lehrers in den Pfarrstand in Frage, so hat der Oberstudienrath mit dem betreffenden Ober= kirchenrath zu communiciren, welcher sodann den gemeinschaft= lichen Antrag an das Ministerium des Innern gelangen läßt" [3].

---

[1] Verordnung des Ministeriums des Innern vom 18. Febr. 1837, § 2.
[2] Verordnung vom 18. Februar 1837, § 2.
[3] Staatsministerialverordnung vom 21. April 1836, Art. 2.

Was war nun der Bischof, welcher nicht einmal dem Geistlichen die Mission geben oder entziehen konnte, welchem, vielleicht protestantische, Glieder des Ministeriums des Innern nach Belieben einen Religionslehrer von einer Pfarre berufen oder auf eine solche versetzen konnten? — An den katholischen Lyceen wird auch Philosophie und Geschichte gelehrt; der Bischof hatte auf keine Weise das Recht, von diesem Unterricht amtliche Kenntniß zu nehmen, und doch wurde auf diesen Anstalten auch sein künftiger Clerus erzogen. Sitzen auch Katholiken in dem Oberstudienrath, so ist dadurch noch immer keine Gewähr dafür gegeben, daß auch das katholische Princip, wie es sein soll, gewahrt wird.

Mehrere Jahre lang hatte das religiöse Princip allerdings einen tüchtigen Vertreter in dem Oberstudienrathe, und in dieser Zeit wurde denn auch eine Gottesdienstordnung für die katholischen Gelehrtenschulen entworfen, von dem Ordinariat genehmiget und unterm 22. Juni 1840 verkündet. Diese Gottesdienstordnung ist nicht anders, als wie sie an vielen katholischen Anstalten besteht; sie ist nicht überladen, sie enthält keine Verpflichtungen, welche man für übertrieben halten könnte, und sie ist weit entfernt, nur ein leeres Formenwesen zu pflegen. Wenn sie für diesen Gottesdienst lateinische Kirchenlieder vorschrieb, so war das ganz zweckmäßig für Schüler, deren Hauptbeschäftigung in der Erlernung der alten und besonders der lateinischen Sprache besteht, und welche demnach im Stande sind, die Liturgie des katholischen Cultus zu verstehen. Die vorgeschriebenen lateinischen Kirchengesänge sind auch gewiß nicht unzweckmäßig, denn es sind jene alten katholischen Kirchenlieder, deren einfache Schönheit noch jeder Kenner bewundert, und welche sogar zum großen Theil in das Andachtsbuch der englischen Hochkirche (Common Prayerbook) übergegangen sind. Die Gottesdienstordnung vom 22. Juni 1840 wurde nun an manchen Anstalten gar nicht, an andern nur unvollkommen ausgeführt. An dem katholischen Lyceum in Constanz wollte der Director die Verordnung in dem Geiste ihrer Vorschriften vollziehen, aber ein höherer Geistlicher, in der Eigenschaft als Ephorus der Anstalt, führte dagegen Beschwerde in einer Vorstellung an den katholischen Oberkirchenrath. Man kann das sehr wohl begreifen, denn eben dieser Geistliche hatte in seiner früheren Wirksamkeit sich viele Mühe gegeben, um statt der lateinischen, wo immer möglich, eine deutsche Liturgie in den katholischen Kirchen einzuführen, und man hat mit Recht ihm dieses Beginnen zum Vorwurf gemacht.

Daß man in dieser Zeit von Seiten des Oberkirchenrathes noch mehr für einen guten Religionsunterricht an den katholischen Gelehrtenschulen sorgen wollte, zeigt der Lehrplan für diesen Unterricht, welcher von der genannten Stelle entworfen, im Einverständniß mit dem erzbischöflichen Ordinariate und dem großherzoglichen Oberkirchenrath dem Ministerium des Innern vorgelegt, von diesem genehmiget und von der Studienbehörde unterm 19. Juli 1843 ausgefertiget worden war. Dieser Lehrplan schreibt durch alle Klassen einen sehr verständigen Gang vor, so daß die Schüler der untern Klassen zuerst einfach den Katechismus und die biblische Geschichte lernen, in den höhern aber einen Abriß der Kirchengeschichte, eine systematische Darstellung der Glaubens- und Sittenlehre mit Berücksichtigung der Unterscheidungslehren und die nöthige Kenntniß der Liturgie und der Symbolik des katholischen Cultus nach anerkannt guten Lehrbüchern erhalten. Man hat den Einwurf gemacht, daß zwei Stunden in der Woche nicht hinreichen, um diesen Lehrplan durchzuführen, aber man hat darin Unrecht; denn diese zwei Stunden machen durch neun Jahre eine sehr schöne Zeit; — eine Zeit, in welcher sich viel lehren und viel lernen läßt. Die Verordnung wurde aber auch, wie die des Gottesdienstes, meistens unvollkommen und an jeder Anstalt auf andere Weise vollzogen; und so war denn, ungeachtet genauer und positiver Bestimmungen, der Religionsunterricht wieder, mehr oder weniger, persönlichen Neigungen oder Abneigungen, der Meinung und der Einsicht einzelner Directoren und Lehrer anheim gestellt.

Die höheren Bürgerschulen im Großherzogthum Baden sind eine Schöpfung der neuesten Zeit; man meinte damit Anstalten für die höhere Bildung derjenigen zu schaffen, welchen der Unterricht an den Volksschulen nicht genügt, welchen aber eine classische Bildung nicht nothwendig ist. Da man die Eigenthümlichkeit und den Umfang dieser höheren Bildung nicht festgestellt hatte, so bewegte man sich in allerlei Illusionen, und es kam so viel Schwankendes und Unbestimmtes in die Organisation, daß man sogleich Modificationen des Lehrplanes vorsehen mußte ¹). Jede einzelne dieser Anstalten mußte gewissermaßen besonders organisirt werden, und deßhalb ist keine der anderen gleich. In den größeren Städten stellte man sie gewissermaßen als moderne Lyceen den Gelehrtenschulen entgegen; in vielen kleineren Orten, wo sie vernünftigerweise nur Erweiterungen der Volksschulen sein konnten, wollte man nicht zurückbleiben; man dehnte den Lehrplan, schraubte den Unterricht unverständig in die Höhe und selbst die Studienbehörde mußte sehr aufmerksam sein, daß nicht Zwitteranstalten entstanden, in welchen für jede geistige Thätigkeit die Schüler weder eine sichere wissenschaftliche Grundlage, noch eine rechte lebenspractische Ausbildung empfangen. — Aus einer langen Erfahrung habe ich widerstrebend die Ueberzeugung erlangt, daß nur eine classische Erziehung die wahre höhere Bildung verleiht, und daß charakterloser Zwitterunterricht der Gesellschaft jene flachen Halbwisser sendet, welche mit maßlosem Selbstvertrauen das große Wort in allen den Dingen führen, die sie nicht verstehen ². — Die gegenwärtige Erörterung will keineswegs die Leistungen der höheren Bürgerschulen beleuchten; richtig aufgefaßt, organisirt und geleitet können sie allerdings recht nützliche Anstalten sein; — aber gewiß ist es, daß der Geist der Verneinung am leichtesten in Schulen sich einschleicht, welchen der sogenannte r e a l e Unterricht, wenn nicht den Charakter, doch die allgemeine Richtung bestimmt — und so stellt sich die Frage, was man gethan habe, um diesen Geist von der Schule zu bannen.

---

¹ Der Verfasser glaubt bemerken zu müssen, daß ihm die Verhandlungen über die Errichtung der höheren Bürgerschulen sehr wohl bekannt sind.

² Die Engländer wissen das wohl; ihre eigentlich wissenschaftliche Erziehung ist eine streng classische; auch in den französischen Collegien ist diese vorherrschend und es ist sehr bezeichnend, daß jetzt der Grad eines Bachelier ès-Lettres die unerläßliche Bedingung zum Eintritt in die polytechnische Schule ist, in welcher der Ingenieur, der Genie- und der Artillerie-Offizier die wissenschaftliche Grundlage für seine Fachstudien erwirbt.

Die höheren Bürgerschulen sollen nach der Absicht der Gründung den wohlhabenderen Theil der Bürger oder diejenigen, welche einem höheren Gewerbsbetrieb sich widmen wollen, also gerade den Kern des Volkes erziehen, und da die Knaben mit dem vollendeten neunten Jahre eintreten können, so gehört diesen Anstalten noch das zarteste Alter an. — Bei den Unterrichtsgegenständen ist allerdings die Religion zuerst genannt, und in den unteren und mittleren Klassen sollen die Vorschriften gelten, welche für die Volksschulen gegeben sind — in der obersten Klasse jedoch soll dieser Unterricht nach den Anordnungen der betreffenden obersten Kirchenbehörde weiter ausgedehnt werden. — Da jedoch diese Anstalten, wie die Gelehrtenschulen, unter dem Oberstudienrathe stehen[1], so war die Behandlung der Sache ziemlich dieselbe, wie bei den Gymnasien und Lyceen. Manche Verordnungen, und unter diesen die Gottesdienstordnung und der Lehrplan für den katholischen Religionsunterricht, wurden mit geringen Verschiedenheiten gemeinschaftlich für beide Anstalten erlassen. — Wie auf den Gelehrtenschulen wurden diese Verordnungen gar verschieden ausgeführt, denn der unbestimmte Umfang derselben überantwortete die Ausführung ebenfalls den Meinungen der Vorstände und der Inspectoren, und am Ende dem Geist und der Gesinnung der Lehrer. In den kleineren Städten waren freilich gar häufig die Pfarrer oder andere Geistliche mit dem Unterricht und der unmittelbaren Leitung dieser Schulen betraut, aber sie verwalteten diese Aemter unter der Autorität der staatlichen Studienbehörde; der Erzbischof konnte ihnen keine Weisung ertheilen, und wenn sie den besten Willen hatten, so konnten sie denselben gegen die herrschende Richtung und gegen die Gewalt der Umstände nicht durchsetzen. Vor dem Jahre 1848 hat ein verneinender Geist in den höheren Bürgerschulen geherrscht, und deren Lehrer sollen in verhältnißmäßig großer Anzahl sich dem Ronge'schen Unwesen angeschlossen haben.

---

[1] Staatsministerialverordnung vom 15. Mai 1834, §§ 2 und 16. — Lehrplan und Schulordnung der höheren Bürgerschulen vom 30. Mai 1834, § 2.

Die **Gewerbschulen**, gleichzeitig mit den höheren Bürgerschulen errichtet, sind die mangelhafte Ausführung eines guten Gedankens. — Sie sollen dem jungen Handwerker Kenntnisse und Fertigkeiten beibringen, welche zum guten Betrieb seines Gewerbes in unserer Zeit unentbehrlich sind, und in der Handwerkslehre nicht erworben werden können. — Die Organisation dieser Anstalten war wieder gar weitläufig und zerrissen; sie wurden mit kümmerlichen Mitteln errichtet und theilweis mit sehr schwachen Lehrkräften geführt. Für manche Gegenstände konnten Geistliche und Volksschullehrer sehr gut verwendet werden, die Besorgung des Unterrichtes in den Fächern, in welchen die eigentliche Bestimmung der Gewerbschulen liegt, sollten von geschickten Meistern oder auch von technischen Beamten besorgt werden, aber diese, mit Geschäften überladen und im Dienst sehr oft abwesend, konnten nur helfend und rathend eingreifen, — jenen, wenn sie auch die nöthigen Kenntnisse oder Fertigkeiten besaßen, mangelte, mit wenigen Ausnahmen, die Gabe oder die Zeit zum regelmäßigen Unterricht, und selbst auch der Wille. So wurde an manchen Orten der Lehrplan durchaus unvollkommen ausgeführt, an anderen mußte die Eröffnung der Schule zurückgestellt werden, bis mit Staatsunterstützungen fähige Lehrer herangebildet waren.

Bei vielen Gemeinden und bei vielen Handwerksmeistern waren diese Anstalten durchaus nicht beliebt, und fähige Lehrer und die leitende Behörde mußten lange gegen diese Abneigung kämpfen. Die Regierung hatte wohl eine bestimmte Summe für die Gewerbschulen ausgesetzt, der größte Theil der Kosten fiel aber den Gemeinden zur Last [1]. Man überschwemmte das Land mit solchen Schulen, und so wurden die Mittel zersplittert. Ohne Zweifel wäre es besser gewesen, die Staatszuschüsse zu-

---

[1] Man sehe Staatsministerialverordnung vom 15. Mai 1834, — die Vollzugsverordnung vom 30. Mai 1834, — welche die Organisation der Gewerbschulen enthalten. — Wer aber mit der Sache zu thun hatte, der weiß, wie schwer es geworden ist, Methode in die verschiedenen Anstalten zu bringen, einerseits den Lehrplan nur einigermaßen auszuführen, andererseits aber das Ueberschreiten desselben durch Beschäftigung mit unnützen Dingen zu verhüten.

sammen zu halten, und zum Anfange nur wenige aber tüchtige Anstalten in den größeren gewerbreichen Städten zu errichten; aber, wie sie sind, haben sie dennoch viel Gutes bewirkt. — Das religiöse Element war in dem Plan der Gewerbschulen gar nicht beachtet, und doch wäre es bei den Gesellen und Lehrlingen gar sehr nöthig gewesen, — es wäre nöthig gewesen neben einem Unterricht, der, vorzüglich an Sonn= und Feiertagen ertheilt, eine so ausschließlich materielle Richtung haben mußte. — Was immer geschah, um die Schüler zu erinnern, daß sie noch Christen seien, das haben einzelne Ortsvorstände gethan, und Geistliche, welche einen Unterricht übernommen hatten.

Wenn eine wohlhabende Familie ihre Kinder durch **Privatunterricht** im eigenen Hause erziehen wollte, so bedurfte sie dazu einer besonderen Erlaubniß des Schulvisitators. Dieser Zwang, welchen die Schulordnung vom Jahr 1834 den Familien auferlegen wollte, konnte niemals durchgeführt werden, und wenn er auch nicht förmlich aufgehoben worden, so denkt jetzt kein Mensch mehr daran. Dieselbe Schulordnung befreite von dem Besuch der Volksschule die Kinder, welche zum Zweck ihrer Ausbildung eine Privatbildungsanstalt besuchen[1]. Diese **Privatschulen, Lehr= oder Erziehungsanstalten** durften nicht ohne Bewilligung des Ministeriums des Innern errichtet oder von einer Gemeinde in die andere verlegt werden. Wenn sich diese Anstalten nur auf den Unterricht der Volksschulen beschränkten, so waren sie, bei gleicher Confession der Zöglinge, dem betreffenden Oberkirchenrath — bei verschiedener Confession derselben, der Oberschulconferenz unterworfen. Wenn jedoch der Unterricht weiter ging, wenn die Schüler in der Anstalt eine höhere Ausbildung erwerben sollten, so war der Oberstudienrath die zuständige Aufsichtsbehörde[2].

Die Aufsicht der Staatsbehörden war keine strenge, man ließ die Führer dieser Anstalten gewähren. Die meisten Privatbildungsanstalten waren von Protestanten errichtet, manche wurden in einer pietistischen, andere in einer rationalistischen Richtung fast

---

[1] Schulordnung vom 15. Juni 1834, §§ 10 und 9.
[2] Verordnung des Ministeriums des Innern vom 7. Novbr. 1840.

zur vollkommenen Verneinung geführt; viele, besonders weibliche, Institute wurden häufig von katholischen Zöglingen besucht, und wenn diese auch den Religionsunterricht ihrer Confession erhielten, so wurden die Erfolge desselben vereitelt durch die Art, wie andere Fächer z. B. Geschichte, Literatur und dergleichen gelehrt wurden. — Katholische Anstalten wollten niemals recht gedeihen, und wären sie aufgekommen, so hätte die Strömung der Zeit auch diesen ihre Richtung angewiesen, und Niemand konnte diese ändern, denn die Staatsverordnung hatte der Kirchengewalt jeden unmittelbaren Einfluß entzogen.

Der religiöse Charakter der Schulen war fast überall aufgegeben, in anderen Staaten vielleicht weniger als im Großherzogthum Baden, und es klagten darüber nicht allein die Katholiken, sondern auch häufig genug die Protestanten. Erschütternde Ereignisse hatten durch ihre Erscheinungen gelehrt, daß gar viel des Ueblen seinen Ursprung in der unchristlichen Erziehung der Kinder, in der Schule und in der Familie habe. Die Erkenntniß dieser Wahrheit bewirkte denn auch, daß die Regierungen die Schulen wieder religiös machen wollten, aber sie sahen noch immer nicht ein, daß nur allein ein freier Einfluß der Kirche diese wichtigsten aller Volksanstalten wieder auf ihre rechten Bahnen zu bringen vermöge. — In ihrer ersten Denkschrift vom März 1851 schilderten die oberrheinischen Bischöfe den Zustand der Schulen und ihrer Lehrer und sie erklärten sich in ihrem Gewissen verpflichtet, das durch Jahrhunderte ausgeübte Anrecht der Kirche auf das christliche Unterrichtswesen sich ausdrücklich zu wahren. Zur Unterstützung dieser ihrer Verwahrung beriefen sie sich auf die völkerrechtlichen Bestimmungen, deren Kraft und Geltung durch keinerlei besondere Gesetze und Verordnungen beseitiget worden, und sie sprachen die Erwartung aus, daß mindestens der katholische Religionsunterricht an Schulen nur unter Leitung und Ueberwachung des Bischofs nach Lehrbüchern, die er bestimme, und von Personen besorgt werden solle, die er mit diesem Unterricht betraut; daß also die Ernennung und die Entfernung der Religionslehrer unbeanstandet der bischöflichen Gewalt zuerkannt werde.

In ihrer Erwiderung vom 5. März 1853 anerkannte die

Regierung, „daß das ganze Schulwesen und namentlich die Volksschule vom Geiste des positiven Christenthums bestimmt und durchdrungen sein, und daß darum der Kirche ein wesentlicher Einfluß hierauf zustehen müsse"; sie hielt aber dafür, daß theils schon durch die bestehende Schulorganisation, theils durch eine neue Verordnung über den Einfluß der bischöflichen Behörde auf die Ertheilung des Religionsunterrichtes den billigen Forderungen der Kirche genügt sei. Diese Verordnung, welche sogleich verkündet worden ist, verfügte: daß ohne Zustimmung des Ordinariates keine neuen Religionsbücher eingeführt werden dürfen, daß der Religionsunterricht durch die Ortsgeistlichen oder durch besondere Lehrer ertheilt werden solle, über deren Eigenschaft das Ordinariat gutachtlich zu vernehmen sei, daß der Erzbischof diesen Unterricht in allen öffentlichen Lehranstalten und auch in den Lehrerseminarien beaufsichtigen, dem Unterricht persönlich anwohnen oder einen Commissär dazu abordnen, jedoch keine Verfügung unmittelbar an den Religionslehrer richten dürfe, und daß vor Erlassung wichtiger Verfügungen über das Schulwesen, soweit sie den Unterricht in Religion und Sittlichkeit und die Forderung religiös-sittlicher Gesinnungs- und Handlungsweise betreffen, der Erzbischof gehört werden müsse. —

Wenn die Bischöfe, nach der Auslegung des badischen Ministeriums, wirklich verlangt hätten, daß die Leitung des gesammten Schulwesens, sowie die Bildung der Lehrer, der alleinigen Leitung der Kirchengewalt überlassen werden sollte, — so konnte die badische Regierung darauf freilich nicht eingehen; wenn sie jedoch versicherte, daß „allen Wünschen und Erinnerungen der Kirchenbehörde in Bezug auf das religiöse Verhältniß der Schulen jede nur thunliche Berücksichtigung zu Theil werden solle, — so hat sie damit die wahre Gesinnung des Großherzogs ausgesprochen, aber mit dieser Gesinnung war keineswegs die Gesinnung des Ministeriums im Einklang, wie sie durch den Geist und die Bestimmungen der angeführten Verordnung sich geoffenbart hat. Mochte thatsächlich in der Ausübung Vieles besser geworden sein, der Kirche war kein Rechtsschutz gewährt und die Stellung des Bischofs war in gleicher Unwürdigkeit geblieben.

Auf das uralte Recht der Kirche sich stützend, haben die oberrheinischen Bischöfe in der zweiten Denkschrift ihren Forderungen eine positive Gestaltung gegeben. Wenn sie verlangen, daß auf den Grund des Reichsdeputationshauptschlusses (Art. 63) alle kirchlichen Schulfonds den Katholiken verbleiben und nur zu katholischen Schulzwecken verwendet werden sollen, so ist im Großherzogthum Baden diese Forderung durch die Verfassung gewährt [1]. Wenn die Bischöfe fordern, daß die Schulen, welche aus **kirchlichen** Mitteln gegründet worden sind, auch als **kirchliche** anerkannt und daß die Ueberwachung derselben den Kirchenobern als **solchen** überwiesen werden sollen, so ist diese Forderung unstreitig im Kirchenrecht begründet, und eben so gewiß sind die Bischöfe zur Wahrung dieses Rechtes berufen und nur eine höhere Autorität kann darüber Zugeständnisse machen. — Verlangten die Bischöfe ferner, daß der Kirche das Recht bleiben müsse, aus ihren Mitteln neue Schulen zu errichten, so verlangten sie nichts Anderes, als was die Staatsgesetze auch dem Privatmann gestatten; aber die Ausübung des Rechtes ist eine Frage der Verwaltung, denn sie ist nothwendig durch die Mittel bedingt, welche den Kirchenobern zur freien Verfügung stehen.

Im Laufe des letzten Jahrzehntes hat der Gebrauch viele Uebelstände gehoben, die Ansichten sind klarer, und deßhalb ist die Praxis billiger geworden. Die Schullehrer werden jetzt vernünftiger erzogen; sie haben, zum großen Theil wenigstens, ihre falsche Richtung verlassen, und sich in ihre natürliche Stellung gefunden; die Geistlichen erfahren bei Ertheilung des Religionsunterrichtes nicht mehr die Hindernisse, die sie früher nicht zu überwinden vermochten; das Ansehen des Pfarrers, als Schulinspectors, ist, mit wenig Ausnahmen, fast überall wieder hergestellt, wo er es nicht selber verwirkt, und er weiß nun, daß er der Autorität des Bischofs unterworfen ist. An den katholischen Gelehrtenschulen sind nun meistens katholische Lehrer angestellt, und wenn manche derselben auch keine große Verehrung

---

[1] Verfassungsurkunde, § 20: „Das Kirchengut und die eigenthümlichen Güter und Einkünfte der Stiftungen, Unterrichts- und Wohlthätigkeitsanstalten dürfen ihrem Zwecke nicht entzogen werden."

für ihre Kirche hegen, und wohl manchmal noch sich zu einer schalen Vernunftreligion bekennen, so können sie es nicht so rücksichtslos aussprechen, wie früher. — So geht der Religionsunterricht an den öffentlichen Schulen, wenn er auch viel zu wünschen übrig läßt, doch einen regelmäßigeren Gang, und kein Antrag der Kirchenbehörde wird jetzt mehr schnöde zurückgewiesen.

Die badische Regierung, man kann ihr die Anerkennung nicht versagen, hat für das Schulwesen sehr viel gethan, und Vieles, was darin schlecht war, und noch immer nicht gut ist, kömmt nicht allein auf ihre Rechnung. Wohl herrscht jetzt noch der Uebelstand, daß an manchen Orten katholischen Kindern von katholischen Eltern die Gelegenheit zum Besuch katholischer Schulen mangelt. Davon liegt aber die Schuld sehr oft nur an verschiedenen Zweigen der Verwaltung, welche, rücksichtslos, katholische Beamte in durchaus protestantische Orte, und protestantische Staatsdiener mitten unter eine ungemischte katholische Bevölkerung setzen. Eine einfache Weisung von Seiten der höchsten Staatsbehörde könnte diesem Uebelstand größtentheils abhelfen, denn nur selten wird eine überwiegende Verwaltungsnothwendigkeit ihn zum unvermeidlichen machen. — Es war die Richtung der Zeit, es war die Mißachtung der positiven Religion, aus welcher die Verletzungen des religiösen Gefühles und der kirchlichen Rechte hervorgingen. Den christlichen Staaten hat der Geist des Christenthums gefehlt, dringt dieser wieder in die Regierungen ein, so wird Vieles, worüber man jetzt noch klagen mag, von selber verschwinden. — Die oberrheinischen Bischöfe haben vollkommen Recht, wenn sie sagen, das positive Christenthum sei nur in einer bestimmten Confession und in einer Kirche; ein bekenntnißloses und unkirchliches Christenthum sei kein positives, — sie haben Recht, wenn sie erklären: so wenig das Kind und seine Seele, ebenso wenig könne die Erziehung des Kindes in zwei Stücke getheilt werden. Darum müsse der Lehrer, der das Kind unterrichtet, seine äußere Zucht handhabt, es auch religiös erziehen, — wo das nicht geschehe, da gingen fast alle Kinder, mehr oder minder, religiös und sittlich zu Grunde, und die Schule selbst werde eine Quelle des Verderbens.

Wo ein schlimmer Geist herrscht, da helfen die besten Gesetze nicht, aber die schlechten verlieren viel von ihrer verderblichen Wirkung, wenn eine gute Gesinnung sie ausführt. Als der Geist der Verneinung gewichen, da ist sogleich Alles besser geworden, und es zeigte sich die gesundere Auffassung der Verhältnisse schon durch die Thatsache der Unterhandlung mit dem heiligen Stuhl. Dieser war niemals so unweise, daß er das Gewicht der Thatsache verkannte; eine große Thatsache ist aber nun einmal der moderne Staat, und der römische Hof durfte dessen Berechtigung nicht verneinen, als er die Zwecke der Kirche nicht mehr zu hindern versuchte. Wenn nun die Bischöfe das strenge Recht der Kirche fordern mußten; so konnte die höchste Autorität, in Erwägung der thatsächlichen Zustände, dem modernen Staate alle die Zugeständnisse machen, welche das Princip nicht verletzen. — So geschah es, denn die Uebereinkunft bestimmt: „die religiöse Unterweisung der katholischen Jugend in allen öffentlichen und Privatschulen wird der Erzbischof gemäß der ihm eigenen Hirtenpflicht leiten und überwachen; er wird deßhalb auch die Katechismen und Religionsbücher bestimmen, nach welchen der Unterricht zu ertheilen ist. — In den Elementarschulen wird der Religionsunterricht von den Ortsgeistlichen, in anderen nur von solchen ertheilt, denen der Erzbischof Ermächtigung und Sendung dazu verliehen und nicht wieder entzogen hat"[1]. Der Religionsunterricht wird nun nicht mehr im Auftrag der Staatsbehörde, sondern kraft des eigenen Rechtes der Kirche ertheilt, und der Lehrer hat sein Lehramt durch deren Sendung. Daß aber die Gewalt, welche zu dem Lehramt die Ermächtigung gibt, auch den Stoff und die Mittel des Unterrichtes bestimme, das geht aus der Natur der Sache hervor. Der Katechismus ist kein Lehrbuch, er ist die gemeinfaßliche Darstellung der unveränderlichen Dogmen, und wenn auch der Religionsunterricht einer gewissen Lehrfreiheit bedarf, so wird diese nicht geschädiget, wenn die Kirche die Einheit des Glaubens bewahrt.

---

[1] Uebereinkunft vom 28. Juni 1859, Art. VII. Die Convention mit Würtemberg enthält Art. VII. wörtlich dieselbe Bestimmung.

Auch in den Anordnungen über den Unterricht, welcher so ganz in das Gebiet der Kirche gehört, sind alle Aengstlichkeiten des Staates geschont; denn die Instruction weist den Erzbischof an, „bei Anordnungen, welche die religiöse Unterweisung und Erziehung der katholischen Jugend in den öffentlichen Schulen betreffe, und insbesondere bei Bestimmung der Zeit und der Art und Weise, zu welcher eine jede einzelne Handlung vorgenommen werden solle, habe der Erzbischof die Vorschriften zu berücksichtigen, die über Lehrgang und Disciplin für die fraglichen Schulen gegeben sind."

Nur auf den Religionsunterricht und auf die religiösen Uebungen ist dem Erzbischof eine unmittelbare Einwirkung gegeben, alles Uebrige bestimmt die Gesetzgebung und die Regierung des Landes, und somit hat die Uebereinkunft in dem System des badischen Schulwesens gar nichts geändert.

XIV.
Religiöse Orden und Vereine.

Das Großherzogthum Baden hat in den Ländern, die ihm zugefallen sind, die Stifte und die Klöster aufgehoben; es hat ihr bewegliches Vermögen versilbert oder verschleudert und ihre Güter zu Staatsdomänen gemacht. Man hat das als eine That des Fortschrittes gepriesen, und jetzt sollen in demselben Großherzogthum Baden wieder Mönchsvereine gegründet und Klöster gebaut werden. — Man kann über die Klöster und über kirchliche Orden sehr verschiedene Ansichten haben; — man kann sie für Beförderungsmittel der Frömmigkeit und des sittlichen Lebens oder für Anstalten des Müßigganges und der geistigen Versumpfung halten; das ist hier aber gleichgültig; denn nicht auf solche Ansichten kömmt es hier an, sondern auf die Lösung der Frage, ob die Wiedererrichtung der kirchlichen Vereine auf geschichtlichen Zuständen gegründet und von Rechtsverhältnissen gestattet ist.

Nach katholischer Lehre ist das Klosterleben ein Stand besonderer christlicher Vollkommenheit, und sind die Klöster wirksame Mittel zur Pflege der Frömmigkeit, zur Uebung der christlichen Barmherzigkeit und zur Förderung der Seelsorge; — Mittel, welche durch keine anderen ersetzt werden können. Die Kirche hat immer ihre Klöster als Blüthen des religiösen Lebens und darum in dem staatlichen Verbot derselben einen gewaltsamen Eingriff in ihre Grundrechte gesehen. — Daß die katholische Kirche diese religiösen Genossenschaften als ergänzende Anstalten betrachtet, wird wenig helfen bei jenen, welche die Kirche selbst für eine verrottete Anstalt halten, die einer durchaus neuen Gestaltung bedarf, und die gegenwärtige Erörterung stellt sich daher auf einen ganz anderen Boden, denn sie behauptet, daß das Verbot des Klosterlebens eine Verletzung der **persönlichen und bürgerlichen Freiheit** sei, und darum unverträglich mit dem Geist unserer Verfassung.

Sei er thöricht oder weise; — jeder hat das natürliche Recht, zu leben wie es ihm gefällt, und der Staatsgewalt kann eine Einwirkung oder gar ein gewaltsamer Zwang nur für den Fall zustehen, daß die gewählte Lebensart die Rechte Anderer verletze. Wenn nun ein Bürger die Mittel besitzt, um ohne Arbeit zu bestehen, so kann ihm der Staat doch nicht die Trägheit verbieten; wenn einer arm sein will, so kann ihm die Regierung nicht den Reichthum befehlen, und wer sich bestrebt, keusch und enthaltsam zu leben, den kann die Polizei doch nicht zu Genüssen und zur Ueppigkeit zwingen. Dem Einzelnen will keine Regierung eine bestimmte Art des Lebens gebieten oder verbieten; — was von hundert Menschen jeder in seiner Rechtssphäre für sich thun oder lassen kann, das mag er ohne Hinderniß thun oder lassen, — wenn aber diese hundert dasselbe mit einander und insgesammt thun wollen, so hat die Staatspolizei ein Wort darein zu sprechen. Das war vor einem Menschenalter noch ein Satz des positiven Staatsrechtes in Deutschland, — allerdings ein Satz, welchem die Staats- und Culturgeschichte der Deutschen widerspricht. War doch Deutschland ursprünglich das Land der Vereine, war doch das freie Vereinsrecht mit vollkommener Selbstgesetzgebung durch das ganze Mittelalter anerkannt und in großer Ausdehnung geübt. Wohl hat das Vereinswesen auch schlechte Zwecke gefördert, aber die ungeheure Kraft, die in diesem Wesen liegt, war dennoch eine wohlthätige, denn sie hat das Beste geschaffen, was wir besaßen und vielleicht jetzt noch besitzen. Es waren die Associationen in Stadt und Land, es waren die Vereine der verschiedenen Stände, der Ritter und der Prälaten, der Städte und der Landschaften, — es waren die freien Vereine der weltlichen Innungen und der geistlichen Orden, der Klöster und der Universitäten, welche unter der Zwingherrschaft roher Gewalten Freistätten waren für Freiheit, Frieden und Cultur, welche, wenn auch in kleinen Kreisen, das friedliche Recht zum Siege brachten, und es waren diese Vereine, welche Ackerbau, Gewerbe und Handel, Religion und Kunst und höhere Wissenschaft schützten und pflegten, welche in den Zeiten der Zerstörung und Auflösung die Pflanzstätten der höheren Bildung wurden und für die neue Staatsordnung die Grundlagen legten. Die Gesetzgebung des deutschen Reiches war niemals so undankbar, daß sie mit dem freien Vereinsrecht das Grundprincip germanischer Freiheit, die Quelle deutscher Ordnung und Cultur, zerstört hätte. Das Feudalsystem, die Einführung fremden Rechtes und mehr noch die Territorialhoheit der Reichsfürsten und die rein bureaukratische Verwaltung und Rechtspflege hatten den Gemeingeist und den freien Sinn des Volkes unterdrückt, und wenn auch die besten deutschen Publicisten die Vereine und Associationen für erlaubt hielten, und in unserem Recht als begründet erkannten, so mußten wir doch die Karlsbader Beschlüsse und die Bundestagsbeschlüsse vom 5. Juli 1832 und vom 15. Januar 1835 erleben [1].

Die Zeit ist anders geworden; die Bedürfnisse haben unser altes Recht uns wieder erworben. Es sind die religiösen Ge-

---

[1] Wir führen nur an: J. Moser, Abhandlung von den Unterthanen-Rechten und Pflichten. — Leist, Staatsrecht, S. 501. — v. Berg, Handbuch des Polizeirechtes, I. Bd. S. 244. — Von den neuesten, wie natürlich: Bluntschli, Allgemeines Staatsrecht, Buch XII. Kap. 8. S. 696.

nossenschaften, welchen unser Vaterland die Anfänge seiner Cultur und mehr noch als diese verdankt, und gerade aus der Geschichte ihrer Klöster hätten die Deutschen entnehmen können, was geschlossene Vereine vermögen; — aber die Deutschen hatten ihre eigenen Erinnerungen vergessen, und darum mußten sie aus den Werken der Engländer die Organisirung und den Gebrauch der Vereine wieder lernen. Das Princip der Association hat sich durchgekämpft, die materiellen Interessen haben es zur Nothwendigkeit gemacht, die Staatsgewalt hat das Princip annehmen müssen, und die sittlichen und geistigen Interessen haben sich desselben bemächtiget.

Das Recht der Bürger, zu Vereinen zusammenzutreten, um gemeinsame Zwecke zu fördern, ist zunächst, insofern diese Zwecke dem Privatleben angehören, ein einfaches Privatrecht. Wenn nun Menschen zusammentreten, um fromm zu leben und um Werke der Barmherzigkeit zu üben, so hat der Staat damit nichts zu thun, insofern sie nicht die Verleihung von Körperschaftsrechten verlangen. Solcher Rechte bedürfen freilich wohl die religiösen Vereine, die, für ewige Zeiten gegründet, Eigenthum erwerben, und darum eine juristische Persönlichkeit haben müssen. Wenn aber Handelsgesellschaften, wenn Associationen jeglicher Art solche Persönlichkeit erwerben können, warum soll es dann den religiösen Gesellschaften unmöglich sein?

Allerdings sind Klöster und Stifte keine rein privatrechtlichen Vereine; denn ihre Satzungen beschließen über unveräußerliche Rechte, über die Stellung und das ganze Leben ihrer Glieder; sie sind keine Privatvereine, weil sie sich Erziehung und Seelsorge zur Aufgabe stellen, weil ihre Thätigkeiten in bürgerliche Verhältnisse eingreifen, und weil ihre Zwecke zu den Verhältnissen der Gesellschaft oder des Staates in näheren oder ferneren Beziehungen stehen. Gehören die Klöster auch nicht in die Reihe der politischen Vereine, so gehören sie doch gewiß zu denjenigen, welche auf das Volksleben einen gewissen Einfluß ausüben; — aber eben solche Vereine hat die neuere Gesetzgebung ohne weitere Einschränkungen erlaubt.

Schon im Jahr 1833 ist im Großherzogthum Baden ein Gesetz durchgegangen, durch welches die Staatsgewalt fast jede Einwirkung auf die Vereine aufgab, selbst wenn sie allgemein als schädlich für die Gesellschaft und gefährlich für die öffentliche Ordnung erkannt wurden. Im Jahr 1848 wurden überall politische Vereine gebildet, man nahm sich die Freiheit, ehe sie von der Gesetzgebung gewährt war, und deßhalb ging sogleich mit der Freiheit der Mißbrauch. Als nun ein allgemeines Grundgesetz für die deutsche Nation gegeben werden sollte, da nahm man das Recht der Vereine als ein Grundrecht der Deutschen auf [1]. Die Grundrechte sind jetzt nur noch eine historische Erinnerung, aber der Grundsatz des freien Vereinsrechtes ist in alle neuen Gesetzgebungen eingegangen [2].

Unter dem Druck des Kriegsstandes veränderte das Großherzogthum Baden sein früheres Gesetz. Die Freiheit der Association erlitt größere Beschränkungen, als die Staatsgewalt nöthig gehabt hätte, um gefährliche Verbindungen zu unterdrücken, aber den Grundsatz konnte man nicht aufgeben — aber das Recht, freie Vereine zu bilden, das konnte man dem Bürger nicht nehmen. So ist durch das Gesetz vom 14. Februar 1851 den Staatsangehörigen das Recht zugestanden, Vereine zu gründen zu Zwecken, welche den Strafgesetzen nicht zuwiderlaufen. — Das uralte Recht germanischer Freiheit war in den deutschen Staaten wieder zu Ehren gekommen, und es kann für ein staatsrechtliches Axiom gelten, daß, wie nach gemeinem deutschem Recht, so auch durch die besonderen Gesetzgebungen, alle Vereine rechtlich erlaubt sind, welche nicht durch Zweck oder Mittel die Rechte anderer Personen verletzen oder die Zwecke des Staates gefährden. Knüpfen sich ohne wirkliches Verschulden an die Gründung des Vereines oder an den Eintritt in solchen rechtsverletzende Folgen, so sind diese, nicht aber der Verein selbst, widerrechtlich geworden.

Die frühere Gesetzgebung des Großherzogthums hat die Gründung religiöser Orden der Genehmigung der Staatsregierung, und das Bestehen der genehmigten deren Belieben unter-

---

[1] Grundrechte des deutschen Volkes, §§ 29 und 30.
[2] Belgische Verfassung vom 25. Februar 1831, § 20. — Schweizerische Bundesverfassung vom Jahr 1848, § 46. — Preußische Verfassung vom 31. Januar 1850, § 30.

worfen ¹, und Alles zeigte an, daß man solche lieber aufheben als genehmigen wollte. Die Verordnung vom 30. Januar 1830 enthält keine Bestimmungen über religiöse Orden und Klöster. Das Vereinsgesetz vom Jahr 1851 hat für diese keine Ausnahme gesetzt, folglich sollte man glauben, daß jene ältere Bestimmung vom Jahr 1807 dadurch aufgehoben sei. Von diesem Standpunkt haben die Bischöfe der oberrheinischen Kirchenprovinz ihre Forderung auf Zulassung von Klöstern gegründet. Sie sagten: da das Princip der Associationsfreiheit in den Grundgesetzen fast aller Staaten, als politisches Recht verkündet worden sei, so müsse man dieses auch auf die geistlichen Vereine ausdehnen, welche in dem Wesen der katholischen Kirche liegen und seit mehr als tausend Jahren segensreich in derselben bestanden und gewirkt haben.

Die badische Regierung hat diese Ansichten durchaus nicht getheilt; in ihrer Erwiderung vom 15. März 1853 hat sie die Forderung der Bischöfe lediglich abgelehnt, und den Beschluß damit begründet, daß zur Einführung „geistlicher Vereine, welche die Natur geistlicher Ordensgesellschaften, zumal mit klösterlicher Regel, an sich tragen, die Genehmigung der Regierung erforderlich sei, gleichviel ob sie mit oder ohne Corporationsrechte bestehen sollen;" daß sie sich daher nicht bewogen finden könne, von dem kirchlichen Verfassungsgesetz vom Jahr 1807 abzugehen; daß aber auf die übrigen geistlichen Vereine lediglich die allgemeinen gesetzlichen Bestimmungen über das Vereins- und Versammlungsrecht Anwendung finden sollen.

In ihrer zweiten Denkschrift vom 18. Juni 1853 beleuch-

---

¹ Edict, die kirchliche Staatsverfassung betreffend, vom 14. Mai 1807, § 21: „Unsere Kirchenherrlichkeit umfaßt ... das Recht, Gesellschaften und Institute, die sich für einen bestimmten kirchlichen Zweck mit Billigung der Kirchengewalt bilden, zuzulassen oder nicht zuzulassen; das Recht, die zugelassenen Kirchenanstalten, wenn sie von ihrem ursprünglichen Zweck abweichen oder ihre Tauglichkeit zu dessen Erreichung verlieren (welche stets als stillschweigende und unerläßliche Bedingung ihrer Fortdauer anzusehen ist), darauf zurückzuführen oder sie ganz aufzuheben, doch daß es in einer Art geschehe, die mit den Grundsätzen derjenigen Kirche, der sie angehören, vereinbarlich ist."

teten die oberrheinischen Bischöfe diesen Beschluß und dessen Motive. Hat die katholische Kirche, sagen sie, unbestritten das Recht in der Eigenthümlichkeit ihres Wesens zu bestehen, so hat sie auch das Recht zur Pflege des klösterlichen Lebens. Welche Klöster und Orden zweckmäßig — das zu beurtheilen sei offenbar nicht Sache des Staates, sondern der Kirche, denn der Staat könne nur fordern, daß die Angehörigen der Klöster, gleich allen übrigen Unterthanen, die allgemeinen Staatsgesetze beobachten. Die Bischöfe fragen mit vollem Rechte, wo der Rechtsgrund, wo überhaupt ein logischer Grund liege, daß Vereine „mit klösterlicher Regel" nach anderen Grundsätzen als andere geistliche Vereine beurtheilt werden sollen. Wenn solche klösterliche Vereine vom Staat irgend einen Vorzug vor anderen Vereinen oder einen besonderen Schutz in Anspruch nähmen, so wäre doch der Schein eines Grundes vorhanden; wenn sie aber nur den allgemeinen Rechtsschutz verlangen, so sei nicht einzusehen, warum das Bestehen solcher Vereine unerlaubt, warum es ein strafbares Vergehen sein solle, wenn eine Anzahl katholischer Männer oder Frauen in einem wohlgeordneten gemeinsamen Leben sich den Werken der christlichen Liebe und Frömmigkeit widme. Im Fall ein solcher Verein Körperschaftsrechte in Anspruch nähme, so hätte er allerdings die betreffenden Staatsgesetze zu beachten, dürfte aber erwarten, daß seine Eigenschaft als religiöser und klösterlicher Verein keinen Grund abgebe, um ihm diese Rechte zu verweigern. Die Bischöfe deuten ferner an, daß das Verbot der Klöster mit den Bestimmungen des Reichsdeputationsschlusses, unter welchen die Fürsten ihre Lande erhalten, durchaus nicht vereinbar sei; denn wenn der Artikel 42 dieses Reichsgesetzes dem Landesherrn das Recht gebe, Mannsklöster aufzuheben, so beziehe sich das lediglich auf die Klöster, welche säcularisirt wurden, nicht aber auf das Klosterleben an sich selbst. —

Der Eingang zu dem Edict vom 14. Mai 1807 deutet fast an, daß dieses Gesetz die Klöster nur deßhalb nicht unbedingt verbot, weil man sich der Reichsgesetze damals noch erinnern mußte; es scheint aber auch außer Zweifel zu sein, daß die badische Regierung grundsätzlich die Wiedereinführung verhin=

dern wollte, und daß unter dieser Form das vollkommene Verbot eigentlich versteckt war. — Ist doch die Aufhebung der Klöster in den ehemals vorderösterreichischen Landen gerade in diese Zeit gefallen. Nach den früheren Vorgängen und bei den Meinungen, die in gewissen Kreisen herrschten, war die Abneigung gegen solche Institute natürlich. Eine ganze Generation ist mit jenen Meinungen aufgewachsen, sie sind zum System geworden, und mit einer ganzen Klasse von Menschen so verwachsen, daß sie sich zur Freiheit einer unbefangenen Beurtheilung kaum zu erheben vermochten. Aus dieser Abneigung erklärt es sich wohl, daß man in dem Gedanken neue Klöster zu errichten, wenn nicht eine Abenteuerlichkeit, doch etwas Absonderliches sah, und daß man den Widerspruch selbst nicht bemerkte, der in der Entscheidung lag, daß Vereine „mit klösterlicher Regel" durch sich selbst und ohne besondere Bestimmung von der Wirkung des allgemein gültigen Vereinsgesetzes ausgeschlossen waren. Wie in Allem, so mußte man sich auch darin erst an den natürlichen Gedanken gewöhnen.

Hatte die Regierung die Autonomie der katholischen Kirche einmal anerkannt, — und sie hatte das durch den Act der Unterhandlung mit deren Oberhaupt gethan, — so mußte sie auch anerkennen, daß die Errichtung von kirchlichen Orden und Klöstern im Rechtsgebiet der Kirche liege, daß die Prüfung und Genehmigung ihrer Satzungen, die Beaufsichtigung ihres kirchlichen Lebens, die Ueberwachung ihrer gesellschaftlichen Thätigkeit und Verwaltung wieder nur eine Angelegenheit der Kirche und nach Maßgabe der canonischen Gesetze ihren Autoritäten ein Recht und eine Pflicht sei. In dieser neuen Auffassung konnte denn die Regierung ihr altes System nicht mehr festhalten, und sie konnte nicht mehr die Aufnahme von geistlichen Genossenschaften verweigern. Andererseits konnte der heil. Stuhl billigerweise nicht in Abrede stellen, daß die allgemeinen Staatsgesetze nicht ausreichen, um die Entstehung von Mißverhältnissen zu verhindern; er mußte zugeben, daß der Staat die Pflicht habe, sich und seine Angehörigen gegen schädliche Thätigkeiten zu schützen und er mußte diesem daher ein Mittel gestatten, um seine Pflicht zu erfüllen. Durch die Ausgleichung dieser beiderseitigen Interessen ist in der Vereinbarung die Bestimmung entstanden, daß der Erzbischof das Recht habe, in seinem Kirchensprengel religiöse Orden oder Congregationen beiderlei Geschlechtes, die der heilige Stuhl genehmiget, einzuführen, jedoch in jedem einzelnen Fall im Einvernehmen mit der großherzogl. Regierung [1].

Der Wortlaut dieser Bestimmung scheint zweifelhaft zu lassen, ob der Erzbischof sich mit der Regierung zu benehmen habe, ohne durch ihren Widerspruch gehindert zu sein, oder ob er nur mit ihrem Einverständniß eine religiöse Genossenschaft einführen könne und ob auch für die Gründung einzelner Anstalten eines eingeführten Ordens die bloße Kenntnißnahme der weltlichen Regierung genüge, oder ob deren bestimmtes Einverständniß erforderlich sei. Dieser Zweifel ist vollkommen gelöst durch die beigelegten Schriftstücke, welche, wie oben erwähnt, dieselbe verbindende Kraft wie der Vertrag selbst haben; denn einerseits hat die großherzogl. Regierung in der Schlußnote erklärt: da sie nicht verkenne, wie ersprießlich religiöse Gesellschaften beiderlei Geschlechts für das Seelenheil der Gläubigen wirken können, so werde sie sich der Einführung kirchlicher Orden und der Gründung klösterlicher Institute ohne gegründete Ursachen nicht widersetzen, so daß die Unterhandlungen, welche der Erzbischof hierüber mit ihr pflegen werde, im Ganzen nicht erfolglos bleiben dürften. Der heilige Stuhl hat diese Erklärung wörtlich in die Instruction für den Erzbischof aufgenommen und denselben angewiesen, „daß er in dieser Sache officiös mit der großherzogl. Regierung in's Benehmen treten solle, damit die Schwierigkeiten, die sich im einzelnen Falle bieten könnten, beseitiget und Alles im gemeinsamen Einverständnisse so geordnet werde, daß die Einführung religiöser Genossenschaften in die Diöcese stattfinde und dieselben zum Heile der Seelen verwendet werden können" [2].

---

[1] Uebereinkunft, Art. IV. 6. In propria Dioecesi Ordines seu Congregationes religiosas utriusque sexus a S. Sede ad probatas constituere, *collatis tamen in quolibet casu cum Guvernio consiliis.*

[2] ... Archiepiscopus in hac re officiose agat cum Gubernio, ut difficultates, quae in peculiari quodam casu obstare possent, amo-

Daraus geht nun unzweifelhaft hervor, daß ohne die Zustimmung der Regierung kein religiöser Orden eingeführt werden und daß kein eingeführter irgend eine Anstalt gründen könne; die Regierung aber hat dagegen zugesagt, daß sie von ihrem Einwilligungsrecht nicht einen Gebrauch machen werde, welcher die Einführung religiöser Genossenschaften überhaupt hindern könnte. In dieser Erklärung allein liegt das Neue; denn formell ist der bisherige Zustand geblieben; die religiösen Genossenschaften bilden eine Ausnahme in der Ausübung des allgemeinen Vereinsrechtes und das staatliche Aufsichtsrecht ist daher vollständig und ängstlicher als allen andern Vereinen gegenüber gewahrt. — Auch die Abneigung der Regierungsbeamten gegen die Ordenskleidung scheint sich etwas gemindert zu haben, denn die barmherzigen Schwestern vom Orden des heiligen Vincentius wurden im Jahr 1845 nach großem Widerstreben eingeführt; sie haben sich seit dieser Zeit bedeutend vermehrt und auch die Protestanten anerkennen deren segensreiche Thätigkeit; — die Schwestern haben ihr Kleid zu Ehren gebracht.

Nach der Aufhebung sämmtlicher Orden hat die Regierung einige Frauenklöster bestehen lassen, ihr Vermögen nicht geschmälert und ihnen dessen Verwaltung nicht entzogen. Beweist das nicht gegen die Abneigung der Regierung? — O, nein! denn sie hat dieselben nur bestehen lassen in der Eigenschaft von Lehranstalten; — sie wurden ihrer ehemaligen Ordensregeln entbunden und erhielten nicht von der kirchlichen, sondern von der staatlichen Autorität ein neues Statut, welches sie in Allem den Regierungsbehörden unterwirft. Selbst das Gelübde auf drei Jahre muß auf den Grund einer Prüfung vor einem landesherrlichen Commissär abgelegt werden und nach Umlauf dieser Periode kann jede Schwester nach vierteljähriger Auffündigung wieder austreten; Beschwerden und Unordnungen im Innern der Anstalt müssen vor den weltlichen Commissär gebracht werden und die Aufsicht ihrer Wirksamkeit ist dem Ortsschulinspector oder einem

---

* veantur et omnia *communi consensu* ita ordinentur, ut religiosae familiae in Dioecesim inducantur et pro animarum salute adhiberi possint.

Anderen, welchen die Regierung ernennt, übertragen [1]. Ist nun in dem Statut auch von einem bischöflichen Commissär die Rede, so ist dieser nur eine Anstandsperson, und wenn der Schulinspector auch immer ein Geistlicher war, so hat er sein Amt doch nur in der Eigenschaft als Staatsbeamter versehen, denn als solche sind vom Gesetz auch die Pfarrer betrachtet [2]. Wenn von jetzt an neue Klöster errichtet werden, so werden sie nach ihren Ordensregeln leben, und dieses innere Leben bleibt der Staatsgewalt fremd.

Nun entsteht aber noch eine Frage, welche für mehrere Städte des Landes eine wichtige ist. — Mehrere F r a u e n klöster, welche in Lehranstalten umgewandelt sind, haben ihrer alten Ordensregel sich wieder genähert; andere haben von dem klösterlichen Leben nur das Wohnen unter einem Dach und die Ordenskleidung bewahrt; aber sie haben sich verdient gemacht, sie haben vortreffliche Schulen gehalten, sie haben erfolgreich für die Erziehung der Mädchen gewirkt, und jede Stadt hat den Besitz einer solchen Lehranstalt als einen kostbaren betrachtet — was soll jetzt in Folge der Uebereinkunft mit diesen geschehen? — Je nun — wenn sie zu ihren alten Ordensregeln zurückkehren wollen, so wird sie die Staatsgewalt nicht hindern — wenn nicht, so bleiben sie eben, was sie seit dem Jahr 1811 gewesen, und entstehen neue Frauenklöster mit strengen Regeln, so dürfte die mittelbare Einwirkung auf die Lehranstalten keine unglückliche sein.

XV.
Die kirchliche Gerichtsbarkeit.

Die katholische Kirche hat ihre eigene Gerichtsbarkeit von jeher in Anspruch genommen und kein Staat hat sie im Grund-

---

[1] Verordnung vom 10. Septbr. 1811, §§ 3. 4. 5. 28. und Erlaß des Ministeriums des Innern vom 22. Novbr. 1836 Nr. 13,073.

[2] Constitutions-Edict vom 14. Mai 1807, § 22.

satz verneint; sie bildet einen vorwaltenden Bestandtheil in dem System des canonischen Rechtes, kommt hier aber nur insoweit in Betrachtung, als sie staatliche Verhältnisse berührt, die im Großherzogthum Baden bestehen.

1. **Die kirchliche Gerichtsbarkeit in Streitsachen.**

Die kirchliche Gerichtsbarkeit hat früher eine ungebührliche Ausdehnung behauptet, sie hat sich nicht nur alle denkbaren Verhältnisse der Cleriker unterworfen, sondern sie hat auch Laien die Anrufung in rein weltlichen Sachen gestattet und somit tief in das Gebiet des bürgerlichen Lebens eingegriffen. Als Bildung und Wissenschaft sich auch unter andere Klassen des Volkes verbreiteten, da kamen die Träger der Staatsgewalt zum Bewußtsein ihrer eigenen Stellung und sie suchten das Kirchliche streng von Allem zu scheiden, was der Kirche nicht angehört. Schon das tridentinische Concilium beschränkte die Immunitäten der Geistlichen; Verträge der Landesherren mit den Bischöfen bestimmten die Zuständigkeit der geistlichen Gerichte und nach und nach zogen die Landesgesetze vor die weltlichen Gerichte alle die Sachen, welche nicht streng kirchlicher Natur sind.

Nach heutigem Recht unterstehen der Entscheidung der Kirche zunächst alle Sachen, in welchen die Sacramente, die Lehre, der Cultus und die Disciplin in Frage kommen, und sie gehören zur Zuständigkeit der geistlichen Gerichte insofern sie Gegenstand des gerichtlichen Verfahrens sein können. Solche Gegenstände sind nun vor allen anderen die streitigen Ehesachen. Die geistlichen Gerichte eignen sich aber noch andere Streitsachen zu: als z. B. über die Verleihung, Errichtung, Veränderung und Theilung der Beneficien, über Parochialrechte, über Zehnten u. s. w.; besonders aber sind es die Streitigkeiten über Patronatsrechte, welche die Kirche zu jeder Zeit für ihre Gerichtsbarkeit in Anspruch nahm [1]. — Was nun nach dem heutigen Stand des Rechtes den geistlichen oder den weltlichen Gerichten zustehe,

---

[1] Die Gegenstände der streitigen Gerichtsbarkeit in C. 3. X. de jud. II. 1., und besonders Constitut. Benedict. XIII. ad militant Ecclesiae 30. Mart. 1742.

das mögen wir den Untersuchungen der Canonisten überlassen, — für gegenwärtige Betrachtungen sind nur die **Ehesachen** und die Streitigkeiten über **Patronatsrechte** in Frage.

Wie in allen modernen Staaten, so hat man auch in dem Großherzogthum Baden die bürgerlichen Wirkungen der Ehe den weltlichen Gerichten zugewiesen, aber man hat, es ist oben angeführt worden, den kirchlichen Charakter der Ehe verkannt und die früheren Gesetze haben verordnet, daß der kirchlichen Oberbehörde die Entscheidung der Frage zustehe, welche Personen nach kirchlichen Grundsätzen zusammen heirathen, welche in einer kirchenordnungswidrig eingegangenen Ehe fortleben können und welche, vom Staate getrennten, Eheleute nach ihren Religionsgrundsätzen eine andere Ehe eingehen können [1]. — Die Kirchenregierung wurde, wie oben erwähnt, durch Vicariate besorgt, die noch übrigen Bischöfe lebten im Ausland und die geistlichen Gerichtshöfe, welche für die, im Großherzogthum liegenden, Bruchtheile ihres Sprengels zuständig waren, hatten theilweis ihre Sitze auch nicht im Lande. Viele Orte mußten demnach schon die Entscheidungen erster Instanz im Auslande suchen — andere mußten nur die Recurse bei auswärtigen Gerichten ausführen. Unter diesen Umständen wurde dann verordnet, daß die Zuständigkeit der geistlichen Gerichtshöfe außer dem Großherzogthum nur bis zum Ableben ihrer damaligen Bischöfe anerkannt werde, — daß aber von diesem Zeitpunkt ab die Ausübung der geistlichen Gewalt „an Niemanden, als an den im Lande ordnungsmäßig aufgestellten Landesbischof kommen solle" [2].

Die Ehesachen, also die Ehescheidungsklagen, wurden nun immer bei den weltlichen Gerichten anhängig gemacht, und diese entschieden nach dem Landesgesetz, also nach den Bestimmungen des französischen Gesetzbuches, und in Folge der Erkenntnisse traten sofort die bürgerlichen Wirkungen ein, — damit aber waren die Ehen noch keineswegs kirchlich getrennt. Das Gesuch um kirchliche Trennung wurde entweder von den Betheiligten selbst oder von dem betreffenden Pfarrer an das geistliche Gericht

---

[1] Erstes Constitutions-Edict vom 14. Mai 1807, § 16.
[2] Einführungs-Edict vom 15. Juni 1807.

gebracht, und eine, vom weltlichen Gerichte geschiedene, Ehe wurde als solche im Kirchenbuch erst dann eingetragen, wenn auch das geistliche die Scheidung erkannt hatte. — Als der Erzbischof von Freiburg das Kirchenregiment übernommen hatte, wurde die Sache ebenso gehalten, und die Wirksamkeit der geistlichen Gerichte in Streitsachen besteht so lange als das Großherzogthum besteht, und es war darüber niemals ein ernster Conflict vorgekommen.

Da nun aber die Entscheidung solcher Streitsachen nach canonischem Recht zur Gerichtsbarkeit des Bischofes gehören, und da in der frühern Vereinbarung, beziehungsweise in der Bulle vom 11. April 1827, bestimmt war, daß der Erzbischof in seine volle Gerichtsbarkeit eingesetzt werden solle; so kam der heil. Stuhl wieder auf diese Frage zurück und die Uebereinkunft vom 28. Juni 1859 bestimmte daher, daß der Gerichtshof des Erzbischofs nach Vorschrift der Kirchengesetze und nach den Bestimmungen des Concils von Trient über alle kirchlichen Rechtsfälle erkennen solle, welche den Glauben, die Sacramente, die geistlichen Verrichtungen und die mit dem geistlichen Amte verbundenen Pflichten und Rechte betreffen; daß somit derselbe Gerichtshof auch über Ehesachen entscheiden solle, daß jedoch das Urtheil über die bürgerlichen Wirkungen der Ehe dem weltlichen Gericht überlassen bleibe [1].

Nach dieser Bestimmung sind nun die streitigen Ehesachen ganz und gar der Entscheidung geistlicher Gerichte überwiesen, und natürlich können diese Gerichte nicht nach dem Landesgesetz, sondern nur nach canonischem Recht erkennen. Bei Ehescheidungen zwischen Katholiken würde also jetzt ein anderes Verfahren eintreten. Es müßten die Klagen bei dem geistlichen Gericht anhängig gemacht werden; und wenn dieses entschieden, so müßten die weltlichen Gerichte auf den Grund dieser Erkenntnisse über die bürgerlichen Folgen erkennen. Ohne Zweifel unterliegt die Ausführung bedeutenden Schwierigkeiten. — Kraft seines Organisationsrechtes kann der Großherzog allerdings den Gerichtshof bestimmen, welcher über eine gewisse

---

[1] Uebereinkunft, Art. IV. 1.

Sache erkennen soll, und die ganze Sache wäre mit einer Verordnung gethan, wenn die Glieder des geistlichen Gerichtshofes Staatsbeamte wären und wenn der Gerichtshof selbst nach den Landesgesetzen entschiede. Da aber das eine und das andere nicht der Fall ist, so bleibt nichts Anderes übrig, als eine Aenderung der betreffenden Bestimmungen im Landrecht.

Die Bevollmächtigten des Großherzogs haben bei den Unterhandlungen diese Schwierigkeiten hinreichend geltend gemacht, aber sie konnten nicht erlangen, daß der heil. Stuhl die Ehestreitigkeiten gänzlich den weltlichen Gerichten überlasse, und somit ein Princip aufgebe, welches die katholische Kirche von jeher aufrecht gehalten hat, und unter allen Umständen aufrecht halten muß, so lang ihre Glaubenslehre die Ehe als ein Sacrament betrachtet. Darum mußte sich die badische Regierung zu dem Versprechen verstehen, daß gesetzliche Bestimmungen, welche der Vereinbarung entgegen stehen, geändert werden sollen. — Der Erzbischof ist angewiesen, jede Streitigkeit mit der Regierung nach Möglichkeit zu vermeiden, bis die Abänderung der bestehenden Gesetzgebung bewirkt sein werde; er ist ferner ermächtiget, sich an die Instruction zu halten, welche für die geistlichen Gerichte in Oesterreich gegeben worden ist, und demnach die staatlichen Eheverbote als kirchliche Ehehindernisse zu beachten [1].

---

[1] Uebereinkunft, Art. XXIII., und Schreiben des Cardinals Grafen v. Reisach, welches einen Bestandtheil der Convention bildet. — Der Wortlaut dieses wichtigen Schriftstückes, welches die Kraft des Vertrages besitzt, ist der folgende: „Euere Erzbischöfliche Excellenz — werden aus den ●●● dem Art. V. der zwischen dem heil. Stuhle und der großh. Regierung abgeschlossenen Convention enthaltenen Bestimmungen über die geistliche Jurisdiction entnommen haben, daß der Kirche die ihr in dem dogmatischen Canon 12 der Sess. XXIV. des Concils von Trient vindicirte ausschließliche Gerichtsbarkeit in Ehesachen zugesprochen worden ist. Da nun, wie ich mich aus den Verhandlungen überzeugen konnte, die badische Gesetzgebung bezüglich der Ehe und namentlich bezüglich der Gerichtsbarkeit in Ehestreitigkeiten mit den Principien und Gesetzen der Kirche im Widerspruch ist, so sehe ich voraus, daß, wenn auch eine Abänderung der bestehenden Gesetzgebung nach Art. XXIII. der Convention in Aussicht

Die Landesgesetze bleiben in voller Kraft, und ehe diese auf verfassungsmäßigem Wege geändert sein werden, muß der Vollzug der bezüglichen Bestimmungen in der Uebereinkunft ausgesetzt bleiben. Wenn aber durch deren Vollzug der geistlichen Gerichtsbarkeit eine Zuständigkeit eingeräumt wird, welche ihr bisher nicht zukam, und wenn die geistlichen Gerichte ihre Erkenntnisse nur allein aus dem canonischen Recht schöpfen, so ist in den Wirkungen auf die gesellschaftlichen Verhältnisse doch nur wenig geändert. — Auch bisher haben die geistlichen Gerichte den Bestand der Ehe lediglich nur nach Vorschrift der Kirchengesetze beurtheilt; wenn diese die Scheidung nicht aussprachen, so war die Ehe nicht getrennt, und wenn sie aus einem anderen als einem Nichtigkeitsgrund auch kirchlich getrennt war, so durfte von den getrennten Eheleuten doch keines wieder heirathen, so lang das andere noch lebte. — Der einzige Unterschied besteht darin, daß bisher die bürgerlichen Wirkungen

---

steht, bis dieselbe bewerkstelligt ist, für Ew. Excellenz bei der Ausführung der im genannten Art. V. über die Ehesachen getroffenen Bestimmungen Zweifel und Schwierigkeiten entstehen können. — Das besondere Interesse, welches ich an Ihrer Person und an Ihrer Erzdiöcese nehme, verpflichtet mich, Ihnen in dieser Sache meine persönlichen Ansichten mitzutheilen und Sie in vertraulicher Weise aufzufordern, daß, wenn Sie auch die mit den kirchlichen Principien und Gesetzen im Widerspruch stehende weltliche Gerichtsbarkeit nicht billigen und als für die Kirche bindend anzuerkennen vermögen, Sie bis zur Abänderung der geltenden staatlichen Ehegesetzgebung, um nicht bedauerliche Zerwürfnisse zwischen Staat und Kirche herbeizuführen, dahin wirken mögen, daß Collisionen soweit als immer möglich vermieden werden. Es wird dieß Ew. Excellenz dadurch erleichtert werden, daß auch die großherzogl. Regierung, wie sie es bei den Verhandlungen ausgesprochen hat, die Versicherung gibt, daß sie ihrerseits zur Verhütung von Collisionen gleichfalls das Möglichste beitragen werde. — In gleich vertraulicher Weise möchte ich Ew. Excellenz ersuchen, daß Sie bezüglich der in Baden durch die Staatsgesetzgebung vorgeschriebenen Bedingungen zur Eheeinigung an dasjenige Sich halten mögen, was in der vom Cardinal Rauscher für die österreichischen geistlichen Gerichte verfaßten Instruction § 69 und § 70 enthalten ist. Sie können dieß, wie die österreichischen Bischöfe tuta conscienta thun, wenngleich diese Instruction nicht vom heil. Stuhle ausgegangen ist und daher auch keinen gesetzlichen Charakter an sich trägt."

sofort eintraten, wenn die Scheidung von den weltlichen Gerichten erkannt war, während sie künftig dem kirchlichen Erkenntnisse folgen. — Allerdings ein wichtiger Unterschied, welcher aber dem Staat so wenig als der Gesellschaft Nachtheile bringen wird, — wenigstens werden diese Nachtheile nicht so groß sein, daß sie die **bürgerliche** Ehe zur unvermeidlichen Nothwendigkeit machen.

Die Kirche hat von jeher die **Patronatsrechte** als kirchliche Rechte betrachtet; und deßhalb alle die Streitigkeiten, welche darüber entstanden, vor ihre Gerichte gezogen. Im Großherzogthum Baden war bisher für solche Streitigkeiten lediglich der weltliche Richter zuständig, und die Regierung hat deßhalb in den Unterhandlungen mit dem heil. Stuhle diese Zuständigkeit mit großer Beharrlichkeit zu halten versucht. Der Streit über diesen Punkt soll so heftig gewesen sein, daß man darüber das Abbrechen der Unterhandlungen gefürchtet hat, aber am Ende haben sich der heil. Stuhl und die Regierung darüber verglichen. Jener hat den kirchlichen Grundsatz festgehalten, und diese hat diesen Grundsatz insofern anerkannt, daß sie über den Bestand eines **Laien-Patronatsrechtes** die Entscheidung der geistlichen Gerichte gestattet; diese aber hat erwirkt, daß der weltliche Richter zuständig ist, wenn über die bürgerlichen Rechte und Lasten oder über die Nachfolge eines Patronates gestritten wird, welches von der Kirche anerkannt ist [1]. Ueber diese Punkte bestehen nun allerdings verschiedene Verordnungen, und wohl auch Gesetzesbestimmungen, nach welchen der Richter entscheidet [2],

---

[1] Uebereinkunft, Art. V. 4.

[2] Gesetze und Verordnungen über das Lehenswesen. — Ferner Edict vom 22. April 1824, Rechtsverhältnisse der zum ehemaligen Reichsadel gehörigen Grundherren betreffend, § 12 und 18. — Ferner Staatsministerialerlaß vom 9. Novbr. 1837 Nr. 1863. Dieser Erlaß bestimmt, das Patronatsrecht der Standes- und Grundherren auf Kirchen- und Schulstellen sei nur in soweit anzuerkennen, als sie dasselbe schon vor dem 14. Mai 1813 besessen oder später durch besondere Titel erworben haben. Ohne einen solchen besondern Titel werde auch ein Patronatsrecht auf neugegründete Pfründen und Schulstellen nicht anerkannt, und den betreffenden Standes- und Grund-

wenn er aber über das Bestehen eines Patronatsrechtes urtheilen sollte, so mußte er meistens auf subsidiarische Gesetze, und am Ende doch wieder auf das Kirchenrecht zurückgehen. Bisher sind solche Streitigkeiten nur wenige an die Gerichte gebracht worden, und voraussichtlich werden sie künftig noch seltener werden, denn die Privatpatronate sollen durch gütliche Verständigungen zwischen der Kirchengewalt und den Patronen festgestellt werden, ehe man die etwa nöthige Veränderung in der Landesgesetzgebung vornimmt; eine neue Pfründe kann nur unter Zustimmung der Betheiligten und mit Genehmigung der Kirchenbehörde errichtet, und somit kann auch das Verleihungsrecht durch eben diese Verständigung festgestellt werden. Die landesherrlichen Patronate sind durch die Uebereinkunft selbst bestimmt, und sollte darüber jemals ein Streit zwischen der großherzoglichen Regierung und dem Erzbischof entstehen, so haben sich beide dahin vereiniget, daß sie solchen Streit vor dem päpstlichen Stuhl austragen wollen [1].

2. Kirchliche Gerichtsbarkeit in Strafsachen.

Schon in den ältesten Zeiten der Kirche übten die Bischöfe eine strenge Zuchtgewalt über alle Glieder der Gemeinde; die Grundlage der Beurtheilung bildete der Decalog, dessen Titelfolge augenscheinlich die Ordnung der zehn Gebote Gottes einhält [2]. Die kirchlichen Strafen hatten fast immer nur die Besserung des Schuldigen und die Reinerhaltung der Gemeinden zum Zweck; und sie bestanden in mehr oder weniger strengen Büßungen bis zur Verstoßung aus der kirchlichen Gemein-

---

herren, welche auf ihren Anforderungen bestehen, die Betretung des Rechtsweges überlassen. — Die Patronatsrechte sind noch besonders anerkannt in Declarationen über deren staatsrechtliche Verhältnisse von 1815 bis 1840. — Die Ausübung aller Patronatsrechte ist durch die höchste Verordnung vom 28. December 1815 bestimmt.

[1] Schlußacte vom 28. Juni 1859, Abs. 3.
[2] Canon. Apostol. cap. 83 § 2. Dist. 1. De poenit. (August. cap. a. 415). — Die Anordnung des fünften Buches nach den zehn Geboten hat Walter zuerst bemerkt.

schaft. Bürgerliche Nachtheile konnte die Kirche nicht verhängen, und nur in Nothfällen forderte sie die Unterstützung der weltlichen Gewalt. In den germanischen Reichen erhielt die Handhabung dieser geistlichen Zuchtgewalt durch die sogenannten Sendgerichte eine bestimmtere Form [1]. Im Mittelalter entwickelte sich die kirchliche Gerichtsbarkeit zu einer größern Ausdehnung und die Kirche hielt den Grundsatz fest, daß aus dem Gesichtspunkt der Sünde nicht nur alle Verbrechen, sondern daß selbst die Vorenthaltung eines bürgerlichen Rechtsanspruches oder die Verletzung fremden Gutes vor ihr Gericht gezogen und gestraft werden konnten. Nur solche Verbrechen, welche bereits vor den weltlichen Gerichten anhängig gemacht oder abgeurtheilt waren, sollten vor den geistlichen nicht mehr verhandelt werden, kamen nicht mehr vor den Send. Das Geistliche und das Weltliche war untereinander gemischt; der weltliche Arm mußte die Sprüche der geistlichen Gerichte vollziehen — dem Kirchenbann folgte die Reichsacht. Die Geistlichen waren in allen Rechtsverhältnissen den kirchlichen Gerichten, und nur diesen, unterworfen, die weltlichen hatten keine Gewalt über sie.

Die neuere Zeit hat das Recht anders ausgebildet, sie hat das Verschiedenartige getrennt, und die geistlichen Gerichte konnten vor ihr Forum keine Verbrechen ziehen, für welche die weltlichen zuständig waren. Heutzutage fordert die Kirche nur noch eine Strafgewalt über Geistliche wegen Amts- und Standesvergehen, und über Laien eine Censurgewalt wegen Verletzung kirchlicher Gebote; — nur allein über Vergehen, welche den Glauben und das kirchliche Leben betreffen, will sie erkennen. — Auch das moderne Staatsrecht anerkennt, daß die religiöse Zucht und das Maß von innerer Disciplin, welches jedem organischen Körper zu seiner Ordnung nöthig ist, von Rechts wegen der Kirche gebühre, aber es will die kirchliche Gerichtsbarkeit nur als eine freiwillige erkennen; es will der Kirche die Disciplinargewalt über ihre Beamten und Diener, und das

---

[1] F. Walter, Lehrbuch des Kirchenrechtes aller christlichen Confessionen. Zehnte Auflage. Bonn 1846.

Recht zugestehen, diese zu entfernen, und durch andere Personen zu ersetzen, wenn sie sich als untauglich für die Führung ihrer Aemter bewiesen haben, aber es fordert, daß die Staatsgewalt eine Aufsicht ausübe, um Kirchendiener und Laien in ihrer Eigenschaft als Bürger gegen Uebergriffe der geistlichen Gewalt zu schützen. So entstand der Streit über den sogen. Recurs wegen Mißbrauch (Recursus tanquam ab abusu — Appel comme d'abus); aber nicht wenige Rechtslehrer verwerfen dieses Rechtsmittel und beschränken die Controle des Staates nur allein auf die Kenntnißnahme von den Urtheilen und auf die Gewährung oder Verweigerung der weltlichen Unterstützung zu deren Vollzug. Wenn darüber die Acten auch noch nicht geschlossen sind, so besteht die Meinungsverschiedenheit lediglich darin, ob die Staatsgewalt ihre Macht leihen solle, um die Erkenntnisse der geistlichen Strafgerichte zu vollziehen, oder ob es dem Verurtheilten frei stehe, sich dem Strafurtheil zu unterwerfen. — Im Grundsatz ist diese Verschiedenheit allerdings bedeutend, aber in den gewöhnlichen Verhältnissen des Lebens wird sie nur selten eine wirkliche Folge haben, weil keine Gewalt den Bischof hindern kann, dem widerspenstigen Geistlichen die canonische Mission zu entziehen und Jeden aus der Gemeinschaft der Kirche auszustoßen.

A. Die kirchliche Strafgewalt über Geistliche.

Das erste Grundgesetz des Großherzogthums Baden hat der Kirche das Recht zuerkannt: „die gegebene Ermächtigung zur Ausübung kirchlicher Functionen bei erprobter Unfähigkeit oder Unwürdigkeit zurückzunehmen, — die Polizei über ihre Diener und Glieder in Bezug auf deren häusliches und öffentliches sittliches Verhalten auszuüben, — und alle äußeren Rechtsstreitigkeiten, welche sich über staatsbürgerliche, persönliche Verhältnisse ihrer Diener oder über Kirchenverhältnisse ihrer Glieder zu vermitteln." — Dasselbe Gesetz erklärt ferner, „daß jede richterliche Gewalt, die in Sachen des Gewissens oder der Erfüllung der Religions- und Kirchenpflichten einer Kirche nach ihren symbolischen Büchern und der darauf gegründeten Verfassung nöthig ist — ihr ungeschmälert bleibe, so

lange sie solche nicht zum Nachtheil des Staatszweckes miß=
braucht" [1].

Vor Errichtung des Erzbisthumes hatte die Ausübung der
geistlichen Strafgewalt keine bestimmte Regel und keine Einheit,
die allgemeinen Grundsätze des Gesetzes wurden nicht durch
klare Vollzugsverordnungen in Wirksamkeit gesetzt; und so lag
es in dem natürlichen Gang der Dinge, daß die Staatsbehör=
den sich dieser Gewalt fast gänzlich bemächtigten. — Als der
erste Erzbischof eingesetzt wurde, hatte sich schon ein Gebrauch
gebildet, welchen man festhielt. Die Bulle vom 11. April 1827
(**Ad dominici gregis custodiam**) sprach zwar dem Erzbischof
seine vollkommene Gerichtsbarkeit zu, aber die Regierung hatte
gerade diese Bestimmung nicht ausführen wollen, deßhalb ent=
hielt die Verordnung vom Jahre 1830 über den Umfang und
die Zuständigkeit der bischöflichen Gerichtsbarkeit keine einzige
positive Bestimmung — sie verfügte nur allein, daß Geistlichen
und Weltlichen der Recurs an die Landesbehörden verbleibe,
wenn immer ein Mißbrauch der geistlichen Gewalt gegen sie
stattfinde [2]. Wo ein solcher Mißbrauch stattfinden könnte, das
war schwer zu sehen, denn die weltliche Gewalt übte die kirchliche
Disciplinargewalt so ziemlich vollständig aus. — Der erste Erz=
bischof hatte viele arge Dinge in seinem Sprengel gefunden,
aber er konnte nicht ernstlich gegen schlechte Geistliche einschrei=
ten, und häufig genug wurden diese von der bureaukratischen
Eifersucht gegen die Kirchengewalt in Schutz genommen. Die
kirchlichen Disciplinarsachen wurden auf verschiedene Weise be=
handelt; die mildeste Uebung bestand aber darin, daß jedes
Strafertenntniß vor dessen Eröffnung und Vollzug der staatlichen
Kirchenbehörde vorgelegt werden mußte, und daß diese eine Er=
gänzung der Untersuchung veranlaßte, wenn sie eine solche für
nothwendig hielt. Ueber das Ergebniß erstattete der Director
Vortrag an das Ministerium des Innern, und dieses entschied,
ob und unter welchen Bedingungen dem Strafertenntniß des Or=
dinariates die Staatsgenehmigung zu ertheilen sei. — Gegen

---

[1] Constitutions=Edict vom 14. Mai 1807, §§ 12 und 14.
[2] Verordnung vom 30. Januar 1830, § 36.

diese Entscheidung konnte das Ordinariat den Recurs an das Staatsministerium ergreifen, und dieser höchsten Behörde stand es allein zu, über Fälle der Entlassung und der Unwürdigkeit zum Kirchendienst zu entscheiden.

Der Erzbischof hatte Verwahrung eingelegt gegen die pragmatische Verordnung vom Jahr 1830, der Papst hatte sie verworfen, und somit konnte jener die Befugnisse seiner Gerichtsbarkeit ansprechen. Unterm 10. Februar 1830 protestirte der Erzbischof Bernhard Boll gegen die Ausübung der disciplinären Strafgewalt in geistlichen Dingen durch Behörden des Staates, und es kamen so mancherlei Aergernisse vor, daß die Minister des Großherzogs denn doch die Nothwendigkeit eines geregelten Zustandes einsahen. Die Regierung entwarf eine Verordnung, welche jedoch wieder alle Erkenntnisse des geistlichen Gerichtes der Staatsgenehmigung unterwarf; da aber der Erzbischof den Entwurf nicht annahm, so wurde, auf Befehl des Staatsministeriums, von dem Ministerium des Innern und dem erzbischöflichen Ordinariat gemeinschaftlich ein anderer ausgearbeitet. Dieser kam nach langen Verhandlungen im Jahre 1838 zu Stande, wurde aber von der katholischen Kirchensection so sehr beschnitten und beschränkt, daß der zweite Erzbischof, Ignaz Demeter, dessen wiederholte Mittheilung verlangte, ehe er dem Staatsministerium zur Genehmigung vorgelegt wurde, und als er endlich im März 1839 die Arbeit zu sehen bekam, so fand er, daß man keine seiner Bemerkungen berücksichtiget hatte, und er protestirte gegen dessen Verkündigung. — Der Erzbischof verlangte eine genügende Disciplinargewalt, man hatte unangenehme Erörterungen in der ersten Kammer mit Mühe vermieden, man mußte solche für den nächsten Landtag befürchten, und so war es dem Ministerium denn ernstlich darum zu thun, eine Sache zu regeln, die schon fast ein Jahrzehnt schwebte, während jeder Tag die Nothwendigkeit eines festgestellten Verhältnisses hervorhob.

Endlich erschien die Verordnung vom 23. Mai 1840, und sie wurde von der katholischen Kirchensection den Decanen verkündet. Durch diese Verordnung erhielt der Erzbischof die Befugniß, gegen Geistliche, welche sich Disciplinarvergehen zu Schulden kommen lassen, geringere Strafen, nämlich Verweise,

Geldstrafen bis zu 30 fl. und Suspension vom Amte bis zur Dauer von vier Wochen erkennen und vollziehen zu lassen, ohne dazu vorgängige Staatsgenehmigung einzuholen; — jedoch soll von jedem Urtheil, welches eine Strafe erkennt, der Kirchensection sogleich eine Abschrift mitgetheilt werden. Dem Betheiligten blieb das Recht des Recurses unbenommen, und dieser schob den Vollzug des Erkenntnisses in allen Fällen auf, in welchen die Suspension vom Amt nicht als eine schleunige Dienstpolizeimaßregel erkannt ward. Alle höheren Straferkenntnisse des erzbischöflichen Ordinariates unterlagen der bisherigen Vorschrift, d. h. sie mußten der staatlichen Kirchenbehörde vorgelegt, von dieser geprüft, und von dem Ministerium des Innern genehmiget werden, und auf Anrufen hatte das Staatsministerium die letzte Entscheidung.

Ist es nöthig, dieser Verordnung eine Bemerkung beizufügen? —

Abgesehen davon, daß das Ministerium des Innern fast immer in überwiegender Mehrzahl mit Protestanten besetzt ist; — abgesehen davon, daß im Staatsministerium sich immer nur ein Rath befindet, welcher nicht einem Ministerium vorsteht, daß also in Recurssachen jeder Minister sein eigener Richter ist; — abgesehen davon, daß der Erzbischof die Suspension eines Pfarrers nicht vollziehen konnte, weil er keine Mittel hatte, um einen Verweser zu bezahlen; — so blieb immer die Vermischung des Geistlichen mit dem Weltlichen, welche so verderblich als unnatürlich war. Ein Verwaltungscollegium, größtentheils aus Protestanten bestehend, sollte über die Glaubenstreue, über die Religiosität eines Priesters, und über dessen sittliche Fähigkeit zur Seelsorge richten. — Wußte man nicht, daß in Glaubenssachen der Bischof nur einen Richter über sich erkennt? — Die weltliche Gewalt mag einen Geistlichen zum Pfarrer ernennen, aber er ist erst Pfarrer, wenn ihm der Bischof die canonische Institution verliehen hat; nun soll aber die weltliche Behörde entscheiden, ob im gegebenen Fall der Bischof seine Institution zurücknehmen darf, oder ob er sie aufrecht halten muß. — Wenn das Domcapitel ein Kriegsgericht bilden müßte, um über einen Artillerieoffizier zu urtheilen, der seine Batterie verloren, — es wäre kaum mehr unnatürlich.

Die natürlichen Wirkungen dieses Systemes mußten bald eintreten. Die schlechten Geistlichen fanden Schutz bei den weltlichen Behörden, und der Erzbischof konnte keinen entfernen, wie gegründet die Klagen und die Beschwerden auch sein mochten. Die natürliche Eifersucht der Bureaukratie ergriff jede Gelegenheit, um der Kirchengewalt gegenüber ihre Macht thatsächlich zu zeigen; der Erzbischof konnte keinen strafen, — das wußten die lüberlichen Geistlichen, und da auch von ihm die Vergebung der Pfründen nicht abhing, so verlor er sein Ansehen und mit diesem seinen Einfluß. Darin hatte man nun in Karlsruhe gerade kein Unglück gesehen; denn man sah nicht die Folgen. Die guten Pfarrer wurden verstimmt, und die schlechten verdarben oder besserten nicht ihre verkommenen Gemeinden, die sittliche Verwilderung verbreitete sich und ergriff auch die guten, und gelähmt war die einzige Macht, welche dem Zerfall der Gesellschaft, welche der Unterwühlung der staatlichen Verhältnisse entgegen arbeiten konnte, — sie konnte nur noch die traurigen Zustände beklagen und Gott bitten, daß er die Gräuel abwende, welche jeder Vernünftige vorhersah.

Die oberrheinischen Bischöfe erhoben sich in ihrer **ersten** Denkschrift vom Januar 1851 gegen diese Zustände, sie verlangten, daß ihnen die Befugniß nicht vorenthalten werde, gegen Geistliche, welche ihr Kirchenamt nicht pflichtgetreu und würdig verwalten, Strafen zu erkennen, von dem einfachen Verweis bis zur Entziehung des Beneficiums und der damit verbundenen Einkünfte. Sie führten aus, daß Satzungen des Kirchenrechtes die Berufung vom bischöflichen Gericht an das erzbischöfliche, und von dem Metropolitangericht an den heiligen Stuhl bestimmen, daß die Berufung an andere als an diese kirchlichen Autoritäten eine Auflehnung gegen diese sei, und daß solche Auflehnung, von der weltlichen Gewalt in Schutz genommen, überall zur Verwirrung und Unsegen gebracht habe. Die vereinigten Bischöfe sprachen die Hoffnung aus, daß den Bischöfen die Herstellung ihrer Strafgewalt nicht länger verweigert, daß die widerspenstigen Cleriker nicht mehr unterstützt, daß der kirchlichen Gerichtsbarkeit keine Hemmnisse bereitet, sondern daß im Gegentheil derselben die Hülfe des weltlichen Armes geleistet werde, wie sie denn auch die Pflicht habe, jedem rechtmäßigen Vorgesetzten gegen widerspenstige Untergebene solche Hülfe zu gewähren.

In ihrer Erwiderung vom 5. März 1853 anerkannte die Regierung, daß, zur Erfüllung ihres Berufes, der Kirche eine disciplinäre Strafgewalt über ihre Diener zustehen müsse, daß der Staat aber solche Strafgewalt nur unter der Voraussetzung eines rechtlichen Verfahrens anerkennen und darum nicht darauf verzichten könne, in jedem Falle einzuschreiten, in welchem die Organe der Kirchengewalt ihre anerkannten Befugnisse überschreiten, oder wesentliche Grundsätze eines rechtlichen Verfahrens nicht beobachten sollten. Wenn zu dem Schutzmittel der Berufung wegen Mißbrauch (Recursus ab abusu) noch eine Einrichtung trete, welche eine gleichmäßige und unbefangene Einrichtung des Richteramtes gewähre, so könne die Strafgewalt der Kirche allerdings erweitert werden.

In einer Beilage wurde nun der Entwurf einer Verordnung beigelegt, welche die Befugniß zur Suspension und zur Einberufung in das Besserungshaus auf die Zeit von drei Monaten ausdehnte, für höhere Strafen aber die Staatsgenehmigung vorbehielt, auch wenn der Angeschuldigte keine Berufung einlegen sollte. — Die Verweigerung des Vollzuges kann von dem Staatsministerium ausgesprochen werden. — Die erzbischöfliche Behörde ordnet die Untersuchungen an und läßt sie durch einen geistlichen Commissär führen; — Zeugen können aber nur von den zuständigen Staatsbeamten auf Ersuchen vernommen werden. Die Staatsbehörde kann die Untersuchung ergänzen lassen und hiemit nöthigenfalls einen weltlichen Beamten beauftragen, auch dem geistlichen Untersuchungscommissär von Anfang an einen weltlichen beigeben; überdieß behält die Regierung sich vor, mit den geeigneten Mitteln durch ihre Organe einzuschreiten, wenn das öffentliche Wohl es erheischt. Dem Erzbischof, wenn er in der Diöcese erscheint, und von Fehltritten der Geistlichen Kenntniß erhält, ist gestattet, vorsorglich anzuordnen, was das Wohl der Kirche erheischt, insbesondere aber die Suspension eines schuldigen Geistlichen vom Amt zu verfügen; jedoch soll er den Fall dem geistlichen Gericht anzeigen und dessen rechtlicher Beurtheilung unterstellen.

Wie alle anderen Bischöfe der Provinz, so wurde auch der Erzbischof zum Gutachten über diesen Entwurf aufgefordert, und es ward in der zweiten Denkschrift der Bischöfe vom 18. Juni 1853 gegeben. Durch eine ausführliche Erörterung zeigten diese das Unzweckmäßige und das Unstatthafte dieser Verordnung; sie führten aus, daß deren Bestimmungen dem positiven Recht, der Natur der Sache, sowie der Billigkeit und Schicklichkeit entgegen seien; — sie zeigten die Unstatthaftigkeit des Recurses an weltliche Behörden, hielten ihre Forderung unabhängiger geistlicher Gerichte und des kirchlichen Instanzenzuges aufrecht, und machten die Regierungen aufmerksam, daß außer der oberrheinischen Provinz die Kirche fast in allen Ländern die canonische Strafgerichtsbarkeit besitze.

Während des Kirchenstreites und während des sogenannten Interims ließ der Erzbischof von Freiburg mehrere Geistliche in Untersuchung nehmen. Die meisten von denjenigen, welche verurtheilt wurden, unterwarfen sich demüthig der Strafe; manche haben wohl den Recurs wegen Mißbrauch ergriffen, aber bei wenigen nur, deren Berufung die Staatsbehörde nicht verwarf, ist das letzte canonische Zwangsmittel nöthig geworden.

Der Streit in dieser Sache war eben, wie in allen anderen, der Streit zwischen den Principien der zu weit ausgedehnten staatlichen Kirchenherrlichkeit und der autonomischen Freiheit der Kirche; — war diese einmal anerkannt, so mußte von selbst die Bestimmung der Uebereinkunft folgen, welche verordnet, daß der Erzbischof unbehindert den Wandel der Geistlichen überwache und gegen diejenigen, welche in Folge ihres Betragens oder aus irgend einem anderen Grunde der Ahndung würdig befunden werden, in seinem Gerichte nach Vorschrift der Kirchengesetze Strafen verhänge, wobei jedoch der canonische Recurs gewahrt bleibe [1].

In Uebereinstimmung mit den Gesetzen des Großherzogthums

---

[1] Uebereinkunft vom 28. Juni 1859, Art. V. Abs. 2.

und sich auf die Zeitverhältnisse berufend, gibt der heil. Stuhl alle Immunitäten der Geistlichen auf, und stellt sie sowohl in civil- als in strafrechtlichen Verhältnissen unter die Gerichtsbarkeit des Staates. Jene wird auf die Ansprüche und Lasten der Kirchen und Pfründen, sowie über Zehnten und Kirchenbaulasten ausgedehnt, und in diesen wird nur der Vorbehalt gemacht, daß der Erzbischof ohne Verzug in Kenntniß gesetzt werde, wenn ein Geistlicher vor das weltliche Strafgericht gestellt wird, und daß, wenn ein Urtheil Tod oder Gefängnißstrafe von mehr als fünf Jahren erkennt, dem Erzbischof die Gerichtsverhandlungen mitgetheilt werden, um es ihm möglich zu machen, den Schuldigen, behufs der über ihn zu verhängenden Kirchenstrafe, zu hören. — Das lag aber auch schon theilweise in den Gesetzen, und es ist eine billige Rücksicht, daß diese Mittheilung nicht verweigert werden soll, wenn sie der Erzbischof auch bei Erkenntnissen auf geringere Strafen verlangt [1]. Dagegen hat die Regierung in der Schlußnote erklärt, man werde, wenn wegen Verbrechen oder Vergehen Untersuchungs- oder Strafhaft gegen einen Geistlichen erkannt werde, diejenigen Rücksichten eintreten lassen, welche die dem geistlichen Stande gebührende Achtung erheischt [2].

Man kann nicht in Abrede stellen, daß die vollkommene Unabhängigkeit der kirchlichen Strafgewalt sehr gewichtigen Bedenken unterliegt. — Der Zweck des Staates besteht vor Allem darin, daß er den Bürger in seinem Rechte schütze. Der kirchlichen, also einer gesellschaftlichen Behörde, ist nun eine Gewalt gegeben, welche eben doch über Eigenthum, Beruf, Freiheit und Zukunft einer Klasse von Menschen entscheidet, welche im Dienste der Kirche stehen, aber darum nicht aufgehört haben, Bürger des Staates zu sein. — Kann nicht die geistliche Behörde aus Unkenntniß ihre Gewalt mißbrauchen — kann nicht eine verschiedene Meinung, noch innerhalb der Grenzen der Glaubenslehre, die geistliche Strafgewalt zur Verfolgung

---

[1] Uebereinkunft, Art. V. Abs. 5, 6 und 7.
[2] Aehnliches ist schon durch das Strafgesetz des Großherzogthums §§ 42 und 51 bestimmt.

abweichender Ansichten mißbrauchen; — können, in der Beurtheilung einzelner Fälle, nicht die Ansprüche und die Interessen der Corporation den menschlichen und bürgerlichen Rechten entgegen oder über diese gestellt werden — und wenn das so ist, wer schützt den Verfolgten gegen Unrecht und Willkür; — wer schützt seine menschlichen Rechte gegen die inneren Grundsätze der Hierarchie? — Man sage nicht: wer in den geistlichen Stand tritt, der kennt diese Verhältnisse und hat sich freiwillig ihnen unterworfen; er hat die Vortheile um den Preis der Lasten erworben, und Keinem geschieht Unrecht, wenn ihm wird, was er will (volenti non fit injuria). — Des menschlichen Rechtes darf kein Mensch — des bürgerlichen darf kein Bürger sich begeben, und der Staat muß beide, selbst wider Willen des Betheiligten, schützen. Darin liegt nun eine Entschuldigung der früheren Verordnungen der Regierung; denn diese Verordnungen haben vorausgesetzt, daß gegen den Mißbrauch der geistlichen Gewalt kein anderes Rechtsmittel gegeben sei, als die Berufung an die Gewalt des Staates. Diese Rechtfertigung fällt aber doch wieder auf die Regierung zurück. Denn es hing lediglich von ihr und nur von ihr ab, eine regelmäßige Verwaltung der geistlichen Gerichtsbarkeit zu schaffen. Die Regierung trifft der Vorwurf, daß sie das Recht der Kirche gekränkt hat, um das Unrecht gegen ihre Diener zu hindern, und daß sie die Gewähr des Rechtes einem Princip geopfert hat, welches jeder Unbefangene als ein unhaltbares erkannte.

Hat die Regierung jetzt ihr Princip aufgegeben, hat sie die Selbstständigkeit der kirchlichen Richtergewalt anerkannt, so fragt man billig: was hat sie gethan, um eine Gewähr für den Schutz der bürgerlichen Rechte des Geistlichen, also für die gute Ausübung der geistlichen Gerichtsbarkeit, zu erhalten?

Die Regierung hat mit dem heiligen Stuhle dieselben Gewähren vereinbart, welche der Bürger, welche überhaupt jede Persönlichkeit und welche der Staat selbst nur für die gute Ausübung der weltlichen Rechtspflege besitzt. Die Regierung hat mit dem heiligen Stuhle vereinbart, daß der Erzbischof einen wirklichen, wahren Gerichtshof aufstelle, wie ihn die canonischen Gesetze, und wie ihn überhaupt die allgemeinen

Grundsätze des Rechtsverfahrens fordern, und folgerichtig hat der heilige Stuhl einen regelmäßigen Instanzenzug bestimmt, dessen Ausführung keinerlei Schwierigkeit und keinem begründeten Bedenken unterliegt. Der heilige Stuhl hat ferner dem Erzbischof in der besondern Instruction vorgeschrieben: „Wenn gegen Geistliche die Strafe der Privation oder der Suspension vom Amte, oder die Strafe länger andauernder Haft in einer hierzu bestimmten Anstalt, oder größere Geldbußen erkannt werden, so wird der Erzbischof von seiner Strafverfügung der großh. Regierung Mittheilung machen. Wenn aber zur Vollziehung von Strafekenntnissen, die der kirchliche Richter ausgesprochen, die Mitwirkung der weltlichen Gewalt begehrt wird, so hat der Erzbischof der großh. Regierung auf deren Verlangen die angemessenen Aufklärungen zu geben." Im Laufe der Verhandlungen haben die Bevollmächtigten aus Auftrag der Regierung mit Bestimmtheit erklärt: wenn irgend ein Staatsangehöriger, sei er Geistlicher oder Laie, sich darüber beschweren sollte, daß ihm durch einen Mißbrauch der kirchlichen Strafgewalt mit offenbarem Unrecht ein materielles Uebel zugefügt werde, so könne sie sich der Pflicht nicht entschlagen, dem Beschwerten auf geeignete Weise ihren Schutz zu gewähren.

Dieser Schutz kann nun ein sehr wirksamer sein, ohne daß er das Princip der Uebereinkunft verletzt, und so hat denn die badische Regierung die Kirche in ihre Rechte wieder eingesetzt, und den ihrigen nichts vergeben.

B. Kirchliche Strafgewalt über Laien.

Eine jede Gesellschaft kann ihre Glieder zur Erfüllung der gesellschaftlichen Verbindlichkeiten anhalten, und sie kann diejenigen ausschließen, welche diese Erfüllung verweigern, — warum soll nun dem größten und ältesten Vereine der Welt, — warum soll der katholischen Kirche dieses natürliche Recht entstehen? — Die moderne Staatslehre anerkennt es. So lange die Kirchenstrafe „nur entweder Versagung kirchlicher Heil- und Segensmittel, oder Ausschließung der Einzelnen aus der Gemeinschaft der Kirche ist, so ist das eine, dem Wesen nach, durchaus kirchliche Sache, und keineswegs Handhabung der strafenden Gerechtigkeit; denn wie sollte die Kirche nicht selber prüfen und frei bestimmen, wer ihres Segens würdig und bedürftig sei, und wie genöthiget werden, Individuen als ihre Glieder anzusehen, welche die Gemeinschaft mit ihr zerrissen haben?" — [1].

Die alten Kirchenbußen sind schon lang außer Gebrauch, Geldstrafen, noch in neuerer Zeit unter der Form gewisser Leistungen an die Kirche, z. B. Wachs, erhoben, werden nicht mehr eingeführt werden können; die Strafen sind nur noch Censuren, und diese Censuren sind Warnungen, Verweise und Ausschließungen. Aber auch die Verhängung dieser Strafen ist heutzutage nur noch auf kirchliche Vergehen, streng genommen nur auf Unterlassung kirchlicher Pflichten, beschränkt. — Verirrungen, welche der weltliche Richter nicht straft, verfallen der Einwirkung des Seelsorgers, aber nur als kirchliche Vergehen der geistlichen Strafgewalt, deren Grenzen auch das heutige Kirchenrecht viel enger gesetzt hat.

Die Gesetzgebung des Großherzogthums Baden hat sich auf den Standpunkt des heutigen Staatsrechtes gestellt, als sie verfügte: „für die Leitung ihrer Glieder zu einem bloß inneren oder sittlichen Zweck, ingleichen zu einem zunächst nur äußerlichen und kirchlichen — der aber wegen Beziehung auf das Innere mit jenem eng verbunden — daher ihr vom Staat zuzulassen wäre, kann jede Kirche Unterricht, Warnung, Zuspruch, Ausschließung von der Kirchengemeinschaft anwenden, ohne dazu einer besonderen Staatsbewilligung zu bedürfen. Keinem ihrer kirchlichen Zwangsmittel kann aber irgend ein Einfluß auf das gesellschaftliche Leben und die bürgerlichen Verhältnisse im Staat gegönnt werden, so lang deren Anwendung für den einzelnen Fall mit besonderer Staatsgenehmigung nicht versehen ist, welche, wenn sie erfolgt, zugleich ausdrücken kann und soll, welche Staatsfolgen auf den Ungehorsamsfall etwa damit verbunden sein sollen" [2].

---

[1] Dr. Bluntschli, Allgemeines Staatsrecht. München 1852. IX. Buch. Kap. VII. § 5. S. 561.
[2] Erstes Constitutions-Edict vom 14. Mai 1807, § 11.

In ihrer ersten Denkschrift vom Jahr 1851 haben die oberrheinischen Bischöfe auch die Frage der kirchlichen Gerichtsbarkeit über Laien berührt. — Sie haben erklärt, daß die katholische Kirche nirgend den Wunsch gehegt, oder die Absicht kund gegeben habe, ihre Glieder zur Theilnahme an den religiösen Handlungen durch äußeren Zwang zu nöthigen; — daß aber ein Mitglied der Kirche, wenn es die ihm obliegenden Pflichten nicht erfüllt, auch nicht verlangen dürfe, an den Vortheilen Theil zu nehmen; — daß einerseits die Kirche nicht zu Vornahme einer kirchlichen Segnung oder Feierlichkeit dürfe gezwungen werden, daß aber andererseits Jeder, welcher ihr angehören und an ihren religiösen Handlungen Theil nehmen wolle, auch verbunden sei, sein Verhalten nach den Disciplinarvorschriften der Kirchenbehörden einzurichten. Bei der Handhabung dieser Disciplinarvorschriften, sagten die Bischöfe, sei für die Berufung gegen Mißbrauch der geistlichen Amtsgewalt ausreichend Fürsorge getroffen, und sie erwarten, daß die kirchliche Gerichtsbarkeit in ihrer Selbstständigkeit um so mehr werde anerkannt und beschützt werden, als die Kirchenstrafen keine Wirkungen auf bürgerliche Verhältnisse ausüben.

War diese Kundgebung der Bischöfe dahin auszulegen, daß der Vollzug von Kirchenstrafen gegen Laien von dem weltlichen Arm erzwungen werden solle, ohne daß eine Berufung an die Staatsbehörde stattfinde, so ging die Forderung offenbar zu weit, und die Regierung stand auf dem Boden des Gesetzes, als sie in der Staatsschrift vom 5. März 1853 die Befugniß der kirchlichen Censuren vollkommen anerkannte, aber die Genehmigung des Staates nur für den Fall vorbehielt, in welchem die Hülfe der weltlichen Gewalt in Anspruch genommen werde, oder in welchem die Kirchenstrafen auf die bürgerlichen Verhältnisse rückwirken sollen. Wenn aber diese Staatsschrift den Recurs des Mißbrauches an weltliche Behörden auch für andere Fälle wieder fordert, so hat sie das angeführte Grundgesetz nicht beachtet, welchem die Verordnung vom Jahre 1830 nicht derogiren konnte.

In der zweiten Denkschrift vom Juni 1853 verwahrten sich die Bischöfe auch hier gegen die Berufung wegen Mißbrauch.

Sie erklärten: kirchliche Censuren seien keine positiven Strafübel, sondern nur Verweigerungen kirchlicher Wohlthaten; sie bestehen keinesweges auf bürgerlichen Folgen, und die weltliche Hülfe zum Vollzug der Kirchenstrafen könne nur mittelbar in Anspruch genommen werden. „Wenn nämlich", so führen sie an, „Jemand, welchen die Kirche aus ihrer Gemeinschaft ausgeschlossen, sich mit Gewalt in derselben behaupten, oder die Theilnahme an kirchlichen Rechten erzwingen wollte, dann wäre der Staat verpflichtet, gegen solche Gewaltthaten Schutz zu gewähren, kraft der allgemeinen Pflicht zum Rechtsschutze. Es hätte aber dann die weltliche Obrigkeit nur zu untersuchen, ob wirklich der Betreffende durch die competente kirchliche Obrigkeit aus der Kirchengemeinschaft ausgeschlossen sei, keineswegs aber stände es ihr zu, diesen Rechtsschutz deßwegen zu verweigern, weil sie etwa das kirchliche Urtheil als ungerecht betrachte." — Ist solcher Schutz, wie ihn die Bischöfe für den gegebenen Fall anführen, nicht etwa nur eine Maßnahme der Polizeigewalt, welche Unordnungen und Gewaltthätigkeiten jeder Art zu unterdrücken die Pflicht hat?

Wenn nun die Vereinbarung vom 28. Juni 1859 bestimmt, daß „es dem Erzbischof zustehe, gegen Laien, welche sich Uebertretungen kirchlicher Satzungen zu Schulden kommen lassen, die kirchlichen Censuren in Anwendung zu bringen"[1]; — so ist dieß nichts Anderes, als was von jeher bestand, und immer bleibt der canonische Recurs offen; immer muß die Kirchenbehörde der weltlichen Gewalt, wenn sie jemals deren Hülfe in Anspruch nehmen sollte, die nöthigen Aufklärungen geben, und immer hat sich die Regierung im Lauf der Verhandlungen das Recht vorbehalten, die Laien wie die Priester gegen offenbares Unrecht zu schützen.

So führt die Uebereinkunft des Großherzogs von Baden mit dem heil. Stuhl keinen Zwang für die Religionsübungen ein. Eine jede Gesellschaft betrachtet denjenigen als ausgetreten, welcher sich weigert, die übernommenen Verbindlichkeiten zu erfüllen, aber keine Gesellschaft, nicht die geringste Handelsge-

---

[1] Uebereinkunft, Art. V. Abs. 3.

sellschaft, macht den Austritt so leicht, wie die katholische Kirche. Diese hat keine Mittel, irgend ein Glied in ihrer Gemeinschaft zu halten, die Staatsgewalt aber gewährt ihm den ungestörten Besitz aller bürgerlichen Rechte, aller Ehren und Würden, wenn er zu einer anderen anerkannten christlichen Kirche übergeht.

Wenn nun das Staatsgesetz ferner bestimmt, „daß einzelne Kirchenbeamte, soweit sie zugleich Staatsbeamte für die Sittenpolizei sind, auch geringere weltliche Zwangsmittel zu ihrer Disposition haben können, alsdann aber in deren Anwendung ganz von der Leitung der Ortspolizei des Staates abhängen"[1], — so berührt das die Kirche gar nicht, und sie wird vielleicht gerne auf solche staats- oder ortspolizeiliche Wirksamkeit ihres Clerus verzichten.

3. Verwaltung der geistlichen Gerichtsbarkeit.

In den katholischen Landen, welche dem Großherzogthum Baden zufielen, hatten die Gesetze genau bestimmt, was der geistlichen Gerichtsbarkeit angehörte; die Landrechte und das Kirchenrecht ergänzten sich gegenseitig; so war auch die Zuständigkeit der Gerichte bestimmt, und selten entstand darüber ein Streit. — Die Einführung des französischen Gesetzbuches setzte in vielen Dingen das canonische Recht außer Kraft, und den weltlichen Gerichtshöfen fielen nun Entscheidungen zu, welche früher nur von den geistlichen ausgehen konnten. War aber der Umfang der geistlichen Gerichtsbarkeit auch viel kleiner geworden, so war sie doch immer nicht ganz aufgehoben, und es waren geistliche Gerichte nöthig, so lange es überhaupt noch Katholiken gab. Vor der Errichtung des Erzbisthums versahen die Vicariate die Stelle dieser Gerichte, und so lange die badische Regierung in dem Geist ihrer Grundgesetze handelte, waren wenigstens keine störenden Uebelstände dieser kümmerlichen Einrichtung bemerklich. Die Annahme des französischen Gesetzbuches hatte ohne Zweifel viel dazu beigetragen, daß die sogenannte Kirchenherrlichkeit des Staates eine ungebührliche Aus-

---

[1] Constitutions-Edict vom Jahr 1807, § 11.

dehnung gewann, und daß die bureaukratische Allmacht sich so vieler Dinge bemächtigte, welche der Regierung und der Gerichtsbarkeit der Kirche angehören. Als die Strafgewalt der Kirche und die streitige Gerichtsbarkeit zum größten Theil in die Hände der staatlichen Behörden und Gerichte übergegangen waren, da hatten die geistlichen Gerichte allerdings ihre frühere Bedeutung verloren, und in Sachen, die ihnen zur Entscheidung zugewiesen waren, nahmen die Staatsbehörden eben so viele Rücksicht, als ihnen gerade beliebte.

Die Errichtungsbulle des Erzbisthums vom 11. April 1827 hatte, wie bekannt, dem Erzbischof seine volle Gerichtsbarkeit nach den Bestimmungen der Kirchengesetze zugesprochen, aber Jedermann weiß, daß man diese Bestimmung niemals ausgeführt hat, und als der Erzbischof und sein Capitel wirklich eingesetzt worden, hat man an die Organisation eines geistlichen Gerichtes nicht gedacht. Es würde das wenig übereinstimmen mit dem Streben, der Metropolitangewalt eine gewisse Ausdehnung zu geben [1], wenn man nicht die kirchlichen Straf- und Streitsachen für höchst unbedeutend gehalten hätte. — Diese wurden nun von dem Ordinariat behandelt, und man hat wohl oft behauptet, es habe dieses kein eigentliches **Officialat** gebildet, sondern sei gewissermaßen in der Lage der frühern Verwaltungsbehörden gewesen, welche nebenbei auch Rechtsentscheidungen gaben. Das ist nun allerdings nicht ganz richtig. Der Erzbischof hat an den kirchlichen Grundsätzen festgehalten, aber die Dotation reichte nothdürftig für das Bestehende aus; er hatte keine Mittel, um ein besonderes Officialat aufzustellen, und so mußte er sich helfen, wie er konnte. Der Erzbischof theilte das Ordinariat in zwei Senate, jeden zu fünf Mitgliedern; der eine, unter dem Vorsitz des Domdecans, stellte das **Diöcesangericht**, der andere, unter dem Generalvicar, stellte das **Metropolitangericht** vor. Die beiden Senate waren

---

[1] Fundations-Instrument der Erzbiöcese Freiburg vom 16. Oct. 1827 § 10. „In der oberrheinischen Kirchenprovinz ist die Metropolitanverfassung ihrer Bestimmung gemäß vollkommen wieder hergestellt und steht unter dem Gegenschutz der vereinten Staaten."

insofern selbstständig, als jeder in vollkommener Unabhängigkeit von dem Andern verhandelte. Ging nun die Berufung von dem einen Senat an den andern, und von demjenigen, welcher das Metropolitangericht vorstellte, an den heil. Stuhl, so war die Form des katholischen Instanzenzuges hergestellt, — aber auch diese Form war nicht möglich, weil die Regierungen verboten hatten, daß kirchliche Streitigkeiten der Katholiken außerhalb der Provinz und vor auswärtigen Richtern verhandelt werden [1].

Daß diese Einrichtung eine unvollkommene war, das wird wohl Niemand in Abrede stellen, und die Regierung hatte vielleicht nicht Unrecht, wenn sie darin eine feste Gewähr für den Schutz und die Handhabung des Rechtes vermißte, — daß aber solch eine Gewähr nicht bestand, das war, wir haben es oben bemerkt, am Ende doch ihre eigene Schuld; denn die oberrheinischen Regierungen hatten ja zugesagt, daß sie die nöthigen Einrichtungen treffen werden, um den Instanzenzug für kirchliche Rechtssachen in der oberrheinischen Kirchenprovinz einzurichten [2], und niemals ist dafür etwas geschehen. —

Als die Bischöfe die Herstellung der kirchlichen Gerichtsbarkeit gefordert hatten, da brachte im Jahre 1853 eine Verordnung der badischen Regierung, wie oben erwähnt, die Grundzüge für die Aufstellung eines Diöcesan- und eines Metropolitangerichtes. Jenes sollte aus mindestens drei Mitgliedern, zwei Geistlichen und einem durch Staatsprüfung als befähigt anerkannten Rechtsmann, bestehen; — dieses sollte mit fünf Mitgliedern, darunter wenigstens mit einem Juristen, besetzt sein. — Die Mitglieder sollten von dem Erzbischof ständig bestellt, und, wenn sie nicht aus der Mitte des Ordinariates genommen sind, von dem Staate bestätiget werden. Diese Gerichte sollten nicht selbst Zeugen abhören, und sie sollten die Untersuchungsacten gegen Geistliche der Staatsbehörde auf Verlangen jederzeit mittheilen. Da nun aber die Regierung das Rechtsmittel des Recurses wegen Mißbrauch an die Staatsbehörde noch immer festhielt, so war diese die dritte Instanz über

---

[1] Verordnung vom 30. Januar 1830, § 10.
[2] Verordnung vom 30. Januar 1830, § 10.

die geistlichen Gerichte, und folglich an die Stelle des Papstes
gesetzt. Damit konnte sich nun freilich der oberrheinische Epis=
copat nicht befriedigen; hätten die Regierungen aber auch an=
ders verfügt, so hätte die Unmöglichkeit der Einrichtung doch wie=
der in einer andern Clausel gelegen. Die badische Regierung
hatte nämlich die Errichtung dieser Gerichte an die Bedingung
geknüpft, daß der Staatskasse daraus kein weiterer Aufwand
erwachsen dürfe; sie wußte aber ganz wohl, daß der Erzbischof
keine Mittel hatte, um den unvermeidlichen Aufwand bestreiten
zu können. Wenn nun in dieser Verordnung statt Kirchen=
gut die Staatskasse genannt wurde, so ist das wohl nur
ein Fehler, welchen man bei der Ausfertigung übersah.

Da nun die kirchliche Gerichtsbarkeit durch die Uebereinkunft
wieder hergestellt werden sollte, so mußte man nothwendig auch
für deren gute Verwaltung besorgt sein, und man konnte auf
die früheren Entwürfe nicht wieder zurückkommen. Abgesehen
von den Kosten, welche die Aufstellung zweier, von einander
gänzlich unabhängiger, Gerichtshöfe in der Erzdiöcese verur=
sachen würde, scheint die freie Entscheidung viel besser gewahrt,
wenn die Berufungen an Gerichte gehen, welche mit dem erz=
bischöflichen Ordinariat in keiner unmittelbaren Verbindung und
deren Glieder mit den Geistlichen zu Freiburg nicht in täglichem
Verkehr stehen, und es ist ferner leicht zu begreifen, daß die
badische Regierung die dritte Instanz in kirchlichen Straf= und
Rechtssachen lieber in einem deutschen Bundeslande als in Rom
sah. Der heil. Stuhl machte dem Wunsch der Regierung die=
ses Zugeständniß, und so wurde die Berufung von dem Diö=
cesangericht in Freiburg an das geistliche Gericht in Rotten=
burg festgesetzt, und für die letzte Instanz das erzbischöfliche
zu Köln bestellt [1]. Die Acten der Delegationen wurden ord=
nungsmäßig erlassen, in der besonderen Instruction wird dem
Erzbischof angezeigt, daß er die besonderen Vorschriften des

---

[1] Schreiben des Cardinals v. Reisach an die badischen Bevollmäch=
tigten aus dem Palast Santa Croce vom 28. Juni 1859. — In einem
Schreiben an den Cardinal von demselben Tag erklären die Bevollmäch=
tigten ihre Zustimmung.

heil. Stuhles über die Einrichtung seines Gerichtes erhalten werde, und er wird darin angewiesen, die großherzogliche Regierung von der Art und Weise der Einrichtung, und von den Personen, die er mit der Ausübung seiner Gerichtsbarkeit beauftragt, sowie von den besonderen Dienstweisungen für sein Gericht Kenntniß zu geben.

Die großherzogl. Regierung wird nun mit Ernst darauf bringen, daß der Erzbischof sein Gericht nach den Grundsätzen einer guten Rechtsverwaltung organisire, sie wird ohne Zweifel bemerklich machen, daß unabhängige Beisitzer nöthig seien, welche theoretische Bildung und practische Befähigung besitzen. Sie wird einen vernünftigen Einfluß auf diese Organisation ausüben, da die Convention die Mittel zu solcher Einwirkung gibt. Da nun die würtembergische und die preußische Regierung kein geringeres Interesse haben, daß die geistlichen Gerichte in ihren Landen unabhängig und tüchtig seien, so wird durch einsichtsvolle und gewissenhafte Ausführung der Uebereinkunft der Rechtsschutz gewahrt, so gut als er durch Gerichte überhaupt gewahrt werden kann.

XVI.
Die Verwaltung des Kirchenvermögens.

Das Kirchengut hat andere Eigenschaften, als anderes Vermögen; es ist durch Stiftungen oder Widmungen entstanden, für welche die Stifter gewisse Zwecke angegeben oder gewisse Bedingungen gesetzt haben und aus der eigenthümlichen Art der Entstehung und Vermehrung ergab sich die Trennung desselben in einzelne Massen, von welchen die Anstalten, die es erworben, den Nießbrauch (dominium utile) erwarben. Wenn nun die katholische Kirche dieses Verhältniß anerkennt, so hat sie doch immer das Gemeingut, d. h. das Eigenthum der Gesammtkirche behauptet, und sie wurde von der deutschen Reichsgesetzgebung und selbst noch in der Wahlcapitulation des letzten deutschen

Kaisers als das Rechtssubject des gesammten Kirchengutes anerkannt [1]. Nach Auffassung der Kirche ist jede ihr zugewendete Gabe ein Weihgeschenk Gottes, aber der Genuß einer solchen Gabe kann durch den Willen des Stifters oder des Gebers auf eine bestimmte kirchliche Gemeinde oder auf eine bestimmte kirchliche Anstalt beschränkt werden. Als aus der nothwendigen innern Theilung der Sprengel die Pfarren und andere Anstalten mit festen Stiftungen erwuchsen, so wurde diesen als Nutznießern die juristische Persönlichkeit zugestanden und demgemäß haben die Gesetzgebungen fast aller Staaten diese Nutznießer als die Rechtssubjecte des Kirchengutes anerkannt [2]. Wie aber jede einzelne Kirche oder Stiftung nur ein Glied des höheren Ganzen ist, so bleibt auch ihr Vermögen ein Theil des allgemeinen Kirchengutes der Diöcese und fällt, wenn das Institut sich auflöst, an die Gesammtheit zurück, um nach der Idee seiner ursprünglichen Bestimmung verwendet zu werden. Nicht der Pfarrgemeinde als einer Körperschaft und von fern nicht der bürgerlichen oder politischen Gemeinde steht das Eigenthum zu [3].

Als Obereigenthümer des gesammten Kirchenvermögens hat die Kirche das Verbot jeder Veräußerung desselben in der weitesten Bedeutung des Wortes unabänderlich festgestellt und eine Ausnahme nur für ganz besondere Nothfälle gestattet, über welche der Bischof unter Zustimmung des Capitels entscheidet.

---

[1] Daß die Gesammtkirche als Universitas ordinata das Rechtssubject ihres Vermögens sei, das haben nicht nur die Kenner des Kirchenrechtes, sondern auch die ausgezeichnetsten Publicisten behauptet, und sogar das moderne Staatsrecht widerspricht nicht. — Eine neue vortreffliche Abhandlung erörtert diesen Gegenstand mit Gelehrsamkeit und juristischem Scharfsinn: Ueber das Rechtssubject, die Vertretung, Verwaltung und Verwendung des Kirchen-, Schul- und Stiftungsvermögens, mit besonderer Rücksicht auf die erzbischöfliche Verwaltungsinstruction für Hohenzollern, von Dr. Maas, erzbischöfl. Kanzleidirector zu Freiburg. — S. ferner: Archiv für katholisches Kirchenrecht, von Moy de Sons. IV. Band 1859. 9.—12. Heft.
[2] Richter, Lehrbuch des katholischen und evangelischen Kirchenrechtes. § 287.
[3] F. Walter, Lehrbuch des Kirchenrechtes aller christlichen Confessionen. 10. Aufl. Bonn 1846. § 251. S. 524.

Wo die Kirche so bestimmt das Eigenthumsrecht besaß, da mußte sie auch das Recht der selbstständigen Verwaltung besitzen. „Das Kirchengut ist **Privatgut** der Kirche, folglich an sich weder der Verfügung noch der Verwaltung des Staates unterworfen". „Der Staat darf durch seine Behörden ohne **Verletzung des kirchlichen Eigenthums** nicht dazu schreiten, das Kirchengut oder das Vermögen der frommen und milden Stiftungen zu verwalten"[1]. Nach gemeinem Kirchenrecht ist der Bischof der natürliche Verwalter des Kirchengutes in seinem Sprengel, und in den frühesten Zeiten mußte er auch dieses Geschäft in eigener Person, später durch einen Deconomen aus seinem Clerus besorgen. — Als aber die Pfarren sich ausgebildet hatten; als die Einkünfte dem Priesterconvent und den Kirchen ständig überwiesen waren, da wurde das Vermögen von den Pfarrern verwaltet und diese mußten dem Bischof Rechnung ablegen. Die Kirchenfabriken entstanden erst im vierzehnten Jahrhundert, ihre Einkünfte wurden von geschworenen Männern (Kloster=, Kasten= Vögte — Heiligenpfleger u. s. w.) verwaltet. Diese Verwalter stellten die Rechnungen dem Pfarrer, welcher sie dem Bischof oder dessen Official einsenden mußte. Wenn nun das Vermögen der Kirche noch immer von Kirchenbehörden verwaltet werden soll, so gesteht sie dennoch über die Verwendung und Verwaltung dem Staat ein Recht der Mitaufsicht zu, wie es aus dem Begriff des Schutzes nothwendig folgt. Dieses Recht übt das christliche Staatsoberhaupt, als der höchste Anwalt der Kirche, welcher für die Erhaltung und für den richtigen Gebrauch dieses geheiligten Gutes mitverantwortlich ist; daraus aber folgt von ferne nicht irgend eine Theilnahme am Eigenthum oder ein thätiger Antheil an der Verwaltung.

Die Kirche kann ohne Zweifel Güter erwerben, aber die staatliche Gesetzgebung ist berechtigt, dieser Erwerbung gewisse Schranken zu setzen. — Das ist ein allgemeiner Grundsatz des öffentlichen Rechtes und seit dem dreizehnten Jahrhundert haben in den meisten Staaten die sogenannten **Amortisationsgesetze** bestanden, welche die Gütererwerbung der Kirche dadurch

---

[1] **Klüber**, Oeffentliches Recht des deutschen Bundes. §§ 531 und 532.

beschränkten, daß sie Schenkungen, Vermächtnisse und andere Veräußerungen an die todte Hand nur bis zu einer gewissen Summe erlaubten. Man hat aber noch andere Rechte erfunden, — die Zeit liegt nicht weit von uns, in welcher eine foole Lehre das Kirchengut ohne weiteres für Staatsgut erklärt, und ein **Heimfalls-** oder **Ueberwälzungsrecht** (jus devolutionis) der Kirchengüter an den Staat und bald auch ein Miteigenthum desselben angesprochen hat — Alles um die gewaltthätigen Eingriffe zu beschönigen, durch welche im Anfang des neunzehnten Jahrhunderts der katholischen Kirche ein großer Theil ihres Vermögens geraubt worden ist. — Das neue Staatsrecht, übereinstimmend mit der Rechtslehre der Kirche, hat diese Lehre des Raubes verworfen, die neueren Gesetzgebungen haben die Unverletzlichkeit des Kirchenguts erklärt und dem Heimfallsrecht die Anerkennung oder doch wenigstens die Anwendung versagt. Folgerichtig spricht nun das neuere Staatsrecht der Kirche die freie Verwaltung ihres Vermögens zu und gestattet nur die Mitaufsicht des Staates, welche die Erhaltung des Vermögens wahrt, deßhalb die Erwerbung und Veräußerung der Güter ihrer Genehmigung unterwirft und die äußere Ordnung der Verwaltung, sowie die stiftungsmäßige Verwendung überwacht [1]. Zur Ausführung dieses Verhältnisses können nun verschiedene Formen gewählt werden, die eine kann hier, die andere dort zweckmäßig

---

[1] Es dürfte nicht ohne Interesse sein, die folgenden Worte eines Repräsentanten der modernen Staatslehre anzuführen: „Die katholische Kirche hat von jeher auf ihre selbstständige Verwaltung einen großen Werth gelegt und sich nur ungern den Beschränkungen und der Aufsicht unterzogen, die der Staat in den letzten Zeiten auch über diese Güter zu verhängen für nöthig erachtet hat. Die protestantische Kirche dagegen hat, von Anfang an, die Sorge für ihre zeitlichen Güter unbedenklich dem Staat überlassen und sich in eine, oft demüthige, Stellung zu schicken gesucht. Unserer Zeit dürfte die Selbstständigkeit der Kirche in Verwaltung und Verwendung des Kirchengutes, verbunden mit der nöthigen Oberaufsicht des Staates, durch welche die äußere Ordnung der Verwaltung, die Erhaltung des Vermögens überwacht und einer ungebührlichen Verwendung für fremdartige Zwecke gewehrt wird, am ehesten zusagen." Dr. Bluntschli, Allgemeines Staatsrecht. München 1852. IX. Buch. Kap. 7. S. 562.

sein und darum kann diese nur allein in gemeinschaftlicher Verhandlung der beiden Gewalten vereinbart werden.

Versuchen wir es nun, die Gesetze und die Verordnungen des Großherzogthums Baden über den Charakter und die Verwaltung des Kirchengutes mit allgemeinen Zügen zu bezeichnen. Das Edict, welches als Grundgesetz für die kirchliche Staatsverfassung betrachtet wird, verordnet: jede Kirche, welche Staatsbürgerrecht genießt, sei eigenthumsberechtigt; sie könne daher auf jede gesetzmäßige Art jedes Eigenthum künftig erwerben, und solches Vermögen ihr niemals entzogen, mithin weder für bloße Staatszwecke noch für Bedürfnisse anderer Religionen verwendet, wohl aber nach Ermessen der Kirchengewalt mit Gutheißen des Regenten zu andern Kirchenzwecken, als denen es vorhin gewidmet war, bestimmt werden. — „Nicht weniger", fügt das Gesetz bei, „behält auch jede Kirche, ohne Unterschied der Confession oder Religion, alles dasjenige Eigenthum an Liegenschaften, Renten, Bauansprüchen und beweglichem Gute, das sie dermalen zum Gebrauche ihres Gottesdienstes und ihrer Kirchen-, Pfarr- und Schuleinrichtungen wirklich und unbestritten besitzt, ohne darin, zumal zu Gunsten irgend einer andern Kirche, geschmälert oder beeinträchtigt werden zu können, der Auskunftstitel ihrer Inhabung und dessen Rechtswerth nach den ältern Reichsgesetzen sei, welcher er wolle." — Weil aber gerade damals die Aufhebung der Klöster und Stifter in den angefallenen vorderösterreichischen Landen beschlossen und vorbereitet wurde, so erklärt dasselbe Edict: das Vermögen der Ordensgesellschaften gehöre nicht zu dem gesellschaftlichen Kirchen-, sondern zu dem gemeinen Staatsvermögen, und es falle demnach, so oft jene aufgehoben werden oder erlöschen, dem Staate, jedoch mit Lasten und Vortheilen, anheim, mithin auch mit der Pflicht, die fortdauernden kirchlichen oder Staatszwecke, als Seelsorge, Jugendunterricht, Krankenverpflegung u. dgl., anderweit hinlänglich zu begründen [1]. —

---

[1] Erstes Constitutions-Edict vom 14. Mai 1807, § 9.

Obwohl nun die Erwerbung neuer Güter der Kirche von dem Grundgesetz gestattet war, so wurde sie doch später an die Staatsgenehmigung geknüpft, da im Jahr 1809 die gesetzliche Bestimmung erschien, daß Verfügungen unter Lebenden oder auf den Todfall zum Vortheil gemeinnütziger Anstalten ihre Wirkung nur durch das Staatsgutheißen erhalten [1]. Durch diese Genehmigung übernimmt der Staat die Gewähr für die Erfüllung des Stiftungszweckes.

Die Klöster wurden aufgehoben, ihre Güter zu Krondomänen gemacht und das, was an Kirchenvermögen übrig geblieben war, stand nun unter dem Schutz des Gesetzes. Dieses Gesetz aber war nur ein Edict des Regenten, und keine Macht konnte diesen hindern, es aufzuheben, sobald es ihm beliebte. Es verging mehr als ein Jahrzehnt, ehe der Rechtsstand seine Gewähr erhielt durch das neue Grundgesetz, welches unter den Schutz der Volksvertretung gestellt wurde, und welches bestimmt, daß das Kirchengut und die eigenthümlichen Güter und Einkünfte der Stiftungen, Unterrichts- und Wohlthätigkeitsanstalten ihrem Zwecke nicht entzogen werden dürfen [2].

Alle ältern Immunitäten und besonders die Steuerfreiheit nimmt die Kirche nicht mehr in Anspruch, seit sie auch von den Lasten befreit ist, welche früher auf ihren Gütern ruheten, und seit der Staat jetzt selbst leistet, was früher der Kirche aufgebürdet war; deßhalb hat das Gesetz billig verfügt, daß „kein Eigenthum, welches in den Besitz der Kirche übergeht, dadurch einigen Vorzug oder Befreiung in Absicht auf die Landesunterthänigkeit, Gerichtspflichtigkeit auch Steuerbarkeit und

---

[1] Landrechts-Satz 910. — Die Ertheilung der Staatsgenehmigung für Stiftungen wurde viel später dahin geregelt, daß bis zum Betrag von 1500 fl. diese von dem betreffenden Oberkirchenrath oder der Kreisregierung, unter deren Verwaltung die Stiftung steht, und wenn sie diesen Betrag übersteigt, auf Antrag der erwähnten Behörden, von dem Ministerium des Innern gegeben werde. Uebersteigt der Betrag aber 3000 fl., so soll vom Ministerium des Innern die Genehmigung bei dem Staatsministerium eingeholt werden. Höchste Verordnung vom 10. April 1833.

[2] Verfassungsurkunde vom 22. August 1818, § 20.

Dienstbarkeit erlange, und daß, würde sie je dergleichen Vorzüge für kirchliche Errungenschaft erlangt haben oder fernerhin ausbringen, diese zu ewigen Tagen nichtig und unkräftig sein und bleiben, mithin nicht einmal dem Verleiher, noch weniger einem Nachfolger im Wege stehen sollen, um solche wieder abzuthun" [1].

Durch das erste badische Gesetz war der Kirche „die Mitaufsicht in die Verwaltung des allgemeinen Kirchenvermögens und die Bewirkung zur Sorge für die Erhaltung desselben" zugestanden [2]. — Die örtlichen Stiftungen wurden örtlich, die allgemeinen Fonds aber von Staatsstellen verwaltet; der Kirchencommission zu Bruchsal war die Revision der Rechnungen über die Kirchenfonds und milden Stiftungen übertragen, welche unmittelbar unter dem Staate standen, und überdieß mußte sie die Oberrevision über dasjenige Kirchenvermögen besorgen, welches sich in Privatverwaltungen befand; — die katholische Kirchenconferenz hatte die Oberaufsicht.

Das Gesetz vom Jahr 1807 bestimmt Nichts über die Verwaltung des katholischen Kirchenvermögens [3]. Das katholische Kirchendepartement zog nach und nach das ganze Kirchenvermögen in seine mittelbare oder unmittelbare Verwaltung, und da keine eigentliche Kirchenregierung bestand, so war dieß nicht nur leicht, sondern es war fast von den Umständen geboten. Das sogenannte allgemeine Kirchenvermögen wurde von dieser Stelle, und unter ihrer Aufsicht das Vermögen der Ortskirchen und anderer kirchlichen Stiftungen von den Bezirksämtern und den Amtsrevisoraten verwaltet, und die Regierung verbot den Pfarrern die Vorlage der Rechnungen, besonders jene über erledigte Pfründen und Beneficien an die noch bestehenden Ordinariate. — In den Jahren des Krieges wur-

---

[1] Erstes Constitutions-Edict vom Jahr 1807, § 9.
[2] Erstes Organisations-Edict vom 11. Februar 1803 und Constitutions-Edict von 1807, § 12.
[3] Was das erste Constitutions-Edict § 19 über die Verwaltung des Kirchenvermögens verfügt, bezieht sich nur allein auf die Fonds der beiden protestantischen Kirchen.

den die Finanzkräfte des Landes ungeheuer in Anspruch genommen, und deßhalb können manche Mißbräuche der Verwendungen, auch wenn sie den bestehenden Gesetzen widersprachen, eine Entschuldigung finden. — Diese Mißbräuche wurden bekannt, sie erregten in allen katholischen Landestheilen ein gewisses Mißtrauen gegen die Verwaltung der kirchlichen Stiftungen, und dieses steigerte sich in dem Maß, als das System der ausschließlich weltlichen und bureaukratischen Verwaltungen sich immer mehr ausdehnte, und als der Aufwand für die Stellung der Rechnungen und die Abhör derselben die Stiftungen gar sehr beschwerte. Man hielt die richtige Verwendung des Kirchengutes nur durch ein zweckmäßiges Verwaltungssystem gehörig verbürgt, und deßhalb wurde schon auf dem ersten Landtag 1819 die Aufhebung der katholischen Kirchensection bei Berathung des Budgets von den Ständen aus dem Grunde verlangt, daß der Aufwand dieser Stelle aus Beiträgen der Stiftungen bestritten wurde.

Der Großherzog Ludwig war der katholischen Kirche wohlgeneigt; er führte bekanntlich eine scharfe Aufsicht über alle Verwaltungen, er hatte diese geordnet, ihm waren die Uebelstände in der Verwaltung des Kirchengutes nicht unbekannt, er wollte nicht, daß diese Uebelstände noch einmal ernstlich in der Kammer besprochen würden, und er kam deßhalb der Reclamation der Kammern mit der Verordnung vom 21. November 1820 zuvor, welche, an die Staatsbehörden erlassen, größtentheils vollzogen, aber erst im Jahre 1827 öffentlich verkündet wurde, als die Unterhandlungen mit dem heil. Stuhl ihrem Abschluß nahe waren. — Diese Verordnung überwies die Verwaltung der örtlichen Stiftungen an einen Kirchen- oder Stiftungs-Vorstand, welcher am Orte der Stiftung aus dem Pfarrer des Ortes, und, je nach der Größe der Kirchengemeinde und dem Betrag des Vermögens, aus Gliedern, von der Gemeinde gewählt, zusammengesetzt wird. In diesem Vorstand hat der Pfarrer den Vorsitz, wenn nicht ein Regierungscommissär ernannt ist, welchem dann die Leitung der Verhandlungen zusteht. Die Sitzungen werden im Pfarrhof gehalten, in welchem auch die Urkunden, die Werthpapiere u. s. w.

in der sogenannten **Stiftungskiste** niedergelegt werden. — Nur der Verrechner erhält einen bestimmten Gehalt und eine verhältnißmäßige Vergütung für die Stellung der Rechnung, welche durch das Amt der betreffenden Kreisregierung vorgelegt wird. Der Stiftungsvorstand decretirt die Ausgaben bis zu 10 fl.; von diesem, bis zu dem Betrag von 25 fl., wird die Decretur von dem Bezirksamt, für noch größere Summen bei den Kreisregierungen eingeholt. Der höhern Ermächtigung bedürfen Güterankäufe, Einlösungen und Vertauschungen, Veräußerungen und ständige Veränderungen in dem nutzbaren Eigenthum, die Aufnahme von Passiven oder die Verwendung eingegangener Capitalien; ferner alle Ausgaben, welche dem Zweck der Stiftung nicht streng entsprechen, alle neuen Baulichkeiten und Reparaturen an Gebäuden; ebenso Pachtnachlässe, Abgangsdecreturen und Mortificationsscheine über Capitalien, welche nicht vorgefunden werden, und endlich die rechtliche Vertretung. Bei Nachlässen und Abgangsdecreturen, soweit sie auf Verträgen oder richterlichen Erkenntnissen beruhen, ertheilt das Amt, in andern Fällen die Kreisregierung, die erforderliche Decretur. Wenn ein förmlicher Rechtsstreit entsteht, so hat das Amt das Erforderliche an die Kreisregierung zu befördern. —

Im Jahr 1829 wurde die Aufhebung der katholischen Kirchensection wiederholt von den Landständen verlangt, weil der Aufwand, den sie verursachte, aus den milden Stiftungen bestritten wurde. Im Jahr 1831 wies in der ersten Kammer der Freiherr v. Wessenberg nach, daß 49 Stiftungen, worunter 20 Schulfonds, mit der Erhaltung der genannten Stelle belastet waren. Sein Antrag verlangte die Verminderung des Geschäftskreises derselben, weil die Errichtung des erzbischöflichen Ordinariates denselben entbehrlich gemacht habe, und die Kammer trat diesem Antrage bei.

Heftiger noch wurde die katholische Kirchensection in der zweiten Kammer bei Berathung des Budgets angegriffen. Der Abgeordnete v. Rotteck zeigte ohne Rückhalt, wie schon oft die weltliche Gewalt in die Angelegenheiten der katholischen Kirche eingegriffen habe, und er sprach die denkwürdigen Worte: „es könnten den katholischen Interessen und den Gesinnungen der

Katholiken zuwiderlaufende Verfügungen eintreten, die man doch als die Entscheidungen des Willens der Wortführer der katholischen Kirche selbst geltend machen könnte"[1]. Der Staatsrath Winter versprach, daß der Wirkungskreis der katholischen Kirchensection mit den Bestimmungen der Bulle in Einklang gebracht, dem ursprünglichen Zweck ihrer Einrichtung gemäß bestimmt, daß die Mißbräuche abgestellt, die Stiftungen untersucht und die Verwaltung derselben übergeben werden sollten, wem sie von Rechtswegen gebühre. — Die Verhandlungen auf den Landtagen 1833 und 1835 hatten nur einige Ersparnisse und einige Verbesserungen in der Verwaltung der Stiftungen zur Folge, und damit über die Stellung der Stiftungsvorstände gar kein Zweifel entstehe, wurde durch eine besondere Verfügung ausdrücklich bestimmt, daß diese Stiftungsvorstände den Bezirksämtern unterworfen seien, welche jedoch ihre Verfügungen nicht als Befehle, sondern unter der Form von Erinnerungen oder Aufforderungen erlassen sollten[2].

Das Kirchengut ist aus Vermächtnissen und Schenkungen entstanden, welche theils belastet, theils unbelastet sind. Die ersten unterliegen einer besondern Verwendung, wie die Stiftungsurkunde sie unzweifelhaft bezeichnet. — Das Vermögen, welches aus den anderen entstanden, hat eine weniger feste Bestimmung und kann deßhalb verschiedenen Zwecken dienen. Es kann für die Bedürfnisse des Gottesdienstes, für kirchliche Einrichtungen, für den Bau und die Unterhaltung von Kirchen und Pfarrhäusern u. s. w.; — es kann aber auch für Schulen oder für Wohlthätigkeitsanstalten bestimmt sein. Früher wurden auch diese zu den kirchlichen Stiftungen gerechnet, selbst die badischen Verfügungen wußten nicht anders[3], und erst nach der

---

[1] Verhandlungen der zweiten Kammer vom Jahr 1831, Heft XXVI. S. 389.

[2] Erlaß des Ministeriums des Innern vom Jahr 1831 Nr. 4625.

[3] Die markgräflich badische Censurordnung vom 13. Juni 1793 rechnet § 3. zu den Gegenständen der Kirchencensur: „3) Aufsicht und christliche Verpflegung der Kranken, Armen und Waisen, womit solchen die Bedürfnisse verschafft werden; 4) Aufsicht auf die öffentliche Erziehung, und damit den Lehrern ihr Lohn gereicht werde."

Säcularisation entstand die Lehre, welche die Stiftungen zu
Zwecken des Cultus und der Seelsorge von jenen für Schulen
und Wohlthätigkeitsanstalten unterschied. Man anerkannte alle
noch für katholische, bezeichnete aber jene als **geistliche** und
diese als **weltliche** Stiftungen. —
Die Regierungen der oberrheinischen Kirchenprovinz hatten
in Frankfurt vereinbart, daß in jedem Staat ein **allgemeiner**
katholischer Kirchenfond gebildet werden solle, um aus demselben
aushülfsweise solche katholisch-kirchlichen Bedürfnisse zu be=
streiten, zu deren Befriedigung Niemand eine gesetzliche Ver=
bindlichkeit habe, oder wozu keine Mittel vorhanden seien [1]. —
Wie dieser allgemeine Kirchenfond gebildet werden solle, war
nirgend ausgesprochen, folglich dem Gutbefinden der einzelnen
Regierungen überlassen. Im Großherzogthum Baden hat man
Ueberschüsse der Einkünfte, bestimmte Beiträge der einzelnen
Stiftungen und besonders die **Intercalargefälle**, d. h. die
Erträge der erledigten aber nicht besetzten Pfründen, dazu ge=
zogen, bisher aber immer so Vielerlei darauf angewiesen, daß
er zu keiner beträchtlichen Höhe erwachsen konnte.

Zu dem Kirchengut gehörig, aber dennoch von diesem ge=
schieden, sind die sogenannten **Capitelfonds**, unter welchen
man das eigene Vermögen der Landcapitel versteht. Ursprüng=
lich sind diese Fonds wohl durch Taxen entstanden, welche jeder
Geistliche entrichten mußte, wenn er in das Capitel eintrat oder
austrat — Ingreß- und Egreßgelder; — dazu sind Schenkun=
gen und Vermächtnisse gekommen, so daß manche Capitel sehr
bedeutendes Vermögen besitzen. Dieses verwaltet der Kammerer
unter der Aufsicht des Ordinariates, welches die Rechnungen
prüfen läßt, und für größere Ausgaben und für Veräußerungen,
Anlegen u. s. w. die Genehmigung ertheilt. Die Staatsbehör=
den haben sich niemals in die Verwaltung dieser Fonds gemischt.

Die badische Regierung unterscheidet für die Verwaltung
allgemeine kirchliche Fonds, — die Districts= und die örtlichen;
— unter allen diesen wieder kirchliche, weltliche und Schul=
Fonds; — alle insgesammt werfen einen Jahresertrag von mehr

---

[1] Verordnung vom 30. Januar 1830, § 39.

als drei Millionen Gulden ab [1], und für die Verwaltung dieses großen Vermögens hat sich ein System gebildet, welches die folgenden allgemeinen Grundzüge bezeichnen:

1) Die Kirche kann auf gesetzlichem Wege Eigenthum erwerben.

2) Das Kirchengut und die eigenthümlichen Güter und Einkünfte der Stiftungen dürfen ihrem Zweck nicht entzogen werden.

3) Die Verwaltung des Kirchenvermögens ist in der Art getrennt, daß der sogenannte Religionsfond sowie die Stiftungen von allgemeinerer Bestimmung von dem großherzoglichen Oberkirchenrathe, die Stiftungen, an welchen mehrere Gemeinden oder Aemter Theil haben, von den Kreisregierungen, und die örtlichen Kirchenstiftungen von den Stiftungsvorständen oder den Stiftungsräthen, also mittelbar von den Bezirksämtern verwaltet werden [2].

4) Die Endprüfung (Superrevision) der Rechnungen für diejenigen Stiftungen, welche der großherzogliche Oberkirchenrath

---

[1] Durch Erlaß des katholischen Oberkirchenrathes vom 31. Juli 1849 Nr. 17,331 gab das gesammte Kirchenvermögen den nachstehenden Jahresbetrag:

Allgemeine kirchliche Fonds	1,267,619 fl.
Geistliche Pfründen	1,021,712 fl.
Weltliche Fonds	682,833 fl.
Schulfonds	46,455 fl.
Zusammen	3,018,619 fl.

Seit diesen zehn Jahren muß sich, da die Preise aller Produkte, folglich die Pachtschillinge gestiegen sind, dieser Ertrag bedeutend gehoben haben. Nimmt man jedoch nun den angegebenen Ertrag als eine 4½procentige Rente, so stellt sich ein Kapitalwerth von 67,080,422 fl., und nach Abzug der weltlichen und Schulfonds für das eigentliche Kirchenvermögen ein Kapitalwerth von 50,874,022 fl. heraus. Wenn dieses Vermögen früher zu einem Kapitalwerth von 39,855,301 fl. angegeben wurde, so kommt dieß daher, daß man nur den Anschlag des Steuerkatasters in Rechnung genommen hat.

[2] Damit sich der Leser einen Begriff von der Verwaltung mache, führen wir aus einem Erlaß des katholischen Oberkirchenrathes vom 17. April 1849 Nr. 9417 die folgenden Erträge für das Jahr 1848 an:

unmittelbar verwaltet, ist der Oberrechnungskammer aufgetragen [1].

5) Die Revision des Vermögens, welches die Kreisregierungen verwalten, wird bei diesen besorgt. Für die Abhör derjenigen Rechnungen, welche die Stiftungsräthe stellen, werden die Bescheide von besondern Stiftungsrevisoren gegeben, welche den Kreisregierungen zugetheilt sind [2].

6) Die Kosten der Abhör werden auf sämmtliche Stiftungen jedes Regierungskreises nach einer bestimmten Matrikel vertheilt. Nach Maßgabe dieser Matrikel werden die Revisoren von den beiden Oberkirchenräthen in Antrag gestellt; diejenigen, welche der katholische Oberkirchenrath in Vorschlag gebracht hat, sollen vorzugsweise die Rechnungen der katholischen — diejenigen aber, welche von dem evangelischen Oberkirchenrath vorgeschlagen worden sind, sollen die Rechnungen der protestantischen Stiftungen prüfen; jedoch behält sich die Regierung vor, von dieser Regel abzuweichen, insoweit es die Ausgleichung der Beschäftigung erfordert.

7) Die Bedürfnisse der beiden Oberkirchenräthe werden, insoweit sie nicht durch den Staatsbeitrag gedeckt sind, nach denselben Grundsätzen, wie jene der Revisoren der Kreisstiftungen, auf jene Stiftungen vertheilt, welche der unmittelbaren Verwaltung der Oberkirchenräthe unterstehen.

8) Die Matrikel ist so geordnet, daß die Stiftungen, welche

Unter unmittelbarer Verwaltung des Oberkirchenraths . . .	61 Fonds	mit	583,136 fl.	Ertrag.
Districts- und Localfonds:				
Im Seekreis	829	„	„ 511,365	„ „
Im Oberrheinkreis . . .	863	„	„ 365,099	„ „
Im Mittelrheinkreis . . .	646	„	„ 367,592	„ „
Im Unterrheinkreis . . .	444	„	„ 169,715	„ „
Zusammen	2843	„	„ 1,996,907	„ „
Dazu die Erträge der Pfründen			1,021,712	„ „
	Summa		3,018,619	„ „

[1] Durch eine besondere Staatsministerialverordnung vom 18. December 1834.
[2] Staatsministerialrescript vom 22. Mai 1834, §§ 10. 11. und 12.

von den Oberkirchenräthen verwaltet werden, drei Kreuzer vom Gulden, also 5% ihres Einkommens, diejenigen, welche von den Kreisregierungen oder von den Stiftungsräthen verwaltet werden, einen Kreuzer vom Gulden, also 1⅔ % vom Ertrag bezahlen. — Diese Beiträge fließen in die sogenannten Regiekassen, deren jeder Kirchenrath eine besondere hat [1].

9) Wenn sich in der Verwaltung einer kirchlichen Stiftung Ueberschüsse der Einnahme ergeben, so steht die Verfügung über dieselben dem Ministerium des Innern auf den Vortrag der Kreisregierungen zu [2].

10) Der Erzbischof hat die Mitaufsicht darüber, daß die Güter der katholischen Kirchenpfründen, sowie alle allgemeinen und besondern kirchlichen Fonds in ihrer Vollständigkeit erhalten, und zu katholisch-kirchlichen Zwecken verwendet werden; — er hat das Recht, Veräußerungen, sowie neue Stiftungen mit der Regierung zu genehmigen [3].

11) Der Erzbischof hat, mit Ausnahme der Ausstattungsrente für das Erzbisthum, weder über die allgemeinen noch über die besondern kirchlichen Fonds irgend ein Recht der Verfügung. Jedoch hat er eine Mitaufsicht der Verwaltung, welche darin besteht, daß ihm auf Verlangen allgemeine Uebersichten der Rechnungen vorgelegt werden, über welche er etwaige Bemerkungen dem Oberkirchenrath zur beliebigen Berücksichtigung vorlegen kann. Mit andern Stellen, welche Kirchengüter verwalten, als z. B. den Kreisregierungen, darf der Erzbischof nicht unmittelbar in Verbindung treten [4].

---

[1] Nach dem gegenwärtigen Matrikel wird von den katholischen Stiftungen für die Revision ihrer Rechnungen die Summe von 35,000—40,000 fl. jährlich bezahlt.

[2] Verfügung des Ministeriums des Innern vom 7. October 1828.

[3] Verordnung vom 30. Januar 1830, § 38. — Zehntablösungsgesetz vom 15. November 1833, §§ 5 und 2.

[4] Noch im Jahr 1852 unterm 29. October Nr. 11,784 wurden die Kreisregierungen von dem Ordinariat ersucht, ihm vollständige Verzeichnisse der Local- und Districtsfonds mitzutheilen, welche unter ihrer Verwaltung stehen. Dem erzbischöflichen Ordinariate aber wurde im Auftrag des Ministeriums des Innern bemerkt, daß es in solchen Angelegenheiten

12) Bei Verwendung der Ueberschüsse kirchlicher Stiftungen soll die Genehmigung des Erzbischofs eingeholt werden, jedoch nur allein in den Fällen, wenn diese Ueberschüsse zu andern, als den vom Stifter vorgesehenen Zwecken verwendet werden sollen.

13) Die Capitelfonds werden von den betreffenden Landcapiteln durch ihren Kämmerer unter alleiniger Aufsicht des Ordinariates verwaltet.

Es ist nicht in Abrede zu stellen, daß früher bei der Verwaltung der Kirchengüter mancherlei Mißbräuche vorgekommen, und daß im Drang einer harten Zeit manche Verwendungen von höherer Stelle verfügt worden sind, welche kaum gerechtfertiget werden können. Wenn man auch noch aus späteren Jahren manche Nachlässigkeiten aufführen kann, durch welche das Kirchengut geschädiget wurde, so muß auch zugegeben werden, daß bei der Verwaltung eines so großen Vermögens, die sich in unzählige theilweise Verwaltungen zersplittert, solche Fälle niemals ganz vermieden werden können. — Die badische Beamtenschaft hat keine Gelegenheit versäumt, um ihre Allmacht in allen Verhältnissen zur Geltung zu bringen; aber sie ist ehrenhaft, und das finanzielle Controlwesen wird, wenn auch sehr weitläufig, doch sorgfältig und gewissenhaft geführt. Dieß Zeugniß kann ihr Niemand versagen. Staatsrechtlich war der katholische Oberkirchenrath auf einen falschen Boden gestellt, aber er hat im Einzelnen viel Gutes bewirkt; er hat Ordnung geschaffen, er hat manche Stiftung vom Untergang gerettet; seine Verwaltung hat den Ertrag des Kirchengutes erhöht, und

---

sich nicht an die einzelnen Staatsstellen, sondern lediglich an den Oberkirchenrath als organisationsmäßig dafür bestehende Behörde wenden möge; dabei sei dieser jedoch zu dem weiteren Anfügen ermächtigt, daß es dem erzbischöflichen Ordinariate unbenommen sei, in einzelnen Fällen um Mittheilung der Rechnungen geeigneten Orts nachzusuchen. — Erlaß des katholischen Oberkirchenrathes vom 28. Januar 1853 Nr. 1536 auf Anlaß einer Verfügung des Ministeriums des Innern vom 24. December 1852 Nr. 18,047. Da dieß geschah, nachdem bereits die oberrheinischen Bischöfe ihre erste Denkschrift eingereicht hatten, so mag man leicht ermessen, welches Verfahren vorher befolgt wurde.

seine Geschäftsführung ist immer als eine sehr gute anerkannt worden.

Das angedeutete System der Verwaltung wurde noch mit größerer Härte durchgeführt, als es eigentlich nothwendig gewesen wäre. Wenn man den Begriff der erzbischöflichen Mitaufsicht auf seine kleinste Ausdehnung beschränkt, so bedeutet sie doch wohl eine Einsichtsnahme in die innere Verwaltung des Kirchengutes und in alle Theile des Haushaltes der Stiftungen. Dem Sinne des Gesetzes widerspricht es offenbar, wenn man diese Mitaufsicht zu einer allgemeinen und deßhalb gänzlich wirkungslosen Mittheilung der Anordnungen macht, welche die Staatsbehörden verfügt und ihre Organe ausgeführt haben. Aber auch nicht einmal solche allgemeine Mittheilung wurde in den ersten Jahren nach Errichtung des Erzbisthums gegeben. Vom Jahr 1833 ab hat das erzbischöfliche Ordinariat Rechnungsnachweisungen verlangt, aber sie wurden von der Regierungsbehörde entweder verweigert, oder in besonderen Fällen nur in einer gänzlich allgemeinen Uebersicht gegeben. Erst vom Jahr 1841 an erhielt die Kirchenbehörde von Zeit zu Zeit einige, etwas mehr in's Einzelne gehende Nachweisungen, und im Jahr 1849 wurde derselben zum ersten Mal der allgemeine Vermögensstand der katholischen Stiftungen mitgetheilt, in welchem jedoch die Pfründen nicht mit einbegriffen waren; einige Monate später sendete diese Behörde die Uebersichten über die Einnahmen und Ausgaben und das Vermögen der Stiftungen, welche ihrer Verwaltung unterstehen [1]. Im Jahr 1851 aber erhielt die Kirchenbehörde die früher zugesagte Darstellung des Vermögens der katholischen Pfründen [2]. — Diese Mittheilungen alle waren aber summarische Uebersichten, in welchen nur die Summen der Hauptabtheilungen der Rechnung ohne jegliche Entzifferung aufgeführt waren; sie konnten etwa eine allgemeine Kenntniß über das Verhältniß der Einnahmen zu den Aus-

---

[1] Erlasse des kathol. Oberkirchenraths vom 17. April 1849 Nr. 9417 und vom 31. Juli 1849 Nr. 17,331.
[2] Erlaß des katholischen Oberkirchenrathes vom 15. November 1851 Nr. 9083.

gaben bewirken, aber sie konnten auf keine Weise erklären, ob ein Rückschlag in wirklicher Unzulänglichkeit des Ertrages, ob dieser oder ob ein Ueberschuß nur in dem Rechnungsverfahren seinen Grund habe, oder ob sie eine wirkliche Verminderung oder Vermehrung des Vermögens darstelle. Dazu wären Erläuterungen nöthig gewesen, diese wurden aber niemals gegeben, und noch weniger wurden die besonderen Ausgaben bezeichnet und die Belege beigefügt. Eine Mitaufsicht fordert denn doch wohl auch den Voranschlag für Ausgabe und Einnahme; aber an solche hat man niemals gedacht, und alle Mittheilungen waren nur die sogenannten Recapitulationen der Hauptrechnungen von vergangenen Jahren, also Mittheilungen vollendeter Thatsachen, an welchen nichts mehr zu ändern war. — Auf den Grund dieser Mittheilungen waren auch nicht einmal Bemerkungen für die künftigen Jahre möglich, denn sie sagten gar nichts aus, was zur Grundlage einer solchen Bemerkung hätte dienen können.

Es ist nicht zu läugnen, daß das erzbischöfliche Ordinariat während vieler Jahre dieses Recht der Mitaufsicht nur schwach vertheidigt hat; ob nun diese unkräftige Wahrung des Rechtes in der Ueberzeugung der Erfolglosigkeit oder in der unklaren Auffassung der Aufgabe lag — das ist ganz gleichgültig; denn sie ist in jedem Fall zu beklagen. Unwahr aber ist es, daß der Erzbischof niemals versucht habe, seine Gerechtsame im gewöhnlichen Geschäftsweg zur Geltung zu bringen; er hat vielmehr Jahre lang Vorstellungen und immer wieder Vorstellungen gegen die Observanz der Staatsbehörde gemacht [1].

Mehr oder weniger war es also in allen Staaten der ober-

---

[1] Während des Kirchenstreites hat sich die Karlsruher Zeitung vom 3. Juni 1854 Nr. 130 zu der kleinlichen Maßregel hergegeben, aus den Acten des katholischen Oberkirchenrathes Stellen aufzunehmen, welche „in ruhigen Zeiten" dieser Staatsstelle die Anerkennung des erzbischöflichen Ordinariates aussprachen; dieß konnte das Ordinariat wohl thun, ohne die Grundsätze des Verwaltungssystems zu billigen, und es hat demnach die Kirchenbehörde in einer besondern Druckschrift vom 7. Juli 1854 ebenfalls Actenauszüge bekannt gemacht, welche darthun, daß unaufhörlich die wirkliche Gewährung der Mitaufsicht gefordert worden ist.

rheinischen Kirchenprovinz; die vereinigten Bischöfe hätten ihre Aufgabe schlecht verstanden, wenn sie nicht eine Abhülfe gegen diese Zustände gefordert hätten, und ihre Denkschrift vom März 1851 verlangte deßhalb mit Entschiedenheit die freie Verwaltung des Kirchengutes. — Da die neueren Verfassungen, sagen sie, durchweg den natürlichen Grundsatz annehmen, daß jeder Religionsgesellschaft mit der selbstständigen Besorgung ihrer Angelegenheiten auch die freie Verwaltung ihres Vermögens zustehe, so sei es nur eine Folgerung aus diesem Grundsatz, wenn sie dieses Recht jetzt in Anspruch nehmen. Alles katholische Kirchengut und Stiftungsvermögen, überall zu den Zwecken der Kirche bestimmt, sei, wie es Deutschlands versammelte Bischöfe zu Würzburg ausgesprochen haben, das Eigenthum der Einen, als einiges Rechtssubject zu erkennenden, katholischen Kirchengesellschaft, welche die freie Verwaltung und Verwendung desselben in die Hände ihrer Bischöfe gelegt habe. — „Daß übrigens die Bischöfe in Führung der Oberleitung und Aufsicht über das Kirchenvermögen durch die hierüber bestehenden und auf die Verhinderung jeder Willkür sorgfältig berechneten Kirchengesetze und canonischen Vorschriften sich als gebunden betrachten werden, das bedürfe wohl keiner besonderen Versicherung."

Die Staatsschrift vom 5. März 1853 hat dem Verlangen der Bischöfe nicht entsprochen. Das Ministerium hat ihren Gründen die Anerkennung versagt, weil die Behauptung, daß „alles zu den Zwecken der Kirche bestimmte Vermögen Eigenthum der Einen, als einiges Rechtssubject zu erkennenden, katholischen Religionsgesellschaft sei, als in den Rechten begründet nicht anerkannt werden könne;" das Begehren der Bischöfe, daß man ihnen das gesammte katholische Kirchen- und Stiftungsvermögen zur freien Verwendung und Verwaltung überlasse, sei im Widerspruch mit den Majestätsrechten, und bereits besitze der Bischof ein ausgedehntes Recht der Mitaufsicht über die Verwaltung des Kirchengutes. Um jedoch dieses Recht näher zu bestimmen, und dessen Ausübung zu sichern, habe Se. Königl. Hoheit der Regent die beigelegte Verordnung genehmiget, welche den betreffenden Staatsbehörden eine feste

Richtschnur für ihr Verfahren bei Verfügungen über das Kirchenvermögen ertheile.

Diese Verordnung vom 3. März 1853 verfügt, wie folgt:

§ 1. Von allen kirchlichen Fonds soll dem Domcapitel eine Darstellung ihres Vermögens und der darauf angewiesenen Lasten mitgetheilt werden.

§ 2. Der erzbischöflichen Behörde ist von Zeit zu Zeit eine Uebersicht über den neuesten Stand der kirchlichen Fonds zur Kenntnißnahme zuzustellen.

§ 3. Der erzbischöflichen Behörde steht das Recht zu, die Rechnungen über kirchliche Fonds, sofern sie bei den vom Staat bestellten Verwaltungsbehörden nicht mehr nöthig sind, sich zur Einsicht vorlegen zu lassen, auch jederzeit durch ihre Decane oder sonstige Beauftragte an Ort und Stelle von dem Rechnungswesen Einsicht nehmen zu lassen, und den oberen Verwaltungsbehörden ihre Erinnerungen zur „gebührenden" Berücksichtigung mitzutheilen.

§ 4. Ausgaben aus kirchlichen Fonds, wofür nicht in dem, durch den Stiftungsbrief oder das Herkommen bestimmten, Stiftungszweck eine maßgebende Vorschrift enthalten ist, dürfen nur in wechselseitigem Einverständniß der Staats- und Kirchenbehörde gemacht werden. Insbesondere ist dieses Einverständniß bei allen Ausgaben aus den, mit Ueberschüssen anderer kirchlichen Fonds gebildeten, Centralfonds erforderlich, insofern nicht für regelmäßig wiederkehrende Lasten dieser Fonds zum Voraus eine Vereinbarung mit der Kirchenbehörde stattgefunden hat.

§ 5. Die Beistimmung der Kirchenbehörde ist ferner zu allen, nicht bloße Verwaltungshandlung betreffenden, Verfügungen über das Grundstockvermögen der kirchlichen Fonds, wie namentlich Veräußerungen durch Kauf, Tausch u. s. w., Verpfändungen, Ablösungen u. dgl. erforderlich.

Wenn man nun willig anerkennt, daß der Staat die Beaufsichtigung über das Kirchenvermögen und vielleicht selbst eine geeignete Mitwirkung unter keinen Umständen aufgeben konnte, so muß man auch zugestehen, daß die obige Verordnung vom 3. März 1853 dieses Mitaufsichtsrecht der Kirchenbehörde vielleicht besser geregelt, aber durchaus nicht erweitert und demnach an den oben geschilderten Zuständen eigentlich gar nichts geändert hätte. Auf diese Zustände gingen nun die vereinigten Bischöfe in ihrer zweiten Denkschrift vom 2. Juni 1853 als Gegenstand ihrer Beschwerden mit größerer Bestimmtheit ein, und sie folgerten aus der Bezeichnung derselben, daß in der Verwaltung der localen Kirchengüter den Staatsbeamten das endgültige Urtheil über alle kirchlichen Bedürfnisse zustehe; daß in Beziehung auf den allgemeinen Kirchenfond die Verwendung ebenfalls wieder von einer Staatsbehörde bestimmt, der Kirche aber jede Verfügung verweigert werde, wie man ja z. B. auch dem Bischof das Recht abspreche, den Tischtitel auf diesen Fond zu bewilligen, und daß endlich, wie das eigentliche Kirchengut, so auch das Vermögen der frommen Stiftungen in Verwendung und Verwaltung ausschließlich den Staatsbeamten zugewiesen sei. — Die Bischöfe sprachen entschieden sich dahin aus, daß die Kirche der Eigenthümer ihres Gutes sei, und daß ihr Recht zur Verfügung und Verwendung, sowohl aus allgemeinen Rechtsgrundsätzen, als auch aus bestimmten völkerrechtlichen Titeln hervorgehe; „die Majestät des Staates," sagen sie, „hat das Eigenthumsrecht wie der Privaten, so auch der moralischen Personen, insbesondere der Kirche, zu schützen; keineswegs aber gibt es ein Majestätsrecht, woraus die Befugniß flösse, den Eigenthümern die Verwaltung ihres Vermögens zu entziehen. Wäre das der Fall, so läge es consequenterweise auch im Majestätsrecht, das Privateigenthum Anderer an sich zu ziehen; denn das Verwaltungsrecht ist ein wesentlicher Theil des Eigenthumsrechtes selbst." — Der Zustand der Gewaltigung, sagen die Bischöfe ferner, liege so wenig in dem Interesse des Staates, als in dem Interesse der Kirche, da man deren Behörden doch die Fähigkeit zur Führung dieser Verwaltung nicht geradezu absprechen könne. Wenn nun von dem oberrheinischen Episcopat die Begründung seines Verlangens sehr scharf und umständlich ausgeführt worden ist, so hat er die wohlbegründeten Rechte des Staates doch keineswegs verkannt, und er hat ohne Rückhalt erklärt: es sei durch die Schutzpflicht des Staates sehr wohl begründet, daß er der Kirche nicht nur den Schutz seiner Gerichte, und selbst besondere Hülfeleistung zu Theil werden lasse, sondern daß ihm auch da, wo er begründete Interessen habe, eine gewisse Mitwirkung ermittelt werden könne, durch welche er in den Stand gesetzt werde, den Verschleuderungen des Kirchengutes entgegenzuwirken.

So haben die Bischöfe von ihrem besonderen Standpunkt Erklärungen gegeben, welche das heutige Staatsrecht genehmiget.

Die Frage über die Verwaltung des Kirchenvermögens enthält gar viele andere Fragen, sie berührt mittelbar mehr als jede andere die Frage über die Ausdehnung des Majestätsrechtes oder des Charakters und Wesens der sogen. Kirchenherrlichkeit des Staates, und außer diesen allgemeinen verwickelt sie sich mit unzähligen besonderen Interessen. Es ist daher natürlich, daß diese Frage diejenige war, welche in dem Kirchenstreit am meisten hervorragte, und am meisten in alle Verhältnisse eingriff. In den Vorgängen, welche sich aus dem Streit über die Verwaltung der Localstiftungen entwickelten, hatte der Kirchenstreit seine höchste Höhe erreicht und den Abschluß des sogenannten Interims bewirkt [1], welches die Verwaltung des Stiftungsvermögens in den vorigen Stand wieder herstellte.

Hatte die badische Regierung nun einmal ihren Standpunkt aufgegeben, hatte sie grundsätzlich die Autonomie der katholischen Kirche nicht mehr in Abrede gestellt, so konnte sie auch das bisherige System der unbedingten Bevormundung nicht festhalten; — der heilige Stuhl andererseits mußte wohl auch dem Umstand Rechnung tragen, daß das Vermögen der Stiftungen, daß das Kirchengut überhaupt unter der Verwaltung des Staates keinen Schaden gelitten. So befanden sich beide auf dem Boden, auf welchem eine Vereinigung stattfinden konnte; aber es war immerhin schwer, die rechte Form für diese Vereinbarung zu finden, denn im österreichischen Concordat ist die Verwaltung des Kirchengutes lediglich den Kirchenbehörden nach den Be-

---

[1] Diese interessante, aber höchst unerquickliche Periode des Kirchenstreites ist actenmäßig in einer besondern Schrift dargestellt — Der Kirchenstreit im Großherzogthum Baden über die Verwaltung des katholisch-kirchlichen Stiftungsvermögens, in der Deutschen Vierteljahrsschrift, October—December 1854. Nr. 68. S. 240—318.

stimmungen des canonischen Rechtes überlassen, und in Würtemberg waren in manchen Beziehungen die Verhältnisse nicht dieselben, — man hatte nicht wie für andere Gegenstände ein vorliegendes Muster, und so waren die Unterhandlungen schwierig und zogen sich in die Länge.

Die Uebereinkunft vom 28. Juni 1859 stellt ein neues System der Verwaltung auf, welches uns als eine Ausgleichung der beiderseitigen Ansprüche erscheint und dessen Eigenthümlichkeit darin besteht, daß die Verwaltung des Kirchengutes gemeinschaftlich von beiden Gewalten besorgt wird. — Dieses vereinbarte System läßt sich durch die folgenden Sätze darstellen:

1) Die Kirche ist Eigenthümer ihres Vermögens und sie kann neues Eigenthum erwerben. Das Vermögen, welches sie jetzt besitzt oder in Zukunft erwerben wird, ist unverletzlich und soll unverletzt erhalten werden, unterliegt aber den öffentlichen Lasten und Abgaben, sowie den allgemeinen Gesetzen des Großherzogthums, wie jedes andere Eigenthum (Art. XII. Abs. 1.).

2) Die Güter kirchlicher Stiftungen können nur mit Zustimmung beider Gewalten verkauft, vertauscht, als **erbliches Zinsgut**[1] verliehen oder mit Pfand- und andern Lasten beschwert oder im Vergleichswege veräußert oder über neun Jahre verpachtet werden (Art. XIII. Abs. 1.).

Sollen Kirchengüter veräußert oder mit neuen Lasten belegt

---

[1] Der Wortlaut ist folgender: „Omnia cujusque ecclesiasticae fundationis bona nec vendi et permutari, nec in *emphyleusin* tradi et hypothecae aliisque oneribus subjici etc." — Unter Emphytheuse versteht das Kirchenrecht das dingliche Recht, ein fremdes Grundstück, welches behufs der Cultivirung gegen Entrichtung einer periodischen Abgabe (canon) verliehen wird, wie Eigenthum zu benützen, und darüber, soweit es ohne Verschlechterung geschehen kann, zu verfügen. — Der Erbpacht von Kirchengütern (Emphyteusis ecclesiastica) wird als eine Art wirklicher Veräußerung betrachtet und darf nur unter den Bedingungen verliehen werden, welche für die Veräußerung von Kirchengütern überhaupt gesetzlich sind; es sei denn, daß dieser Pacht schon früher bestanden habe oder daß er auf öde Gründe behufs der Urbarmachung errichtet wird. — Die Emphytheuse muß schriftlich abgeschlossen werden und erlischt, wenn der Canon drei Jahre lang nicht bezahlt worden ist.

werden, so ist die Zustimmung der Regierung nothwendig (Art. **XIII.** Abs. 2.).

3) Die Erträgnisse der Kirchengüter können nur unter der Zustimmung beider Gewalten eine Verwendung erhalten, welche den eigentlichen Stiftungszwecken nicht entspricht (Art. **XIII.** Abs. 1.).

4) Die Grundstücke und ständigen Fonds, welche von der großherzogl. Regierung zur Ausstattung der Metropolitankirche bereits hingegeben worden sind oder in Zukunft hingegeben werden, können ohne Zustimmung der großherzogl. Regierung weder veräußert noch irgendwie belastet werden und die Regierung ist befugt, zeitweis von dem Bestand dieser Güter Kenntniß zu nehmen (Art. **XIV.** Abs. 2.).

5) Welche Fonds als *allgemeine* kirchliche Fonds zu betrachten seien, wird in gegenseitigem Einverständniß der Regierung und des Erzbischofs festgesetzt werden (Art. **XVIII.**).

6) Das gesammte Kirchenvermögen wird im *Namen der Kirche* unter Aufsicht des Erzbischofs von denjenigen verwaltet, welche nach Vorschrift der Kirchengesetze oder nach dem Herkommen oder in Folge eines Privilegiums, oder endlich durch eine besondere Bestimmung des Stifters zu solcher Verwaltung berufen sind.

Alle Verwalter sind gehalten, jährlich dem Erzbischof oder dessen Bevollmächtigten Rechenschaft über ihre Verwaltung abzulegen, auch wenn sie auf den Grund der angeführten Titel dieselbe Verpflichtung gegen Andere haben (Art. **XII.** Abs. 2.).

7) Das Vermögen des *erzbischöflichen Tisches*, des *Domcapitels*, das der *Metropolitankirche*, sowie des *Seminars* wird von dem Erzbischof beziehungsweise dem Domcapitel frei nach Vorschrift der Kirchengesetze verwaltet (Art. **XIV.** Abs. 1.).

8) In gleicher Weise wird auch alles Dasjenige verwaltet, was an solchem Vermögen d. h. an dem Vermögen des erzbischöflichen Tisches, des Domcapitels, der Metropolitankirche und des Seminars erspart und in Folge der Erledigung des erzbischöflichen Stuhles, sowie anderer Pfründen der Metropolitankirche erübrigt wird oder was dem betreffenden Vermögen

durch neue Stiftungen bereits zugefallen ist oder künftighin zufallen wird (Art. XIV. Abs. 1.).

9) Das Vermögen der sogenannten Landcapitel wird von diesen selbst unter alleiniger Aufsicht des Erzbischofs verwaltet (XV.).

10) Das Vermögen der Kirchenfabriken und anderer kirchlichen Ortsstiftungen werden, wie bisher, von den Stiftungsvorständen, jedoch im Namen der Kirche verwaltet. Die Pfarrer sowie die übrigen Geistlichen führen das Amt, welches sie in diesen Commissionen oder Stiftungsvorständen zu führen haben, kraft der dem Erzbischof zustehenden Amtsgewalt (Art. XVI. Abs. 1.).

11) Die Stiftungsvorstände, nach den Bestimmungen der Verordnung vom 21. November 1820 zusammengesetzt, werden von den Katholiken jedes einzelnen Ortes gewählt. Der Stiftungsvorstand erwählt seinen Rechner und dieser sowohl als die einzelnen Glieder des Stiftungsrathes müssen von der Regierung sowohl als von dem Erzbischof beziehungsweise von den Bevollmächtigten beider bestätiget werden.

Die von den Stiftungsvorständen geführte Verwaltung wird von den Decanen, welche der Erzbischof damit beauftragt, sowie von den Verwaltungsbehörden des Staates gemeinschaftlich beaufsichtiget (Art. XVI. Abs. 2.).

12) Die Vermögen der katholischen Districtsstiftungen werden von besondern Commissionen verwaltet — diese Commissionen werden zur Hälfte von der großherzogl. Regierung und zur Hälfte vom Erzbischof aus Katholiken zusammengesetzt, jedoch müssen sämmtliche Glieder beiden Theilen genehm sein; der Vorsteher wird von der betreffenden Commission selbst gewählt; der Rechner, welcher dieser Commission untersteht, muß von der Regierung sowohl als von dem Erzbischof bestätiget werden (Art. XVII.) [1].

13) Die Pfründen werden von ihren Inhabern nach Vor-

---

[1] Aller Wahrscheinlichkeit nach hat die Commission das Recht, ihren Rechner vorzuschlagen oder zu ernennen. Die Uebereinkunft sagt aber gar nichts aus über diesen Vorschlag oder diese Ernennung.

schrift der Kirchengesetze verwaltet. — Sind Pfründen erlediget, so wird deren Vermögen von den Kämmerern der Landcapitel oder von den Personen verwaltet, über welche der Erzbischof sich mit der großherzogl. Regierung vereiniget hat (Art. XXI.).

14) Die Einkünfte der unbesetzten Pfründen, welche nach Erfüllung der Verbindlichkeiten übrig bleiben, werden dem Intercalarfond einverleibt, wenn sie nicht, je nach den bestehenden örtlichen Verhältnissen, zur Vermehrung des Pfründevermögens oder zu nützlichen oder nothwendigen Verwendungen für die Kirche des betreffenden Ortes bestimmt werden (Art. XXI.).

15) Der Intercalarfond und die allgemeinen kirchlichen Fonds werden von besondern Verwaltern verwaltet, welche aus Katholiken unter gegenseitigem Einverständniß der großh. Regierung und des Erzbischofs gewählt werden (Art. XIX. Abs. 3.).

16) Es soll eine gemischte Centralverwaltungscommission gebildet werden, welche ganz aus katholischen Mitgliedern besteht, die zur Hälfte von der großherzogl. Regierung, zur Hälfte von dem Erzbischof gewählt werden und sämmtlich beiden Theilen genehm sind. Der Vorsteher dieser Centralcommission muß katholischer Religion sein und es werden für diese Stelle einerseits von der Staatsregierung, andererseits von dem Erzbischof Männer in Vorschlag gebracht werden, welche sie zur Führung dieses Amtes für geeignet halten; — einer der Vorgeschlagenen wird von der großherzogl. Regierung und von dem Erzbischof in gegenseitigem Einvernehmen gewählt und ernannt werden (Art. XIX. Abs. 1.).

17) Diese Centralcommission wird im Namen der Kirche die Oberaufsicht über die Verwaltung sämmtlicher katholisch-kirchlicher Fonds im Großherzogthum führen und insbesondere im Namen der Kirche die Verwaltung des Intercalarfonds und der übrigen kirchlichen Fonds (Art. XVIII.).

18) Diese Commission wird sich sowohl im Namen des Erzbischofs als der großherzoglichen Regierung von allen einzelnen Verwaltern Rechnung stellen lassen, und über die Rechnung jeder einzelnen Verwaltung Bescheid ertheilen (Art. XVIII.).

19) Die Art und Weise, in welcher die Centralcommission

ihr Amt zu führen hat, wird von der Regierung und dem Erzbischof in gegenseitigem Einvernehmen durch eine bestimmte Vorschrift festgestellt werden (Art. XIX. Abs. 2.), und sie darf bei der Führung ihres Amtes überhaupt und insbesondere bei Prüfung der Rechnungen niemals von der bestimmten Norm abweichen, nach welcher die Verwaltungen der kirchlichen Stiftungen geführt und deren Einkünfte verwendet werden sollen (Art. XX.).

20) Diese Norm wird gemeinschaftlich errichtet, und es wird dem Erzbischof frei stehen, von dem Stande, der Verwaltung, der Natur und den Lasten einer jeden kirchlichen Stiftung Kenntniß zu nehmen, sowie die betreffenden Urkunden einzusehen, damit die Vorschrift nach sorgfältiger Erwägung der bestehenden Verhältnisse vereinbart werden kann (Art. XX.).

21) Bei Feststellung der Summen, welche in den einzelnen Kirchen für den Cultus verwendet werden sollen, wird auf die Forderungen und Wünsche des Erzbischofs besondere Rücksicht genommen, und er allein kann bestimmen, wie die festgesetzten Summen zu verwenden sind, um den Cultus ordnungsgemäß einzurichten und zu befördern (Art. XX.).

22) Wenn der Erzbischof Ueberschüsse, die sich aus den Renten der Stiftungen ergeben, für außerordentliche Bedürfnisse des Cultus verwendet wissen will, so wird er sich mit der großherzoglichen Regierung in's Benehmen setzen (Art. XX.).

23) Wenn es nothwendig ist, wird die Staatskasse zu den allgemeinen und örtlichen Kirchenbedürfnissen Beiträge leisten (Art. XII.).

24) Die Verwaltung der Schulfonds katholischen Antheils wird von dem Staatscollegium besorgt, welchem überhaupt die Leitung der katholischen Schulen obliegt. — Dieses Collegium aber wird von demselben Manne geleitet, welcher in der gemischten Verwaltungscommission den Vorsitz hat (Art. XIX.).

Man fragt nun, was ist jetzt anders geworden durch dieses neue Verwaltungssystem?

Eigentlich nicht viel in der Sache, — wohl aber im Grundsatz. Nur über die Fonds, welche die Ausstattung des erzbischöflichen Stuhles bilden, hat der Erzbischof ein Recht der

Verfügung. — In allem Andern kann er nur Wünsche aussprechen, und selbst in seinem Wünschen ist er mehr oder weniger gebunden. — Die örtlichen Stiftungen werden verwaltet, wie vorher, mit dem einzigen Unterschied, daß die Stiftungs- oder Kirchenvorstände nicht mehr so rücksichtslos unter die Amtmänner gestellt sind, und daß sie ihre Rechnungen nicht mehr den Kreisregierungen zur Abhör vorlegen. Ihre Competenz ist nach dem Wortlaut der Uebereinkunft durchaus nicht erweitert, denn „die Verwaltung soll auf die bisherige Weise geführt werden". Wer nun die Decreturen geben soll für Ausgaben, welche die Zuständigkeit übergreifen, das muß erst noch bestimmt werden. — Die Commissionen für die Verwaltung der Districtsstiftungen sind an die Stelle der Kreisregierungen getreten; werden diese auch in Beziehung auf die Verwaltungen der Ortsstiftungen die gleiche Zuständigkeit haben? — Diese Commissionen bestehen allerdings aus katholischen Gliedern, aber der Erzbischof darf für seine Hälfte doch immer nur Personen wählen, welche der Regierung genehm sind. — An die Stelle des Oberkirchenrathes ist die gemischte Commission getreten, aber auch zu dieser kann die Kirchenbehörde nur solche Glieder vorschlagen, welche der Regierung nicht mißliebig sind. Der Vorsteher bekleidet aber zugleich ein anderes Staatsamt, und dieser Umstand zeigt an, wo der eigentliche Einfluß liegt.

Der Hauptunterschied besteht darin, daß die Verwaltung nun im Namen der Kirche ausgeübt wird. Das ist eine Ehre, die man dem Eigenthümer erweist; es ist eine Anerkennung der selbstständigen Stellung der Kirche, aber für die Ausübung besteht immer noch ein ungeheurer Raum. — Die Regierung hat nicht nur ihre Mitaufsicht, sondern sie hat einen thätigen Antheil an der Verwaltung gewahrt, und die Vollzugsverordnung, deren Ausführung und die Erfahrungen müssen zeigen, ob sich nicht eine Observanz bildet, welche den Antheil der Regierung weit über jenen des Erzbischofs stellt.

Uebrigens ist es für sich klar, daß von dieser Aenderung der Verwaltung des Kirchenvermögens kein einziges Staatsgesetz berührt wird.

In den voranstehenden Abschnitten sind die wichtigsten Verhältnisse der katholischen Kirche im Großherzogthum Baden bezeichnet; ich habe die thatsächlichen Zustände und die streitigen Punkte so genau dargestellt, als es Raum und Hülfsmittel erlaubten. — Hat der Leser aus der gewissenhaften Darstellung ersehen, wie die beiden Gewalten sich bekämpft, und wie sie sich ausgeglichen haben, als ein gemeinsamer Standpunkt erworben war; — so mag er nun freundlich den allgemeineren Betrachtungen folgen, welche sich auf die positiven Erörterungen stützen.

XVII.
Der moderne Staat und die Kirche.

Jegliche Uebereinkunft, welche irgend eine Regierung mit dem heil. Stuhl abschließt, ist ein Friedensvertrag zwischen der neuen Staatsordnung und der uralten Gemeinschaft. — Mit der früheren Ordnung hat die Kirche Jahrhunderte lang im Frieden gelebt, und wenn mitunter auch heftige Kämpfe entbrannten, so waren sie Kämpfe zwischen den Häuptern der beiden socialen Ordnungen, und sie berührten nicht deren eigentliches Wesen. — In den Fehden der neuen Zeit hat sich die eine Gemeinschaft gegen die andere gestellt, haben die Staaten, als solche, gegen das Wesen und den Bestand der Kirche ihre Kriege geführt, und es waren diese Kriege nur einzelne Abschnitte des welthistorischen Kampfes, welcher in der Neuzeit auf verschiedenem Boden und mit verschiedenen Waffen gekämpft wird. — Die katholische Kirche hatte so viel erbitterte Feinde, als es besondere Staaten gibt; und wenn sie jetzt manche derselben von dem allgemeinen Bündniß getrennt hat, so fragt man billig, ob die Separatverträge dauernden Frieden verbürgen, oder ob sie nur zeitweise Einstellungen der Feindseligkeiten sind. — Die Antwort auf diese Frage kann sich nur aus dem ursprünglichen Charakter des Kampfes ergeben, und um diesen zu bezeichnen, müssen wir sehr weit ausholen.

Im Morgenland erlag jede Nationalfreiheit einer religiösen und kriegerischen Zwangsherrschaft, und aus dem Innern der Völker konnte sich keine neue Ordnung der Staaten entwickeln. — Im Abendland wurde das Christenthum von jugendlich-kräftigen Völkern getragen, und die Kirche ward ihr Erzieher, um sie aus ihrer rohen Freiheit zu höherer Gesittung zu führen. — Alle Verhältnisse des Lebens wurden von dem Geiste des Christenthumes beherrscht oder gestaltet, das Zeitliche war dem Ewigen unterworfen, und die Häupter der Kirche glaubten sich zur Wahrung des göttlichen Rechtes berufen. — Die germanischen Völker verbanden ihre hergebrachten Sitten und Gebräuche mit vorgefundenen Formen des Lebens und der Cultur, und aus dieser Verbindung entstand der germanische Staat. In der ersten Periode des christlich-germanischen Lebens haben sich die Ideen der nationalen und der kirchlichen Einheit erhoben, und diese Ideen haben sich zu Weltinstituten gestaltet, sie haben das Kaiserthum und die Kirche in die Geschichte von Europa gestellt. — Keine dieser Einheiten konnte ohne die andere bestehen, und ob der große Kaiser Karl diese Wahrheit mit Bewußtsein erfaßte, oder ob er nur in dem Vorgefühl ihrer Wirkungen handelte — er hat die Kirche aus dem Kreis seiner Macht geschieden, und derselben ihr eigenes Gebiet überantwortet.

In ihrer Selbstständigkeit entwickelte die Kirche ihr inneres Leben, und es erstarkte, als es mit dem nationalen in innige Vereinigung trat. — Die langen Kämpfe der Hohenstaufen waren Kämpfe zwischen Kaiser und Papst, — es waren Kämpfe einer Staatsgewalt gegen die Ueberwucherungen geistlicher Herrschaft, die jene nicht von den gesunden Trieben unterschied. Die schwäbischen Kaiser waren angethan, um dem Reiche deutscher Nation die Herrschaft der Welt zu erwerben; sie hatten die Macht überkommen, welche die Kräfte der beiden Ordnungen in vereinigter Wirkung geschaffen, aber sie erkannten nicht die Quelle der Macht; darum war ihre Größe fruchtlos, und sie mußten untergehen. — Käme der Rothbart jetzt aus dem

Untersberg oder aus dem Kiffhäuser hervor, er würde seine eigenen Fehler erkennen; er würde mit Schrecken ersehen, wie die Jahrhunderte nach ihm durchgeführt haben, was er eigentlich nicht wollte, und er würde in Zorn gegen die Vasallen entbrennen, welche sein großes Vaterland so schmählich zerrissen.

Die Durchdringung des kirchlichen und des nationalen Lebens bestand fort durch die ganze Zeit, die wir das Mittelalter nennen, und das Feudalwesen fand auch in der Kirche seinen Ausdruck [1]; aber in den Jahren, in welchen keine centrale Gewalt den Schwachen gegen den Mächtigen schützte, entstanden neue Zustände der gesellschaftlichen Ordnung. In den Städten legte der Handel seinen Erwerb nieder, in den Städten sammelte sich der bewegliche Reichthum; dieser erhöhte das Selbstgefühl der Bürger, und weil sie den Bedrückungen der Mächtigen mit Kraft und Erfolg entgegentraten, so steigerte sich dieses Selbstgefühl zum Streben nach vollkommener Freiheit. Die lombardischen Städte rissen sich los von Kaiser und Reich; sie machten winzige Freistaaten, und verfielen darum in Knechtschaft — nicht so die deutschen; diese erkämpften und erkauften sich Freiheiten, aber in ihrer Unabhängigkeit blieben sie dem Reichsverband treu und ergeben. Trat nun mit den Städten ein neuer Bestandtheil neben den Lehensadel, so mußte auch dieser die Bande seiner Einigung enger knüpfen; die Geistlichkeit aber war schon seit langer Zeit ein geschlossener Körper; und so standen nun drei große Körperschaften unter dem Königthum oder neben demselben.

Im Innern der großen Staatskörper selbst bildeten sich wieder besondere Bestandtheile, welche mit eigenen Rechten neben einander standen, ohne deßhalb aus dem größeren Verbande zu treten; und so schoben sich die besonderen Rechtsgebiete ineinander. Jede Körperschaft und jede Abtheilung, groß oder klein, vertheidigte die Grenzen ihres besonderen Gebietes; das gegenseitige Verhältniß aller dieser Rechte bildete den allgemeinen Rechtsstand, und das Gleichgewicht der einzelnen Freiheiten

---

[1] Man kann z. B. nachweisen, daß Feudum und Beneficium eigentlich dieselben Begriffe sind, auf derselben Anschauung beruhend.

war die mittelalterliche Freiheit. — Die besonderen Abtheilungen der gleichen Körperschaft mochten sich mit Erbitterung streiten, aber sie konnten nimmer die gemeinsamen Bande zerreißen; — die verschiedenen Stände mochten sich befehden, aber der Ausbruch gegenseitiger Erbitterung fand immer sein natürliches Ende, — denn wo die verschiedenen Rechtsgebiete sich berührten, da lagen auch gemeinsame Interessen, und immer kamen Zeiten, in welchen die gute Nachbarschaft nothwendig war.

Ueber all den Körperschaften stand der Kaiser oder der König mit seinem eigenen Recht; er sollte die Unverletzlichkeit der besonderen Rechtsgebiete gewähren, aber er durfte in dieselben nicht gewaltthätig eintreten; wo große gemeinsame Zwecke die Kräfte aller oder einzelner Körper anriefen, da mußte er mit diesen unterhandeln, und sie selbst vereinbarten mit den besonderen Theilen. So entstanden die Reichsversammlungen im Reich, und die Versammlungen der Stände in den einzelnen Landen. Das Mittelalter hatte keinen Begriff davon, daß ein einzelner Mensch, als solcher, eine Bedeutung im Staat haben könne. — Der Einzelne hatte seine Bedeutung in der Körperschaft, der er angehörte; war er angesehen und mächtig in dieser, so hatte er Ansehen und Einfluß im Staate. — In der allgemeinen Vertretung der Nation, wie im kleinsten Land, waren nur die Stände vertreten; daß ein Einzelner seine persönliche Meinung als die Meinung der gesammten Bevölkerung eines gewissen Landstriches oder einer gewissen Bevölkerung geltend mache, davon hatte man keine Ahnung; wer mittagte in der großen oder in der kleineren Versammlung, der tagte aus einem Mandat seiner Corporation, und sprach und stimmte und handelte nach diesem Mandat. — Die Fürsten des Reiches betrachteten ihre Länder als Erbgut (Patrimonium), wie ihr kleinster Vasall sein Lehngut; jene standen dem Oberhaupt des Reiches entgegen, aber ihnen gegenüber standen die Körperschaften ihrer Gebiete; die Interessen der großen Vasallen waren oft genug von jenen des Reiches verschieden; mit diesen Sonderinteressen ging häufig der Vortheil der kleinern Lehensmänner, und darum hatten jene Großen, um ihren Willen durchzusetzen, gar viele Mittel, welche der Kaiser oder der König nicht besaß, um sie zum Gehorsam zu zwingen. — So gab es in dieser bunten Zusammensetzung besonderer Rechtsgebiete keine concentrirte Verwaltung des mittelalterlichen Staates.

Der Clerus repräsentirte die Kirche; er war allerdings eine Körperschaft im einzelnen Staat oder im einzelnen Land, aber diese war von jeder anderen dadurch verschieden, daß sie, über alle Landesgrenzen hinausreichend, eine Einheit bildete in der ganzen Ausdehnung der Christenheit. Ein Geistlicher mochte aus England nach Spanien oder aus Deutschland nach Frankreich kommen, er hörte nicht auf, ein Engländer oder ein Deutscher zu sein, aber er war auch in Spanien und in Frankreich ein Mitglied des Clerus, und als solches der Gerichtsbarkeit des Bischofes unterworfen, in dessen Sprengel er sich aufhielt, — war es da nicht natürlich, daß dieser Clerus der Vertreter rein menschlicher Rechte sein mußte? — In allen christlichen Ländern war die Hierarchie der einzige Vertreter dieser Rechte. Die Bischöfe glaubten sich berufen, die Gesetze des Christenthums gegen Hohe und Niedere zu wahren, und sie hielten es für ihre Pflicht, den Verletzungen des göttlichen Rechtes in irdischen Dingen entgegen zu treten. Die Priesterschaft war es, welche in ihren Körper Menschen von der niedrigsten Geburt aufnahm, und sie oft zu den höchsten Würden erhob; die Priesterschaft war es, welche die Vornehmen und Reichen zur Achtung der Menschenrechte zwang; — sie hat dem Lehnswesen ein Zugeständniß nach dem andern abgerungen, und sie hat Jahrhunderte lang gearbeitet, um die Leibeigenen und die Hörigen in die Reihe der Menschen zu stellen [1]. An der

---

[1] *Macaulay (Thomas Babington)*, The History of England from the accession of James the Second. Chp. I., anerkennt die Verdienste der Geistlichkeit für die Aufhebung der Leibeigenschaft in England. Er führt das vollgültige Zeugniß (unexceptionable testimony) des Sir Thomas Smith, eines der geschicktesten protestantischen Räthe der Königin Elisabeth, dafür an, daß die katholischen Priester den Sterbenden, welche die Sacramente verlangten, das Versprechen abnahmen, ihren Brüdern in Christus die Freiheit zu geben. Wäre der berühmte Schotte mit dem katholischen Wesen genauer bekannt gewesen, so würde er gewußt haben, daß es in der ganzen Christenheit gewöhnlich war, daß die Priester von

Kirche hat die rohe Gewalt ihre Schranken gefunden, und mancher harte Kampf, welchen der Clerus mit der weltlichen Gewalt ausfocht, war nicht ein Kampf für das eigentliche Wesen der Kirche, und nicht gegen die Staatsgewalt als solche, sondern es war ein Kampf, um den Armen und Gedrückten menschliche und bürgerliche Rechte zu erringen.

Der natürliche Gang der europäischen Civilisation und Gesittung hatte die Hierarchie zu so hoher Stellung erhoben, daß nur ungewöhnliche Selbstverläugnung und große Weisheit diese zu behaupten vermochten, — aber beide fehlten ihr gerade zu der Zeit, in welcher die weltliche Gewalt anfing ihre Allmacht zu erstreben. — Die immerwährenden Streitigkeiten zerrissen die christlichen Bevölkerungen in feindliche Parteien; die eine entzog sich der geistlichen, die andere trotzte der weltlichen Macht; — man ernannte Päpste und Gegenpäpste, diese wurden die Führer und öfter nur die Werkzeuge der Parteien; die Kirche blieb; — aber das Ansehen ihrer Organe wurde gebrochen; ihre Aussprüche verloren die alte Heiligkeit und die Kirchenstrafen ihre frühere Bedeutung; einseitige Schulsysteme verblendeten die Häupter der Kirche über ihre Stellung und über die Bedürfnisse der Völker; sie mußten mit den weltlichen Gewalten Abkommen treffen, und diesen auf Kosten der Kirche Zugeständnisse machen. Der Gottesfriede war in der Christenheit gebrochen, es nahte sich eine andere Zeit, aber immer noch hatten die großen Körperschaften ihre Bedeutung. Die Kirche hatte die geistliche Macht, der Adel die Waffen, und die Städte die Gewerbsthätigkeit; — jene besaßen den Boden, diese den beweglichen Reichthum.

---

den Reichen immer die Freilassung, wenigstens einiger, Leibeigenen durch testamentarische Verfügung verlangten und erhielten; und daß dieß eines ihrer kleineren Mittel war, um einen Zustand aufzuheben, welcher dem Grundgesetz der christlichen Sittenlehre widerspricht. — In England ist es dem katholischen Clerus freilich am besten gelungen; denn schon vor der Reformation war die Hörigkeit fast gänzlich verschwunden. So successfully had the Church used her formidable machinery, that, *before the Reformation* came, she had enfranchised almost all the bondmen in the kingdom.

Die Fürsten wollten es nicht mehr ertragen, daß die Kirche einen Theil der Herrschaft in ihren Landen ausübe; war diese Herrschaft gefallen, so mußten sie allmächtig werden; und siehe da — die Zeit begünstigte ihre Arbeit. Die Entwickelung des Welthandels änderte die Geldverhältnisse, das Schießpulver änderte das Kriegswesen, beide schufen eine neue Staatskunst, und die Buchdruckerkunst machte das Wissen zum Gemeingut. — Der Clerus war der Pfleger der Wissenschaft, diese war sein eigenes Gebiet gewesen, aber neue Wissenschaften erweiterten dieses Gebiet; die bisherigen Besitzer konnten den neuen Boden für sich nicht erwerben, und darum verloren sie den alten. Die Hierarchie erkannte wohl das Sinken ihrer Macht, aber sie erkannte nicht das Mittel, um sie zu halten; sie hatte bisher die Freiheiten des Volkes getragen, nun aber wendete sie sich in vielen Ländern zu den Fürsten; — sie verrieth jene Freiheiten um augenblicklicher Vortheile willen, und sie wendete sich ab von dem Papste, weil sie von der Verminderung seiner Macht eine Vermehrung ihrer eigenen Gewalt hoffte.

Jahrhunderte lang hatte das Königthum gearbeitet, um die Macht der großen Vasallen zu brechen; in England und in Frankreich hatte es dazu die Körperschaften benützt, und darum war es gelungen. Die königliche Macht bildete sich in jenen Ländern immer mehr aus, aber in Deutschland stellten sich andere Zustände ein; dort vertheidigte der hohe Adel nur seine hergebrachte Stellung; hier wollte er eine neue erwerben: er wollte seine Erbgüter zu unabhängigen Staaten machen und in dieser der Alleinherrscher sein. — Hätte der niedere Adel seine Aufgabe begriffen, so hätte er sich um seinen obersten Lehnsherrn geschaart, und er hätte sich mit den Städten zu dem Kaiser gestellt; aber der Geist der Körperschaft war von ihm gewichen, deßhalb gefiel er sich in kleinen Verhältnissen, und er wollte lieber in diesen etwas bedeuten, als in dem Reiche, wo er nur groß sein konnte durch seine Gesammtheit; einen Herrn von seinesgleichen wollte er lieber haben, als den Kaiser, dessen Majestät der adelige Freiherr nicht näher war, als der reichsfreie Bürger. Der Clerus verließ die nationale Sache erst dann, als die höheren Kirchenstellen fast durchgängig ein Erbtheil der großen Geschlechter geworden waren; aber in jeder Periode sehen wir, daß die Geistlichkeit die nationale Idee wieder auffaßte, und ihr wieder Ausdruck gab. Diese Idee fand eine Heimath in den Städten; so lange sie konnten, standen sie bei dem Kaiser, sie leisteten den Uebergriffen der Fürsten einen beharrlichen Widerstand, aber sie wußten sich nicht zu einigen, und so wurde auch dieser Widerstand gebrochen.

Die Reformation mußte kommen, um durchzuführen, was in Deutschland die Reichsfürsten und in England und Frankreich die Könige wollten. Eine Reformation war allerdings ein nothwendiges Ereigniß in der Entwicklung des religiösen Lebens; aber nicht um des Glaubens willen haben Könige und Fürsten sich ihr angeschlossen, sie haben sie angenommen und geschützt, um die Macht des Clerus zu brechen, um sich in den Besitz der Kirchengüter zu setzen, und um ihrer eigenen Macht alle Verhältnisse zu unterwerfen. — Auch in Frankreich wollten die hugenottischen Großen die Macht des Königs zersplittern, aber dort wie in England dienten die sogenannten Religionskriege, um die mächtigen Barone zu erdrücken. — In Deutschland erfolgte aus den blutigen Wirren die gänzliche Unabhängigkeit dieser Barone, der Bruch der kaiserlichen Macht und die Auflösung des Reiches. — In England vereinigte sich die eigentliche Staatsmacht in dem König, viele Nationalfreiheiten, in dem Sturm der Ereignisse verloren, wurden wieder hergestellt, die Körperschaften wurden nicht zerstört, sie wurden in die neue Staatsordnung eingereiht und mit ihnen die besonderen Rechte und die Selbstregierung erhalten. — In Frankreich gingen die Nationalfreiheiten gänzlich unter, alle Gewalt kam an den König, und er wurde die einzige Quelle des Rechtes. Die Form der politischen Körperschaften war noch vorhanden, aber das Wesen war verloren; sie hatten das Schlimme bewahrt, aber nicht das Gute, und so wurden sie in kurzer Zeit aller Macht und alles unmittelbaren Einflusses beraubt. — Der höhere Adel wurde an den Hof gezogen, für ihn waren Ehren und Vortheile, aber er hatte keinen Theil mehr an der Verwaltung, er war außer jeder Berührung mit den Leuten, die er noch immer seine Unterthanen nannte; in dieser Trennung

verlor er auch seine Rechte gegen den König, und mit allen
Mitteln zur Unabhängigkeit war seine Stellung nur noch eine
glänzende Knechtschaft. Adelige mochten die Kriegsmacht auf
dem Land befehligen und auf der See, sie mochten die Inte=
ressen des Staates im Ausland besorgen, sie mochten den Rath
des Königs bilden, — ihr Verhältniß war immer das Ver=
hältniß des Dienstes. Ein anderes kannte auch nicht der
niedere oder der kleine Adel; — auch er hatte keinen Antheil
an der Verwaltung seines Bezirkes, — er konnte kein Recht
schützen, keine Einrichtung begründen, er war politisch in voll=
kommener Abhängigkeit und hatte in dieser auch den Sinn für
die Würde des unabhängigen Lebens auf seinen Gütern ver=
loren; der Hof war sein Himmel auf Erden, und er brachte
jedes Opfer, um in diesen Himmel zu kommen; — er kannte
nur den allmächtigen Willen des Königs, und er wußte nichts
von einem Willen der Nation; Dienstbarkeit war sein Glück
und sein Stolz, und ohne jegliche Macht, ohne jeglichen Ein=
fluß als Körperschaft war er gänzlich losgerissen von dem Volk.
— Der französische Adel war keine Aristokratie mehr, er war
nur noch eine Kaste [1], und diese Kaste war gehaßt wegen der
Vorrechte, welche die Armen bedrückten und die Wohlhabenden
verletzten, und wegen des lächerlichen Hochmuthes, welcher Alle
empörte.

Der größte Grundbesitzer in Frankreich war noch immer die
Kirche; aber ihr Reichthum kam nur dem höheren Clerus zu
gut, dessen Glieder ausschließlich aus den vornehmen Fami=
lien hervorgingen. — Die Gunst des Königs verlieh Pfründen
und Abteien, besetzte die Capitel und machte die Bischöfe. So
gehörte denn die höhere Geistlichkeit zum Hofadel, die niedere
aber zum Volke — und eine offene Spaltung zwischen beiden
hat nur die Verfassung der Kirche und die Persönlichkeit mehre=
rer Bischöfe verhindert. Wohl weiß ich, daß der hohe Clerus
in Frankreich in jeder Zeit fromme, gelehrte und heilige Män=

---

[1] S. die Nachweisung in *Alexis de Tocqueville*, L'ancien régime et la révolution. Paris 1857. — Ein vortreffliches Werk.

ner besaß, ich habe sie immer als die schönsten Erscheinungen der Menschheit betrachtet, aber die Heiligkeit einzelner Glieder konnte die politische Stellung der Körperschaft nicht ändern, und diese war als solche so unmächtig wie der Adel.

Die Bürgerschaft der Städte hatte noch einen Schein von Selbstständigkeit bewahrt, aber sie war überall in kleine Theile zerrissen, deren jeder sich von dem andern abschließen wollte, und deren Streitigkeiten häufig nur ein lächerliches Rangwesen betrafen. In vielen größeren und kleineren Städten waren die Gemeindeangelegenheiten oft Privilegien gewisser Vereine, oft in den Familien erblich, oft von der Staatsgewalt verliehen oder erkauft. — Die Bürger hatten immer noch ein Band durch das Gemeindewesen, der Clerus durch die Kirchenverfassung, aber der Adel hatte ein solches nur noch durch seinen Kastengeist und durch sein gemeinschaftliches Ringen um die Hofgunst; alle Macht war nur bei dem König, die ganze Verwaltung bis in die kleinsten Dörfer herab war von seinen Beamten besorgt; sie vereinigte sich in den Händen des Generalcontroleurs, der Intendant einer Provinz war der heutige Präfect, und seine Subdelegaten waren die Unterpräfecten — nur die Namen haben sich geändert.

Wie man in Deutschland französische Sitten, Gebräuche, Kleidung, Neigungen und Lebensart annahm, so ahmte man das französische Staatswesen nach, und man machte die alten germanischen Institutionen unwirksam, wo man sie nicht gänzlich aufzuheben vermochte. Der kleinste deutsche Fürst wollte sein, wie Ludwig XIV.; im Innern seines Ländchens war keine Gewalt, die ihn hemmte, und von Kaiser und Reich waren die Fürsten unabhängig geworden. Diesem hohen wurde der niedere Adel dienstbar; der kleinere Theil lebte noch in altehrbarer Sitte auf seiner Hufe, er bewahrte dort seinen unabhängigen Sinn, aber er konnte solchen nicht mehr geltend machen in den öffentlichen Verhältnissen; ein anderer Theil wollte nichts als seine Dienstbarkeit und ihm war nur wohl in der Luft eines Hofes, — war dieser noch so winzig und klein. —

Die Bürger besaßen noch einige Freiheit, um die Angelegenheiten ihrer Gemeinden zu verwalten; aber in den kleinen Ver=

hältnissen wurden sie kleinlicht; was jenseits dem Bann ihres Städtleins lag, dafür hatten sie keinen Sinn, und die fürstlichen Beamten griffen in die Verwaltung der Gemeinden, wo deren Selbstständigkeit ihnen hinderlich war.

In den protestantischen Ländern hatten die Fürsten den Supremat an sich gezogen, sie hatten die alte Kirchenverfassung zerstört, und konnten eine neue nicht gründen; geistliche und weltliche Gewalt vereinigte sich in ihren Händen, es gab keinen unabhängigen Körper mehr, denn waren der protestantischen Kirche auch noch gewisse Formen der früheren Selbstständigkeit übrig geblieben, so war das Wesen derselben verloren. — In manchen deutschen Ländern bestand noch die Form ständischer Einrichtungen, aber sie sanken immer mehr zu sogenannten Postulaten-Landtagen herab, mit denen man nur handelte, wenn man Geld von ihnen wollte. — In den katholischen Ländern Deutschlands war allerdings noch die Verfassung der Kirche erhalten, und es stand dem fürstlichen Willen in geistlichen Dingen noch die Hierarchie als solche, und in weltlichen als ein großer Grundbesitzer entgegen. — Die katholischen Fürsten sahen mit Neid, daß die protestantischen im Inneren ihrer Länder mächtiger waren, und sie erkannten wohl, daß ihre Allmacht keine vollkommene wurde, so lange nicht die Kirche unter ihre Herrschaft gebeugt war. So lange sie selbst Katholiken blieben, konnten sie nicht Landeskirchen machen mit dem fürstlichen Supremat, aber im Bereich ihrer Gewalt konnten sie die Rechte der Kirche in Einzelheiten beschränken. Das thaten sie denn auch redlich; sie holten das Placet hervor; sie machten sich zu Vormündern über das Kirchenvermögen, und sie erfanden die Kirchenherrlichkeit. — Der Kaiser war wohl noch der Schutzherr der Kirche, die Fürsten anerkannten wohl noch den Kaiser, — aber der Kaiser hatte keine Macht über die Fürsten.

Die Stände waren, der eine von dem andern, getrennt, der gemeinschaftlichen Berührungspunkte wurden immer weniger; sie wurden sich allmählich entfremdet, und in dieser Entfremdung wuchs Abneigung und Mißtrauen. Die alten Institutionen waren bloßes Gepränge geworden und wo sie den natürlichen Fortschritt nicht hinderten, da waren sie gefügige Werkzeuge der

Gewalt, aber nirgend Schützer der Rechte und Wahrer der Freiheit und darum nur wenig mehr geachtet.

Das Ansehen der Kirche zu untergraben war in jener Zeit das allgemeine Streben der Staatsmänner. Kaiser Joseph II. hatte viel alten Unrath gefunden, sein Rechtsgefühl hatte sich gegen hergebrachte Gewohnheiten erhoben, — aber seine gewaltsamen Reformen öffneten der Centralisationssucht so manche Bahnen, die ihr bisher noch verschlossen gewesen waren. Der Kaiser war eine edle Natur; er wußte, daß ihm nur wenig Zeit gegönnt war, um seinen Idealstaat zu schaffen, deßhalb ging er ohne Rücksicht vorwärts, und er erschütterte die Grundlage der Autoritäten, als er deren Mißbräuche aufhob. Klöster und Stifte waren häufig verkommen; sie erfüllten ihre Bestimmung nicht mehr und ihre ungeheuern Einkünfte wurden oft sehr schlecht verwendet, aber man gab sich nicht die Mühe, sie auf ihre Bestimmung wieder zurückzuführen, man versuchte nicht, sie zu einer bessern Verwendung ihres Vermögens zu zwingen — man zerstörte die Anstalten und raubte ihre Güter. Zur Einziehung geistlicher Güter in katholischen Landen hatte der Kaiser Joseph das Beispiel gegeben; die Habsucht anderer Fürsten wurde gereizt, ihre Mittel reichten nicht, um den thörichten, dem französischen Hofe nachgeäfften, Aufwand zu bestreiten, und was sie der Kirche entzogen, das schwächte deren Macht und vergrößerte die Hülfsmittel für ihre Verschwendung und für ihre Gewalt. „Unter allen Verbesserungsvorschlägen gefiel die Einziehung der geistlichen Güter den Höfen vorzüglich. Wenn man aber die Kasernen in gleichem Maße zunehmen, wie die Klöster eingehen sah; so betrachteten die Freunde der Freiheit und Ruhe mit Mißvergnügen die ungünstige Wendung der nothwendigen Reform — die Fürsten bekamen von dem an größere Macht über die Geistlichkeit; aber, indem für die Völker der Gewinn nicht so groß schien, als er hätte sein können, wurde die Zahl der Mißvergnügten durch die Zahl der Geistlichen ungemein verstärkt, und weisen Männern bald bemerklich, daß eine gemeinschaftliche Vormauer aller Autoritäten gefallen war" [1].

---

[1] Johann von Müller, Allgemeine Geschichten. XXIII. Buch. Kap. 9.

In allen einzelnen Staaten bestrebte man sich, die Kirche von dem Papst mehr und mehr unabhängig zu machen, und wie in Frankreich unter Ludwig XIV. die bekannte Declaration der französischen Hofprälaten von 1682 die Grenzen der päpstlichen Gewalt bestimmte; so gaben sich ein Jahrhundert später die geistlichen Fürsten in Deutschland zu demselben Verfahren her. — Die Schriften des falschen Febronius [1] gelangten zu Ansehen und auf dessen, theils jansenistische, theils protestantische Grundsätze gestützt und von Kaiser Joseph II. dazu ermuntert, ließen die Erzbischöfe von Mainz, Trier, Köln und Salzburg auf dem bekannten Emser Congreß im Jahr 1786 einen Entwurf zur Ausdehnung der Metropolitanrechte, d. h. einen Plan zu solcher Beschränkung der päpstlichen Gewalt aufstellen, daß ohne den Widerstand der anderen Bischöfe nothwendig ein Schisma hätte erfolgen müssen. — Nach dem Beispiele des Kaisers veranlaßte der Großherzog von Toscana, gleichzeitig mit der Emser, die Synode in Pistoja und der deutsche Febronius fand in dem italienischen Scipio Ricci seinen Verbündeten. Den weltlichen Fürsten wäre eine Kirchenspaltung nicht unwillkommen gewesen, denn sie hätten die allgemeine katholische Kirche in Landeskirchen zertheilt und für diese wäre dann der weltliche Supremat unvermeidlich geworden. Die geistlichen Fürsten waren als Reichsstände schon fast unabhängig von dem Kaiser, durch die ungemessene Ausdehnung der Metropolitanrechte wären sie auch unumschränkt geworden in der Regierung der Kirche. Sie wollten alle Gewalt in ihren Händen vereinigen: im Emser Congreß stellten sie sich gegen das Oberhaupt der Kirche, im Fürstenbund gegen das Oberhaupt des Reiches, das Streben nach schrankenloser Gewalt verblendete sie und in dieser Verblendung rannten sie ihrem gewissen Untergang entgegen.

Während in Spanien der Selbstherrscher noch immer schrieb: „ich der König", und in Frankreich der König sagte: „der Staat

---

[1] *Justini Febronii*, De statu ecclesiae et legitima potestate Romani pontificis liber singularis. Francof. 1763. 4. — Dieser Febronius war bekanntlich der Weihbischof von Trier, Nikolaus von Hontheim.

bin ich", und während in Deutschland die Fürsten ihre Gebiete als Erbgüter betrachteten, hatte sich schon eine Welt von neuen Ideen erhoben. Man bezeichnete die unveräußerlichen Rechte des Menschen, man setzte den Staatszweck in die Wohlfahrt der Völker und fand die Mittel zu diesem Zweck in Verfassungen, welche den Völkern Persönlichkeit zuerkannten und dennoch den Menschen die Urrechte gewährten, die nimmer aufgehen dürfen in der Stellung als Bürger. So kam ein ungeheurer Widerspruch in die Verhältnisse der Gesellschaft; man behauptete die Gleichheit der Bürger, wo noch Kasten bestanden, — man wollte die Freiheit, wo man noch eine unbeschränkte, von Gott übertragene, Gewalt geltend machte; man erwies das Recht des Bürgers zu dem thätigen Antheil an der Gesetzgebung und an der Führung der öffentlichen Angelegenheiten, wo der Träger der Gewalt in seinem Willen den Willen Gottes erkannt wissen wollte. — In diesen Widersprüchen hatte sich der Geist der Verneinung erhoben, und die Verneinung unhaltbarer Ansprüche der gesellschaftlichen Mächte hatte sich bald zur Verläugnung alles Heiligen gesteigert. Eine fade Freigeisterei war der Ton der guten Gesellschaft geworden, während die Masse des Volkes im treuen Gemüth noch den Glauben bewahrte; darum wurde diese gute Gesellschaft der Gegenstand der Verachtung oder des Hasses, gegen beide stand wieder das althergebrachte Ansehen der äußern Stellung, und so wurden die Köpfe ganzer Nationen verwirrt. — Die Siege über die Kirche hatten die unbeschränkte Selbstherrschaft ausgebildet, in dem Reich dieser Herrschaft wurde die Macht der Religion gebrochen und so waren nicht nur die „Vormauern der Autoritäten" gefallen, sondern es wurden ihre Grundlagen zerstört.

Es geht eine furchtbare Vergeltung durch die Geschichte. Die englische Revolution hatte die Lehre vom Widerstand zum Siege gebracht, und es verging kein Jahrhundert, so wurde diese Lehre von den Kolonien gegen das Mutterland verwendet. — Das französische Königthum unterstützte die Erhebung der amerikanischen Staaten, sie anerkannte damit das Princip, welches auch dort den Sieg errang und wenig Jahre später mußte das Königthum die Wirkung derselben Lehre bis zu seiner

Vernichtung erfahren, und das Haupt des Königs fiel unter dem Beile des Henkers.

Die französische Revolution hat nichts Neues gemacht. Die Staatsallmacht und ihre Vielreglererei und alle Anstalten einer ungemessenen Centralisirung war von dem alten Regimente geschaffen. Die Schreckensherrschaft hat nur übernommen, was sich schon vorfand; sie hat sich der unumschränkten Gewalt bemächtiget und diese im Namen des Volkes ausgeübt, wie sie früher im Namen der Könige ausgeübt worden ist. Die Umwälzung in England hat nicht die Lehre der politischen und religiösen Verneinung durchgeführt, sie hat nicht alte Nationalfreiheiten zerstört, sondern sie hat neue gegründet und darum hat sie ein dauerndes Ergebniß errungen — Frankreich ist durch seine Umwälzung nach Außen mächtiger geworden, aber im Innern hat sie Rechte und Freiheiten zerstört und deßhalb hat sie ihre Macht nur für ihren Erben gegründet, und ihr Erbe war die Selbstherrschaft „eines glücklichen Soldaten".

Die letzten Reste der ehemaligen Stände und Körperschaften waren von dem Sturm der Umwälzung hinweggefegt, die ganze Nation war eine Masse geworden, die man jetzt willkürlich nach Wohnort und Kopfzahl abtheilte. Die Kräfte der Einzelnen hatten keine besondern Schwerpunkte mehr, die, statisch verbunden, den Schwerpunkt der ganzen Nation bestimmten; die einzelnen Kräfte der Millionen gingen einzeln in beliebige Richtungen, aber sie vereinigten sich unmittelbar in einem allgemeinen Mittelpunkt, und war dieser Mittelpunkt die Gewalt des Staates — was Wunder, wenn diese Gewalt auch rückwirkend wieder in alles Einzelne eingriff? —

Der Erbe der französischen Revolution hatte mit der Erbschaft auch Lasten übernommen, und solche Lasten waren die Ideen der bürgerlichen Freiheit und Gleichheit. Diese konnten ihn nur wenig hindern, denn dem Selbstherrscher sind Alle gleich, die unter ihm stehen; die Idee der Freiheit mußte auf hundert Schlachtfeldern mit dem Blut der Gefallenen verrauchen, und dennoch bedurfte der Selbstherrscher einer geistigen Macht. Mit all' seiner Gewalt, mit allem kriegerischen Ruhm und mit aller politischen Herrschaft in Europa konnte er das Innere der

Menschen nicht befriedigen, es blieb eine Leere, er mußte sie ausfüllen, es blieben Kräfte und Fähigkeiten, er mußte sie beschäftigen — er mußte die Gemüther bemeistern, sonst half ihm die äußere Macht nicht.

Der Selbstherrscher der Franzosen anerkannte die Kirche, und durch einen Vertrag führte er sie in sein Reich wieder ein. Ihre materiellen Güter waren für immer verloren, sie sollte wieder Besitz nehmen von ihrem geistigen Gebiete, aber sie sollte darin nicht volle Eigenthümerin sein, sondern sie sollte dasselbe besitzen, wie der Vasall sein Lehengut unter dem Lehensherrn besitzt. Napoleon I. wußte zu gut, daß religiöse Empfindung eine Ehrerbietung für die Autorität erzeugt; diese Ehrerbietung sollte die Kirche erwecken, das Widerstreben gegen die thatsächliche Gewalt sollte sie vernichten, und auf dem Boden, auf welchem alle Autoritäten gemordet waren, sollte sie die seinige heiligen; — aber sie sollte keine ureigene haben, sie sollte nur eine solche besitzen, die er ihr verliehen; wie der Oberst in seinem Regiment und der Präfect in seinem Departement, so die Kirche in dem geistigen Reiche der Religion. Weil aber solche Unterordnung nicht möglich war mit einem selbstständigen Oberhaupt, so sollte auch dieses von ihm abhängig werden. Das Papstthum, als eine Institution des französischen Weltreiches, war eine Lieblingsidee des französischen Kaisers; die Kirche sollte Mittel und Bestandtheil seiner Herrschaft werden, — Waffen und Religion wollte er zur Knechtung von Europa gebrauchen.

Was der Protector des Rheinbundes in den allergrößten Verhältnissen ausführen wollte, das glaubten die Rheinbundstaaten im Kleinen vollbringen zu können. Waren in Frankreich auch die Spuren der alten Institutionen vernichtet, so waren in den deutschen Staaten noch die Reste derselben erhalten; sie waren Ruinen, in welchen man nicht mehr wohnen konnte, deren Mauern aber noch die Gestalt der ehemaligen Gebäude verriethen. Viele dieser Ruinen waren noch dauerhaft und fest genug, um einen zweckmäßigen Einbau wieder aufzunehmen, aber daran dachten diese Staaten nicht, sie brachen mit großer Mühe die Ruinen vollends nieder und verschleuderten das Material. Das war gewiß nicht heilsam, in mancher

Beziehung verderblich), aber die Zerstörung des Alten lag in der Strömung der Zeit. — Die französische Revolution hatte mit Krieg und Waffen, mit Blut und Elend ihre Ideen verbreitet; fast unbewußt war in die Menschen die Idee der bürgerlichen Gleichheit gedrungen, und nach und nach wurden die Folgerungen allgemein, daß die Bürger nur unter dem allgemeinen Staatsgesetz stehen, daß dieses Staatsgesetz nicht nur von dem Regenten, sondern auch von ihnen ausgehen müsse, und daß die Regenten ihre Vollzugsgewalt nur nach bestimmten Gesetzen ausüben können. Der alte Satz, daß die Regenten ihren eigenen Gesetzen nicht unterworfen seien, war allgemach fast lächerlich geworden, und gewisse Rechtsmänner, als Diener der unumschränkten Gewalt, haben vergeblich dessen Aufrechthaltung versucht; mit diesem Satz aber fiel die Lehre von dem passiven Gehorsam, und in weiterer Folge erhob sich daraus die neue Lehre vom Rechte des Widerstandes.

Die deutsche Pietät sträubte sich lang und sträubt sich vielleicht noch jetzt gegen diese Lehre. — Der Franzose kann treu und ergeben sein bis zum Tod, er kann ein Märtyrer werden für eine Idee, für ein Verhältniß oder für eine Person — aber was er thut, das thut er als handelnder Mensch mit vollem Bewußtsein. — Die Pietät des Deutschen ist etwas ganz Anderes, als die Hingebung des Franzosen: — sie ist eine allgemeine, fast beständige Stimmung seines Gemüthes; in dieser faßt er die Dinge mit dem Gefühl auf — und dieses erschafft eine unveränderliche Anhänglichkeit an ein Gegebenes, das ihm lieb oder ehrwürdig oder auch nur von der Gewohnheit geheiliget worden; er duldet in diesem Gefühl und handelt aus innerem Triebe, der oft keine klare Anschauung wird. Diese Pietät ehrte noch die Reste der alten Institute, aber sie hinderte auch den Widerstand, als die Regierungen die neuen politischen Ideen in ihrem Sinne verwendeten, als sie die gleiche Berechtigung aller Bürger annahmen, alle besonderen Rechte aufhoben, und die gesetzliche Gleichheit nur durch die Gleichheit einer allgemeinen Entmündigung herstellten.

So machten die Regierungen ihre Reformen im Sinne der französischen Revolution. Die Bauern waren frei geworden, wie es die Kirche ein Jahrtausend lang erstrebt hatte; die Städte konnten sich in ihrer Besonderheit nicht halten, man zerschlug ihre Verfassungen, und reihte die Bürger kopfweise in die allgemeine Masse. Der niedere Adel erhielt sich noch mancherlei Ehrenrechte, die ihm nichts nützten, aber ihn von Andern trennten. Die Reichsunmittelbaren waren Unterthanen, in manchen Dingen bevorzugt, aber eben immer nur Unterthanen geworden. Die Geistlichkeit allein war noch ein geschlossener Körper, aber man nahm diesem Körper jedes Mittel zu selbstständigem Leben, und man stellte die Kirche unter Vormundschaft, damit sie eine Staatsanstalt werde. — Das war das Streben, das war die Reform im Beginn des neunzehnten Jahrhunderts.

Das Volk war eine ungegliederte Masse geworden; die Regierungsgewalt allein war die Quelle des Rechtes, es gab nur mehr eine mechanische Bewegung der schwerfälligen Staatsmaschine, aber es gab kein besonderes Leben einzelner Theile, und darum gab es kein Leben des Volkes. Als Vertreter der neuen Ideen mußten die Regierungen gewisse Grundrechte anerkennen, weil auf diesen ihre Stellung beruhte; aber von diesen hatte sie die individuelle Freiheit den Bürgern nur in deren gegenseitigen Beziehungen gestattet — ihr selbst gegenüber anerkannten sie keine. Wo das Recht nur allein von der Staatsgewalt festgestellt wurde, die keine Mitwirkung des Volkes in Anspruch nahm, der keine Vertretung des Volkswillens ihre Schranken setzte und ihre Richtung bestimmte, die keine öffentliche Meinung über die Interessen belehrte, — da konnte die Idee des Rechtes nicht die herrschende, nicht einmal die leitende sein und es wurde der alte Grundsatz des römischen Staatsmannes in angemessener Ausdehnung zur Geltung gebracht, „die Wohlfahrt des Staates war das höchste Gesetz." Nicht nur alle Bewegungen der Staatsmaschine mußte dieser Grundsatz bestimmen; — er sollte auch alle Verhältnisse des Bürgers und alle Beziehungen des Menschen beherrschen. Was aber diese Wohlfahrt sei, in was sie bestehe, und was sie fordere, das wußten nur allein die Staatsgewalt und deren Organe; — diese sagten aber: das Staatswohl fordere, daß man den Bürger hindere, in irgend einem Verhältniß etwas zu thun, was diesem Staats=

wohl hinderlich, und daß man ihn zwinge, nichts zu unterlassen, was demselben förderlich sein könnte, und siehe, — da war der **Polizeistaat** fertig.

Dieser Polizeistaat ist der moderne Staat, wie er **mittelbar** aus der Reformation hervorging, wie er von der absoluten Gewalt der Fürsten begründet, und von der Revolution zur Vollendung geführt wurde.

Auch dieser Polizeistaat hatte seine geschichtliche Mission, er konnte keine Freiheit gewähren, aber er sollte deren Hindernisse wegräumen; er sollte die Regierungskraft schaffen, welche nothwendig war, um eine Maschine im Gang zu erhalten, welcher der zusammengesetzte Organismus gar viele Widerstände erschuf. — Nach dem Sturz des französischen Kaiserreiches war von den deutschen Landen der äußere Druck hinweggenommen; die Staaten konnten nicht mehr stehende Heerlager bleiben, in welchen allein nur der Feldherr Gewalt hat; — der Bürger wollte seine Selbstständigkeit erringen, er wollte dahin kommen, daß ihm erlaubt sei, was die Gesetze nicht verbieten, und er wollte auch helfen, wenn man diese Gesetze machte. — Der Bürger wollte dem Staate gern leisten, aber seine Leistungen sollten, dem wahren Bedürfniß angemessen, einer festen Regel unterliegen, und er selbst wollte das Bedürfniß beurtheilen, und mitreden bei der Feststellung der Regel. Die Regierungen sollten frei sich bewegen, aber der Bürger wollte sich überzeugen, daß sie sich im Gebiet der Gesetze bewegen und er wollte die Mittel haben, die Ueberschreitung der Grenzen zu hindern; — der Bürger wollte sein strenges Recht nehmen nach der Bestimmung der Gesetze, aber er wollte, daß diejenigen, welche nach dem Gesetz erkennen und richten, unabhängig seien von jeder äußern Gewalt, und unabhängig von jeder höhern Einwirkung. Unbewußt lagen diese Forderungen in allen Nationen, aber mit klarem Bewußtsein gingen die Führer voran. Es war das die Lehre des Liberalismus, und diese Lehre mußte Thatsachen hervorrufen, denn sie war nicht **gemacht**, sie war in die Zeit gekommen, als ein nothwendiges Ergebniß der großen Bewegung.

Als nächstes Ergebniß hat diese Lehre die Repräsentativ-Verfassungen zuerst in Frankreich, und dann in Deutschland hervorgerufen. Diese Verfassungen sind ohne allen Zweifel sehr mangelhaft; aber wie groß auch deren Mängel und Fehler sein mögen, sie waren unvermeidlich geworden. Die ganze Zeit von den Pariser und Wiener Verträgen bis gegen die Mitte des neunzehnten Jahrhunderts war die Zeit des Kampfes um die politische und bürgerliche Freiheit; die Säle der Vertretungen waren die sichtbaren Kampfplätze; mit den Fortschritten des Kampfes entwickelte sich die öffentliche Meinung, und man mußte immer lockerer die Bande knüpfen, in welcher die Polizeigewalt sie zu halten bestrebt war. Die liberale Partei, — dieser Ruhm gebührt ihr, — hat den Völkern die bürgerliche Freiheit errungen, aber sie war nicht im Stande, diese Freiheit nutzbar zu machen. Sie meinte durch eine Unzahl von Gesetzen, und immer wieder neuen Gesetzen, das Heil der Völker zu gründen, und sie gab dadurch dem Organismus des Staates immer mehr den Charakter der Maschine. Neben der Staatsgewalt stand nun eine Vertretung des Volkes, und in unrichtiger Auffassung wollte die liberale Partei dieser Vertretung anheimgeben, was ihr nicht gebührte; sie hat verschuldet, daß die Meinung der Vertretung eine unwahre Darstellung des Volkswillens wurde, und dennoch wollte sie die Darstellung des Volkswillens zur Quelle alles Rechtes machen, und alles Recht nach ihrem Begriff der Staatswohlfahrt modeln. So schuf diese Partei die Vielregiererei, die entsetzliche Verwechslung des gekünstelten Staatsorganismus, und damit die Allmacht der Bureaukratie, welcher sie abwechselnd Freund und Feind, Diener und Herr war.

Zum Unheil für sie wurde der Geist der Verneinung in die Lehre der Liberalen gebracht; und in diesem Geist verhöhnten sie das religiöse Gefühl, und stellten sich und ihre Einrichtungen feindselig gegen die positive Erscheinung der Religion. Sie wollten keine Gewalt erkennen, als die Gewalt des Staates, und keine Autorität, als diejenige, welche von der Staatsgewalt ausfloß. Sie verneinten das Recht der Kirche, und sie meinten mit dieser Verneinung deren Autorität zu vernichten, die Parteimänner konnten die positive Religion noch nicht abschaffen, aber sie wollten deren sichtbare Einrichtung zu einer Anstalt der materiellen Gewalt machen; — wohl rüttelten sie an dem Gebäude des Polizeistaates; sie erwarben die Anerkennung des freien Vereinsrechtes, aber sie verläugneten die Rechte des heiligsten aller Vereine, sie wollten ihn einem äußern Willen unterwerfen, damit er zerfalle, denn sie wollten die Allmacht der Staatsgewalt, und sich selbst im Besitz dieser Allmacht.

Das ist der moderne Staat der letzten Periode, — aber auch dieser ist jetzt schon veraltet, und das wollen die Männer nicht begreifen, die jetzt allerdings noch gewisse Massen bewegen, aber in nicht ferner Zeit allein stehen werden, als die Reste einer abgestorbenen Macht. Die Stürme, welche den Ausgang der ersten Hälfte des neunzehnten Jahrhunderts bezeichnen, haben den Polizeistaat in seinen Grundlagen erschüttert, und was davon jetzt noch besteht, das wird in sich selbst zusammensinken, oder es wird gebrochen werden in den neuen Bewegungen, welche dessen Anhänger selber hervorrufen. Das Gebäude ist alt geworden in der kurzen Zeit seines Bestehens, die Periode der Reaction hat es nicht wieder herstellen können; noch hat sie die Verwirrung der neuen Ideen nicht unwirksam gemacht, aber sie hat die Erkenntniß geschaffen, daß diese Verwirrungen gefährlich geworden sind nur allein durch die Krankheitsschäden der Gesellschaft, welche keine Allmacht der Staatsgewalt zu heilen vermag. — Aus der Zeit der Stürme sind uns Erbschaften geblieben; die deutschen Grundrechte sind nur noch ein historisches Document, aber was in ihren Grundsätzen Wahres gewesen, das hat sich erhalten. Wie wenig bis jetzt sich die Organisationen der Staaten geändert haben mögen, so ist doch die Auffassung derselben eine andere geworden; — sie wollen ihre Allmacht bewahren, aber die Staatsmänner kommen allgemach zu der Einsicht, daß diese Allmacht, die Quelle unzähliger Uebel, jeder Umwälzung ihren Erfolg sichert. Hat sich in Frankreich auch der grassefte Despotismus hergestellt, welchen die civilisirte Welt jemals gesehen, so ist er nur immer ein vorübergehender Zustand, der jetzt vielleicht nothwendig ist, um den Boden zu bearbeiten, aus welchem sich eine gesunde Vegetation entwickeln soll.

Von den Staatsmännern unserer Tage haben die Begabten einsehen gelernt, daß es außer den menschlichen Grundrechten

noch andere Rechte gibt, welche der Staat nicht verleiht, und
sie fühlen, daß nicht die Staatsgewalt unmittelbar alle und jede
Verhältnisse regieren, sondern daß rechtsfähige Persönlichkeiten
selber besorgen sollen, was sie zu besorgen das natürliche Recht
haben, und was sie viel besser besorgen können, als der Staat
mit seinem Heer von Beamten. — Wie früher die politische
Lehre des Liberalismus in den Regierungen lag und in den
Regierten, ohne daß es beide recht wußten, so ist jetzt die Idee
des wahren Rechtsstaates überall verbreitet, und wenn sie nur
selten mit Klarheit gedacht wird, so hat doch die Zeit schon be=
gonnen, welche der Idee in ihren Einrichtungen die äußere Gel=
tung gewährt. — Der heutige Staat kann nicht wieder ein
Staat des **Mittelalters** werden, seine Anstalten sind der
Zeit verfallen, und unsere Verhältnisse dulden nicht mehr das
Ineinanderschieben privatrechtlicher Elemente und einer Unzahl
körperschaftlicher Rechte. — Die heutigen Staaten können nim=
mer **Patrimonialstaaten** sein, aber sie können sich auch nicht
zu bloßen Anstalten der Rechtspflege herabwürdigen. Der heu=
tige Staat muß seine sittliche Bestimmung erkennen, er muß
das Recht für die Wohlfahrt verwenden, aber diese nicht über
das Recht stellen, denn das Recht besteht durch sich selber.
Der heutige Staat muß Kraft für seine Handlungen und Frei=
heit für seine Bewegungen haben, — die kleinen Verhältnisse müssen
in den großen Interessen aufgehen — aber er darf nicht zur
selbsteigenen Angelegenheit machen, was ihm fremd oder was
nur die Sache eines Bestandtheiles ist; er darf nicht alle klein=
lichten Dinge der Verwaltung zu Staatshandlungen machen,
und nicht die Vormundschaft über alle bürgerlichen Verhältnisse
als Staatszweck betrachten. Der heutige Staat stellt sich höher
als alle seine Vorgänger standen, darum will er nur die höch=
sten Interessen besorgen, und alle kleinen besonderen Dinge der
Sorgfalt derjenigen überlassen, welche unmittelbar betheiliget
sind. — Das mittelalterliche Staatswesen anerkannte die Selbst=
regierung der Körperschaften, aber ihm fehlte die centrale Kraft
zur Regierung der eigentlichen Staatssachen; — das heutige
Staatswesen besitzt diese centrale Gewalt, und diese will die
Selbstregierung der Betheiligten in allen Dingen gestatten, die

nicht eigentliche Staatsſachen ſind, deren Handhabung ſeine centrale Gewalt nicht ſtärkt, und deren Ueberantwortung an untergeordnete Kräfte dieſe Gewalt nicht ſchwächt. — Dieſen Staat auf dem europäiſchen Feſtland zu bilden, iſt der Beruf unſerer Zeit.

In der Zeit der Noth und des Unheils hat man ſich nach einer Macht umgeſehen, welche die Lebenskraft der Völker erwecke und leite, auf daß die Geſellſchaft, wie jeder Organismus, aus ſich ſelber geſunde. — Hatte man dieſe Macht in der Religion gefunden, ſo mußte man auch anerkennen, daß ihre Wirkung von der Kraft ihres Organes bedingt ſei, aber man meinte, daß die Kirche unter der Vormundſchaft oder unter der Herrſchaft des Staates ihre Sendung am beſten erfülle. — Man hat dieſen Irrthum mit bitteren Erfahrungen bezahlt, aber eben dieſe Erfahrungen haben den Sinn der Staatsmänner geändert, und ſie haben in dieſem einen Punkt die veraltete Auffaſſung verlaſſen. — Hatten dieſe Staatsmänner die neue Idee des Rechtsſtaates aufgenommen, ſo mußten ſie zu allererſt einſehen, daß die katholiſche Kirche eine lebenskräftige Anſtalt ſei, eine Anſtalt mit ſelbſtſtändigem Recht auf eigenem Gebiete, und daß es, angrenzend an das Gebiet des Staates, von dieſem durch natürliche Marken getrennt ſei, welche oft kaum ſichtbar, aber doch immer beſtimmt ſind.

Die Uebereinkünfte mit dem römiſchen Stuhl ſind förmliche und thatſächliche Anerkennungen der Selbſtſtändigkeit der katholiſchen Kirche und ihrer natürlichen Stellung zum Staat, und darum ſind ſie gerade aus der Auffaſſung des Staatsweſens hervorgegangen, welche die nächſte Zeit als die moderne bezeichnen wird. —

Mit dieſem modernen Staat, mit dem Rechtsſtaat, wird die Kirche in Frieden leben, — denn er wird deren ureigenes Recht in den Kreis ſeines Rechtsſtandes einreihen.

XVIII.
Die Rechtsverhältnisse der Uebereinkunft.

Der Rechtsstaat ist seiner Natur nach conservativ, er muß seine Gesetze aufrecht halten, auch wenn es ihn Opfer kostet, und wenn sie dem Staatswohl nicht förderlich sind; so mag er auf verfassungsmäßigem Wege sie ändern, aber er darf keine Mißachtung dulden, so lang sie bestehen. Will man das Verhältniß irgend einer Einrichtung zu dem Rechtsstaat erkennen, so trifft die Erörterung zuerst das bestehende Recht; — und die allgemeine Wohlfahrt oder das Staatswohl soll erst in Frage kommen, wenn dem Recht Genüge geschehen.

Die Uebereinkunft des Großherzogs von Baden mit dem heil. Stuhle berührt, wie jede andere, die bestehenden Rechtsverhältnisse; sie hat gewisse Beziehungen zu der bürgerlichen und zu der Strafgesetzgebung des Landes, — sie hängt zusammen mit den Bestimmungen, die man das Kirchenstaatsrecht nennt, und endlich hat sie völkerrechtliche Beziehungen, welche den anderen ihren besondern Charakter verleihen.

Man hat bisher in Flugschriften und in Tagesblättern diese Beziehungen erörtert, man hat einerseits unwahre Unterstellungen, man hat Verordnungen zu Gesetzen gemacht, und solchen Kräfte und Wirkungen beigelegt, an welche Gesetzgeber und Regierung bei deren Entwurf wohl nicht gedacht hatten; man hat das Ungleichartige zusammengeworfen, und in eigener Befangenheit oder in der Absicht zu täuschen, hat man die Kunstgriffe schlechter Advocaten gebraucht, und das Alles hat man Rechtsausführungen genannt. — Wären nicht wirkliche Rechtsausführungen erschienen, hätten bessere Schriften nicht die unwahren Voraussetzungen und die falschen Schlüsse bezeichnet, und die Frage auf ihren rechten Boden gestellt, so hätten die badischen Juristen ihren Ruf recht ernstlich gefährdet. — Durch alle diese Schriften und Gegenschriften hat sich der Stoff der Erörterungen allerdings gesichtet, haben sich die Auffassungen für diejenigen geklärt, die guten Glaubens sein wollen; aber sie haben auch, wie es gewöhnlich geht, jene Einfachheit verloren, welche dem Rechtssinn einfacher Menschen eingeht. Man kann Bildung und Wissen besitzen, und doch nicht angethan sein, um falsche Unterstellungen von wirklichen Rechtsgrundsätzen und juristische Spitzfindigkeiten von gültigen Schlüssen zu unterscheiden.

Die früheren Darstellungen enthalten schon alle Beziehungen der Uebereinkunft zu der bestehenden Gesetzgebung des Landes; in den nachfolgenden Blättern habe ich eine einfache Zusammenstellung versucht, bei welcher ich mir keiner einseitigen Parteirichtung bewußt bin.

1. Die staatsbürgerlichen Rechte.

Aus den besonderen Ausführungen hat sich ergeben, daß die Civilgesetzgebung eigentlich nur in dem Eherecht berührt wird[1], und daß die Ausführung der Vereinbarung eine Aenderung des bestehenden Landrechtes nur in dem Titel von der Ehescheidung, und einen Beisatz zu dem Titel über die Bedingungen zur Schließung der Ehe erfordern dürfte. Das geistliche Gericht erkennt nur über den Bestand der Ehe. — Wenn die Einführung der bürgerlichen Ehe von der Staatsregierung für ein großes Glück gehalten wird, so kann sie die geistliche Gerichtsbarkeit nicht hindern; die Kirche erkennt eben einfach die Ehe nicht an, welche nicht kirchlich geschlossen und deßhalb keine christliche ist; — die bürgerlichen Wirkungen einer Verbindung, die der Staat anerkennt, liegen weit aus ihrem Bereich.

Wenn die geistlichen Gerichtshöfe über den Bestand von Laienpatronaten nach canonischem Recht erkennen, so steht dieß einem bestimmten Gesetze kaum entgegen, weil die gewöhnlichen Gerichte nach wie vor über die sehr seltenen Patronatsstreitigkeiten überall erkennen, wo sie das Eigenthumsrecht berühren.

---

[1] S. darüber besonders auch die klare Ausführung in der kleinen Schrift: Die Vereinbarung mit dem päpstlichen Stuhle zur Regelung 2c. und die bestehende Gesetzgebung. Freiburg i. B. Herder'sche Verlagshandlung. 1860.

Die **Strafgesetzgebung** wird von den Bestimmungen der Convention in keiner Weise berührt; die Strafgewalt, welche sie dem Erzbischof zugesteht, ist bereits schon durch das erste Constitutionsedict zugestanden. Die Vergehen der Geistlichen, welche diese Disciplinargewalt behandelt, sind nur Standes- und Amtsvergehen, die nicht im Strafgesetz aufgeführt, und in keiner Weise dem Erkenntniß der weltlichen Gerichtshöfe zugewiesen sind. Wenn früher der Recurs wegen Mißbrauch festgehalten wurde, so ging dieser keineswegs an die Gerichte, sondern nur an Verwaltungsbehörden, und kein Gesetz, sondern immer nur einfache Verordnungen haben darüber bestimmt. In allen Verhältnissen, die nicht kirchlich sind, unterstehen die Geistlichen den bürgerlichen Gesetzen, sie besitzen durchaus keine Immunitäten; wo das Strafgesetz gegen sie in Anwendung kommt, unterstehen sie der Gerichtsbarkeit des Staates, wie jeder andere Mensch.

Die Kirchenstrafen gegen die Laien sind, wir haben es oben gesehen, im Constitutionsedict vom Jahr 1807 genau im Sinn des canonischen Rechtes aufgeführt, aber es ist diesen Kirchenstrafen jede unmittelbare Wirkung auf die bürgerlichen Verhältnisse abgesprochen. Wäre das nicht, so müßte freilich eine solche, und zwar eine harte, allerdings eintreten.

Nach einer klaren Bestimmung der Verfassung § 9 können Civil- und Militärstellen nur von Staatsbürgern bekleidet werden, welche einer der drei (zwei) christlichen Confessionen angehören. Wird nun gegen einen katholischen Staatsbürger der große Kirchenbann (excommunicatio major) ausgesprochen, so ist er aus der Gemeinschaft seiner Kirche ausgestoßen, und er gehört also keiner der christlichen Confessionen an, so lange der Bann nicht gelöst, oder er selbst nicht in eine andere Kirchengemeinschaft eingetreten ist. Der Gebannte könnte demnach kein öffentliches Amt bekleiden, wenn nicht der Staat diese Wirkung zum Voraus aufgehoben hätte. So wird also, durch die Ausübung der kirchlichen Strafgewalt, kein staatsbürgerliches Recht berührt, sie hat bisher gegen kein bestehendes Gesetz verstoßen, und bedarf keines neuen, um, wie bisher, aufrecht gehalten zu werden.

2. Das Staatskirchenrecht.

Die Uebereinkunft vom 28. Juni 1859 beruht auf dem Grundsatz, daß im Großherzogthum Baden eine katholische Kirchengewalt bestehe, daß diese gewisse Rechte und Pflichten besitze, und sie nach bestimmten Normen ausübe und erfülle. Die Uebereinkunft will nun zunächst die Normen angeben, nach welchen die Kirche ihre Gewalt ausübe, und sie will das Verhältniß ihrer Befugnisse zu jenem der Staatsgewalt feststellen. Wenn nun die Verfassung des Großherzogthums (§ 5) ausspricht, „daß der Großherzog alle Rechte der Staatsgewalt in sich vereinige, und sie nach den, durch die Verfassung festgesetzten Bestimmungen ausübe, so will diese Bestimmung nur allein das monarchische Princip der Staatsgewalt aufrecht halten, aber keineswegs eine Kirchengewalt verneinen. — Reichsgesetze, welche nicht aufgehoben, die deutsche Bundesacte und die badische Verfassungsurkunde [1] gewährleisten den Bestand der christlichen Kirchen, und die Genossen einer jeden dieser Kirchen besitzen daher, als Staatsbürger, ein verfassungsmäßiges Recht auf diesen Bestand. Dieser aber kann von der Kirchengewalt nicht getrennt werden, weil die katholische Kirche ohne diese, ihr eigenthümliche, Gewalt nicht bestehen kann; — ihre Aufhebung wäre die Aufhebung der Kirche. Die Kirchengewalt ist dem Katholiken eine Sache des Glaubens; von dieser Gewalt getrennt, hat er aufgehört ein Katholik zu sein, und durch solche Trennung hätte die Staatsgewalt ein Schisma erzwungen, hätte den Katholiken die Uebung ihres Glaubens versagt; sie hätte die völkerrechtlichen Verträge, sowie die sogenannten Grundgesetze, und sie hätte besonders die Verfassung gebrochen. Schon die Gesetzgebung, welche der Verfassung voranging, hat die Kirchengewalt als eine, vom Staat geschiedene, anerkannt, denn schon elf Jahre vor der Verfassung wurde gesetzlich ausgesprochen:

---

[1] Der Friede von Osnabrück, 1648; — der Reichsdeputationshauptschluß, 25. Februar 1803 §§ 35 und 63; — Preßburger Friede, 26. December 1805 Art. 8; — deutsche Bundesacte, 8. Juni 1815 Art. 16; — die badische Verfassungsurkunde, 22. August 1818 Art. 19 und 20.

„Jede im Staate aufgenommene Kirche kann verlangen, daß innerhalb des Großherzogthums eine ihr zugethane Kirchengewalt, eingerichtet auf die Grundsätze ihrer Religion, bestehe und anerkannt werde. Die katholische insbesondere, deren allgemeine Kirchenverfassung einen Mittelpunkt der Glaubenseinigkeit fordert, erwartet mit vollem Rechte, daß diese Centralstelle als solche geachtet, und ihr all' jener Einfluß unter ihren Glaubensgenossen gestattet werde, welcher zur Erhaltung der Einheit der Vorschriften für Glauben und Leben der Kirchenglieder unentbehrlich ist"[1]. Wenn nun die römisch-katholische Kirche gesetzgebende, richterliche und vollziehende Gewalt hat, so besitzt sie dieselbe nur in rein kirchlichen Dingen, kraft ihrer Verfassung, mit welcher das Großherzogthum Baden seine katholischen Lande erhalten, also die Kirche aufgenommen hat, unter der Verpflichtung, an dem bestehenden Rechtsstande nichts zu ändern, — und die Verfassung konnte daher nicht jede Autorität ausschließen wollen, welche nicht vollkommen in der Staatsgewalt aufgeht. — Solche Annahme ist unmöglich, weil die Verfassungsurkunde zu einer Zeit entworfen wurde, in welcher der Bestand des Großherzogthums noch in Frage stand, und weil man sie gewiß auch herausgab, um die verschiedenen Landestheile durch ein großes gemeinschaftliches Interesse an einander zu knüpfen, damit aus den zusammengewürfelten Ländern und Menschen ein organisch einheitlicher Körper werde. — Die Befugnisse der Kirchengewalt sind dann auch schon vor der Verfassung in ihren Grundzügen gesetzlich festgestellt, und die näheren Bestimmungen „über die Setzung, Verfassung und grundgesetzmäßige Wirksamkeit der katholischen Hierarchie dem Concordat mit dem römischen Hofe vorbehalten worden"[2].

So wurde das sogenannte Staatskirchenrecht grundsätzlich

---

[1] Erstes Constitutions-Edict, die kirchliche Staatsverfassung betreffend, vom 14. Mai 1807, § 11. Berechtigung der Kirchengewalt.

[2] Erstes Constitutions-Edict vom Jahr 1807, § 20. Verwaltung der katholischen Kirchengewalt.

festgestellt; diese Grundsätze wurden aber in der Ausübung nicht immer eingehalten, die Uebereinkunft stellt sie wieder her, und es enthält diese nur wenige Bestimmungen, welche nicht eben aus diesen Gesetzen und Verordnungen hergeleitet werden könnten, und keine, welche denselben widersprechen.

Die Bestimmungen über die erzbischöfliche Kirche heben nur Verfügungen auf, welche, den früheren Vereinbarungen widersprechend, einseitig und willkürlich in das Fundationsinstrument und theilweise in die Verordnung vom Jahr 1830 aufgenommen, oder sie enthalten Gegenstände, welche, wie z. B. die Bestellung des Ordinariates, übersehen worden sind. — Die Ausführung der Realdotation der erzbischöflichen Kirche würde, es wurde oben bemerkt, eine gesetzliche Bestimmung erfordern, aber diese Realdotation ist jedoch vorerst nur noch ein Versprechen.

Die Synoden sind von den Gesetzen nicht verboten, also erlaubt. Die Verordnungen vom Jahr 1830 und vom Jahr 1853 haben diese Versammlungen anerkannt, und wenn nun die unmittelbare Einwirkung der weltlichen Gewalt aufgehoben, oder wenigstens sehr vermindert wird, so kommt das von fern mit keinem bestehenden Gesetz in Berührung, und erfordert ebensowenig ein neues; denn auch die früheren Verfügungen sind nur als einfache Verordnungen erlassen worden.

Die Hemmungen des kirchlichen Verkehres oder das sogenannte Placet war allerdings schon vor dem Anfall der katholischen Lande ausgesprochen, und es wurde nach diesem Anfall in dem ersten Constitutionsedict § 21 durch die Bestimmung festgestellt, daß „der Kirchenherrlichkeit das Recht zustehe, zu allen öffentlichen Verkündigungen, welche die Kirchengewalt beschließt, das Staatsgutheißen zu ertheilen, oder zu versagen." Diese Bestimmung wurde durch die Annahme der Bulle vom Jahr 1827 aufgehoben, aber durch die Verordnung vom Jahr 1830 wieder hergestellt, durch jene vom 1. März 1853 gemildert, und durch langjährigen Gebrauch vollkommen aufgehoben. Wenn nun der thatsächliche Zustand zum Recht geworden, so ist damit kein Gesetz berührt, welches noch in Rechtskraft bestand, oder welches noch in Uebung gewesen ist.

Auf die Verwaltung des Cultus ist von der staatlichen Gesetzgebung jeder Einfluß der weltlichen Gewalt ausgeschlossen, und wo diese eingegriffen hat, da hat sie es nur durch Verfügungen von Verwaltungsbehörden, oder durch Willkürhandlungen einzelner Beamten gethan, welche sogar diesen Verfügungen widersprachen.

Die Verwaltung der Sacramente, d. h. das Verfahren bei Schließung der Ehe, war nur durch einseitige Verordnung und durch eine Praxis beschränkt, welche dem Constitutionsedict vom Jahr 1807 geradezu widersprachen. Diese Praxis hat sich selber aufgehoben, und die Staatsregierung hat gegen den thatsächlichen Zustand so wenig als die Kirchenbehörde reclamirt.

Die Erziehung der Geistlichen wurde durch kein Gesetz bestimmt; es waren darüber nur Verordnungen gegeben, welche mehrmals geändert, und am Ende ganz aufgehoben wurden. Was aber die Uebereinkunft darüber verfügt, das widerspricht keinem Gesetz und erfordert kein Gesetz, denn zu dessen Ausführung genügen einfache Verordnungen.

Ebenso verhält es sich mit den Bestimmungen, welche die Universität Freiburg betreffen. Die kirchliche Beaufsichtigung der theologischen Facultät folgt aus der Natur der Sache, hängt mit keinem Gesetz zusammen, und erfordert wieder nur eine einfache Verordnung. Das Beschwerderecht des Erzbischofs gegen Mißbrauch des Lehramtes in den andern Facultäten gehört ganz und gar zu den Befugnissen der Regierungsgewalt, und diese hat früher alle Professoren unter ganz andere Aufsicht gestellt, ohne daß sie sich dagegen, als gegen eine Rechtsverletzung, beschwert hätten.

Die Verleihung des landesherrlichen Tischtitels gründet sich nur allein auf die Frankfurter Kirchenpragmatik, und folglich auf die Verordnung vom 30. Januar 1830 als deren Ausführung; sie hängt zusammen mit der Verwaltung des Kirchenvermögens durch den Staat und in Namen des Staates, und berührt von ferne kein eigentliches Gesetz. Die Regierung handelte ganz im Kreis ihrer Befugnisse, als sie jene Verordnungen fallen ließ, und sie blieb in diesem Kreise, als sie die

Ertheilung des Weihetitels durch den Erzbischof vereinbarte, und dadurch, wie oben bemerkt, einen thatsächlichen Zustand zum geschriebenen Recht machte.

Die Prüfung für Zulassung zu Seelsorgerstellen, oder die sogenannte Concursprüfung durch die Behörden des Staates, ist wieder nur durch die Verordnung vom Jahr 1830 verfügt, und sie widerspricht sogar einer klaren Bestimmung des ersten Constitutionsedictes vom Jahr 1807, durch welches „Prüfung, Zulassung oder Verwerfung derjenigen, die sich als befähiget zu Kirchendiensten darstellen, und Aufnahme unter die Mitbewerber zu kirchlichen und Schuldiensten verlangen" zu den Gegenständen rechnet, welche zu der Befugniß der Kirchengewalt gehören. Die Regierung hat also, als sie diese Prüfungen der Kirchenbehörde überließ, nur das frühere Gesetz wieder hergestellt und dasselbe in die Vereinbarung aufgenommen.

Die Ernennung zu Pfarren und Kirchenpfründen wird durch das Constitutionsedict vom Jahr 1807 (§ 13) allerdings dem jeweiligen Staatsregenten zugeschrieben. Diese Bestimmung ging aus der Idee des sogen. Staatspatronatsrechtes hervor, welches, wie oben nachgewiesen, von dem neuen Staatsrecht, wie von dem Kirchenrecht verworfen ist. Bestände aber, was wir nicht zugeben, ein solches Staatspatronatsrecht, so war es ein Recht des regierenden Hauses oder der Krone. Das Regentenhaus oder die Krone können aber auf solches Recht ganz oder theilweise verzichten, und kein Gesetz hindert das eine oder die andere, sich mit der Verleihung derjenigen Pfründen zu begnügen, auf welche sie ein canonisch rechtsgültiges Patronatsrecht besitzen. Solche Verzichtleistung des Regenten thut weder dem Recht noch dem Eigenthum irgend einer Person Eintrag; aber eine solche Verzichtleistung besteht nicht einmal, denn von all' den Pfründen, auf welche kein Patronat nachgewiesen ist, hat die Uebereinkunft nur ein Drittel an denjenigen abgegeben, in welchem die Kirchengesetze den rechtmäßigen Verleiher (collator) erkennen.

Die Organisation des Schulwesens ist lediglich nur durch Verordnungen bestimmt, und solche Verordnungen kann kraft seines Regierungsrechtes der Landesherr ändern. Was er aber in Folge der Uebereinkunft ändern soll, das ist gar wenig, denn er gesteht nur der Kirchenbehörde einen größeren Einfluß auf den Religionsunterricht zu; und dieses Zugeständniß ist nicht nur nicht gegen die eigentlichen Landesgesetze, sondern es ist von dem Edict über die kirchliche Staatsverfassung, wenigstens dem Sinne nach, gefordert. Wenn nun der Großherzog zum Vorstand der Oberschulbehörde den Mann bestellen soll, welchen er im Einverständniß mit dem Erzbischof zum Vorstand der Verwaltung des Kirchenvermögens ernannt, so widerspricht dieß keinem Gesetz. Weil der Großherzog alle Rechte der Staatsgewalt in sich vereiniget, so kann er die Verwaltungsbehörden nach seinem Ermessen organisiren und besetzen; wenn er dabei der Kirchengewalt einen kleinen Einfluß gestatten will, so liegt das lediglich in seinem Ermessen, und es besteht nicht die Spur einer gesetzlichen Bestimmung, welche ihn daran zu hindern vermöchte. — Wenn ferner an Gymnasien, mit welchen Convicte verbunden, alle Lehrerstellen mit Katholiken besetzt werden sollen, so steht es dem Landesherrn zu, nach seinem Ermessen einzelne Stellen mit Katholiken, andere mit Protestanten zu besetzen, daran kann ihn die Gleichheit der Ansprüche der Staatsbürger jeder Confession auf die Staatsämter (Verfassungsurkunde § 9) nicht hindern; denn wenn Protestanten und Katholiken im Allgemeinen gleiche Ansprüche auf alle Civil- und Militärstellen haben, so hat doch kein Staatsbürger einen Anspruch auf eine einzelne bestimmte Staatsstelle. Es ist übrigens nicht einmal nöthig, so weit auszuholen, um die angeführte Bestimmung der Uebereinkunft von der Gesetzgebung des Landes zu rechtfertigen; denn im Großherzogthum Baden gehören stiftungsgemäß gewisse Lehranstalten der einen, andere der andern Confession an, und Convicte sollen nur mit solchen verbunden werden, welche stiftungsgemäß katholisch sind. Den confessionellen Unterschied der Lehranstalten hat schon das erste Gesetz, nämlich das dreizehnte Organisationsedict vom 13. Mai 1803, anerkannt und die Lehranstalten der verschiedenen Confessionen namentlich aufgeführt.

Der Errichtung von religiösen Orden und Klöstern steht kein Gesetz gegenüber, im Gegentheil enthält das Constitutionsedict vom Jahr 1807, § 21, die Anerkennung, daß Klöster bestehen können, unterwirft jedoch die Errichtung solcher Institute der Genehmigung des Staates. Eine spätere Verordnung, z. B. das Organisationsedict vom Jahr 1807, weist sogar „die Bestätigung neuer, oder die Aufhebung bestehender weltlicher und geistlicher Corporationen" zu dem Geschäftskreis der Ministerialconferenzen. Selbst die Verordnung vom Jahr 1830 verbietet nicht die Errichtung von Klöstern, also erlaubt sie dieselben, und bestände ein solches Verbot, so wäre es durch das Vereinsgesetz vom 14. Februar 1851 aufgehoben. Ob solche Anstalten Körperschaftsrechte, also juristische Persönlichkeit erlangen, das hängt von der Entscheidung der Staatsgewalt ab in jedem einzelnen Fall.

Die Gerichtsbarkeit der Kirche ist ebenfalls durch das vielerwähnte Constitutionsedict vom Jahr 1807 (§ 14) förmlich und feierlich anerkannt, und sie hat also mehr als ein halbes Jahrhundert gesetzlich im Großherzogthum bestanden. Die Regierung hat auch nach der Einführung der Verfassung nicht geglaubt, darüber ein besonderes Gesetz geben zu müssen, denn sie hat durch einfache Entschließungen des Staatsministeriums vom 23. Mai 1839, Nro. 832, und vom 5. März 1853 die Disciplinargerichtsbarkeit des Erzbischofs und deren Zuständigkeit und Umfang geregelt. Wenn nun durch die Uebereinkunft der Recurs wegen Mißbrauch aufgehoben worden ist, so bedarf die Regierung wohl keines besondern Gesetzes, um eine bestrittene Befugniß aufzugeben. Die Strafgerichtsbarkeit der Kirche ist keine übertragene, sondern eine solche, die in dem Recht und in der Natur der Anstalt liegt. Wenn die Verfassung (§ 15) bestimmt, daß kein Staatsbürger seinem ordentlichen Richter entzogen werden dürfe, so ist ja eben der Bischof der ordentliche Richter in Disciplinarsachen, und wenn dieser Geld- und Gefängnißstrafen erkennt, also über Eigenthum und Freiheit verfügt, so hat der Staat immer solche Strafen als „freiwillig übernommene Bußen" betrachtet. Die Uebereinkunft hat daran gar nichts geändert, und wenn, wie billig, die Staatsgewalt sich immer noch ein gewisses Aufsichtsrecht vorbehält, so steht ihr selbst die Bestimmung der Art zu, wie dieses Aufsichts= recht ausgeübt werden soll. — Was der Kirche durch ihre an= erkannte Verfassung zusteht, das kann nicht Gegenstand der weltlichen Gesetzgebung sein.

Die Eigenthumsrechte der Kirche sind durch das Edict über die kirchliche Staatsverfassung vom Jahr 1807 anerkannt, und durch die Verfassungsurkunde (§ 20) feierlich festgestellt. Das Eigenthumsrecht enthält aber nothwendig das Recht der Verwaltung. Das Edict vom Jahr 1807 (§ 12) hat der Kirche allerdings nur die Mitaufsicht zugestanden, aber es hat nicht ausgesprochen, daß das Kirchenvermögen nicht im Namen der Kirche verwaltet werden solle. Alles, was diese Ver= waltung betrifft, ist nur durch einfache Verordnungen, und selbst nur durch eine Uebung geregelt, welche dem Sinn des Gesetzes widerspricht; — die Kammern haben in früheren Verhandlungen deutlich ausgesprochen, daß die Controle dieser Verwaltung nicht in ihrer Zuständigkeit liege, und nicht eine einzige gesetz= liche Bestimmung wurde darüber gegeben. Wenn nun die Re= gierung die bisherige Bevormundung mildert, und wenn sie zugibt, daß das unbestrittene Eigenthum der Kirche auch in dem Namen der Kirche verwaltet werde, so bedarf sie dazu keines Gesetzes.

3. Die Eigenschaft und die Kraft der früheren Gesetze.

Sollten manche Anordnungen der Uebereinkunft mit den Bestimmungen des Edictes über die kirchliche Staatsverfassung nicht übereinstimmen, also dieselben aufheben, so fragt man natürlich, welches der Charakter, die Gültigkeit und die Kraft dieses sogenannten Grundgesetzes sei.

Dieses Edict vom 14. Mai 1807 nennt sich allerdings eine pragmatische Sanction und auch ein ewiges Grund= gesetz, und weil es ferner Constitutionsedict hieß, so wollte man es gerne für ein Verfassungsgesetz nehmen. — Dieses Edict wurde aber elf Jahre vor der Verfassung, also zu einer Zeit erlassen, in welcher die Regierung der Rheinbunds= staaten von ferne nicht an Verfassungsgesetze im heutigen Sinne und am allerwenigsten an Volksvertretungen und an rechtliche Zustände dachte, die daraus hervorgehen. Wenn es in jenen Jahren ein badisches Staatsrecht gegeben hat, so hat dieses von Gesetzen im heutigen Sinne nichts gewußt; es konnte keinen Unterschied zwischen solchen und zwischen landesherrlichen Verordnungen festsetzen, denn außer dem Landesherrn gab es keine gesetzliche Gewalt. Der Landesherr verfügte unbedingt und unbeschränkt über Alles, was heutzutag ausschließlich in dem Bereich der Gesetzgebung liegt, und er unterschied es häufig gar nicht von dem, was der Vollzugsgewalt ebenso ausschließlich angehört. Wenn nun die Regierung von „Constitutionen" und „ewigen Grundgesetzen" sprach, so wollte sie offenbar nur leitende Regierungsgrundsätze aufstellen, das Gesetz im heutigen Sinne hat erst die Verfassung geschaffen [1].

In ein und derselben Kundmachung, mochte sie nun Gesetz oder Verordnung genannt werden, wurden die ungleichartigsten Dinge durcheinander geworfen, Dinge, welche nach dem System des constitutionellen Staatsrechtes in verschiedene Gewaltkreise gehören, — wodurch soll man nun scheiden, was nach heutigem Sinne Gesetz, von dem was bloße Verordnung ist? — Ist eine solche Scheidung überhaupt möglich, so kann sie offenbar nur dadurch bewirkt werden, daß man trennt, was Regierung und Kammern als gesetzliche Bestimmungen anerkannt haben. Die frühern Ausführungen haben nun gezeigt, daß die Regierung Verordnungen erlassen, und eine Praxis eingeführt hat, welche die Bestimmungen dieser sogenannten Grundgesetze aufhoben. So hat das Constitutionsedict (§ 12) die Prüfung und Zulassung der Bewerber zu Kirchen- oder Schuldiensten als Gegenstand der Kirchengewalt bezeichnet, die Verordnung vom 30. Januar 1830 (§ 29) überweist die Concursprüfung fast gänzlich der Staatsbehörde, und die Verordnung vom 10. April 1840 regelt die Vornahme dieser Prüfung. Das Constitutionsedict

---

[1] Man sehe darüber die umständliche Ausführung, mit schlagenden Beispielen erläutert, in: Die Vereinbarung zwischen der Krone Baden und dem heil. Stuhle, vom rechtlichen Standpunkte beurtheilt. Freiburg i. B. Herder'sche Verlagshandlung. 1860.

(§ 12) stellt die Leitung der Kirchen- und Schuldiener unter Aufsicht der Kirchengewalt, die Verordnung vom 15. Mai 1834 entzieht sie vollkommen derselben. Das erwähnte Edict (§ 6) überläßt die Erziehung der Jugend für die Religion der Kirchengewalt, die Verordnung vom 15. Mai 1834 legt sie in die Hände der Staatsbehörde. Das Constitutionsedict (§ 6) verordnet, daß in keinem Fall alle Kinder aus gemischten Ehen der Religion der Mutter folgen dürfen, die Verordnung vom 8. Juni 1826 hebt diese Verfügung auf und stellt die confessionelle Erziehung der Kinder gänzlich dem Willen der Eltern anheim. —

Solche Fälle ließen sich noch manche anführen, und es ist somit Thatsache, daß wesentliche Bestimmungen des Edictes über die kirchliche Staatsverfassung durch Verordnungen außer Kraft gesetzt oder aufgehoben worden sind. Die Stände haben niemals diese Verordnungen reclamirt, folglich haben sie die betreffenden Bestimmungen des sogenannten Grundgesetzes nicht als Gesetze erkannt, und sie waren damit vollkommen im Recht, denn nach einer bekannten Rechtsregel „kann ein Rechtsact auf dieselbe Weise aufgehoben werden, auf welche er zu Stande gekommen ist." —

Daraus geht nun aber hervor, daß irgend eine Bestimmung der Uebereinkunft, welche gewisse Bestimmungen dieser sogenannten Grundgesetze ändert oder aufhebt, zu ihrer Ausführung keines Gesetzes, sondern nur einer Verordnung bedürfe.

4. Die Gültigkeit des canonischen Rechtes.

Wenn man den Stoff der Rechtsverhältnisse von deren allgemeiner Auffassung scheidet, so enthält diese die Geltung des canonischen Rechtes und die völkerrechtliche Verpflichtung, dieses Recht als Grundlage für die Ausübung der Kirchengewalt anzuerkennen.

Die oberrheinischen Bischöfe haben ihre Forderungen auf das gemeine Kirchenrecht gestützt, aber die badische Regierung hat in ihrer Staatsschrift vom 5. März 1853 die Geltung dieses Rechtes verneint, und sich auf einen Rechtsstand berufen, der sich seit dem Jahr 1803 im Großherzogthum ausgebildet haben soll. — Die Zustände, welche das damalige Ministerium einen Rechtsstand nannte, waren, es geht aus den voranstehenden Ausführungen hervor, eigentlich nur **thatsächliche** Zustände, zu deren Beleuchtung die Erörterung auf allgemeinere Verhältnisse zurückgreifen muß.

Die Verfassung der katholischen Kirche ist ein rechtlicher, durch unfürdenklichen Besitz geheiligter und durch unzählige internationale Acte anerkannter Thatbestand. Mehr als tausend Jahre, bevor ein Großherzogthum Baden oder ein Königreich Würtemberg genannt wurde, hat in ihren Landen diese Verfassung in voller Kraft und Geltung bestanden, und es gibt keine geschichtliche Thatsache, keinen völkerrechtlichen Act und keinen Rechtsgrund, welcher diesen Bestand aufgehoben hätte. Ohne ihre Verfassung kann man die Kirche nicht denken, und was man das canonische Recht nennt, das ist ein Ausfluß der gesetzgebenden Gewalt, welche in dieser Verfassung ihren Grund hat. — Das Kirchenrecht, insofern es die Bestimmungen über das Wesen und den Umfang der Kirchengewalt bedeutet, hat durch die Beschlüsse und die Decrete des **tridentinischen Conciliums** ein neues Instrument erhalten, dessen Bestimmungen der **westphälische Frieden** in all' seinen Theilen anerkannt hat. Dieser Friede war ein Grundgesetz des Reiches deutscher Nation, er hat die Berechtigung des Bestandes der katholischen wie der protestantischen Kirchen auf der Grundlage der Verfassung festgestellt, welche jede dieser Kirchen sich selber gegeben, und niemals ist die Gültigkeit dieser Bestimmungen angefochten worden. Dieser Friede hat für die katholischen Länder, welche protestantischen Fürsten unterworfen waren, bekanntlich ein **Normaljahr** bestimmt, d. h. er hat entschieden, daß der Rechts- und Besitzstand bleiben solle, wie er am 1. Januar 1624 bestand; dem Markgrafen von Baden-Durlach wurde das Jahr 1618, d. h. die Zeit vor dem Ausbruch der böhmischen Unruhen, als Normaljahr festgesetzt [1]. Der Kaiser hat bekannt-

---

[1] Das Normaljahr für den Markgrafen von Baden-Durlach im Frieden von Münster, Instrumentum pacis caesareo-gallicum, 24. Oct. 1648 § 33. — Im Frieden von Osnabrück, Instrumentum pacis caesareo-suedicum, 14/24. Oct. 1648 Art. V. § 2, ist das Normaljahr für die übrigen Reichsstände festgesetzt, aber keineswegs für die Erblande des Kaisers.

lich für die österreichischen Erblande das Normaljahr niemals angenommen, folglich den Rechtsstand erhalten, wie er von Alters her war.

Der Reichsdeputationshauptschluß hat die Bestimmungen des westphälischen Friedens vollkommen aufrecht erhalten [1] und unter dieser Bedingung hat der Markgraf Karl Friedrich die Landestheile, welche der Regensburger Act ihm zuschrieb, erhalten, laut dem dritten Organisationsedict vom 11. Februar 1803 übernommen und im Eingang dieser Urkunde die feierliche Verpflichtung erklärt. Der Preßburger Friede, es ist schon öfter angeführt worden, hat dem Kurfürsten von Baden die vorderösterreichischen Lande unter der ausdrücklichen Bestimmung zugeschieden, daß er diese in demselben Stande, „mit denselben Titeln, Rechten und Prärogativen besitzen solle, wie sie der Kaiser und die Prinzen seines Hauses besessen haben und nicht anders" [2]. — Die Landestheile, welche Baden durch die Rheinbundsacte erhielt, waren fast durchaus katholisch; hätte diese nun eine Aenderung vorsehen wollen, so würden die nöthigen Bestimmungen nicht ausgeblieben sein. In der ganzen Ausdehnung der Souveränitäten des Rheinbundes findet sich von fern keine Bestimmung, welche die Verhältnisse der Kirche berührte, folglich war damit ausgesprochen, daß diese in dem alten Stand bleiben solle, und das wird zur vollkommenen Gewißheit durch den Beitrittsvertrag der norddeutschen Fürsten, welche die unbeschränkte, freie Religionsübung und die gleiche bürgerliche und politische Berechtigung der Katholiken ausspricht [3].

Wenn nun die Rheinbundsacte alle Reichsgesetze für nichtig und unwirksam in Beziehung auf die Bundesfürsten und ihre Staaten erklärte, so konnte dieselbe doch nicht auf Rechte einwirken, deren Wirksamkeit durch die Fortdauer der deutschen Reichsverbindung nicht schlechthin bedingt war; sie konnte demnach nicht einwirken auf die Vertragsrechte zwischen Bundes-

---

[1] Reichsdeputationshauptschluß § 63.
[2] Preßburger Friede vom 26. December 1805 Art. VIII.
[3] Die neun Beitrittsurkunden, alle gleichlautend unterzeichnet zu Posen am 15. December 1806 Art. IV.

fürsten und Dritten, welche durch die Reichsgesetze begründet, veranlaßt oder gebilligt, aber keineswegs von dem Fortbestand des Reiches abhängig sind, und sie konnten endlich nicht einwirken auf die Rechte der Unterthanen, der katholischen Kirche, der protestantischen Religionsgesellschaften und auf die auswärtigen Staatsverträge, die abgeschlossen waren von Kaiser und Reich [1].

Der westphälische Friede ist demnach weder als europäischer Vertrag, noch als Landesgesetz von der Rheinbundsacte außer Wirksamkeit gesetzt worden. Die Wiener Congreßacte enthält allerdings keine Bestimmungen über die Verhältnisse der Kirche; da jedoch alle öffentlichen Acte, welche dem Wiener Congresse vorangingen, von der Wiederherstellung des europäischen Staatensystemes sprechen, so ist es natürlich, daß sie nicht Rechtsverhältnisse vernichten wollten, welche die Stürme der Zeit überstanden hatten. Wenn nun die Großmächte später erklärten, daß sie künftig sich niemals, weder in ihren eigenen Angelegenheiten, noch in ihren Beziehungen zu anderen Staaten, von der strengsten Beobachtung der Grundsätze des Völkerrechtes entfernen werden [2], so haben sie damit die Kraft und Geltung dieser völkerrechtlichen Acte anerkannt, und sie haben sicherlich nicht gemeint, daß Staaten zweiten oder dritten Ranges die verbindliche Kraft eines Vertrages in Frage stellen können, welcher für das System des öffentlichen Rechtes in Europa und in Deutschland insbesondere die Grundlage bildet.

Allerdings hat der Papst gegen den westphälischen Frieden protestirt, aber diese Protestation hat keine Wirkung auf den Rechtsstand, welcher aus dem Vertrage hervorgeht; denn, würde sie, was jedoch sehr zweifelhaft ist, ein Recht aufheben, welches der Papst dadurch erworben hätte, so könnte sie in keinem Fall die Verbindlichkeit der Fürsten schwächen, welche dieser Einsprache durchaus keine Folgen gegeben haben [3]. Der kaiserlich-schwedische

---

[1] S. das sehr gute Werk: Die Urkunden der Friedensschlüsse zu Osnabrück und Münster. Zürich 1848. Anmerkungen. S. 203.
[2] Declaration von Aachen, 15. November 1818.
[3] Note des päpstlichen Nuntius Fabius Chigi vom 26. October

Friede hat durchaus zu Gunsten der Protestanten verfügt, den Katholiken hat er nicht einmal vollkommen den frühern Rechtsstand verbürgt; haben nun die protestantischen Fürsten die Vortheile angenommen, so müssen sie auch die Rechte derjenigen achten, auf deren Kosten diese Vortheile erworben worden sind. Die deutsche Bundesacte enthält in der Erklärung der Gleichberechtigung aller christlichen „Religionsparteien" eigentlich dieselben Bestimmungen, welche der Osnabrücker Friede festgesetzt hat [1]. Man weiß, daß bei Errichtung des deutschen Bundes der alte Rechtsstand sorgfältig berücksichtiget, und daß in den Verhandlungen über den Art. XVI. der Bundesacte die „Friedensschlüsse" als fortwährend verbindlich für die deutschen Bundesstaaten erkannt worden sind [2].

Da nun der Reichsdeputationshauptschluß als Grundlage der Gebietseintheilung u. s. w. angesehen wurde, so ist der westphälische Friede bis auf die neueste Zeit ununterbrochen in rechtlicher Kraft geblieben und von dem Bundesrecht aufgenommen worden. Diese völkerrechtlichen Bestimmungen hängen aber nicht an Personen, sondern an den betreffenden Landen, und der jeweilige Regent, als Rechtsnachfolger der früheren Besitzer, kann daran nichts ändern; denn jene Lande sind mit dem gegebenen Rechtsstande an ihn übergegangen und er ist durch den Besitz in die Verpflichtungen eingetreten, welche an dem Besitz hafteten. — Der Großherzog von Baden ist nun für einen, und zwar den kleinsten, Theil seiner jetzigen Besitzungen an den Frieden von Osnabrück mit dem Normaljahr 1618, in anderen mit dem Normaljahr 1624 gebunden; die ganz katholischen Gebietstheile sind ohne ein solches Normaljahr angefallen und hätten folglich den alten Rechtsstand der katholischen Kirche bewahrt, auch wenn der Preßburger Friede denselben nicht aus-

---

1648; die Bulle „Zelo domus Dei animum" von demselben Tag. — Man ersieht aber daraus, daß die Protestation hauptsächlich gegen die Bestimmungen über die Kirchengüter gerichtet war.

[1] Bundesacte, Art. XVI. — Friede von Osnabrück, Art. V. § 1. 35; Art. VII. § 1; Art. VIII. § 1.

[2] S. Klüber, Uebersicht der diplomatischen Verhandlungen des Wiener Congresses. Frankfurt a. M. S. 441, 442—447.

drücklich aufrecht erhalten hätte. In allen Acten, welche sich auf die Besitzergreifung der angefallenen Lande beziehen, hat das Haus Baden die übernommenen Rechtszustände anerkannt und deren Aufrechthaltung versprochen. Sind nun solche Erklärungen einerseits nur Verpflichtungen des Landesherrn gegen seine Unterthanen, so sind sie andererseits feierliche Anerkennungen der Bedingungen, welche an die Erwerbungen geknüpft sind, und deßhalb den völkerrechtlichen Acten beizuzählen [1].

Wenn nun bei der Bildung des Großherzogthums das gemeine Kirchenrecht in den katholischen Gebietstheilen desselben rechtlich noch in voller Kraft und Wirksamkeit war, so besteht kein völkerrechtlicher und kein staatsrechtlicher Act, welcher diese Rechtskraft grundsätzlich aufgehoben hätte. Das erste Constitutionsedict hat den Bestand der katholischen Kirche, also die Kirchenverfassung im Allgemeinen anerkannt; die willkürlichen Aenderungen, welche sie in Beziehung der Ausübung der Kirchengewalt und ihrer Verhältnisse zum Staat aufstellt, haben an dieser Anerkennung gar nichts geändert, und noch weniger hat die Verfassungsurkunde diese Rechtskraft geschwächt. Der Frankfurter Vertrag vom 8. Februar 1822 hat die Verfassung und das Rechtssystem der katholischen Kirche durchaus nicht verneint, und hätte er es, so wäre solche Verneinung an und für sich ungültig gewesen, und durch die Unterhandlungen mit dem heil. Stuhle wieder aufgehoben worden, wenn auch die betreffende Bestimmung in der Errichtungsbulle vom 11. August 1827 nicht vollkommen ausgeführt wurde. Die Verordnung vom 30. Januar 1830 hat ebenfalls den Bestand der katholischen Kirche vollkommen anerkannt, sie hat nur die Ausübung der Kirchengewalt so wesentlich beschränkt, daß sie selbst der Gegenstand aller bisherigen Beschwerden und Protestationen geworden ist; aber diese Protestationen und Beschwerden haben deren Rechtskraft durchaus aufgehoben, weil eine einseitige Verordnung gegen einen völkerrechtlich begründeten Rechtsstand keine rechtliche Kraft haben konnte.

[1] Der Verfasser glaubt bemerken zu müssen, daß er seiner früheren Ausführung gefolgt ist in der Deutschen Vierteljahrsschrift, Januar bis März 1854.

Bei Ausführung der Uebereinkunft vom 28. Juni 1859 handelt es sich keineswegs um die Anerkennung oder die Einführung eines neuen Princips für den Umfang der katholischen Kirchengewalt, sondern lediglich nur um die Frage, ob gewisse Beschränkungen eines völkerrechtlich und staatsrechtlich feststehenden Princips gemildert oder aufgehoben werden sollen. Die Uebereinkunft spricht nicht einmal den Grundsatz der unbeschränkten Kirchenfreiheit in dem Umfange aus, wie es die preußische Verfassung (Art. 18) ausgesprochen, und dadurch ebenfalls das alte Princip von den Beschränkungen befreit hat, welche dem Geist und dem Wortlaut der völkerrechtlichen Bestimmungen widersprachen. — Wenn man jetzt erst fragen wollte, ob die katholische Kirchengewalt auf dem canonischen Recht fuße, so würde man die Berechtigung der Existenz dieser Kirche in Frage stellen, und sie als eine Religionsgesellschaft behandeln, die ihre Zulassung im Staate erst erbitten muß. — Selbst in der Zeit, in welcher die Souveränitäten des Rheinbundes mit der größten Willkür gegen die Kirche verfuhren, hat keine Staatsgewalt verneint, daß der Umfang der katholischen Kirchengewalt durch das canonische Recht bestimmt sei; — sie hat nur das Recht in Anspruch genommen, die Kirche zur Annahme der einzelnen Beschränkungen zu nöthigen, welche man im Interesse des Staates anzuordnen für gut fand. Diesen Grundsatz hat die badische Regierung in den Verhandlungen mit dem heil. Stuhl festgehalten, und die Abänderungen und Beschränkungen des gemeinen Kirchenrechtes sind geradezu der Zweck und die Wirkung der Uebereinkunft zwischen dem heil. Stuhle und dem Großherzog von Baden [1].

5. **Rechtliche Eigenschaft der Uebereinkunft.**

Die Uebereinkunft mit dem heil. Stuhle hat die rechtliche Natur eines Staatsvertrages. — So einfach dieser Satz dem gesunden Menschenverstand erscheint, so hat man doch künst-

---

[1] S. Vorläufige Bemerkungen zu der Schrift des Herrn Oberhofrichter Dr. Stabel. Freiburg i. B. Herder'sche Verlagshandlung. 1860. S. II. 12. S. 5.

liche Theorien gemacht, um die Wahrheit desselben zu entkräften. Der würtembergische Berichterstatter hat gesagt: der Vertrag vom 8. April 1857 sei nicht mit dem Papst als dem Souverän und Regenten des Kirchenstaates, und auch nicht mit dem Papst als dem Oberhaupt der katholischen Kirche abgeschlossen; — denn diese Uebereinkunft berühre nicht die Katholiken außerhalb des Landes, und der heil. Stuhl habe sie nicht als Vertreter der Katholiken überhaupt, sondern nur als Vertreter oder als das kirchliche Oberhaupt der Katholiken im Lande Würtemberg aufgerichtet; mit dem Bischof von Rottenburg sei die Uebereinkunft nur deßhalb nicht abgeschlossen worden, weil dieser, vermöge seiner Stellung in der katholischen Hierarchie, nicht selbstständig die Ordnung der kirchlichen Verhältnisse vollziehen könne. — Hätte er es gekonnt, so wäre er der richtige Contrahent, aber der Vertrag wäre in diesem Falle rechtlich nur ein Vertrag mit einem Theile der Staatsbürger gewesen. Verträge mit seinen Angehörigen schließe der Staat nur als Fiscus in privatrechtlichen Dingen, und nur die Verfassung könnte als ein Vertrag der Gesammtheit des Volkes mit dem Regenten aufgefaßt werden; die Uebereinkunft mit dem heil. Stuhle jedoch sei nur eine Punktation gewisser Anordnungen, deren Ausführung die contrahirenden Theile zwar versprochen, welche ihre staatsrechtliche Gültigkeit jedoch erst in dem verfassungsmäßig erlassenen Gesetze oder in den Verordnungen finde [1]. Diese künstliche Theorie widerlegt sich von selbst, sobald man nur beachtet, daß die katholische Bevölkerung in Würtemberg einen großen Theil der Gesammtbevölkerung des Staates und einen sehr kleinen der katholischen Christenheit bildet, und daß der König als Oberhaupt des Staates und nicht als Vertreter eines Bruchtheiles mit dem Papst unterhandelt hat, welcher das Oberhaupt der allgemein kirchlichen Gemeinschaft, wie der König das Oberhaupt der staatlichen ist. — Der andere Berichterstatter will in der Uebereinkunft nur eine Zusage sehen, welche den

---

[1] Bericht der staatsrechtlichen Commission der Kammer der Abgeordneten über die von der königl. würtembergischen Regierung mit dem päpstlichen Stuhl eingegangene Convention, von Probst. S. 28.

Papst nicht binde, weil derselbe niemals sich an einen Vertrag gebunden, und weil er auch in der Convention vom 8. April 1857 eine Clausel eingefügt habe. Diese Clausel zeige, daß der heil. Stuhl gewisse Bestimmungen, als z. B. die Gerichtsbarkeit des Staates über die Kirche und die Geistlichen in bürgerlichen und Strafsachen und die Anerkennung der bisher bestandenen Grundsätze über die Verwaltung des Kirchenvermögens, nur so lange für bindend erachte, als die Zeitverhältnisse etwas Anderes nicht gestatten [1]. Wenn solches Vorurtheil nicht durch Fassung der Uebereinkunft, durch die Einleitung und durch den Schluß der Bulle vollkommen widerlegt wäre, so würde die Geschichte der Concordate zur Genüge nachweisen, daß, vom fünfzehnten Jahrhundert an, alle Päpste die Concordate als Verträge ansahen und behandelten; daß sie ihren Ruhm darein setzten, die Bestimmungen derselben ängstlich auszuführen und die Versprechungen heilig zu halten. Allerdings hat man die

---

[1] Bericht der Minderheit der staatsrechtlichen Commission ꝛc., von Dr. Sarwey. S. 81. — Der „Anbetracht der Zeitverhältnisse", aus welchem der Berichterstatter seine Schlüsse zieht, betrifft lediglich die Bestimmung über die frühere, schon von dem tridentinischen Concil beschränkte, jetzt aber ganz und gar aufgegebene Immunität der Geistlichen in Art. V., 5. 6. und 7., welcher ganz gleichlautend mit der badischen Convention ebenfalls Art. V., 5. 6. und 7. sagt: *„Temporum ratione habita*, Sanctitas Sua permittit, ut Clericorum causas mere civiles, veluti contractuum, debitorum haereditatum, judices saeculares cognoscant. — Item Sancta Sedes annuit, ut lites de civilibus juribus etc."* — Der Verfasser kann die Bemerkung nicht unterdrücken, daß er die geschichtliche Kenntniß, den juristischen Scharfsinn und den anständigen Ton des württembergischen Minderheitsberichtes gern anerkennt, daß er aber gewisse landläufige Vorurtheile bei dem jungen, hochgebildeten Berichterstatter nicht gesucht hätte. — Daß die angeführte Schrift von Reyscher: Das österreichische und das württembergische Concordat, Tübingen 1858, nicht, wie Sarwey behauptet, eine Kundgebung des heil. Stuhles ist, das weiß so ziemlich Jeder, welchem die Verhältnisse bekannt sind. — Reyscher macht eben eine Theorie, wie Sarwey sich auch eine gemacht hat. Ebenso sehr ist es ein Irrthum, wenn er „Die Wiederherstellung des canonischen Rechtes, von einem Staatsmann a. D." für den Ausdruck irgend einer bestehenden kirchlichen Autorität hält.

Meinung verbreitet, die Concordate seien Zugeständnisse, wodurch der Staat unwiderrufliche Verpflichtungen übernehme, während die Kirche ihre Zugeständnisse als einseitig widerrufliche Gnadenbezeugungen ertheile; aber diese Meinung ist von den größten Kennern des Kirchenrechtes hinreichend berichtiget. Diese weisen nach, daß überall die von den einzelnen Staaten ertheilte Genehmigung „sich nur auf die sachlichen Verfügungen erstrecke, und daß man nirgends beabsichtige, mit dieser Genehmigung dem päpstlichen Systeme eine huldigende Anerkennung darzubringen, dadurch mittelbar auf das Majestätsrecht zu verzichten, und die Berechtigung der evangelischen Kirche zu gefährden"[1].

Ist nun die Uebereinkunft vom 28. Juni 1859 auch kein internationaler Vertrag, insofern er nicht zwischen Staat und Staat, oder besser, zwischen dem Oberhaupt eines Staates und dem eines andern, als solchen, abgeschlossen ist, so bleibt er immer ein S t a a t s v e r t r a g, aufgerichtet von dem Staatsoberhaupt einerseits und andererseits von dem Oberhaupt einer großen selbstständigen v ö l k e r r e c h t l i c h a n e r k a n n t e n Körperschaft, und er unterscheidet sich weder durch seine Eigenschaft, noch durch seine Wirkungen von jedem andern Tractat; er unterliegt denselben völkerrechtlichen Bedingungen, und hat die gleiche staatsrechtliche Wirkung. — Staatsverträge können allerdings mit Vorbehalt abgeschlossen werden; die Ratification ist eigentlich nur die Beglaubigung, daß der Bevollmächtigte die Grenzen seines Auftrages nicht überschritten hat; sie suspendirt daher auch nur den Vollzug des geschlossenen Vertrages, und die Ertheilung setzt ihn rückwärts in volle Kraft, wenn nichts Anderes verabredet ist[2]. Es kann aber Anderes verabredet sein; denn jeder Contrahent kann sich diese Ratification vorbehalten, oder dieselbe an gewisse Bedingungen knüpfen. — In constitutionellen Staaten mag der Regent die Zustimmung der

---

[1] Richter, Lehrbuch des katholischen und protestantischen Kirchenrechtes. Dritte Auflage. 1848. § 86 S. 159.
[2] A. W. Heffter, das europäische Völkerrecht der Gegenwart. Berlin 1848. § 67 S. 163.

Vertretung als solche Bedingung festsetzen, das versteht sich aber keineswegs von selbst, denn jeder Contrahent betrachtet den Vertrag als in Rechtskraft getreten, sobald diese Ratification einmal gegeben ist. Die badische Regierung hat nicht geglaubt, daß eine solche Bedingung nothwendig sei, weil, wie oben nachgewiesen, der Vollzug der Uebereinkunft im Allgemeinen nicht die Thätigkeit der Gesetzgebung fordert; die Bevollmächtigten des Großherzogs haben die Ratification des Vertrages nicht von der Zustimmung der Kammern abhängig gemacht, und der Großherzog selbst hat diese Ratification innerhalb der bedingten Zeitfrist gegeben. — Daß die Gesetze, welchen der Vertrag entgegen steht, geändert werden sollen, das ist kein Vorbehalt, sondern es ist eine Bestimmung des Vertrages [1], es ist ein feierliches Versprechen, und daß die Ausführung dieser Bestimmungen bis zur Aenderung der betreffenden Gesetze ausgesetzt werden müsse, das ist nur eine selbstverständliche Folge der Vertragsbestimmungen selbst, thut aber allen übrigen Bestimmungen durchaus keinen Eintrag.

Man fragt: — bestehen denn keine Fälle, in welchen, auch ohne besondern Vorbehalt, ein Vertrag vor dessen Ratification der Genehmigung der Vertretungen unterworfen werden muß? — Allerdings, wenn der Vertrag selbst nur die Ausführung ständischer Beschlüsse ist, oder wenn die Verfassung solche Genehmigung bestimmt und ausdrücklich verlangt. — Manche Verfassungen beschränken das Majestätsrecht des Regenten allerdings durch die Verfügung einer solchen Vorlage [2], aber die meisten

---

[1] Uebereinkunft, Art. XXIII.
[2] Die würtembergische Verfassung §§ 85 und 86 bestimmt drei Fälle, in welchen die Staatsverträge der Genehmigung der Kammern unterliegen. Der Majoritätsbericht der staatsrechtlichen Commission aber ist der Meinung, daß die Convention vom 8. April 1857 zu keinem dieser drei Fälle gezählt werden dürfe. Die Verfassung für Schweden § 12 — die der Niederlande § 58 — die für Hannover § 92 — unterwerfen jeden Staatsvertrag der vorläufigen Genehmigung, und die schweizerische Bundesverfassung (§ 69, 5 und § 85, 7) weist das Recht des Abschlusses von Verträgen der Bundesversammlung zu, so daß der Bundesrath als Regierungsbehörde nur im Auftrag jener unterhandelt und abschließt.

haben solche Beschränkungen nicht aufgenommen, denn selbst in England schließt der König alle Verträge ohne Einwilligung des Parlaments, und nur erst, wenn die Ratification gegeben, werden sie diesem zur Kenntnißnahme und zur Ausübung ihres Beschwerde- oder Anklagerechtes mitgetheilt [1]. Das constitutionelle Staatsrecht unserer Zeit hat nun, mit wenig Ausnahmen, dem Regenten die unbeschränkte Befugniß zur Unterhandlung und Abschließung von Staatsverträgen zugesprochen; auch das Bundesrecht hat ausdrücklich bestimmt, daß die gesammte Staatsgewalt in dem Oberhaupte des Staates vereinigt bleibe, und daß der Souverän durch eine landständische Verfassung nur in der Ausübung bestimmter Rechte an die Mitwirkung der Stände gebunden werden könne [2]. Das Staatsrecht des Großherzogthums Baden hat diese Bestimmung aufgenommen, denn

---

In den Vereinigten Staaten von Nordamerika hat nur der Senat seine Zustimmung zu geben, und dieß nur mehr in seiner Eigenschaft als Geheimer Rath des Präsidenten. Constitution der Vereinigten Staaten von Nordamerika vom 17. September 1787. Zweiter Artikel. § 2. — Die Verfassung der französischen Republik vom Jahr 1848 § 53 verfügt, daß kein Staatsvertrag gültig sei, ehe er von der Nationalversammlung genehmigt worden ist.

[1] S. *Blackstone*, Commentaries on the English Law. — Selbst die spanische Cortesverfassung vom Jahr 1812 § 142 Nr. 7 gesteht dem König das ausschließliche Recht zu, Verträge abzuschließen. — Die norwegische Verfassung vom 4. November 1814 § 75 Nr. 7 bestimmt nur, daß abgeschlossene Bündnisse und Tractate, nicht aber deren geheime Artikel dem Storthing mitgetheilt werden sollen; daß aber (§ 28) der König nicht gehalten sei, diplomatische Sachen im Staatsrathe vorzutragen. — Die belgische Verfassung vom 25. Februar 1831 § 68 beschränkt das Majestätsrecht des Königs nur insofern, daß Handelsverträge, welche den Staat belasten oder einzelne Belgier verpflichten, nur Kraft haben, wenn sie die Zustimmung der Kammern erhalten, und daß geheime Artikel eines Vertrages den offenen nicht zuwiderlaufen. — Ganz dieselbe Bestimmung in Bezug auf Handelsverträge enthält die preußische Verfassung vom 5. December 1848 § 46. — Fast alle anderen Verfassungen der europäischen Staaten, auch die französische Charte vom 4. Juni 1814 § 14, haben dem Regenten das unbeschränkte Recht zum Abschluß von Staatsverträgen als Ausfluß des Majestätsrechtes gewahrt.

[2] Wiener Schlußacte vom 15. Mai 1820 Art. 57.

die Verfassung § 5 spricht unzweideutig aus, daß der Großherzog alle Rechte der Staatsgewalt in sich vereinige, und dieselben unter den Bestimmungen ausübe, welche die Verfassungsurkunde festsetze; unter diesen Bestimmungen findet sich aber nicht eine einzige, welche die Ausübung des Majestätsrechtes in Bezug auf die Staatsverträge beschränkte. So ist denn, alle Publicisten sind darüber einstimmig, nach dem gemeinen deutschen, wie nach dem badischen Staatsrecht, die Krone befugt, ohne Einwilligung der Stände, jede Art von Staatsverträgen oder Verträgen mit Auswärtigen abzuschließen; — und wo sie es thut, ist sie in ihrem verfassungsmäßigen Recht, so lange die angeführte Bestimmung der Verfassungsurkunde nicht abgeändert ist.

Für die Abschließung der Uebereinkunft vom 28. Juni 1859 war aber der badischen Regierung nicht etwa eine besondere Beschränkung auferlegt. Diese hat die Kammern von den Unterhandlungen in Rom unterrichtet; es hat sich keine Stimme dagegen erhoben, keine Stimme hat den Vorbehalt ständischer Zustimmung verlangt, und mit keinem Hauch hat die Regierung diesen Vorbehalt versprochen.

Nach bisheriger Uebung sind Staatsverträge auch immer ohne Zustimmung der Kammern abgeschlossen worden, und man könnte deren eine ganze Reihe aufführen, welche der Vertretung nicht einmal vorgelegt worden sind. So z. B. der Vertrag mit Frankreich über die Berichtigung der Rheingrenze, so die Verträge mit den Standesherren, so den lange geheim gehaltenen Vertrag mit den übrigen deutschen Staatsregierungen im Schlußprotocoll der Wiener Conferenzen vom 12. Juni 1834, welcher tiefer als je ein anderer in die Freiheit der Personen eingreift [1]. Die Minister, welche damals an der Spitze der Regierung standen, und der Bevollmächtigte bei den Wiener Conferenzen waren gewiß Männer, welche die verfassungsmäßigen Befugnisse der Krone, sowie der Vertretung gehörig zu würdigen wußten [2].

---

[1] S. Welcker, Publicationen aus J. Klübers nachgelassenen Papieren. Mannheim 1844.

[2] Ministerpräsident: der Freiherr v. Reitzenstein, der Urheber der

War nicht der Vertrag mit dem Schweizerbunde über die Fortsetzung der badischen Eisenbahn, der sehr belastende Bedingungen enthält, im Vollzug, ehe er den Kammern vorgelegt wurde, und ist die Convention mit der Schweiz über die Aufhebung des Epaven= oder Heimfallrechtes (jus albinagii) der Zustimmung der Kammer unterworfen worden? Man sagt, die Stände haben eben diese Verträge nicht reclamirt, aber es steht ganz in ihrem Belieben, welche sie zur Verhandlung und Zustimmung verlangen. Würde man diesen Satz annehmen, so wäre ein neues Princip in die Verfassung getragen; man hätte eine Aenderung vorgenommen, welche nur mit zwei Drittheilen der Mitglieder einer jeden Kammer beschlossen, und nur mit Zustimmung der Krone zum Bestandtheil der Verfassung erhoben werden könnte. Ohne eine solche Aenderung der Verfassung ist die Forderung der Zustimmung der Kammern, oder ist das Verlangen, daß die Uebereinkunft nicht in Vollzug gesetzt werden solle, eine Handlung, welche mit der gewöhnlichen Auffassung des Majestätsrechtes keineswegs übereinstimmt.

Die Vereinbarung mit dem heil. Stuhle ist ein Staatsvertrag im vollen Sinne des Wortes; er hat seine Gewähr in dem europäischen Staatensystem, „welches an sich auf Gegenseitigkeit und Willensübereinstimmung beruht, dem man folglich nur angehören kann, wenn man diejenigen Grundsätze von der verpflichtenden Kraft der Verträge anerkennt, welche den Interessen Aller entsprechen, ohne welche überhaupt kein Vertrauen und kein Verkehr denkbar ist". So sprechen die neuen Lehrer des Völkerrechtes, — die älteren haben die bindende Kraft der Staatsverträge noch viel schärfer ausgesprochen [1]. — Damit ist aber keineswegs gemeint, daß Bestimmungen ausgeführt werden sollen, welchen sich unüberwindliche Hindernisse entgegenstellen. Es gilt die alte Rechtsregel, daß für unmögliche Dinge keine

---

Verfassung; der Minister des Innern: der mit Recht gefeierte Winter, — und der Bevollmächtigte bei den Wiener Conferenzen: der Hr. v. Dusch, später bis in das Jahr 1849 Minister des Auswärtigen.

[1] Heffter, das europäische Völkerrecht. § 81 S. 152. Von den älteren: *De Neumann,* Jus reale principum. Cap. I. § 83.

Verbindlichkeit bestehe (impossibilium nulla obligatio est) — begründet aber ein willkürliches Verlangen der Volksvertreter sogleich eine rechtliche Unmöglichkeit? —

Wenn nun aber der Krone das unbeschränkte Recht zum Abschluß von Verträgen zugesprochen wird, so wird dadurch keineswegs die Mitwirkung der Volksvertretung verneint, sondern diese wird nur auf ihren natürlichen und verfassungsmäßigen Boden gestellt. Der Vertrag ist keine Verordnung und kein Gesetz. Er verspricht nur, Gesetze zu machen, und Verordnungen zu erlassen, jene müssen die Zustimmung der Kammern erhalten, diese können sie reclamiren, wenn sie durch dieselben ihre verfassungsmäßigen Rechte verletzt glauben; sie können die Gesetze verwerfen und sie können die Regierung ersuchen, die Verordnungen zu ändern. Das ist die verfassungsmäßige Wirksamkeit der Kammern — und sie ist eine große.

6. Die Zuständigkeit der Landstände.

Das Recht der Stände, die Uebereinkunft mit dem päpstlichen Stuhl in den Kreis ihrer Verhandlungen zu ziehen, ist in mehreren Schriften so gründlich und vollkommen beleuchtet worden, daß es dem Zweck der gegenwärtigen Betrachtung vollkommen genügt, die Ergebnisse dieser Rechtserörterungen und deren gemeinfaßliche Motive hier anzuführen [1].

Die Verkündung der Uebereinkunft ist allerdings nicht deren Vollzug; wäre sie als eine Vollzugsverordnung zu betrachten, so wären die Kammern vielleicht jetzt schon in der Lage, sie zu reclamiren, obwohl nur die nöthigen Gesetze verfassungsmäßig ihrer Genehmigung bedürfen. Die Verfassung § 67 gibt den

---

[1] 1) Die Vereinbarung zwischen der Krone Baden und dem heiligen Stuhl, vom rechtlichen Standpunkte beurtheilt. Freiburg i. B. Herder'sche Verlagshandlung. 1860. S. 33 f. — 2) Vorläufige Bemerkungen zu der Schrift des Hrn. Oberhofrichter Geheimer Rath Dr. Stabel. Freiburg i. B. Herder'sche Verlagshandlung. 1860. — 3) Die Grundlagen für den Commissionsbericht der ersten Kammer über die Convention mit dem päpstlichen Stuhle und das Recht. Karlsruhe. Gerbracht. 1860. — 4) Beleuchtung der Druckschrift: „Erste Kammer. Grundlagen für den Commissionsbericht über die Convention mit dem päpstlichen Stuhle".

Ständen, wenn sie ihr Zustimmungsrecht für gekränkt erachten, das Recht der Vorstellung und Beschwerde, und es sollen solche Verordnungen auf ihre erhobene gegründete Beschwerde außer Wirkung gesetzt werden. Diese Bestimmungen der Verfassung sind aber noch keineswegs in Wirkung, aus dem einfachen Grund, weil noch keine Vollzugsverordnung erlassen ist.

Wenn nun die Verfassungsurkunde § 5 den Großherzog in alle Rechte der Staatsgewalt einsetzt, so hat sie, allen andern Gesetzgebungen gegenüber und gegen die festgestellten Lehren des constitutionellen Staatsrechtes, durchaus nicht gewollt, daß die Ausübung eines Hoheitsrechtes nach dem Belieben der Kammern in ihre Verhandlungen gezogen und ihren Beschlüssen unterworfen werde. Ein solcher Eingriff besteht aber, wenn die Kammern nicht die nöthigen Gesetze genehmigen und die erlassenen Vollzugsverordnungen, sondern den Vertrag als solchen reclamiren.

Die Verfassungsurkunde hat scharf alle die Fälle aufgeführt, in welchen die ständische Mitwirkung erforderlich ist[1]. Die Uebereinkunft aber, mit Ausnahme der wenigen, oben angeführten Bestimmungen, gehört nicht zu diesen Fällen; sie veranlaßt keine Auflage und kein Anleihen, und so lang die Realdotation der erzbischöflichen Kirche nicht ausgeführt wird, fordert sie auch nicht die Veräußerung einer Domäne; sie berührt nicht die Freiheit oder das Eigenthum der Staatsangehörigen und die Ausführung erfordert kein Gesetz, welches die Verfassungs-

---

[1] Verfassungsurkunde vom 22. August 1818. Die betreffenden Bestimmungen sind die folgenden: „§ 53. Ohne Zustimmung der Stände kann keine Auflage ausgeschrieben und erhoben werden. — § 57. Ohne Zustimmung der Landstände kann kein Anlehen gültig gemacht werden. — § 58. Es darf keine Domäne ohne Zustimmung der Stände veräußert werden. — § 64. Kein Gesetz, das die Verfassungsurkunde ergänzt, erläutert oder abändert, darf ohne Zustimmung einer Mehrheit von zwei Dritteln der anwesenden Ständeglieder einer jeden Kammer gegeben werden. — § 65. Zu allen anderen, die Freiheit der Person oder das Eigenthum der Staatsangehörigen betreffenden, allgemeinen neuen Landesgesetzen, oder zur Abänderung, oder authentischen Erklärung der bestehenden ist die Zustimmung der absoluten Mehrheit einer jeden der beiden Kammern erforderlich."

urkunde ergänzt, erläutert, oder abändert. Die Uebereinkunft, die vorhergehenden Ausführungen zeigen es, schafft keine neuen Verhältnisse, denn der größte Theil ihrer Bestimmungen gibt nur thatsächlichen, von der Regierung anerkannten Uebungen die Rechtsform, und überall ist ihr Recht durch die genaue Einhaltung der Bestimmungen über ihre verfassungsmäßige Wirksamkeit hinreichend gewahrt.

Die Concordate deutscher Nation haben früher allerdings der Zustimmung der Reichsstände unterlegen; diese aber hat einen ganz andern Sinn gehabt, als die Zustimmung der heutigen Vertretung eines deutschen Bundesstaates. Die geistlichen Kurfürsten wollten die höchste geistliche mit der höchsten weltlichen Macht vereinigen, und sie erfanden deßhalb die sogenannten Fürstenconcordate, welche ihnen durch sogenannte Indulte gewisse Ausnahmsstellungen in der Kirche, und nach und nach eine thatsächliche Unabhängigkeit von deren Oberhaupt verschaffen und auch den Kaiser zwingen sollten, ihnen zu einer Machtstellung zu verhelfen, welche dessen eigene nothwendig zerstörte [1]. — Die Concordate sind allerdings Reichsgesetze geworden, aber die Fürsten waren Kaiser und Reich gegenüber nicht souverän, und die badische, die würtembergische und die hessische Ständeversammlungen sind nicht Rechtsnachfolger des Reichstages.

Zur Verhandlung kirchlicher Sachen haben die badischen Kammern niemals die Befugniß besessen, und man kann aus früheren Verhandlungen sehen, daß sie solche Befugniß niemals ernstlich angesprochen, und daß die Regierung jeden, wenn auch nur leisen, Versuch einer Einmischung mit Entschiedenheit zurückgewiesen hat. Die Kammern haben auch nicht daran gedacht, frühere Verträge und Verordnungen zu reclamiren, selbst wenn diese Bestimmungen der Edicte aufhoben, welche man

---

[1] Die Fürsten benützten dazu die unglückseligen Wahlcapitulationen, in denen jeder seit Carl V. verpflichtet wurde, „beim Papste sein bestes Vermögen anzuwenden, daß die concordata principum und andere Verträge gehalten werden möchten". Wahlcapitulation 1519. Art. XIV. § 1. — Man weiß, was diese Verpflichtung bedeutete.

Grundgeſetze des Staates benannte. Die Kammern haben nicht für den Frankfurter Vertrag vom 8. Februar 1822, ſie haben nicht für die Bullen vom 16. Auguſt 1821 und vom 11. April 1827 die ſtändiſche Zuſtimmung gefordert, und doch hat jene über Staatsmittel, d. h. über Kirchengüter, verfügt und Ver=
äußerung von Domänen in Ausſicht geſtellt; ſie haben nicht die Verordnung vom 8. Juni 1826 verlangt, welche eine wichtige Beſtimmung der Eheordnung aufhob. Die Verordnun=
gen vom Jahr 1830 und 1853 haben neue Verhältniſſe ge=
ſchaffen, haben frühere Geſetze derogirt, und haben ein badiſches Kirchenrecht geſchaffen. Die Kammern haben ſich aber niemals um dieſe Verordnungen bekümmert, und jetzt wollen ſie vor ihr Forum die Uebereinkunft vom Jahr 1859 ziehen, welche in ihren Folgen kaum die Wichtigkeit der angeführten Verord=
nungen hat.

Die Kammern haben freilich wohl die Meinung zur Gel=
tung bringen wollen, daß es gänzlich in ihr Ermeſſen geſtellt ſei, ob ſie irgend einen Vertrag, eine Verordnung oder ſelbſt ein proviſoriſches Geſetz reclamiren oder nicht reclamiren wollen, und mehrere Gerichte haben beſondere Fälle in dieſem Sinn entſchieden; aber daraus geht noch immer keine Regel hervor. Ueber die Zuſtändigkeit der Kammern für den vorliegenden Fall entſcheiden unzweideutige Beſtimmungen der Verfaſſung, und wenn der Wortlaut derſelben nicht klar und erſchöpfend wäre, ſo gäben Präcedenzfälle die Regel, und ſie geben ſie immer für die An=
wendung, wenigſtens wo das Geſetz einen Zweifel übrig läßt; —
das iſt ein anerkannter Satz im öffentlichen Recht. Darum haben die badiſchen Stände ſelber entſchieden, daß kirchliche Beſtim=
mungen von ihrer Zuſtändigkeit ganz und gar ausgeſchloſſen ſind.

Auf dieſe natürliche Anſicht hat ſich die Regierung geſtützt; ſie hat die Uebereinkunft den Kammern zur Kenntnißnahme, aber keineswegs zur Prüfung vorgelegt; ſie hat erklärt, daß ſie die nöthigen Geſetzentwürfe zur Berathung der Ständeverſamm=
lung bringen, und den Vollzug der betreffenden Beſtimmungen ſo lange ausſetzen werde, als die nöthigen Geſetze nicht zu Stande gebracht ſeien. — Das Alles aber iſt, wie öfter er=
wähnt, in dem Vertrag ſelbſt vorgeſehen, und folglich hat die

Regierung ihren verfassungsmäßigen Standpunkt keinen Augenblick verkennt.

Die Regierung wird nie daran denken, ihre Verpflichtungen gegen den heiligen Stuhl auf verfassungswidrigem Wege durchzuführen. Würde sie durch eine gesetzliche Einwirkung der Stände in die Unmöglichkeit versetzt, den Vertrag zu erfüllen; so wäre das eine große Unannehmlichkeit für die Minister, aber es wäre kein Treubruch. Die Verbindlichkeiten, für welche die Unmöglichkeit besteht, würden nach anerkannten Grundsätzen des internationalen Rechtes von selber erlöschen, und die Minister müßten eben dem heil. Stuhle die bestehende Unmöglichkeit erweisen, und 'über die nöthigen Aenderungen unterhandeln. Alle die Schwierigkeiten, die hieraus entstehen möchten, wären kein Grund gegen das Recht der Kammern, wenn ein solches bestände. Hätten die Minister ungesetzlich oder unbesonnen gehandelt, so müßten sie auch die nothwendigen Folgen tragen.

Gestehe ich das Alles gerne zu, so verneine ich immerbar, daß die hohe Wichtigkeit der Angelegenheit ein Grund sei, um den Kammern eine ganz besondere, vom Gesetz nicht vorgesehene Einwirkung zu gestatten. Allerdings ist die Angelegenheit hochwichtig, so wichtig, als die Regierung eines kleineren Staates jemals eine behandelt; aber kann man den Satz aufstellen, daß für Regelung provisorischer Zustände, oder minder wichtiger Angelegenheiten das Verfügungsrecht allerdings dem Souverän zustehe, daß aber wichtige Sachen die Ausübung seines Hoheitsrechtes beschränken, daß er in solchen Dingen keineswegs unter der Form eines Vertrages bestimmen dürfe, und daß ihm demnach für besonders wichtige Sachen die Verfügungsgewalt entzogen sei? — Kann das monarchische Princip mit solcher Lehre bestehen? —

Sagt man, die Verwerfung einzelner Bestimmungen vernichte die Kraft des ganzen Vertrages, so verstößt man gewaltig gegen einen allgemeinen Rechtssatz [1]. Will der eine Contrahent solche Bestimmungen aufheben, so erhält völker-

---

[1] Utile per inutile non vitiatur.

rechtlich nur der **andere** das Recht, den ganzen Vertrag für richtig oder wirkungslos zu erklären. — Wollen das die badischen Kammern?

Aus der voranstehenden Erörterung folgt nun, daß die Kammern auf keine Weise befugt sind, die Vereinbarung des Großherzogs für ihre Verhandlung und Genehmigung zu reclamiren:

1. Weil kraft seines Majestätsrechtes der Großherzog ein vollkommenes Recht der Verfügung besitzt;

2. weil die Kammern selbst niemals das Recht in Anspruch genommen haben, die Gültigkeit der Staatsverträge von ihrer Zustimmung abhängig zu machen; und

3. weil die Kammern thatsächlich in Kirchensachen sich im **Allgemeinen** für unzuständig erklärt, für die Uebereinkunft mit dem römischen Hof aber sich ein **besonderes** Zustimmungsrecht nicht vorbehalten haben.

Dagegen steht aber den Landständen unbestreitbar das Recht zu, alle die Gesetze zu behandeln, welche zur Ausführung der Vereinbarung nothwendig sind; und gegen alle diejenigen Verordnungen Beschwerde zu führen, durch welche sie sich in ihren Rechten verletzt glauben. Werden auf **verfassungsmäßigem** Wege durch die Mitwirkung beider Kammern Gesetze festgestellt, welche die Ausführung gewisser Vertragsbestimmungen unmöglich machen, so muß die Regierung mit dem heiligen Stuhl über die nothwendigen Aenderungen unterhandeln, wie dieß auch in der Vereinbarung selbst unzweideutig vorgesehen ist [1].

XIX.

Wirkung und Folgen der Uebereinkunft.

Das Recht bindet, — auch wenn die Wohlfahrt durch dessen Ausübung leidet. — Wenn nun ein bestimmter Rechtsact große

---

[1] Vereinbarung, Art. XXIII. und XXIV.

Interessen verletzt, wenn er wohlthätige Zustände zerstört oder schädliche erzeugt, so ist der Staatsmann sehr zu tadeln, welcher, mit der Macht ihn zu hindern, solchen Rechtsact geschehen ließ. Die Uebereinkunft vom 28. Juni 1859 ist ein wirklicher Rechtsact, er hat ohne Zweifel eine bedeutende Tragweite, und es verlohnte sich schon der Mühe, dessen wahrscheinliche Wirkungen aufzusuchen. Das hat man denn auch eifrig, jedoch keineswegs unbefangen gethan, denn man hat die guten Folgen kaum flüchtig erwähnt, aber um schlimme hervorzuheben hat man nicht Scharfsinn, nicht Mühe und auch nicht Uebertreibung und Lüge gespart. — Das darf uns nicht wundern, denn was aus dem Vertrag Gutes hervorgehen wird, das ist einfach, liegt offen zu Tag und läßt sich mit wenig Worten bezeichnen; — das Uebel aber muß man erst suchen.

Die Uebereinkunft hat Ungerechtigkeiten gehoben, die lange Jahre gegen die Kirche geübt worden sind, sie hat die Staatsgewalt mit Ansprüchen verglichen, welche sich auf positive Bestimmungen des internationalen Rechtes gründen, sie hat dadurch die Interessen der Dynastie gewahret, deren Bestand auf dem Heiligthum der internationalen Verträge beruht und deren Wohlfahrt immer gefördert wird, wenn sie nicht nur das R e c h t, sondern auch die G e r e c h t i g k e i t ehrt. Wenn man erzwungene Verhältnisse aufgibt, so stellen die natürlichen Beziehungen sich von selbst wieder ein, mit diesen allein ist der Friede möglich und nur in Frieden und Eintracht können die beiden socialen Ordnungen ihre Sendung erfüllen. Im Kampf der beiden Gewalten entflieht das Göttliche aus dem Leben der Völker, und am Ende, die Geschichte lehrt es, wird immer jene unterliegen, welche ihre Macht nur allein auf materielle Unterlagen gründet, aber immer muß der Sieger wie der Besiegte das Unheil des Kampfes beklagen.

Die Uebereinkunft soll der Regierung abnehmen, was sie nun einmal nicht zu vollbringen vermag, und geschieht dieß, so muß sie freier und deßhalb kräftiger werden, denn Nichts schwächt mehr als das Fremdartige, welches sich mit den Gegenständen der natürlichen Aufgabe vermengt. — Will der Staat ein Rechtsstaat werden, so ist ihm eine feste Regel nothwendig, welche die

Berührungen mit der Kirche gerecht und billig bestimmt; solche Regel gibt aber dem schwankenden Verhältniß die Festigkeit, welche das Mißtrauen hebt und dem bösen Willen und der Abneigung den Vorwand benimmt, — sie kann der Regierung Kräfte zuführen, die früher unbenützt oder gar feindselig waren. Die Staatsgewalt wird gerade da stark, wo sie bisher schwach gewesen, und die Uebergriffe der Kirche werden unmöglich werden. Die Freiheit des Wirkens allein verleiht der Kirche die Kraft und die Mittel, welche die Erfolge ihrer Thätigkeit sichern, — aber eben die Freiheit ihrer Bewegung stellt sie friedlich neben andere Bekenntnisse und in dem friedlichen Verhältniß kann sie einträchtig mit den Anstalten der anderen Bekenntnisse das Christenthum in die menschlichen, in die gesellschaftlichen und in die bürgerlichen Beziehungen tragen und den Staat heiligen als eine christliche Gemeinschaft.

Die Vortheile und die heilsamen Wirkungen der kirchlichen Ordnung beleuchten, wäre eine unfruchtbare Mühe; denn eben diese Vortheile und Wirkungen sind eitel Nachtheile für die Partei, welche nun einmal zum Polizeistaat zurückkehren will, und welche die Uebereinkunft als vortheilhafte Gelegenheit zu dieser Rückkehr erfaßt. Wollte man alle die Umstände beleuchten, welche diese Rückschrittspartei für Nachtheile, für Unglücksfälle und für unheilvolle, grausige Wirkungen der unglücklichen Uebereinkunft ausgibt, so müßte man dicke Bücher schreiben; und all' diese Bücher würden nichts helfen bei den Leuten, welche an diese Nachtheile und Wirkungen selbst nicht glauben, welche daher das Urtheil vor der Untersuchung gesprochen, und diesem Ausspruch eine Schaar von Unwissenden nachgezogen haben. — Unter den Gegnern der kirchlichen Ordnung stehen jedoch viele ehrenhafte Leute, welche in gutem Glauben das Geschrei als Wahrheit annehmen, — Leute, welche die Wahrheit hören wollen, oder dieselbe wenigstens nicht von vornherein von sich abwehren. Diese Leute glauben allerdings nicht, daß die unglückselige Uebereinkunft den langen Winter und das späte Frühjahr verursacht und den letzten Carneval traurig gemacht habe, sie glauben auch nicht, daß dieser Staatsvertrag die Verhältnisse der Gesellschaft durcheinander werfe, die regierende Dynastie verderbe, den Staat auflöse, und die Papiere entwerthe, — aber sie sind beunruhiget über die Wirkungen, weil sie die Ursachen nicht kennen. Für solche Leute will ich die Wirkungen in dem Kreis einiger Verhältnisse besprechen; — obwohl sie aus den voranstehenden thatsächlichen Darstellungen von selbst schon hervorgehen.

1. Die politische Freiheit.

Die Uebereinkunft vom 28. Juni 1859 weist der katholischen Kirche, als solcher, keine andere Stellung an, als sie dieselbe seit anderthalb Jahrtausenden inne hatte. Die Kirche hat nur einen Theil der Freiheiten erworben, welche durch Gesetz und Recht ihr gewährt, aber durch eine ungesetzliche Uebung verkümmert oder gänzlich entzogen waren. — Ich sage einen Theil, weil auch die Uebereinkunft immer noch Beschränkungen auferlegt, welche das Privatrecht nicht kennt, und gegen welche der Stolz eines freien Mannes sich empörte, auch wenn er für einen Theil seiner natürlichen Freiheit einen guten Zweck aufgäbe. Die Kirche kann und will der Staatsgewalt nicht unterthan sein, aber sie hat ihm Zugeständnisse gemacht, weil er solche nöthig hat, und sie hat sie gerne gemacht, weil sie die Erfüllung ihrer eigenen Sendung nicht gefährden.

Die Freiheit der katholischen Kirche kann mit jeder anderen Freiheit bestehen, — sie setzt dieselbe sogar voraus, denn sie hat von jeher nur neben freien Staatseinrichtungen ihr Gedeihen gefunden. Im mittelalterlichen Staat hat die Kirche als eine Körperschaft zwischen den andern Körperschaften gestanden, und wenn sie über diese ein entschiedenes Uebergewicht gewonnen; so hat sie es nur durch ihre geistige Ueberlegenheit errungen. Die Bischöfe wurden allerdings mit Führung der großen Staatsangelegenheiten betraut, aber sie wurden berufen, weil andere Fähigkeiten nicht vorhanden waren, und ebenso erwarb die Kirche ihr Uebergewicht, weil keine andere Körperschaft die geistigen Interessen besorgte, weil der Clerus allein Wissenschaft, und weil er allein eine andere Kraft, als die des Armes, und eine andere Gewalt, als die der Waffen besaß. Es gab, wir haben es oben bemerkt, im Mittelalter keine politische Freiheit als diejenige, welche auf dem gegenseitigen Verhältniß der Körperschaftsrechte beruhte, aber gerade diese Freiheit mußte die Kirche mit all' ihrer Kraft aufrecht halten, weil darin die Bedingung ihres äußern Bestehens lag.

Unter dieser Art politischer Freiheit hat der katholische Clerus die bürgerliche begründet. Die Kirche hat die Knechtschaft für einen Bruch des göttlichen Gesetzes erachtet, und die Verkümmerung der menschlichen Freiheit für Sünde erklärt, und darum hat sie all' ihre Mittel verwendet, um die Knechtschaft zu brechen.

In dem modernen Staat steht die Kirche dieselbe, — aber neben anderen Verhältnissen. Die Geistlichkeit ist nicht mehr der einzige Besitzer der höheren Bildung, denn jetzt hat man für die Führung der Staatsgeschäfte viel andere Fähigkeiten; — nicht mehr Cardinäle und Bischöfe sind Kanzler oder Minister der Könige und Kaiser; die Organe der Kirche sind auf ihre eigene, besondere Sendung gewiesen. — In dem modernen Staat hat die katholische Kirche allein ihre körperschaftliche Verfassung getragen, und als Adel und Bürgerschaft in die allgemeine Masse der Regierten gemengt waren, — da hat die Kirche allein der bureaukratischen Staatsallmacht gegenüber gestanden; sie allein hat der Auflösung aller besonderen Rechte widerstanden, und an ihr hat sich jene Allmacht gebrochen. — Der Kampf für den unabhängigen Bestand ihres Gemeinwesens war der Kampf einer geistigen Ordnung gegen die materielle Gewalt — was aber geistig ist, das will unter allen Umständen die Freiheit. Lernt die Geschichte und die Verfassung der katholischen Kirche recht kennen, und ihr werdet sehen, daß der Grundsatz der Freiheit, in allen Schriften der Kirchenväter ausgesprochen, die ganze Gesetzgebung der Kirche durchdringt, und ihr werdet dann den irrigen Darstellungen und den absichtlichen Lügen keinen Glauben mehr schenken.

Die katholische Kirche hat in allen Zeiten von unbeschränkter Herrschaft zu viel gelitten, als daß sie derselben hätte Freund werden können. Wo sie in despotisch regierten Staaten bestand, da war sie in ununterbrochenem Kampf, und wo der Selbstherrscher sich zu ihrer Gemeinschaft bekannte, da war es die

Kirche, welche ihm zeigte, daß er ein Mensch wie andere sei, und sie allein beugte ihn unter ihr Gesetz, ihn, der kein anderes kannte. — In absoluten Staaten konnte die Kirche am wenigsten ihre Sendung erfüllen, denn in solchen Staaten suchte man die Freiheit der Kirche nach allen Seiten zu beschränken [1]; und wenn gegen die einzige Macht, welche der despotischen Gewalt widerstand, ein Zwang ausgeübt wurde, so hat eine unbegreifliche Kurzsichtigkeit die Zwangsmaßregeln als Freiheiten bezeichnet.

Der Kampf gegen die absolute Gewalt hat zu jeder Zeit die Kirche gekräftiget, und die Gunst solcher Gewalt war ihr immer verderblich. Wohl hatten die Häupter der Kirche das oft nicht erkannt, und oft einen Selbstherrscher für den Schutzherrn der Kirche gehalten, aber lange Zeit hat solcher Irrthum niemals gewährt, und in unseren Tagen sind auch die französischen Bischöfe von demselben geheilt. — Daß die katholische Kirche bei freien Staatseinrichtungen wächst und gedeiht, das kann man in Amerika sehen. Sie bekümmert sich nicht um die Form der weltlichen Regierung, sie mag eine thatsächliche Gewalt als eine ungesetzliche anerkennen, aber sie bekämpft sie nicht, und sie unterstützt sie nicht; sie bleibt auf ihrem Boden und sucht den religiösen Sinn und das Sittlichkeitsgefühl zu erwecken, mit welchen der einfachste Mensch das Rechte findet. Wenn früher die förmliche Anerkennung einer Staatsgewalt von der katholischen Geistlichkeit ausging, so war solche von dem Clerus in der Eigenschaft einer politischen Körperschaft gegeben; heutzutage hat der Clerus diese Eigenschaft nicht mehr, und darum haben die französischen Bischöfe in den Tagen des Decembers 1851 sehr schwere Fehler begangen.

Weder in der Glaubenslehre, noch in der Verfassung, noch in der Disciplin der katholischen Kirche liegen Begünstigungen der absolut-monarchischen Staatsform. Haben einzelne Katholiken diese Staatsform mit dem Wesen ihrer Kirche zusammengeworfen, so waren eben Einzelne in einem Irrthum, welchen die Kirche selbst niemals veranlaßt hat. Den Jesuiten wirft

---

[1] *Montalembert*, Sur les vrais intérêts du Catholicisme.

man allerdings vor, daß sie die absolute Gewalt, aber man wirft ihnen auch andererseits vor, daß sie den Mord der Tyrannen vertheidiget haben. Wäre aber die eine oder die andere Behauptung wahr, oder könnte man gar alle beide vereinigen, so war eben der Orden des heil. Ignatius immer nicht die katholische Kirche, und bekanntlich haben andere Orden niemals freundlich zu den Jesuiten gestanden.

Wenn die Kirche gegen die liberale Partei gekämpft hat, so war das nicht ein Kampf gegen das Princip der politischen Freiheit, sondern es war ein Kampf für die Religion und die Sitte, es war ein Kampf gegen die Zwangsherrschaft, welche man im Namen der Freiheit errichten wollte. Nicht gegen den modernen Staat hat sich die Kirche erhoben, sondern gegen das System, welches den modernen Staat zu einer Anstalt polizeilicher Allmacht herabwürdigen will.

Wenn einzelne Katholiken gegen die constitutionelle Staatsform sich erheben, so liegt das wahrlich nicht in dem Wesen ihres Glaubens. — Gibt es nicht auch Protestanten, welche die Fehler dieses Systemes und dessen Unzuträglichkeiten in Ländern einsehen, in welchen es nur künstlich gemacht, und nicht von der Geschichte entwickelt ist. Der Katholik, welcher die Verfassung seiner Kirche kennt, weiß sehr gut, daß auch diese eine gewisse Vertretung nicht ausschließt, und darum weiß er auch, daß im heutigen Staat die Vertretung eine Nothwendigkeit ist. Die absolute Regierung ist unmöglich geworden, und deßhalb muß sie immer zu furchtbaren Mitteln greifen, um sich zu halten; das sieht man in Frankreich, wie man in Oesterreich das beständige Ringen und das unklare Streben nach freien Institutionen wahrnimmt. Der Staatsmann weiß, daß die Uebelstände des constitutionellen Wesens nothwendige Erscheinungen unserer politischen Entwicklung sind, und daß dieses Wesen eben auch seine Geschichte durchleben muß.

Wenn die Glieder anderer Körperschaften sich wieder einigen, wenn sie verlorene Rechte wieder erwerben und sich darum in dem modernen Staate neue Verhältnisse bilden und eine neue Mission geben wollen; so mag das in der Gegenwart schwere Kämpfe hervorrufen, aber der Zukunft vielleicht sehr nutzbar werden. Die Kirche wird davon nicht berührt, denn zur Gründung politischer Institutionen hat sie keinen Beruf. Wenn nun die sogenannte clericale Partei, d. h. wenn die Katholiken den Landständen das Recht absprechen, über die Uebereinkunft mit dem heil. Stuhle zu verhandeln, so ist das eine Wahrung der Freiheit, denn es ist eine Wahrung des Gesetzes und der verfassungsmäßigen Rechte des Regenten. — Will dieser seine Rechte beschränken, so wird ihn die Kirche nicht hindern, wie sehr auch der Staatsbürger Ursache haben möge, die Schädigung des monarchischen Princips zu beklagen.

Die kirchliche Gesinnung und die Freiheit der Kirche stehen dem nationalen Streben der Deutschen wahrhaftig nicht entgegen, und es ist unbegreiflich, wie man Angesichts der Ereignisse diese Unwahrheit aussprechen konnte. — Man wirft den Katholiken vor, daß sie großdeutsch gesinnt seien — das heißt, man wirft ihnen vor, daß sie Deutschland nicht in Preußen aufgehen, und daß sie Oesterreich nicht herauswerfen wollen; man wirft ihnen vor, daß sie nicht alle bisherigen Verhältnisse auflösen wollen, um ein Reich zu gründen, welches ohne natürliche Grenze, ohne Besitz der Alpenländer, ohne den Besitz von Böhmen, dem verschanzten Lager von Deutschland, zwischen die großen Mächte gestellt würde, die alle ihm feindselig wären. Die heutige Kriegsführung braucht größere Räume, als der Raum zwischen Straßburg und Ulm, und die Süddeutschen wollen nicht ohne natürlichen Rückhalt für preußisches Interesse in der ersten Reihe stehen. Ein preußisches Deutschland hätte wohl mehr Soldaten, aber keineswegs eine größere Macht, als der Bundesstaat Preußen, und darum auch keine andere Politik. Es waren die süddeutschen, also die katholischen Länder, welche im Jahre 1859 die Gefahr für das Vaterland erkannten, welche sich mit Kraft erhoben, und bereit waren, der Erhaltung des europäischen Rechtsstandes alle Opfer zu bringen. Wer hat aber diese edelste Empfindung als ultramontanen Fanatismus verhöhnt, wer hat die Ehre und die Zukunft des Vaterlandes bloßgestellt, und wer hat von dem französischen Selbstherrscher Lobsprüche dafür haben wollen, daß ihm gestattet wurde, auf den Trümmern des internationalen Rechtes seine Herrschaft über das Festland von Europa zu gründen? — Die Katholiken in Süddeutschland waren es nicht. —

An all' diesen Verhältnissen, Zuständen und Meinungen wird die Uebereinkunft nichts ändern.

2. **Der Einfluß der Kirchengewalt an der Regierung des Staates.**

Frühere Uebergriffe der kirchlichen Hierarchie kann man so wenig in Abrede stellen, als die Gewaltigung und die Plünderung kirchlicher Anstalten. Beide sind heutzutage nicht mehr möglich; Rechte des Eigenthumes und der Personen schützen die Gesetze, die Staatsverwaltung wird nach strengen Regeln geführt, und der Clerus ist nicht mehr ein politischer Stand, welcher Antheil hätte an der Gesetzgebung und an der Regierung des Staates. Wenn eine kräftige Maschine im Gang ist, so zermalmt sie mit leichter Mühe die Hand, die unbesonnen in ihre Getriebe und in ihre Hebel eingreift. — „Die Kirche bildet einen Staat im Staate" — das ist eine hergebrachte Redensart, welche nur die Unfähigkeit ausspricht, einen Zustand selbstständiger Thätigkeit zu begreifen, — die Unfähigkeit, sich zu dem Gedanken der wahren Freiheit zu erheben, in welcher irgend ein Bestandtheil des socialen Lebens unter den allgemeinen Staatsgesetzen seine Angelegenheiten besorgt.

Die Uebereinkunft vom 28. Juni 1859 gibt dem Erzbischof von Freiburg auch nicht eine Spur des Antheiles an der weltlichen Regierung, wohl aber dieser ein sehr umfangreiches Aufsichtsrecht über die Regierung der Kirche, und wenn das nicht durch die vorangehenden Erörterungen außer Zweifel gesetzt ist, so haben nur Mängel der Darstellung die Schuld.

Man kann nicht einsehen, worin die Mitregierung bestehen sollte, welche die Kirchengewalt durch die Uebereinkunft erhält; das Meiste, was sie festsetzt, hat schon früher bestanden, und in den wenig neuen Zuständen, die sie gründet, liegt gewiß nicht der gefürchtete Einfluß der geistlichen Gewalt. — Der Erzbischof kann Pfarrer ernennen, aber die Regierung ernennt doppelt und Privaten ernennen halb so viele, als er; der Erzbischof kann seine Gehülfen bestellen, aber deren Personen müssen der

Regierung angenehm sein; — die geistlichen Gerichte können Strafen verhängen, aber sie haben keine Macht, dieselben zu vollziehen. — Die kirchliche Strafgewalt hat in Preußen, wenn nicht einen größeren, doch ganz gewiß keinen kleinern Umfang, als er in der badischen Uebereinkunft bestimmt ist; und Niemand hat noch behauptet, daß die Kirche einen Theil der staatlichen Gerichtsbarkeit ausübe in Preußen, dessen Gerichtshöfe anerkannt vortreffliche sind. Was ist denn die schwache Disciplinargewalt der Kirche gegen die hohe Gerichtsbarkeit des Staates, welche Verlust der Freiheit, der bürgerlichen Ehre, des Lebens erkennt und ihre Sprüche mit allen Gewaltmitteln vollzieht! Es sind diese Gerichte, welche über Verbrechen der Cleriker die Urtheile geben; diese werden vollzogen und der Erzbischof kann daran nichts ändern; — der geistlichen Gewalt steht lediglich nur die Entscheidung zu, ob der weltliche Spruch auch eine kirchliche Strafe nach sich ziehe.

Der Verkehr mit dem Papst ist den Katholiken Glaubenssache, und wenn der Erzbischof frei mit dem Clerus und mit dem Volke verkehrt, so thut er nur, was alle anerkannten Vereine oder Gesellschaften als ein gesetzliches Recht ausüben; alle diese Vereine verkünden ihre Beschlüsse, sie geben Nachrichten, sie warnen und belehren — greifen sie damit in das Recht der Regierungen ein? — Wenn die Kirchengewalt sich einen Eingriff erlaubte, so hätte die Regierung der gesetzlichen Mittel genug, um solchen kräftig zurückzuweisen; und wenn der Bischof gehalten ist, jeden Erlaß, welcher möglicherweise die bürgerlichen oder die staatlichen Verhältnisse berührt, der Regierung mitzutheilen, so ist diese Mittheilung wahrlich keine leere Form, denn die Staatsgewalt kann dann unmittelbar einschreiten und die kirchliche Behörde wird sich darum wohl hüten, ihr moralisches Ansehen einer moralischen Niederlage auszusetzen.

Die Uebereinkunft hat das kirchliche Gebiet auf allen Seiten mit Wächtern umgeben, und in der Kette dieser Wachtposten ist nirgend eine Oeffnung zum Ausfall geblieben; — die absichtlichen Verdrehungen mögen Leidenschaften erregen und die Unwissenheit in das Parteigetriebe zerren, aber sie können den gesunden Sinn nicht beirren. Nicht einmal in der Führung der

Schulen ist der Regierung eine Beschränkung gesetzt, denn wenn der Erzbischof den Katechismus bestimmt, so ist das doch wohl nicht eine Beschränkung der Staatsgewalt.

In kirchlichen Dingen ist freilich das canonische Recht anerkannt, aber hat nicht jede Gesellschaft das Recht ihre Statuten zu machen und kennt nicht der Staat das canonische Recht, so gut wie er sein eigenes kennt; hat nicht das Großherzogthum Baden die katholische Kirche in ihrem vollen Bestand, also auch mit ihrem eigenthümlichen Recht angenommen? — Dieses Recht ist eben nur das Recht der Kirche, es gilt nur im Innern derselben und berührt, mit alleiniger Ausnahme der Ehestreitigkeiten, nirgend die bürgerlichen Verhältnisse. Die Convention aber beschränkt die Ausübung dieses Rechtes, und die Bulle vom 19. October 1859 erklärt ausdrücklich alle Bestimmungen für aufgehoben, welche mit den Bestimmungen der Uebereinkunft nicht in Einklang sind, d. h. alle Bestimmungen, welche, auch nur dem Scheine nach, die staatlichen Zustände berühren.

Die Gegner der Uebereinkunft sagen, die Kirche sei eine Macht, und sie haben vollkommen recht: die Kirche ist eine Macht, und zwar eine solche, welche das europäische Völkerrecht anerkannt hat. Gibt es aber keine Macht, als solche, die auf Geld und Waffen und auf materieller Gewalt beruht? — Man mache sich los von der Vorstellung, daß die Kirche eine Anstalt des Staates, daß ihre Gewalt ein Theil oder ein Ausfluß der Staatsgewalt sei, und man wird keine Gefahr darin finden, daß die beiden gesellschaftlichen Ordnungen frei und selbstständig neben einander stehen.

Der moderne Staat, — nicht wie eine gewisse Partei, sondern wie eine gesunde Lehre ihn auffaßt, — ist seinem Wesen nach ein Rechtsstaat; er will ausscheiden, was ihm nicht gehört und je mehr er sich fremder Dinge entlediget, um so stärker wird er werden in seinem eigenen Gebiete.

3. **Ausdehnung und Mißbrauch der geistlichen Macht.**

Der Erzbischof soll mächtig werden, — aber man fürchte sich nicht, — denn er soll nur mächtig werden in seiner Kirche, und daß er es werde, das muß die Staatsgewalt wollen und wünschen, weil er sonst nicht ausführen kann, was sie von ihm fordert, und was sie selbst nicht zu vollbringen vermag. Die Macht der Kirche hat andere Grundlagen und andere Mittel, als jene des Staates und was der einen entgeht, kann die andere nicht erwerben. Kann die Kirche ihre Stellung zum Nachtheil des Staates und der Gesellschaft mißbrauchen?

Man erzählt, der katholische Clerus habe in sittlicher Verdorbenheit den blinden Glauben unwissender Menschen mißbraucht; er habe seine Interessen zu Sachen des Glaubens gemacht, und dem Gewissen Zwang angethan, um Dinge durchzuführen, welche dem Wesen der Kirche vollkommen fremd sind; — man erzählt ferner, dieser Clerus habe das Volk in Dummheit und Finsterniß gehalten, und es nach erhaltenen Befehlen gelenkt und geführt, er habe Zwiespalt in den Staat, in die Gemeinden und in die Familien getragen und er habe fanatische Leidenschaft gegen Alles erregt, was seinen eigennützigen Zwecken nicht förderlich war. — Neben vielem Guten ist gewiß auch Uebles geschehen, auch der Clerus war ein Kind seiner Zeit und ihrer Verhältnisse, aber man beachtet das wenig, man meint großmüthig zu sein, wenn man von dem vielen Guten, das er bewirkt, so viel heraushebt, als nöthig ist, um das Uebel mit grellen Farben zu malen. Eine vorurtheilsfreie Geschichte weist nach, daß ein großer Theil dessen, was die Geistlichkeit Uebles gethan, nur eine Folge herrschender Zustände gewesen, und jeder Katholik weiß, daß die gefürchteten Mittel zur Beherrschung der Gesellschaft fast sämmtlich in das Reich der Sage gehören. Der fanatische Haß gegen die katholische Kirche hat selbst bessere Menschen verblendet und hat den unsinnigsten Erzählungen Glauben verschafft; was diese von den Unthaten des Clerus Wahres enthalten, das ist heutzutag unmöglich, denn alle Verhältnisse sind andere geworden und nur Haß und Unwissenheit kann jetzt wieder die alten Fabeln herbeiholen.

Doch halten wir uns, um die gefürchteten Wirkungen der Convention zu beleuchten, auf dem Boden der positiven Thatsachen. — Mit welchen Mitteln soll die Kirche ihre Gewalt ausbreiten? —

Man hat die Sache darstellen wollen, als ob der Erzbischof,

wie der Alte vom Berg, auf unzähligen Posten seine Diener bestelle und deren Gesellen im Land umhersende, um seinem geheimnißvollen Willen das Volk zu unterwerfen; man hat Vielen die Vorstellung beigebracht, daß der Clerus ein organisirtes, völlig willenloses Werkzeug seines Obern sei, und nur allein dessen Befehle als bindend und andere Gesetze und Rücksichten nur zum Scheine beachte. — Der Erzbischof von Freiburg hat allerdings etwa tausend Geistliche in seinem Sprengel, und alle diese Geistlichen sind ihm Gehorsam schuldig; aber dieser Gehorsam unterliegt bestimmten Gesetzen, und zwar Gesetzen, welche Jedermann kennt. Der Geistliche muß in Sachen des Glaubens die Entscheidungen seines Bischofes annehmen, aber außer dem Reiche dieses Glaubens ist er so geistig frei, als irgend ein anderer Mensch; der Geistliche muß Rücksichten beobachten, welche sein Stand ihm auferlegt; aber außer diesen ist er in seinen Handlungen so wenig einem Zwang unterworfen, als irgend ein anderer Bürger.

Der Einfluß des Bischofes auf seine Geistlichkeit ist in keiner Weise ein solcher, welcher ihm diese in anderen als in kirchlichen Dingen und in ihrem sittlichen Leben unterwürfe. In ihrer ganzen Erziehung sind die jungen Cleriker nur allein im Priesterseminar ganz und gar der Einwirkung seiner Organe überlassen. Die Knabenconvicte werden vom Staate geleitet, der Unterricht von seinen Gelehrtenschulen besorgt; im theologischen Collegium genießen sie den Hauptunterricht durch die Vorlesungen auf der Universität; in Verbindung mit andern kann auch die theologische Facultät nicht einen finstern Geist aufnehmen, und herrscht er nicht in dieser, so kann er in das Convict nicht eindringen. Wäre das Alles nicht, so würde der finsterste Bischof doch aus den jungen Männern nicht Organe der geistigen Knechtschaft erziehen können, denn eine Erziehung, welche die freie Geistesthätigkeit fesselt, ist heutzutage, wenn nicht unmöglich, doch sicherlich vollkommen erfolglos. Die geistige Freiheit durchdringt so sehr unsere Zeit, daß Hindernisse und Beschränkungen nur späteres Ueberstürzen bewirken. — Außer dem Bereich der Kirche kann man keine Geistlichen erziehen; nur kirchliche Anstalten geben ihnen die nothwendige Haltung, wie der Offizier die seinige nur in der Militärschule oder in dem Regimente erhält. Sind es aber nicht die weltlichen Behörden, welche am meisten die unkirchliche Haltung des Geistlichen tadeln? — Wenn unter der Leitung der Kirchenbehörden sich wohl auch Fehler in die Erziehung und in den Unterricht einschleichen, so hat sie das mit den Staatsanstalten gemein, aber ihre Fehler haben minder verderbliche Folgen. Man hat Staatsanstalten gesehen, in welchen die abgöttische Verehrung der materiellen Gewalt gepflegt wurde, die bei der bessern Natur später oder früher in das Gegentheil umschlägt; und es gab andere, in welchen man vor dem Jahr 1848 den Schülern die Lehre des Socialismus ohne besondere Verhüllung eingeprägt hat.

Die Dienstprüfungen der Geistlichen werden allerdings von dem Erzbischof angeordnet und in seinem Namen gehalten, aber sie werden von Prüfungscommissären abgenommen, welche nicht ihren Eid verletzen werden, um Neigungen oder Abneigungen zu dienen. Diese Prüfungen sollen, so will es das tridentinische Concil, die jungen Geistlichen in wissenschaftlichem Streben, also in freier Geistesthätigkeit, erhalten und die Art ihrer Abnahme soll das Ansehen der Geistlichen wahren, dessen Sinken die weltlichen Regierungen schon bitter beklagt haben. — Von allen Pfründen im Lande kann der Erzbischof nur den vierten Theil verleihen, kann er diesen Theil gegen den dreimal größeren stellen? Alle Pfarrer, die er ernennt, sind unter den gleichen Verhältnissen erzogen und gebildet und in den Clerus aufgenommen; alle haben ihre Jugend in gleichen Verhältnissen gelebt, und alle sind Söhne des Landes. Der Erzbischof darf keinem Ausländer eine Pfründe verleihen, und das ist ja gerade eine der sehr gerühmten gallicanischen Freiheiten. Es wird der weltlichen Gewalt schwer, ihre Beamten nach Gefallen zu ernennen, der kirchlichen ist es unmöglich. Der Erzbischof kann sein Capitel nicht allein ernennen, und doch bildet dieses Capitel sein Ordinariat, und wenn er seine persönlichen Gehülfen erwählt, so hat er damit noch immer geringere Macht, als der Minister des winzigsten Stätleins. Nur kleine Strafen kann der Bischof verhängen, aber nicht er verhängt sie, sondern sein unabhängiges Gericht; ist es Despotismus und Knechtschaft, daß die Hofgerichte großherzogliche Gerichtshöfe sind, und werden die Bürger zu Sclaven, weil der Großherzog das Begnadigungsrecht ausübt?

Der Einfluß des Erzbischofs auf seinen Clerus ist in seinem Wesen rein sittlicher Natur, und der Staat müßte sehr beklagen, wenn dieser Einfluß nicht ein mächtiger wäre.

Daß die Weltgeistlichen, und daß besonders die Pfarrer durch unzählige Bande an die gesellschaftlichen Ordnungen geknüpft sind, und deren Interessen theilen, das kann wohl Niemand in Abrede stellen; daß aber die Ordensgeistlichen ganz für sich bestehen, von der Gesellschaft und dem Staat losgerissen, nur allein Werkzeuge der geistlichen Macht bis in deren äußerste Ausschweifungen seien — das glauben noch viele und sehen darum unendliche Gefahren in der Errichtung und in der Verbreitung religiöser Orden. Die voranstehenden Ausführungen dürften gezeigt haben, daß nach aller Wahrscheinlichkeit diese Anstalten sich immer nur in beschränkter Zahl erheben werden; entständen deren aber auch viele, so könnten sie heutzutage wohl gemeinnützige Zwecke erfüllen, aber eine Ausdehnung der geistlichen Macht könnten sie nimmer bewirken. Wäre das anders, so würde man sie in Preußen und in Baiern und in Belgien nicht dulden. — Wir werden diesen Anstalten noch eine besondere Besprechung widmen.

Der Einfluß der Geistlichen auf die Volksschulen kann höchstens nur einige Religiosität in den unteren und mittleren Schichten des Volkes erwecken; aber bei den süddeutschen Stämmen wird dieses Gefühl niemals zu ungesunder Stärke erwachsen. Dagegen sind die Eigenschaften der Menschen, dagegen sind die bestehenden Verhältnisse, und dagegen sind alle andern Einwirkungen. — Eher, und viel eher muß man besorgen, daß unter den Einrichtungen, wie die Verfügungen der Regierung und die Bestimmungen der Uebereinkunft sie feststellen, die Geistlichen niemals den religiösen Sinn zu der Kraft und Stärke werden ausbilden können, welche das Interesse der Staatsgewalt fordert. Im Großherzogthum Baden werden die Katholiken niemals unter die Herrschaft „der Pfaffen" gerathen, denn dafür sorgen alle Einrichtungen, sorgen die Zustände in den

Gemeinden, dafür sorgt die Vermengung mit den Protestanten, und sorgen vorzüglich die Amtmänner.

Die Behandlung der Ehen, sagt man, gebe dem Clerus, also der Kirchengewalt, einen unermeßlichen Einfluß auf die innersten Verhältnisse der Gesellschaft. Es mag das vielen Leuten so scheinen, aber wenn man die Sache recht betrachtet, so verschwindet auch diese Gefahr — der Bischof kann nicht die Neigung oder die Abneigung der jungen Leute befehlen, und die Pfarrer können nicht die Heirathsfähigen zusammenbringen; rührige Weiber können mehr Heirathen als die Geistlichen in der ganzen Christenheit stiften. Die Kirche kann nur allein gewisse Verbindungen verhindern in einigen Fällen, welche zum größten Theil auch in der bürgerlichen Gesetzgebung ihre Hindernisse finden. Wir haben gesehen, daß die Kirche die Schließung von Ehen so sehr begünstiget, als es ihre Grundsätze erlauben, und daß sie gewisse Verbindungen auch dann für gültig erkennt, wenn sie ihre Bedingungen nicht erfüllen. — Macht die kirchliche Gesetzgebung ohne Nichtigkeitsgrund die Auflösung gültiger Ehen unmöglich, und die einfache Trennung sehr schwer, so mag das sehr hart sein für einzelne Personen, aber es ist doch eine der besten Seiten dieser Gesetzgebung. Haben wir etwa gute Folgen für die Gesellschaft gesehen, wo die Leute nach Gefallen zusammen und wieder auseinander laufen konnten; sind nicht auch protestantische Regierungen genöthiget worden, solchem Unwesen ein Ende zu machen? — Aber der Bischof kann ja nach seinem Gefallen Dispensen ertheilen, oder nicht ertheilen, er kann eine Ehescheidung verfügen, oder versagen, und dadurch begünstigen oder drücken, also immer wieder einen unheilvollen Einfluß auf die Familien ausüben! — Das Alles kann der Bischof auf keine Weise, denn über den Bestand geschlossener Ehen entscheidet gerichtliches Verfahren mit einem vollkommen geregelten Zug der Instanzen; die Ertheilung von Dispensen ist an sehr bestimmte Gesetze gebunden, und diese lassen dem Bischof keineswegs freie Hand, denn er selbst kann nicht einmal alle Dispensen ertheilen, welche die Kirche gestattet, und auch seine Behörden sind an die Gesetze gebunden[1]. Wenn

---

[1] Die sogenannten Quinquennalien geben dem Bischof nur für

man nun sagt, die Kirchenbehörden werden aber oft nachsichtig sein, um sich Reiche und Mächtige zu verbinden, oder um andere Gefälligkeiten zu lohnen, so steht das in offenem Widerspruch mit der allverbreiteten Meinung, daß die katholische Kirche starr und unbeugsam ihrem Grundsatz alle menschlichen Rücksichten opfere.

Ist es nicht eine sträfliche Gehässigkeit, daß man niedrige Absichten und willkürlich ungerechtes Verfahren überall nur bei der Kirche und ihren Organen voraussetzt, und daß man ohne Bedenken gegen diese Verleumdungen ausspricht, welche der Strafgesetzgebung anheimfielen, wenn nur ein Theil derselben gegen die Behörden des Staates ausgesprochen würde? —

Die Kirchenstrafen gegen Laien sind auch nicht geeignet, die Macht der Kirche oder des Clerus zu einer ungebührlichen Ausdehnung zu bringen. Auch bisher haben die Pfarrer ihren Bauern ein unsittliches Leben verwiesen, sie freundlich oder ernst zur Uebung der religiösen Pflichten ermahnt und ihnen die Folgen eines gottlosen Wandels vorgestellt. — Haben sie das aber nicht gethan, so haben sie eben ihre Pflicht nicht erfüllt; — wollte doch das badische Gesetz selbst den Pfarrern die Ausübung einer Sittenpolizei und zwar mit weltlichen Zwangsmitteln übertragen! Der Kirchenbann ist allerdings eine große Strafe für denjenigen, welcher noch eine Spur religiösen Gefühles besitzt; glaubt man aber, daß es so ganz in dem Belieben des Bischofes liege, irgend einen Menschen aus der Kirche zu werfen oder wieder aufzunehmen? — Der Bischof ist durch

---

gewisse Fälle Vollmacht, und zwar allerdings für diejenigen, welche am häufigsten vorkommen. — Es sei mir noch eine Bemerkung gestattet. Die katholische Ehegesetzgebung, durch die Erfahrungen aller Länder im Lauf von tausend Jahren ausgebildet, ist als ein weises Institut anerkannt. Es ist eine veraltete Fabel, daß der römische Hof die Ehehindernisse durch verbotene Verwandtschaftsgrade ungebührlich vervielfältiget habe, um durch Dispensen Geld in die Kassen zu bringen. Die Verwaltung des Kirchenstaates mochte wohl oft in ihren Geldverlegenheiten zu Mitteln gegriffen haben, welche die anderen Staaten niemals gescheut haben und heute noch nicht scheuen, aber in die Gesetzgebung der Kirche gingen solche Plusmachereien nicht ein. Was diese längst erkannt, das hat die Naturforschung unserer Zeit bestätiget.

Die katholische Kirche.

sehr feste Bestimmungen gebunden und den Reuigen nimmt die Kirche mit Freuden wieder auf; denn ist das Gewissen erschüttert, so ist der Zweck der Strafe erfüllt. — Kann er aber nicht gerade diese Wirkung auf die Gewissen für seine herrschsüchtigen Zwecke benützen? — Das kann er gewiß nicht; sowohl weil die Gesetze ihn binden, als auch weil es gegen den Grundsatz der Kirche ist, diese Strafe leichthin zu verfügen, weil die häufige Anwendung ihr gerade die Wirkung benähme, und weil am Ende auch darin die Kirchengewalt dem Urtheil der öffentlichen Meinung unterliegt. Das Alles bestand bis auf diese Tage, warum sollen die schrecklichen Folgen jetzt erst eintreten? —

Die Thätigkeit der geistlichen Gerichte hat eine geringe Ausdehnung; sie kann keine Meinungen verfolgen, sie kann keinen Glauben erzwingen, und sie kann nichts in ihren Bereich ziehen, was auf dem Recht des freien Menschen beruht. Wahrhaft lächerlich ist die Furcht vor diesen Gerichten, die nur leichte Strafen gegen Geistliche verhängen können, und keine Mittel zum Vollzuge besitzen. — Man beruhige sich: im Großherzogthum Baden werden keine Inquisitionstribunale die Irrgläubigen richten [1], und Furcht und Schrecken werden nicht die Gläubigen zu willenlosen Werkzeugen der Priesterherrschaft machen.

Reichthum ist Macht — das ist gewiß; aber der Erzbischof von Freiburg ist nicht reich, und das große Vermögen der Kirche gibt ihm keine Macht. Alle Fonds haben ihre Bestimmung, und sie reichen oft für diese kaum aus; sie werden allerdings in seinem Namen verwaltet, aber die Staatsregierung hat, genau besehen, an dieser Verwaltung einen thä-

---

[1] Der Verfasser führt solche lächerliche Uebertreibung nicht umsonst an. Ein sehr ehrenwerther und geachteter Beamter hat in allem Ernst die geistlichen Gerichte als Herstellung der Inquisition bezeichnet, und was der Verfasser ihm dagegen auch sagen mochte, es half nichts, das Concordat mußte nun einmal die Inquisition einführen. — Parteiblätter haben die geistlichen Gerichte mit dem Rath der Zehn und das geistliche Besserungshaus in St. Peter mit den Bleikammern in Venedig verglichen. — Solcher Albernheiten könnte man noch gar viele anführen, wenn es überhaupt der Mühe werth wäre.

tigen Antheil, größer als derjenige, welchen die Uebereinkunft der Kirchenbehörde zugesteht. Der Erzbischof kann, außer einigen unbedeutenden Mitteln seiner eigenen Dotation, nicht über die kleinste Summe verfügen, und wenn das Kirchengut in seinem Namen verwaltet wird, so ist er darum nicht mächtiger, als der Vorstand irgend einer großen Verwaltung.

Welche Mittel hat nun der Erzbischof, um seine Macht auszudehnen oder um herrschsüchtige Plane auszuführen? — Er hat kaum diejenigen, welche die Aufrechthaltung der Kirchendisciplin verlangt, und die weltliche Regierung möchte darum wohl öfter Ursache haben, über die Lauheit, als über die Strenge des Kirchenregimentes zu klagen.

4. Klöster und geistliche Orden.

Man will gänzlich vergessen, daß es die Klöster waren, welche in den Rheinlanden sich in Wildnissen angesiedelt und mit dem Christenthum die Cultur verbreitet haben; — man will sich nicht erinnern, daß diese Klöster in finsteren Zeiten die Wissenschaft gepflegt, und daß sie noch lange nach der Reformation Kenntnisse verbreitet und große wissenschaftliche Werke zu Tage gefördert haben. Wer es wissen will, der weiß, welcher Schatz von Gelehrsamkeit in den Benedictinerklöstern gewesen, und wie viel diese Anstalten, auch wenn sie nicht eben reich waren, für die Pflege der Wissenschaft ausgegeben haben. — Das Alles wird jetzt nicht beachtet: Klöster und religiöse Orden sind nun einmal Anstalten zur Verdummung des Volkes, und wenn gescheidtere Leute anerkennen müssen, daß es auch gescheidte Mönche gab, so mußten diese Mönche eben doch ihren Verstand und ihr Wissen nur allein gebraucht haben, um das Volk finster und abergläubisch zu machen, um es auszubeuten, und mit der Beute sich zu bereichern.

In unserer Zeit wären es nicht mehr die Mönche, welche das Volk dumm machen könnten, denn dieses Geschäft haben heutzutag ganz andere Leute übernommen; es möchten Hunderte von Klöstern in dem Großherzogthum Baden entstehen, und sie würden die Geistesfähigkeit des Volkes gar wenig verändern, und wollten sie durch Schulen einwirken, so würden sie diese eben nach den Forderungen des neunzehnten Jahrhunderts einrichten müssen. Die ungeheure Thätigkeit der Presse, die Menge der Tagesblätter, die Verbreitung gemeinnütziger Schriften, und der ausgedehnte Verkehr, von welchem die einsamste Hütte im Gebirg sich nicht ausschließt, haben die Zustände geändert, und nimmermehr könnten Anstalten, mit allen Mitteln ausgerüstet, das geistige Leben in seinen Bewegungen hemmen; leiten aber könnten sie es nur, wenn sie die natürlichen Bahnen dieser Bewegungen verständen, d. h. wenn sie selbst mit der geistigen Strömung unserer Zeit gingen.

Wir wohnen nicht in einem Lande, in welchem das Leben nur geringe Mittel erfordert, und in welchem das süße Nichtsthun ein häufiger Genuß des Armen sein kann. Heutzutage muß jeder sich rühren, um sein Brod zu erwerben, und Arbeit und Thätigkeit sind die unerläßlichen Bedingungen jedes bescheidenen Fortkommens. In solcher Zeit und in solchem Land können religiöse Vereine nicht mehr in träger Beschaulichkeit, sondern nur allein mit einer bestimmten Aufgabe und mit einer geregelten Thätigkeit bestehen. Solche Vereine müssen nützliche Anstalten gründen, sie müssen dem Volke, unter welchem sie leben, wirkliche Vortheile schaffen, sonst hält sie das Volk nicht, und wenn sie in diesem ihren Halt nicht finden, so kann sie die Kirche nicht halten. — In keinem Falle werden die Klöster Reichthümer sammeln, denn unsere materielle Zeit setzt solchem Erwerb seine natürlichen Schranken. Nicht mehr wollen die Menschen einen großen oder kleinen Theil ihrer Habe hingeben, um einen geistlichen Segen für das, was übrig bleibt, zu erwerben, und es gibt nur Wenige, welche sich Entbehrungen auflegen, um sich die Freuden des Himmels, die Meisten wollen ihr Geld lieber verwenden, um sich die Genüsse der Erde zu kaufen. — So würden die Klöster genug zu thun haben, um sich selbst ihr kärgliches Brod zu erwerben; und die Arbeiten und die Entbehrungen der Mönche würden nicht dem Müßiggang und dem Wohlleben dienen, — könnten sie aber die entnervende Genußsucht auch nur aus ihren nächsten Umgebungen vertreiben, — so wären sie wahrlich ein Segen.

Wenn religiöse Vereine, in dem Geist der Ordensstatuten,

eine nützliche Thätigkeit üben, so werden sie nicht Trägheit und nicht Bettel befördern, und sie werden nicht den Wohlstand des Landes vermindern; — nur wenn sie durch Beispiel und Lehre die Menschen zu Fleiß und Genügsamkeit führen, werden ihnen die Mittel nicht fehlen, denn was man heutzutag gibt, das spendet man nur dem nutzbaren Bestreben. — Die frühere Wohlthätigkeit unserer Klöster können nur diejenigen tadeln, die sie nicht kennen; in ihrem Bann gab es wenig Arme, und von den Armen hungerte keiner; wer da kam von fern oder nah, der wurde an den Pforten dieser Klöster gespeist, auch wenn sie selbst nicht genug hatten, und die Wohlthätigkeit der reichen Abteien wirkte häufig in sehr großer Ausdehnung. In Zeiten der Noth hat sie der Staat immer angerufen, und niemals vergebens. Es gab auf dem badischen Schwarzwald viel bösere Zeiten, als unsere Jahre der Theuerung; aber so weit die Klöster reichten, war keine eigentliche Noth. Es waren die Klöster, welche in großem Maßstabe und mit großem Erfolge thaten, was jetzt den weltlichen Vereinen obliegt; entstehen sie wieder, so werden sie nicht mehr die Mittel zu solch' ausgedehnter Ausübung christlicher Liebe besitzen, aber sie werden geben, was sie können.

Wenn ein Kloster Eigenthum besitzt, so wird es durch seinen Besitz, wie der Pfarrer durch seine Pfründe, an die bürgerlichen Verhältnisse gekettet, und irgend eine gemeinnützige Bestimmung verwebt die Interessen des Klosters mit den Interessen der bürgerlichen Gesellschaft. Die Bettelorden, welche kein Eigenthum haben, welche ihren Unterhalt sich erbetteln sollen, sind gerade dadurch an die Interessen der Menschen, unter welchen sie leben, gebunden, und sie theilen ihr Wohl und ihr Weh. Ihr Bettel thut anderen Armen keinen Eintrag, denn sie theilen mit diesen, was sie von den Reichen erhalten. Diese Bettelmönche, aus dem Volk hervorgegangen und ärmer als die Aermsten, sind in Wahrheit Männer des Volkes, aber sie sind heutzutag nicht mehr roh und unwissend, wie sie in frühern Zeiten theilweise waren, und wie man sie gern noch in Romanen und in Komödien und in seichten Parteischriften darstellt. Man gehe hin und sehe, und man wird unter den Mönchen in braunen Kutten Männer von einer Bildung finden, die sie in der besten Gesellschaft auszeichnen würde [1]. Auch ich, ich gestehe es, habe Vorurtheile gegen diese Ordensgeistlichen gehegt, wie irgend ein Kind unserer Zeit, aber ich habe sie bei einem Kernvolk deutscher Nation, ich habe sie unter den Bewohnern der baierischen Alpen gesehen, und wenn ich dort auch Manches wahrnehmen mußte, was mir nicht gefiel, so habe ich mich in der Hauptsache vollkommen mit ihnen ausgesöhnt, und meine frühern Urtheile für irrig erkannt.

Die Ordensbrüder, so wenig als die Weltpriester, können die Strömung der Zeit aufhalten; von dieser, wie alle Andern fortgerissen, können sie in der Bewegung immer nur einzelne Werke verrichten, und wären diese keine guten, so müßten sie untergehen. Die Zeit ist nicht mehr, in welcher ein Kapuziner ganze Gemeinden, ganze Districte nach seinem Gefallen aufregen oder beruhigen könnte; selbst in dem streng katholischen Tyrol würde heutzutag kein Pater Haspinger mehr die Bauern bewaffnen und in den Kampf führen können, und eben so wenig wäre jene Einwirkung der Ordensgeistlichen möglich, welche sie zu derselben Zeit in Spanien und am Ende des achtzehnten Jahrhunderts in der Vendée ausgeübt haben. Es wird noch lange währen, ehe das Großherzogthum Baden die hinreichende Zahl von Hülfspriestern hat, und darum könnten die Bettelorden dem Erzbischof für die Seelsorge sehr nützlich, aber niemals könnten sie in unseren Tagen ein Werkzeug seiner geistlichen Herrschsucht werden. Mehr noch als die Bettelorden fürchtet man die Jesuiten; diese haben all' ihre Güter verloren; wo sie bestehen, sind sie nicht weniger arm, als die Kapuziner, und wenn sie wirken wollen, so haben sie dafür keine andern Mittel, als Geist und Bildung und Hingebung für die Kirche. Diese Hingebung wird jetzt nicht mehr gefährlich werden, denn alle Verhältnisse sind andere, und zwar im Palast mehr, als in der Hütte; ist aber die Hingebung eine unbedingte, so möchte sie wohl auch dienen, um anderem Fanatismus ein Gegenge-

---

[1] Gelehrte Männer hat es jederzeit unter den Bettelmönchen gegeben, sonst hätte nicht das Concilium von Trient, — die gelehrteste Versammlung, welche jemals getagt, — Geistliche aus diesen Orden für die Abnahme der Pfarrprüfungen bestimmt. S. 1. S. 191. Note 1.

wicht zu geben. Friedrich der Große hat eben diese Jesuiten nicht für gefährlich gehalten, denn als Clemens XIV. sie aufgehoben und als alle Staaten sie verjagt hatten, da ließ der preußische König sie bestehen, und zwar in Schlesien, also in einem Lande, welches erst zehn Jahre lang in seinem Besitz, und dem preußischen Wesen nach immer entschieden abgeneigt war. Die Staatsgewalt hat Mittel genug, um die Einführung jedes Ordens und jedes besonderen Klosters zu verhindern. Die deutschen Bischöfe werden vorsichtig sein, um nicht Kräfte zu schaffen, die ihnen selber widerstreben, und wenn auch der Klöster viele beständen, so hätten sie an den Weltgeistlichen die schärfste Aufsicht über all' ihre Handlungen.

Die erleuchteten Regenten und Staatsmänner, sagt man, haben die Aufhebung der Klöster als eine Wohlthat und als einen Fortschritt materiellen und sittlichen Gedeihens erkannt. — Freilich wohl mögen viele in gutem Glauben gehandelt haben, und der Verfall vieler Klöster ist gar nicht zu läugnen; aber unbefangene, auch protestantische, Schriftsteller haben den Charakter dieser Erleuchtung hinreichend erkannt; er hat sich gar deutlich bezeichnet; denn arme Klöster hat man bestehen lassen, die reichen aber hat man aufgehoben; — schöne Worte sollten die Handlung des Raubes verdecken, und will man heutzutag noch die Menschen mit solchen Worten blenden, — so ist das ein frevelhaftes Beginnen.

Viele Menschen, besonders weiblichen Geschlechtes, haben Beruf und Neigung zu einem fromm-beschaulichen Leben empfangen, und wenn solche im eigenen Lande keine Freistätte für ihre Zurückgezogenheit finden, so ziehen sie aus, um irgendwo dem inneren Bedürfniß zu genügen. So sind aus dem Großherzogthum Baden schon manche fromme Gemüthsmenschen ausgewandert, und sie haben bedeutende Geldmittel in andere Länder getragen.

Aber gibt es nicht eximirte Klöster, und haben diese nicht viele Unzuträglichkeiten in die Verwaltung der Kirche gebracht? — Gewiß haben die eximirten Klöster große Störungen verursacht, und es mochte auffallen, daß die Uebereinkunft vom 28. Juni 1859 diese Exemptionen nicht förmlich abgeschafft hat. Man kann diesen Mangel doch sehr natürlich erklären, denn man stellte Klöster außer die Gerichtsbarkeit der Bischöfe zu einer Zeit, in welcher diese ihre geistliche Macht erweitern wollten; heutzutag liegt es im Interesse des Papstes, daß man das Ansehen der Bischöfe stärke, und darum werden deren Gerichtsbarkeit keine Klöster entzogen. Uebrigens haben der Bischof und die Regierung die Sache in der Hand; denn jener gibt die Ermächtigung zur Errichtung eines Klosters, und diese kann ihn bestimmen, daß er diese Ermächtigung nicht gebe; werden beide von vorne herein Anstalten mit Ausnahmsstellungen aufkommen lassen? — Als Vereine müssen die Klöster ihre Statuten vorlegen, — geschieht dieß auch mit gewissen geheimen Gesellschaften, deren Bedeutung freilich nur eben in diesem Geheimniß besteht?

5. Denk- und Lehrfreiheit.

Der Einfluß der Kirchenbehörde auf die Schulen, wie er aus den voranstehenden Erörterungen sich ergibt, ist gewiß nicht so geartet, daß er irgend einen Mann des Fortschrittes beunruhigen könnte. — Gegen die Erziehung der Geistlichen haben diese Männer des Fortschrittes wohl auch nur wenig einzuwenden; denn die katholischen Priester sind ja von vorneherein zur Finsterniß und zur Verbreitung eines stumpfen Glaubens verurtheilt, — diese muß man ihrem Schicksal überlassen. Wenn aber etwa noch Manche meinen, daß die jungen Cleriker, in dem Convict eingeschlossen, sich keine Menschenkenntniß erwerben, so kann der Erzbischof mit gutem Gewissen darauf antworten, daß Menschenkenntniß, in Bierhäusern und Kneipen erworben, weder für die Kirche noch für die Gesellschaft einen besonderen Werth habe.

Ernstlichere Einwürfe möchte man gegen die sogenannten kleinen Convicte erheben, welche an Gymnasien errichtet werden sollen. Diese Anstalten können nach den Bestimmungen der Uebereinkunft auch junge Leute aufnehmen, welche keineswegs Geistliche werden wollen, — warum diesen eine Erziehung geben, welche für ihren künftigen Beruf nicht paßt? — Die badische Regierung, als sie dem heil. Stuhl die Errichtung dieser kleinen Convicte zugestanden, hat doch sicherlich gewußt, warum sie die erwähnte Bedingung an ihr Zugeständniß geknüpft hat. Eine gute Führung in den Knaben- und in den ersten Jünglingsjahren eignet für jeglichen Beruf. Der Staat wird aus diesen Anstalten, werden sie recht geleitet, gewiß seinen Nutzen ziehen, und die Leitung ist in seiner eigenen Hand. Jeglicher Regierung liegt soviel als der Kirche daran, daß junge Leute, welche sich höheren Studien widmen, Rohheiten und Verführungen entrückt, ihre Reinheit und ihr sittliches Gefühl bewahren, auch wenn sie nicht Geistliche werden. Wie oft hat man Eltern klagen gehört, daß ihre Söhne rohe Sitten annehmen, wie oft haben höhere Staatsbeamte über den Geist ihres Nachwuchses geklagt? — Solchen Klagen können nun diese Anstalten abhelfen. Ist der Unterricht auf den Gymnasien gut, so ist die Gewähr für die wissenschaftliche Bildung gegeben, denn die Repetenten in den Convicten können für den Unterricht mehr thun als die Hauslehrer, welche wohlhabende Familien ihren Söhnen, die Gymnasien besuchen, zur Nachhülfe bestellen. In dem besten Haus kann nicht eine Ordnung gehalten werden, so streng und so unwandelbar, wie eine solche Anstalt sie halten muß, und darum ist dem wenig Bemittelten eine Gelegenheit gegeben, wie selbst der Wohlhabende seinen Söhnen sie kaum zu verschaffen vermag. Der strenge Gehorsam wird Gewohnheit, und der Gehorsam unter einer unabänderlichen Ordnung macht den Jüngling fähig zur Freiheit, und gibt dem Manne die Kraft zum Befehl. — Falsche Frömmelei und lächerliche Unduldsamkeit kann in einer Anstalt nicht anerzogen werden, welche die Staatsgewalt leitet, denn sie besitzt alle Mittel die falsche Richtung zu hindern, und der Clerus ist nicht unklug genug, um eine solche zu suchen; — wäre es auch nur, weil dem übertriebenen Wesen der Umschlag nothwendig folgt. Fromm sein ist für Jedermann nützlich und nicht nur die Kirche, sondern auch der Staat wird aus diesen Anstalten Diener mit gründlicher, classischer Bildung erhalten. — Geschieht der körperlichen Erziehung ihr Recht, so können aus den kleinen Convicten tüchtige junge Männer hervorgehen. Die Würtemberger möchten jetzt noch ihre protestantischen Klosterschulen nicht entbehren, und sie wissen warum, — denn in diesen wird die hervorragende classische

Bildung erworben, welche man bei ihren Geistlichen und bei ihren wissenschaftlichen Staatsdienern findet.

Von besonderer Wichtigkeit erscheint die Gefährdung der Lehrfreiheit an der Universität Freiburg, über welche man gar arges Geschrei erhoben hat.

Das deutsche Volk, sagt man, ist ein Volk von Denkern; — ich will das nicht bestreiten, aber besser wäre es jedenfalls, die Deutschen hätten mehr gehandelt als gegrübelt, und sie hätten etwas weniger Gelehrsamkeit und etwas weniger Fähigkeit zur Speculation, dafür aber mehr practischen Sinn und mehr Kraft zur That und zur Unternehmung. Immer bleiben jedoch die Universitäten ein Schatz der Nation, und sie haben in den schlimmsten Zeiten ein gewisses Maß von geistiger Freiheit bewahrt. Was ich schon oft ausgesprochen, ich wiederhole es: das Geistige kann nur in vollkommener Freiheit gedeihen; wer eine Wissenschaft treibt, der muß sich in dem ganzen Umfang derselben ohne jegliches Hinderniß bewegen können, und es muß ihm nicht verwehrt sein zu denken und zu grübeln, wie es sein eigenthümliches Wesen erfordert. Ich möchte nicht an einer Anstalt sein, welche solche Freiheit beschränkte, und hätte ich das Unglück daran bleiben zu müssen, so wäre ich nicht der Letzte in dem Kampfe gegen die Knechtung des Geistes. Darf man aber die wissenschaftliche Forschung mit der Ausübung eines Lehramtes verwechseln? — Was ich denke und forsche, gehört mir, gehört meinem geistigen Leben an, hat keine Stelle in den gemachten Zuständen, — was ich als Lehrer ausspreche, das ist eine Handlung, und solche unterliegt immer und überall gesetzlichen Vorschriften und gesellschaftlichen Regeln. Was der einsame Forscher denkt, das berührt kein Recht; was er aber von seinen Gedanken in die Oeffentlichkeit wirft, das fällt der öffentlichen Beurtheilung, das fällt dem Erkenntniß nach dem Gesetze anheim.

Gegen das Bestehen des Gesetzes kann sich der Lehrer so wenig als der Schriftsteller auflehnen, aber der Eine wie der Andere kann fordern, daß die Gesetze nur die durchaus nothwendige Beschränkung verfügen. — Lieber zu viel als zu wenig Freiheit in Allem. — Soll aber die Ausübung des acabemischen

Lehramtes, das einzige, schrankenlos keiner Vorschrift unterliegen?

Es ist gewiß keine unbillige Beschränkung, wenn man von dem academischen, wie von jedem andern Lehrer, fordert, daß er in seinen Vorträgen sich innerhalb des Kreises seiner Wissenschaft halte, — in seinen Studien mag er treiben, was ihm beliebt; — und es ist keine unbillige Forderung, wenn man verlangt, daß in den academischen Hörsälen bestehende Anstalten nicht verhöhnt, und daß nicht verspottet werde, was Millionen für heilig erkennen. Zieht man nicht auch den Prediger zur Rechenschaft, wenn er auf der Kanzel Ungebührliches spricht, und ist es nicht auch die weltliche Behörde, welche ihn für das, was er sagt, verantwortlich macht?

Dem katholischen Theologen, auch wenn er in academischen Hörsälen vorträgt, schreibt seine Kirche vor, was er lehren soll; — keinem Andern kann man befehlen, was und wie, aber man kann ihm vorschreiben, was er nicht vortragen soll. — Der Staat zwingt seine künftigen Diener, ihre Bildung auf den Universitäten zu holen; darf er dulden, daß die jungen Männer, die einmal seine Angelegenheiten führen sollen, dort eine Verachtung für Einrichtungen und Sitten, für positive Lehren und Grundsätze holen, — soll es jedem beliebigen Professor, soll es jedem Privatdocenten gestattet sein, alle die Grundlagen des gesellschaftlichen und staatlichen Lebens in Frage zu stellen, dem jungen Mann jede innere Haltung zu rauben und ihn ohne Glauben und Ueberzeugung in das Leben zu schicken? — Das wäre die Freiheit der Universitäten nicht, wie sie unsere Väter verstanden; sie wäre es nicht, wie der heutige Staat, sondern wie Parteisucht sie auffaßte.

Das Alles anerkennt die Beschwerde der Freiburger Professoren, denn „die allgemeinen Grundsätze der Ordnung und Sitte bedürfen keiner ausdrücklichen Bestimmung. Sie sind überall zu handhaben, und können wissenschaftlichen Bestrebungen nicht lästig werden. Die Wissenschaft muß selbst in dem Interesse ihrer Würde verlangen, daß man es bei academischen Lehrern recht scharf damit nehmen möge, und sie wird die Lehrfreiheit nicht als verletzt ansehen, wenn Angriffe und Gehässigkeiten gegen bestehende Berechtigungen, insbesondere der Kirche — und zwar sowohl der protestantischen als der katholischen — nach jenen allgemein gültigen Grundsätzen angemessen geahndet werden."

Wüßte es der Leser nicht aus der vorangehenden Darstellung, so müßte er nothwendig fragen, was denn die Uebereinkunft so Erschreckliches bestimmt habe, und er wird fast zweifelhaft sein, ob denn wirklich nicht etwas Anderes vereinbart sei, da die angegebene Stelle der Schlußnote viel weniger besagt, als die Freiburger Professoren hier zugeben. — Die betreffende Bestimmung der Schlußnote enthält kein Verbot, gestattet der Kirchengewalt keinen Eingriff in die Ausübung der academischen Lehrämter, gibt nur eine Versicherung, daß die Lehrvorträge mit der katholischen Glaubens- und Sittenlehre nicht in Widerspruch gerathen sollen, und erlaubt dem Erzbischof, die Regierung aufmerksam zu machen, wenn solch ein Widerspruch verderblich erscheint. — Der Vorstand des Ministeriums des Innern hat den Professoren erklärt, „daß die, die Universität betreffende Stelle der Schlußnote nur auf factiöse und gehässige Angriffe gegen die katholische Religion bezogen werden dürfe, daß in der, der Kirche gegebenen, Zusage die großherzogliche Regierung lediglich die ihr ohnedieß obliegende Verpflichtung anerkannt habe, Angriffe solcher Art auf das, was den Katholiken ehrwürdig und heilig ist, an einer Hochschule nicht zu dulden, welche berufen ist, katholische Priester zu bilden. Dieß sei die Anwendung, welche die großherzogliche Regierung der fraglichen Stelle der Schlußnote geben werde." — Diese Erklärung haben die Beschwerdeführer nicht als eine authentische angesehen; denn sie haben sogleich vorausgesetzt, daß die Kirchengewalt der betreffenden Stelle eine ganz andere Bedeutung beilegen werde. Sie haben also vergessen, daß die Regierung der alleinige Ausleger ihrer Schlußnote ist, sie haben nicht geglaubt, daß die badische Regierung Kraft und Willen besitze, um ihr gegebenes Wort festzuhalten, oder sie haben geglaubt, daß die Erklärung, von dem zeitigen Minister gegeben, einen Nachfolger nicht binde.

Aus dem Wortlaut der betreffenden Stelle in der Schluß=

note nach Advocatenart herausklügeln wollen, daß die katho=
lische Sittenlehre eine andere als die allgemeine rationale
Sittenlehre sei, — das hätte man von siebenzehn Professoren,
deren Mehrzahl Katholiken sind, wohl nicht erwartet, und noch
weniger hätte man erwartet, daß diese siebenzehn gelehrten
Männer keinen haltbaren Grund vorbringen, wohl aber durch
einen, wenig verhüllten, Spott die Meinung erregen würden:
es sei die Bestimmung in der Schlußnote doch nicht ganz un=
nöthig gewesen.

Wenn die Lehrer in dem Kreis ihrer Wissenschaft bleiben,
so wird der Erzbischof wohl niemals in die Lage kommen, gegen
sie eine Beschwerde zu erheben; denn es sind gar wenige Lehr=
fächer, in welche Glaubens= oder Sittenlehre unmittelbar eingehen,
wenn man sie nicht gewaltsam hereinzieht. Der Historiker und der
Rechtsgelehrte mag in die Lage kommen, diese Lehren, jedoch von
seinem eigenen besonderen Standpunkt, zu berühren; der Philo=
soph ignorirt von Rechtswegen das Positive; der Naturforscher
aber hat eine andere Aufgabe, als der Philosoph; es ist nicht
abzusehen, wie eine Zergliederung der Organe eines thierischen
Körpers, — wie eine Untersuchung über den Erdmagnetismus,
oder ein Vortrag über den electrischen Telegraphen, — wie die
Entwicklung eines analytischen Ausdruckes, wie die Feststellung
einer Pflanzenfamilie, oder die Analyse eines Minerals u. s. w.
nur möglicherweise einen katholischen oder protestantischen Glau=
benssatz berühren könnten. Die Wissenschaft ist für sich; —
was außer ihr liegt, bekümmert sie nicht; — das ist ihre Würde
und darin liegt ihre Freiheit. Warum will man denn dieser
Freiheit eine unmögliche Ausdehnung wahren. Für die baie=
rischen Universitäten hat das Aufsichtsrecht der Bischöfe einen
viel größeren Umfang, und doch ist keine Beschränkung der
Lehrfreiheit daraus entstanden, und die Lehrer haben sich nie=
mals beschwert. — Was nun die Professoren in München und
in Würzburg nicht stört, das könnten die Freiburger denn wohl
auch ertragen.

Die protestantischen Universitäten haben die Lehrfreiheit nim=
mermehr in solchem Sinn verstanden, sonst hätten sie auf Veran=
lassung protestantischer Kirchenbehörden nicht Lehrer entfernt, deren

Vorträge und Meinungen mit den Sätzen der Religion in Widerspruch ständen.

Die Universität Freiburg ist eine katholische Lehranstalt; das hat der Stiftungsbrief bestimmt, das lehrt ihre ganze Geschichte, und keine gesetzliche Bestimmung hat ihr jemals diesen Charakter abgesprochen. Die Universität Freiburg hat protestantische Professoren, sie kann deren noch mehr haben, und sie wird darum doch nicht eine paritätische Anstalt, als welche Heidelberg durch eine gesetzliche Bestimmung bezeichnet ist [1]. Wenn Carl v. Rotteck diesen Charakter der Universität zugestanden und verfochten hat, so können all' die heutigen Professoren denselben unbedenklich anerkennen. Nun ist es aber einer katholischen Anstalt nicht unwürdig, daß ein Erzbischof eine gewisse Aufsicht führe; und kein Katholik kann sich um der Form willen dadurch beschwert fühlen. Um diese Form allein handelt es sich, denn die siebenzehn Freiburger Professoren erklären, daß die betreffende Anordnung sich mit den Interessen der Wissenschaft werde vereinigen lassen, daß dieses Interesse zur Zeit durch die Auslegung der Regierung sogar gesichert, — daß aber das Bestehen dieser Anordnung dennoch die Aufhebung der Lehrfreiheit sei. — Kann eine so große Anzahl von gelehrten Professoren nicht bessere Gründe gegen diese Anordnung vorbringen, so ist ihre Beschwerde nicht geeignet, bei irgend einem besonnenen Manne die Besorgniß einer Beschränkung der wirklichen und wahren Lehrfreiheit zu erregen, und sie haben ihrer Anstalt wenig genützt; — die Folge wird es lehren [2].

---

[1] Dreizehntes Constitutions-Edict vom Jahr 1803 § 21.
[2] Wer Gelegenheit hatte, den Zug der studirenden Jugend in Deutschland kennen zu lernen, der weiß, daß aus dem mittlern und nördlichen protestantischen Deutschland keine Studirende weiter aufwärts als Heidelberg ziehen; solche sind nur noch an der polytechnischen Schule zu Karlsruhe zu finden. Als katholische Universität hätte aber Freiburg allerdings einen Zuzug vom Mittel- und Unterrhein und besonders aus Westphalen erwarten können, wo die reichen Gutsbesitzer oft schon ihre Söhne gerne nach Freiburg geschickt hätten, wenn nicht gerade ihre, vielleicht irrige, Meinung von der Richtung der Universität oder der Mehrheit der Pro-

Um gerecht zu sein, muß man anerkennen, daß protestantische Professoren allerdings in einer eigenthümlichen Lage sind, wenn sie nicht, wie es sein soll, die confessionelle Richtung gänzlich von der Ausübung des Lehramtes trennen. Die Mehrheit der Professoren fordert diese Trennung, sie liegt in dem Sinn der so gefürchteten Anordnung, und darum fällt es auf, daß die protestantischen Professoren erklären, sie werden die geforderte Uebereinstimmung mit der katholischen Glaubens= und Sitten= lehre gar nicht einhalten können, und sie werden als ein le= bendiger Widerspruch gegen die katholische Glaubens= und Sit= tenlehre erscheinen [1]. Bei einigen wenigen Lehrfächern möchte allerdings dem Protestanten ein gewisses Unbehagen entstehen, wenn er Manches verschweigen muß, was er eigentlich gern sagte — aber für die große Mehrzahl der Lehrfächer wird es nicht nöthig, daß die protestantischen Professoren „die katholische Glaubens= und Sittenlehre zum Gegenstand eines besondern Studiums machen müßten, um Conflicte zu vermeiden." Gewiß wird die katholische Kirchengewalt, wird kein vernünftiger Mensch solche Forderung an sie stellen, wohl aber werden beide erwar= ten, daß sie bei voller Freiheit ihrer Ueberzeugungen nichts Fremdartiges in den Kreis ihrer Vorträge ziehen.

„Was würde wohl", fragen die protestantischen Professoren, „bei gleichen Verhältnissen, die katholische Kirche dazu sagen, wenn etwa dem evangelischen Oberkirchenrath der Universität

---

fessoren sie davon abgehalten hätte. Die Freiburger haben es nun mit beiden Parteien verdorben. Das Geschrei über die Beschränkung der Lehrfreiheit hat den Einen die Universität als ein „Pfaffennest" darge= stellt, und diese Meinung wird sich lange nicht verlieren, auch wenn die Uebereinkunft gar nicht ausgeführt würde; die Andern aber sehen in der so laut erhobenen Beschwerde einen Haß gegen das katholische Wesen und sie werden großes Bedenken tragen, ihre Söhne einer Anstalt anzu= vertrauen, welche eine, ihrer Meinung nach, so billige Anordnung über alle Maßen gehässig aufgefaßt hat.

[1] Promemoria der protestantischen Professoren an der badischen Lan= desuniversität Freiburg, eine Bestimmung in der Schlußnote zu der zwi= schen der großh. Regierung und dem päpstlichen Stuhle abgeschlossenen Vereinbarung betreffend. Freiburg 1860. S. 7.

Freiburg oder Heidelberg gegenüber die Befugniß eingeräumt würde, die Lehrvorträge der Docenten, diejenigen von katholischen Docenten auf die Frage hin zu prüfen, ob sie mit dem Dogma der protestantischen Kirche zusammenstimmen?" — Die Anordnung der Schlußnote sagt nicht, daß die Verträge der academischen Lehrer, wie hier angegeben, mit dem katholischen Dogma übereinstimmen, sondern nur, daß sie dasselbe nicht verletzen sollen. — Die katholische Kirche will keineswegs, daß die Freiburger Professoren ihre Lehre vertheidigen und preisen; sie will nur, daß sie dieselbe bei ihren Zuhörern nicht herabsetzen oder verspotten. Wir sehen hier leider nur wieder die Gewohnheit, daß Protestanten gerne den Angriff als ihr Recht, und die abgedrungene Vertheidigung der Katholiken als einen Angriff betrachten. Fragt man vernünftiger Weise, was würden katholische Professoren thun, wenn sie, auf protestantischen Universitäten angestellt, einer Beaufsichtigung darüber unterworfen würden, daß sie sich nicht gegen die protestantische Glaubenslehre erheben? — Je nun, sie würden die Forderung als eine billige erkennen, sie würden, wenn sie es sonst wären, Katholiken bleiben, aber nimmermehr sich Angriffe auf die protestantische Lehre erlauben. Ist es Männern, welche immerdar den confessionellen Frieden im Munde führen, denn wirklich so schwer, den confessionellen Frieden zu halten; sind immerwährende Angriffe ihnen denn eine Nothwendigkeit geworden? — Protestantische Anstalten erledigen die Frage freilich viel einfacher: sie stellen keine katholischen Lehrer an, — wie denn statutenmäßig an den Universitäten in Königsberg, Greifswalde, Halle, Kiel, Leipzig und an unzähligen Gelehrtenschulen keine katholischen Lehrer angestellt werden dürfen. — Im Interesse der Wissenschaft möchten wir solche Unduldsamkeit der katholischen Universität Freiburg nicht billigen; sollten aber Protestanten, an diese Universität berufen, vergessen dürfen, daß sie mit Katholiken leben und daß sie katholische Jugend lehren.

Wenn man sagt, die Ultramontanen, d. h. die Katholiken, wollen keine Wissenschaft, so ist das eine so widersinnige Behauptung, daß derjenige, der sie ausspricht, sich bei vernünftigen Menschen nur lächerlich machte, wenn solch' blinder Haß sie nicht verletzte. Ob in Italien ein thörichtes Lehrbuch existire, worin heute noch das kopernikanische System ignorirt wird, das weiß ich wahrlich nicht; aber ich weiß sehr gut, daß Kopernikus selbst ein Canonicus am Domstifte zu Frauenburg war, und daß sein Hauptwerk [1] dem Papste Paul III. gewidmet erschien. Der neue Kalender wurde bekanntlich unter den Auspicien eines Papstes geregelt, und Leibnitz konnte nur mit aller Mühe die Annahme dieses Ergebnisses der astronomischen Wissenschaft bei den Protestanten erwirken. Commentatoren, welche Newton's großes Werk zuerst recht zugänglich machten, waren Lesoeur und Jaquier, zwei Jesuiten; Piazzi, welcher am 1. Januar 1801 den ersten der kleinen Planeten entdeckte, war ein Theatinermönch zu Palermo, und Calandrelli, ein Geistlicher zu Rom, hat zuerst Parallaxen der Firsterne, also die Anfänge der Aufgabe gefunden, welche der künftigen Astronomie in Erforschung der Bewegung des Sonnensystemes gestellt ist. Man hat diese Männer um ihrer wissenschaftlichen Arbeiten willen niemals behelliget, und auch die Jesuiten haben dem Pater Scheiner zu Augsburg keine Ungelegenheiten gemacht, als er die Sonnenflecken entdeckte [2]. Noch mehr Beispiele würden für die ungereimte Beschuldigung eine Beachtung ausdrücken, die sie nicht verdient. Gründliche Forschungen haben die Geschichte von Galilei ganz anders gestaltet; Toricelli, sein eifriger Schüler, ist niemals belästiget worden, und was man in heutiger Zeit von Verfolgungen der freien Wissenschaft durch den katholischen Clerus erzählt, das sind eitel Lügen, welche nur Unwissende glauben [3]. Sind die französischen Gelehrten

---

[1] De orbium coelestium revolutionibus libri VI. Norimb. 1543.

[2] Virgo sine macula ut sol, — bekanntlich ein Spruch der Jesuiten.

[3] Die Freiburger Zeitung hat einmal erzählt: ein Professor in Gratz habe gelehrt, daß die Bildung der Kohlenlager eine Zeit von 20,000 Jahren erfordert habe, und er sei wegen dieser Behauptung auf Antrieb der geistlichen Behörde seines Amtes entlassen worden. Genaue Erkundigungen haben die urkundlichen Beweise beigebracht, daß in allen Lehranstalten in Gratz, an der Universität, am Johannäum, an der Gewerbsschule und selbst in dem theologischen Seminarium die Schöpfungstage als große Schöpfungsperioden nach den Lehren der heutigen Geologie betrachtet würden, daß aber die geistliche Behörde noch niemals die

etwa nicht auch Katholiken, und besteht der französische Clerus etwa nur aus Freigeistern? —

Warum man nur in Deutschland sich die Mühe gibt, das katholische Wesen als unverträglich mit Licht und Wissenschaft darzustellen, — das mag sich der Leser selber beantworten.

6. Die protestantische Kirche und die Protestanten.

Wenn die eine Kirche ihre Angelegenheiten ordnet, so wird die andere doch davon nicht berührt; und darum waren die Katholiken mit Recht ganz gleichgültig, als im Jahr 1821 die beiden protestantischen Religionsparteien vereiniget wurden. So hat auch die badische Regierung gedacht, als sie durch bittere Erfahrungen die Nothwendigkeit erkannt hatte, der katholischen Kirche gerecht zu werden; daß dieser Act der Gerechtigkeit aber die Zukunft der protestantischen Kirche gefährde, das hat einem Staatsmann nicht einfallen können. Wäre die Furcht einer solchen Gefahr gegründet, so wäre sie ein demüthigendes Bekenntniß der Schwäche, und ein solches Bekenntniß könnte eine Willkürregierung sehr wohl bewegen, das fallen zu lassen, was sich aus eigener Kraft nicht zu halten vermag.

Doch es ist nicht also; die Stellung der katholischen Kirche bringt der protestantischen keine Gefahr, die Uebereinkunft ändert gar nichts in den Punkten, wo sich die Grenzen der beiden Kirchen berühren, und die Protestanten werden keinen Unterschied wahrnehmen, wenn die Uebereinkunft ausgeführt wird. — Die Macht, mit welcher die großh. Regierung sich vereinbart hat, steht in gar keinem Verhältniß zur protestantischen Kirche; sie anerkennt die Thatsache ihres Bestehens, wenn sie gleich ihre Entstehung verurtheilt. — Das ist nun einmal in den öffentlichen Verhältnissen nicht anders. Die Königin von England behauptet gewiß nicht, daß die Revolution in den

---

geringste Einsprache gethan habe. Die Freiburger Zeitung soll, wie ich höre, die Berichtigung nicht aufgenommen, später aber die Geschichte nach Brünn verlegt haben, wo sie sich ebenfalls als eine unwahre erwies. Der Verfasser würde diese unbedeutende Sache nicht erwähnen, wenn sie nicht in andere Blätter übergegangen wäre.

amerikanischen Colonien berechtiget war — aber die Vereinigten Staaten bestehen, und Großbritannien lebt mit dem Ergebniß dieser Revolution, wie mit andern Staaten, im Frieden. Der Papst erkennt allerdings die protestantische Lehre in vielen Dingen für irrig; aber geben die Protestanten die Wahrheit der katholischen Lehre zu? — Der **Abgötterei** haben wir die Protestanten wenigstens noch niemals beschuldiget.

Die protestantischen Kirchen sind **Landeskirchen**, unter dem Supremat der betreffenden Regenten, darum gibt es keine **allgemeine** protestantische Kirche, und darum gibt es keine protestantische Kirchenfreiheit. Könnte jede, und so auch die großh. badische Landeskirche, sich dem Supremat entwinden und eine freiere Stellung erringen, so würde die katholische Kirche sie wahrlich nicht hindern; denn mittelbar hätte diese freiere Stellung auch für sie ihre Vortheile. Die Unabhängigkeit des einen Institutes macht es jedem anderen leichter, seine eigene Selbstständigkeit zu erringen, und darum ist die Freiheit der katholischen Kirche wahrlich nicht die Knechtschaft für andere. — Unter dem Staat will die Kirche nicht stehen, aber auch nicht über ihm; die vollkommene Trennung vom Staate würde sie als ein Unglück für diesen beklagen, aber sie zöge diese Trennung der Unterordnung vor; sie will nicht **herrschen**, und gerade darin liegt ihre Befähigung zur Freiheit — das sollten die Protestanten erkennen.

Der confessionelle Haß schreibt der katholischen Kirche Grundsätze zu, die sie förmlich verdammt hat, und dann sagt er, „die protestantische Kirche sei berufen, darüber zu wachen, daß diese Grundsätze nicht zur Geltung kommen"[1]. Ist das nicht der unverholene Ausdruck der Herrschsucht? — Gott sei vor, daß wir der Gesammtheit oder auch nur der Mehrzahl unserer protestantischen Landsleute zurechnen, was ungezügelte Leidenschaft ausspricht, daß sie aber die Wahrheit hören — das können wir fordern. — Ein katholischer Eiferer könnte wohl auch sagen: der Grundsatz der freien Forschung führe zum Unglauben und

---

[1] Verhandlungen der protestantischen Conferenz in Durlach am 28. November 1859. Heidelberg 1859. S. 11.

zur Zerrissenheit, in dieser entstehen Secten, deren eine das positive Christenthum läugnet, und die andere die Religion in einer dumpfen Frömmelei sucht; — der Grundsatz, daß der Glaube selig mache, und nicht die Werke, müsse zum frömmelnden Laster führen; — der Grundsatz des reformatorischen Berufes rufe Haß und Zwiespalt hervor und die Unterordnung des Kirchlichen unter die materielle Gewalt gründe den Polizeistaat, in welchem keine Freiheit besteht; daß aber solche heillose Grundsätze sich nicht Geltung verschaffen, darüber müsse die katholische Kirche wachen. — Die mildesten Protestanten würden mit Entrüstung sich gegen solche Lehre erheben, und sie thäten daran nicht unrecht; — ist es aber Gerechtigkeit, wenn einer ihrer Führer sich gräulicher Unwahrheiten bedient, um gegen die Ordnung der andern Kirche zu wühlen?

Die Katholiken haben sich nicht in den Streit über die Agende gemischt; ich hätte es sehr getadelt, wenn sie es gethan hätten; aber sie hätten jedenfalls zur Einmischung der Anhaltspunkte nicht weniger gefunden, als die Durlacher Redner gegen die Uebereinkunft gefunden haben.

Die Gleichberechtigung beider Confessionen ist von der Gerechtigkeit und von den Verhältnissen der Zeit geboten, und die badische Verfassung hat sie unzweideutig ausgesprochen. Diese Gleichberechtigung besteht aber nicht darin, daß man die beiden Kirchen nach einer Kanzleiregel behandle, sondern daß man jeder gestatte, in ihrer Eigenthümlichkeit und nach ihren Gesetzen zu leben; das bezweckt aber gerade die Uebereinkunft, und darum stellt sie diese Rechtsgleichheit her, und hindert die protestantische Kirche durchaus nicht, in ihrer Eigenthümlichkeit zu bestehen. Die katholische Kirche hat ihre bestimmte Rechtsverfassung, und protestantische Rechtslehrer haben sie anerkannt und bearbeitet; haben die Protestanten nicht auch ihr Kirchenrecht, und wird ihre Gemeinschaft nicht nach dessen Vorschriften regiert und verwaltet? Wenn das aber nicht ist, wenn ein anerkanntes protestantisches Kirchenrecht nicht die formelle oder die thatsächliche Geltung erlangt hat, so müssen die Katholiken das in ihrem eigenen Interesse beklagen; denn jedes Recht ist gefährdet, wenn man das andere mißachtet; aber deßhalb können sie nicht die Vertheidigung des ihrigen aufgeben. Wenn der protestantische Oberkirchenrath in Karlsruhe gar nicht regiert, oder wenn er schärfer regiert, als ein katholischer Bischof je thun könnte, so hat doch die Uebereinkunft vom 28. Juni 1859 daran keine Schuld. Wenn aber die Forderung eines freien protestantischen Kirchenrechtes gewissermaßen eine Auflehnung gegen die Staatsregierung ist, so mögen die Protestanten diejenigen anklagen, welche solches Verhältniß gemacht haben; — die Katholiken danken Gott, daß ihre Kirche ein Recht behaupten kann, ohne sich gegen die Staatsgewalt zu erheben.

Niemals lag es im Wesen der katholischen Kirche, sich mit Mitteln der Gewalt zu verbreiten, und wenn etwas Aehnliches geschah, so waren Absichten bestimmend, die außer der Religion lagen. — Die deutschen Religionskriege wurden für die Unabhängigkeit der Fürsten gegen die Gewalt des Kaisers geführt, die Religion hat nur den Vorwand gegeben; Ludwig XIV. hat die deutschen Protestanten unterstützt, weil er Deutschland schwach und machtlos machen wollte; das Edict von Nantes hat er erst aufgehoben, als er die Kirche unter seine Allmacht gebeugt glaubte, und die Dragonaden und die blutigen Kämpfe gegen die Camisarden haben nicht die Macht der Kirche vergrößert, sondern nur die rücksichtslose, unbeschränkte Gewalt des Königs bewiesen. Das Gemeinwesen und der Staat haben dabei so wenig gewonnen, als die Religion. Als der Kaiser Constantius die orthodoxen Bischöfe mit Gewalt vertrieben, deren Stellen mit Arianern besetzt hatte und durch seine Macht eine scheinbare Vereinigung ihrer Secten erzielte, da schrieb ihm Hilarius von Poitiers: „deßhalb regiert und wacht Ihr, auf daß Alle der süßen Freiheit genießen. Die Ruhe der Kirche kann auf keine andere Weise geheilt [wiederhergestellt] werden, als wenn Alle, frei von aller Knechtschaft, ganz nach ihrer Ueberzeugung leben können. Wenn auch für den w a h r e n Glauben solche Gewalt angewendet würde, so würden Euch die Bischöfe entgegentreten und sprechen: Gott ist der Herr des Weltalls, er bedarf keines gezwungenen Gehorsams, er verlangt kein gezwungenes Bekenntniß. Er will keine Heuchelei,

sondern aufrichtige Verehrung"[1]. — Das war vor fünfzehn=
hundert Jahren die Meinung der Kirchenväter — das ist heute
die Meinung der Kirche.

Will aber nicht die „römische Hierarchie ihre Universal=
monarchie über die Welt neu aufrichten"? — Freilich will die
katholische Kirche sich über alle Theile der Erde ausbreiten; —
sie will, wie es Christus seinen Aposteln und Jüngern befahl,
alle Völker und alle lebenden Menschen ihrer Segnungen theil=
haftig machen, und darum schickt sie ihre Sendboten aus. Ein=
fache, gottergebene Männer, ohne Geld und ohne Waffen, ohne
menschliche Hülfe und ohne schützende Macht, gehen in fremde
Lande, die noch kein Forscher besucht, — dringen in Gegen=
den, die noch niemals der Fuß eines Europäers betreten hat.
— Am Eismeer und in den glühenden Steppen von Afrika,
in den Hochgebirgen von Asien und in den Savannen von
Amerika predigen diese Männer das Evangelium. — Ihre
Ueberlegenheit liegt nur in ihrer Bildung, ihre Stärke in dem
Glauben, und ihr Muth in dem Bewußtsein ihrer göttlichen
Sendung. — So treten sie unter wilde Völker, sie führen sie
zur Erkenntniß des alleinigen Gottes und durch diese zur Ge=
sittung, und sie preisen Gottes Fügung, wenn sie unter den
Streichen chinesischer Henker oder unter den Stößen wilder
Neger ihr Leben verenden. — Andere ziehen nicht in fremde
Welttheile, sie suchen nicht die Wilden, aber sie suchen die ver=
kommenen und die verwilderten Menschen in unserer Nähe auf;
sie verkünden ihnen das Wort des Herrn; sie erweichen die
harten Gemüther, auf daß ein Strahl des Göttlichen wieder
eindringen könne. — Diese Männer trösten den Betrübten, sie
führen den Irrenden, sie zeigen dem Verbrecher seine Schuld und
erwecken in Allen das Vertrauen auf Gottes Gnade und Weis=
heit; sie erwerben Liebe durch Liebe, sie beten das letzte Gebet
mit dem sterbenden Christen, und sie verkünden dem Verurtheilten
die ewige Barmherzigkeit, wenn der Vollstrecker menschlicher
Gerechtigkeit den Todesstreich führt. — Sie haben dem Genuß
der Sinne entsagt, ihr Glanz ist ihre höhere Begabung, und

---

[1] Hilarius ad Constant. Lib. I.

ihre Lebenslust ist ihr Beruf; — sie kümmern sich nicht um die Händel der Welt, ihr Ziel ist die Veredelung des Menschen, und der Mensch ist ihnen immer derselbe, ob er die Schaufel führe oder den Scepter; — arm an zeitlichen Gütern, sind sie nur reich an Glauben und Liebe, und deßhalb wird ihnen die Hoffnung zur Wahrheit. — Das sind die Heerschaaren, welche die katholische Kirche versendet, um ihr Weltreich zu gründen.

Doch wenn mich das Große und das Erhabene meiner Kirche erfüllt, so will ich nicht wieder herabsteigen zu der Leidenschaft der Parteien, und somit möge eine einfache Erklärung genügen. — Ich anerkenne vollständig die Berechtigung des Protestantismus; — ich weiß, daß er in der geistigen Weltordnung auch ein nothwendiges Glied ist; ich ehre gar Vieles, was er bewirkt hat; ich rühme mich der Freundschaft protestantischer Männer; aber ich wünsche den Protestanten ein unbefangenes Urtheil, denn nur in der Verblendung angeerbter Vorurtheile können sie in der rechtlichen Stellung der katholischen eine Gefahr für ihre Kirche erblicken, oder eine Verletzung ihrer protestantischen Gefühle empfinden. —

7. Der confessionelle Friede.

Was man confessionellen Frieden nennt, das ist doch wohl nur ein Zustand des verträglichen Zusammenwohnens von Menschen verschiedener Religionsbekenntnisse, es ist das Bestehen einer ungezwungenen Gemeinschaftlichkeit zwischen beiden, und ein einträchtiges Wirken um die gemeinschaftlichen Interessen zu fördern. Dieser Zustand, oder dieser Friede kann offenbar nur bestehen, wenn die Confession von allen gesellschaftlichen und staatlichen Beziehungen ausgeschlossen ist; sie kann aber nur ausgeschlossen sein, wenn auf jeder Seite billige Ansprüche befriediget, und keine Gegenstände der Klage vorhanden sind, und wenn keine Partei Ursache hat die Bevorzugung der anderen zu beneiden. Sind diese Bedingungen nicht erfüllt, so wird die beschwerte Partei die Ursache ihrer Klagen bei der anderen suchen, und sie wird glauben, daß sie von dieser bedrückt sei, besonders wenn deren Genossen einen vorherrschenden Antheil an der Staatsverwaltung besitzen. — So war es im Großherzogthum Baden; der confessionelle Friede im angegebenen Sinn hat nur theilweis bestanden. Wer je im Volke sich umgetrieben, der konnte überall sehen, wie der katholische Theil desselben, ohne eine Spur von religiöser Unduldsamkeit, in allen Dingen dem protestantischen Wesen mißtraute, wie er glaubte, daß in Karlsruhe nur Protestanten in protestantischem Sinne regieren, und daß sie ihre Glaubensgenossen auf Kosten der Katholiken begünstigen. Darüber haben freilich die Amtmänner nicht berichtet und in der Cour oder in den Audienzen hat es auch wohl Niemand dem Regenten gesagt; aber man frage die Geistlichen, welche das Volk kennen, — nicht alle kennen dasselbe, — und sie werden angeben, wie schwer es ihnen oft geworden, den Leuten ihre ungegründeten Vermuthungen auszureden und wie oft ihre Mühe durch anmaßendes Betragen von der anderen Seite vereitelt worden ist.

Die Regierung hat Gerechtigkeit geübt, sie hat gegründeten Beschwerden Abhülfe gebracht, und sie hat den Hauptstoff zu Klagen und Mißtrauen entfernt, mit einem natürlichen Verhältniß soll der confessionelle Friede wieder hergestellt werden — und jetzt scheut man sich nicht zu sagen, durch diesen Act der Gerechtigkeit sei der confessionelle Friede gestört.

Die Führer der Bewegung gegen die Uebereinkunft haben mancherlei Bedrückungen zur Sprache gebracht, welche die Protestanten in der Pfalz haben dulden müssen. — Diese Anführungen mögen vollkommen wahr sein, aber die Katholiken in den oberen Theilen des Großherzogthums könnten dagegen auch von Bedrückungen und Verletzungen erzählen, welche sie noch bei Menschengedenken haben ertragen müssen, und es ist noch keineswegs vergessen, daß das unkluge und unbillige Verfahren der aufgeklärten badischen Beamtenhierarchie dem Großherzog Karl Friedrich noch in den letzten Tagen seines Lebens die Widerwärtigkeit einer herben Mahnung von Seiten des Kaisers der Franzosen, als Protectors des Rheinbundes, zugezogen hat. Fern sei es von mir, diese und viel neuere Vorgänge hier aufzurühren, denn wir ehren und wünschen den Frieden und unsere Zeit ist nicht angethan um eine Schmach leicht hinzunehmen, die unserem Vaterlande geworden ist.

Dürfen vom confessionellen Frieden Männer reden, welche das Werk des Friedens als eine Gelegenheit ergriffen, um das Volk gegen eine verfassungsmäßige Regentenhandlung aufzustacheln, — die sich nicht entblödeten, „im Interesse des Friedens" die katholische Kirche mit Schimpf und Hohn zu überschütten, und alle diejenigen verächtlich zu machen, welche für diese Kirche eine Anhänglichkeit haben? Das heilige Wort des Friedens sollten nicht diejenigen aussprechen, welche unberufen sich in Verhältnisse mischen, die sie nichts angehen, und deren Werk bisher nur Hader und Zwietracht war. — Doch wir wollen die Beweggründe dieses Gebahrens jetzt nicht untersuchen, wir wollen nur kurz die Umstände anführen, durch welche die Uebereinkunft mit dem heil. Stuhl die Möglichkeit des confessionellen Friedens zerstört haben soll.

Der Ausspruch: „die sogenannte Freiheit der katholischen Kirche sei die Knechtschaft für alle andern" war vielleicht wohl nur so eine kräftige Redensart; — hat man sich aber dabei wirklich etwas gedacht, so liegt in den vorangegangenen Erörterungen zum Voraus die Entgegnung. — Der protestantischen Kirche wollen wir ihren reformatorischen Beruf durchaus nicht absprechen; wenn dieser Beruf aber auf unser Bestehen übertragen werden soll, so erblicken wir darin eine Feindseligkeit, sei sie geheim oder offen. Wird dieser Beruf etwa durch die wohlbekannte Proselytenmacherei der pietistischen Propaganda ausgeführt, deren Organe im Dunkeln einherschleichen und mit Basler Geld ihre Bekehrungen machen? Es sind in neuester Zeit viele angesehene Protestanten zur katholischen Kirche übergetreten; diese hat ihnen mit Freuden ihre Thore geöffnet; aber hat man je gehört, daß die Diener dieser Kirche Anderes gethan haben, als daß sie denjenigen, welcher sie aufsuchte, in christlicher Liebe empfingen? Hat man von katholischen Sendlingen gehört, welche Bekehrungsgeschäfte in den Wagen der Eisenbahn machen, und den Leuten Tractätlein zum Fenster hinein werfen? — Was bedeutet der reformatorische Beruf gegenüber der katholischen Kirche? Ist die Uebereinkunft deßhalb so unheilvoll, weil man glaubt, daß dieser Beruf darunter leide? — Es ist gar eigen, wenn man das Hinderniß einer Feindseligkeit für eine Feindseligkeit ausgibt.

Wenn man sagt, der confessionelle Friede werde gestört durch die Unersättlichkeit des hierarchischen Strebens, so müßte man erst zeigen, worin diese Unersättlichkeit besteht und wohin sie sich richtet. Da man das aber nicht zeigen kann, so bedeutet sie nichts anderes als das sehr gerechtfertigte Streben, ihren eigenen Boden zu schützen gegen diejenigen, welche den Angriff für ihr angeborenes Recht halten. — „Die katholische Kirche hat aber nicht bestimmte Grenzen, über welche sie ihre Wirksamkeit nicht ausdehnt", — allerdings hat die katholische Kirche ihre Grenzen, und zwar sehr bestimmte Grenzen, wie ihre eigenen Gesetze und das Aufsichtsrecht der Staatsgewalt sie unveränderlich setzen. — Wer aber gern in fremdes Gebiet eindringen will, der übersieht freilich die Marken.

Die katholische Kirche, sagt man ferner, sei nach ihrem Princip unduldsam. Allerdings behauptet sie die Wahrheit ihrer Lehre, und das thut die protestantische auch, und das thut eine jede. Wollte man die Unduldsamkeit aus religiösen Handlungen heraussuchen, so möchte man solche auch in den protestantischen Predigten häufig genug finden. Die berühmte Bulle, auf welche man diese Meinung der Unduldsamkeit gründet, verdammt die Ketzerei, aber nicht die Ketzer, und sie wird erweislich schon hundert Jahre lang nicht mehr verlesen; wohl aber wird noch heute in der katholischen Kirche an jedem Charfreitag für die Andersgläubigen gebetet — aber das hat man nicht aus dem Missale romanum herausgelesen. Ist die Kirche unduldsam, so sind es auch ihre Angehörigen; — wer aber nicht gänzlich befangen ist, der wird bei den Katholiken das Gegentheil finden. Vorwürfe mit Vorwürfen erwidern ist unedel, ist gemein; aber wiederholen muß ich es, gewissen Leuten ist jeder Katholik unduldsam, wenn er nicht verhöhnen läßt, was ihm heilig ist; und er ist unduldsam, wenn er den Angriff auf seine Kirche und auf seine Glaubensgenossen nicht hinnimmt, wie etwas, wofür er die natürliche Pflicht und der Andere das Recht hat.

„Den Frieden werden wir gehabt haben", so hat ein Redner in Durlach gerufen, und ein Gegner hat ihm geantwortet,

„es gibt eine Art von Prophezeiung, welche ihres Erfolges ziemlich sicher ist, nämlich wenn der Prophet das, was er voraussagt, selbst zu thun entschlossen ist. So sind schon politische Revolutionen vorausgesagt worden, zu deren Verwirklichung die Propheten selbst das Meiste beigetragen haben"[1].
Sollte der Mann Recht behalten? —

XX.
Die Bewegung und die gegenwärtige Regierung.

Die Verkündung der Uebereinkunft vom 28. Juni 1859 hat längere Zeit die Bevölkerung des Großherzogthums Baden ganz ruhig gelassen; erst allmählich ist eine Aufregung entstanden und zuletzt ein Lärm, wie wir seit den Sturmjahren keinen mehr gehört haben. Man konnte aus diesem Lärm die leitenden Stimmen heraus hören, und man kannte diese Stimmen. Die alten Mittel wurden wieder in Bewegung gesetzt, man säete Mißtrauen, man beirrte die gewöhnlichen Menschen, und man schuf einen Zwang der Meinung, welcher auch Begabtere in das Getümmel riß. Blätter, die sonst miteinander an Unterwürfigkeit und Kriecherei wetteiferten, nahmen nun Partei gegen die Regierung; sie streuten die lächerlichsten Dinge aus, und diese Dinge, eben weil sie lächerlich waren, wurden von vielen Menschen als selbstverständlich hingenommen, die Leidenschaften wurden erregt, und die Verblendung mußte überall Haß und Zwietracht ausstreuen. Man sah, daß wohlgekannte Männer wieder den Namen der Freiheit mißbrauchten, um eine gedankenlose Menge gegen die Freiheit zu führen, und man sah, daß sie, welche immerwährend vom Rechtsstaat sprachen, die polizeiliche Allmacht als eine nothwendige Bedingung für das Wohl des Staates und

---

[1] Beleuchtung der Verhandlungen der protestantischen Conferenz in Durlach am 28. November 1859, von Dr. C. Zell. Freiburg 1860. Seite 35.

für das Heil der Gesellschaft jetzt wieder festhalten wollten. Kein Interesse war durch die Uebereinkunft gefährdet, kein rechtlicher Zustand war aufgehoben, kein Gesetz war verletzt, keine üble Folge hatte eine Wahrscheinlichkeit, die Ehre der Regierung, und folglich des Staates war verpfändet, — warum die Leidenschaft, warum dieser Lärm, warum die Aufregung aller Elemente der Gesellschaft? — Die Anordnung der kirchlichen Verhältnisse mochte wohl Vielen widerwärtig sein, aber diese Abneigung kann nicht allein dieses Wühlen erklären, denn auch der Haß fanatischer Protestanten wurde nur mitgerissen und gebraucht, und die einfachsten Menschen fühlten, daß es sich um etwas ganz Anderes handle als um Vereinbarungen, welche meistens nur bestehende Zustände zu einem Rechtsstande machten. — Ein Gedanke mußte doch hinter diesem Treiben liegen, — ein Ziel mußte diese Bewegung doch haben.

Was vor wenig Wochen nur Wenigen klar gewesen, das hat sich jetzt unverhüllt einem Jeden kund gegeben, der es sehen will. — Zehn Jahre der Reaction haben die Grundlagen der Verhältnisse gebrochen, die sie wieder herstellen wollte, und sie haben nichts Haltbares zu Stande gebracht. — Die klägliche Periode ist abgelaufen und wir sind in eine neue eingetreten, die mit Zerstörungen beginnt, weil sie neue Ideen zur Geltung bringen und weil sie neue Zustände schaffen will. Zu gefallenen Zuständen zurückkehren wollen, ist immer ein erfolgloses, häufig ein verderbliches, Beginnen; die Reaction hat diesen Fehler begangen, und sie, die sich die Männer des Fortschrittes nennen, sind in den gleichen verfallen, denn sie wollen ein System wieder zur Herrschaft bringen, welches Stürme hervorrief, aber sie nicht zu überstehen vermochte. — Die Staatsallmacht wollen sie festhalten als die alleinige Quelle jeglichen Rechtes, aber die Allmacht soll in der Vertretung liegen, und sie haben damit angefangen, daß sie der Krone die Befugniß zur Aufrichtung rechtsgültiger Verträge beschränkten. Das Gegentheil, wir haben es oben ausgeführt, liegt in der Verfassung, deren Schutz und Wahrung den Ständen übertragen ist; — war aber einmal die Thatsache vollendet, so war eine Auslegung der Verfassung gegeben, die vorerst nicht mehr zu ändern war, und darum hat man, unter dem Vorwand das Majestätsrecht zu wahren, gegen dieses Majestätsrecht den Angriff geführt. — Die Uebereinkunft war dem Landtag nur zur Kenntnißnahme und keineswegs zur Berathung vorgelegt worden; aber die zweite Kammer hat sich der Sache bemächtiget, als einer solchen, die von Rechtswegen ihrer Zuständigkeit angehöre, und sie hat mit einer großen Stimmenmehrheit beschlossen, den Großherzog zu bitten, die Vereinbarung nicht in Wirksamkeit treten zu lassen. Verfassungsmäßig mußte die Adresse, welche diese Bitte enthielt, der ersten Kammer vorgelegt werden, und wenn diese nicht beitrat, so war sie verworfen. Ehe jedoch die Vorlage geschehen war, unmittelbar nach dem Beschluß der zweiten Kammer, wurde das Ministerium entlassen und ein anderes gebildet. — Das war denn auch das Ziel der Männer der Bewegung gewesen. Die Politik, welche der Großherzog bisher mit gerechter Anerkennung verfolgt hat, sollte verlassen, die Ausübung der Staatsgewalt sollte in die Hände von Ministern der Parteifarbe gelegt, und daß solche Minister von der Krone recht unabhängig werden, dafür gedachte man ferner zu sorgen. Daß die Führer der Partei sich über die Haltung der Männer getäuscht haben, die jetzt die Räthe der Krone sind, — das möchte eine nahe Zeit lehren.

Die Angelegenheiten haben sich verwirrt, und dem gegenwärtigen Ministerium sind nicht viele Wege geöffnet, um aus dem Wirrsal zu kommen. Die Regierung kann und soll eigentlich darauf bringen, daß die ständische Adresse der ersten Kammer vorgelegt werde, und wenn diese dort verworfen wird, so hat der Beschluß der zweiten keine Wirkung. Würde sie aber, und es ist nicht unwahrscheinlich, auch dort angenommen, so wäre die Regierung noch immer frei in ihren Handlungen; die Bitte verbände sie zu nichts, und sie könnte die Uebereinkunft vollziehen. Daß es aber also geschehe, ist nimmer vorauszusehen, denn eine sittliche Unmöglichkeit kann Niemand erwarten. — Die Regierung kann den Kammern einen Zusatz zur Verfassungsurkunde vorlegen, welcher die Autonomie der Kirche anerkennt, wie sie z. B. in der preußischen und in der belgischen Verfassung anerkannt ist. Damit könnte die Kirche wohl zufrieden sein, denn sie erhielte ganz andere Befugnisse, als die Uebereinkunft ihr zugesteht, wie denn auch die belgischen und die preußischen Bischöfe sich in ihren Rechten sehr beschränkt glauben würden, wenn sie ihre Aemter unter den Bestimmungen der Bulle Aeterni Pastoris vicaria verwalten müßten; aber auch dieses Verfassungsgesetz würde von dieser Kammer nicht angenommen werden, wenn sie gleich mit einer Mehrheit von zwei Drittheilen sämmtlicher Stimmen dasselbe jederzeit wieder aufheben könnte. — Eine vollständige Trennung der Kirche von dem Staat würde der Kammer vielleicht noch weniger zusagen, denn damit wäre jegliches Aufsichtsrecht der Staatsgewalt aufgehoben, der Kirche müßte ihr ganzes großes Vermögen überantwortet werden, und der Erzbischof wäre über dessen Verwaltung und Verwendung nur Gott und dem Papst Rechenschaft schuldig. Die Kirche würde in diesem Verhältniß sich ganz wohl befinden, das zeigen ihre Zustände in den Vereinigten Staaten; sie würde solchen Beschluß im Interesse des Staates beklagen, aber sie würde, die deutschen Bischöfe haben es schon in Würzburg erklärt, die vollkommene Trennung der bisherigen Bevormundung weit vorziehen. — Eine theilweise Trennung ist aber unmöglich; denn sie wäre eine Handlung der krassesten Willkürherrschaft.

Wollte die gegenwärtige Regierung die Uebereinkunft in der Kammer verhandeln, deren einzelne Bestimmungen prüfen, und nur diejenigen vollziehen, welche genehmiget würden, so käme sie selbst in eine höchst schwierige Lage. — Was sollte mit den Bestimmungen geschehen, welche die Landstände verwürfen? — Mit dem Erzbischof kann sie nicht unterhandeln, denn er ist durch die erwähnte Bulle unabänderlich an die Vorschriften der Uebereinkunft gebunden; gedächte die Regierung aber neue Unterhandlungen mit dem heiligen Stuhl anzuknüpfen, so wäre sie ebenfalls wieder in einer höchst peinlichen Stellung, in welcher sie fast unlösbare Schwierigkeiten fände. Die Uebereinkunft ist ohne Vorbehalt abgeschlossen, von beiden Seiten ratificirt und feierlich verkündet; eine Unmöglichkeit, den Vertrag zu vollziehen, kann der Papst auf keine Weise in dem Beschluß der Landstände erkennen, und daß jetzt der Großherzog ein anderes Ministerium ernannt hat, das berührt den heiligen Stuhl nicht. Würde sich der Papst auf solche Unterhandlungen überhaupt einlassen? — Wenn er, wie es fast gewiß ist, solche Unterhandlungen verweigerte, so bestände die Uebereinkunft für die Kirchengewalt in voller Kraft; das sogenannte Interim wäre aufgehoben, und der Erzbischof müßte seinerseits die Bestimmungen der Uebereinkunft vollziehen. Die Regierung ihrerseits aber könnte diesen Vollzug, wenigstens in gewissen Dingen, nicht dulden, und es wäre ein neuer Kirchenstreit heraufbeschworen, welcher, viel gefährlicher als der frühere, eine unheilvolle Verwirrung im Lande hervorriefe, und in welchem, wie der abgetretene Minister des Innern mit Recht erklärt hat, die Regierung unterliegen müßte, weil die Kirche im Recht wäre. — Gewaltmaßregeln sind heute erfolglos.

Würde sich der heilige Stuhl auf neue Unterhandlungen einlassen, so würde er schwerlich das früher vereinbarte Interim genehmigen; er würde vielmehr gegen eine Regierung, die einen feierlichen Vertrag in Frage stellt, ganz andere Vorbedingungen machen, und die badische Regierung stände schlimmer, als sie im Jahr 1854 bei der Vereinbarung des Interims gestanden hat; was aber in der Zeit langwieriger Unterhandlungen geschähe, das kann keine menschliche Klugheit voraussehen. — Meint man, daß in der gegenwärtigen Lage der Papst sich schon nachgiebig zeigen würde, so faßt man das Wesen der gegenwärtigen Verhältnisse sehr irrig auf; der Souverän des Kirchenstaates kann verfolgt, gedrückt, beraubt, gefangen werden — die Kirche vertheidigt darum doch immer ihr Recht. — Die vollkommene Aufhebung der Vereinbarung, als ob dieselbe nie bestanden hätte, kann ich nicht denken; denn die Bedeutung und die Tragweite der willkürlichen Nichtigkeitserklärung eines feierlichen Tractates mag ich mir nicht vorstellen. — Träumen gewisse Leute wieder von einem Schisma und von einer deutschen Nationalkirche, so träumen sie eine Thorheit, welche, in Wirkung gesetzt, sehr absonderliche Folgen hervorrufen möchte.

Der Kirche könnte es vielleicht ganz gleichgültig sein, auf welche Weise sie ihre Freiheit und ihre Rechte erlangte, aber dem Lande ist es nicht gleichgültig, ob eine constitutionell-monarchische, oder ob eine Parlamentsregierung seine Geschicke besorge, und noch weniger wird es den anderen Bundesstaaten gleichgültig sein.

Die Bewegung gegen die Uebereinkunft mit dem heiligen Stuhl war eine gemachte, und man konnte sie machen, weil die Unruhe in der ganzen Zeit liegt. Das Landvolk hat an dieser Bewegung wenig Theil genommen — man hat sie vorzüglich in den Städten gemacht. Die ungeheure Mehrzahl der Katholiken ist für die würdige Stellung der Kirche, darauf kann man sich mit Bestimmtheit verlassen; möge man es nicht in der Folge durch unangenehme Erlebnisse erfahren! Die Wenigen, welche sich gegen die Uebereinkunft erklärten, haben sich um die kirchliche Frage von fern nicht bekümmert, denn sie haben nur in dem Interesse einer Partei gehandelt; aber von einem Geschrei, und wäre es auch noch so betäubend, sollte eine Regierung sich nicht beirren lassen. Man könnte vielerlei erzählen von persönlichen Neigungen und Abneigungen, von kleinem und großem Ehrgeiz und von allerlei Planen; man könnte erzählen von Einwirkungen, von Wühlereien und von gar vielen Intriguen, aber solche Jämmerlichkeiten verschwinden im Angesichte der größeren Verhältnisse.

Schlußwort.

Und jetzt zum Schluß noch das ernste Wort eines redlichen Mannes, der sein Vaterland liebt.

Eine Zeit, wie die unserige, fordert die Einigung aller Fähigkeiten und aller Kräfte; — verbrecherisch ist's, den Haß und die Zwietracht zu schüren, denn vor dem einen großen Interesse des Vaterlandes sollten alle besondern Ziele und alle Parteizwecke verschwinden, selbst wenn sie berechtiget wären. — Der Umsturz geht mit schwerem Schritt durch Europa, und sichtbarlich naht er auch unseren Landen. — Das monarchische Princip ist zerstört; alle Grundlagen der Staatenordnung sind erschüttert, die Heiligkeit der Verträge ist gebrochen, der Rechtsstand in Europa ist vernichtet und es muß das Blut von Hunderttausenden fließen, ehe ein anderer wieder hergestellt ist. Der Selbstherrscher von Frankreich will seine Herrschaft über unsern Welttheil verbreiten; er hat die eigene Nation in Bande gelegt, aber er entfesselt die bösen Leidenschaften bei anderen, damit er sie zu Dienern seiner Herrschaft und Gewalt mache. In Frankreich ist die Stille des Kerkers, aber in anderen Ländern wühlt man die Völker auf, läßt sie durch allgemeine Abstimmung Regenten verjagen und einsetzen und über geheiligten Besitzstand verfügen. All' diese Abstimmung ist eitel Lug und Trug; aber sie ist ein wirksames Mittel, um, was besteht, zu zerstören. Dieser Selbstherrscher in Frankreich löst Alles auf, was ihn umgibt, und wo er die Auflösung bewirkt hat, da wird er der Herr; lauernd sucht er sich die Stelle aus, auf welche sein nächster Anfall sich richten soll, und vom Leman sieht er bereits zu dem Rhein. — In unserem Deutschland werden nach und nach alle Zustände verwirrt: zwei Großmächte, die sich nicht einigen können, schwankende Politik bei der einen, üble Verwaltung bei der anderen; — kleinere Staaten ohne Macht, der Bund zerrissen, selbstsüchtige oder thörichte Pläne in Cabineten, bei einzelnen hochgestellten Personen, bei vielen ehrgeizigen Parteimännern und bei einer Unzahl von unklaren Köpfen; — wie ein finsterer Geist geht aber durch das deutsche Volk die Meinung von der Unhaltbarkeit unserer Zustände, und nimmer kann widerstehen und halten, was einmal in solcher Meinung verloren ist. Erkennet die Zeichen! — In allen Menschen zittert eine Unruhe, in allen Volksstämmen liegt der Drang zu einer Erhebung; sie wird nicht ausbleiben, aber es wäre frevelhaft, sie vor der Zeit herbeirufen zu wollen, denn man weiß nicht, wo eine Fluth endet, wenn man auch wohl ahnet, wo sie zunächst hinströmen möchte.

Die Sache des Kirchenstaates ist die Sache aller Fürsten. Kein Thron ist so alt und keiner hat sich so in den Stürmen der Zeit erhalten, wie der Thron des Papstes in Rom. Soll man sagen können, daß eine deutsche Regierung habe Vortheile ziehen wollen von der traurigen Lage, in welche die Revolution den ältesten Repräsentanten der Monarchien gebracht hat? — Wenn große Mächte die heiligsten Verträge zerreißen, so sollten kleine Staaten mit um so größerer Ehrfurcht deren Heiligkeit ehren, denn ihr ganzer Bestand beruht allein auf diesen Verträgen und mit jedem Bruch ist ein Grundpfeiler ihrer Throne zerstört. Wie soll das internationale Recht sie schützen, wenn sie es selber nicht achten? — Eine jede Bewegung, wie klein ihre Anfänge seien, kann anwachsen, kann eine Masse mitreißen, deren Stoß alles Bestehende umwirft; eine jede Bewegung zermalmt ihre Urheber und schleudert diejenigen in's Weite, die sie zu lenken vermeinten. Was in manchem Lande gleichgültig scheint, das ist gefährlich in demjenigen, welches unter den Kanonen des französischen Selbstherrschers liegt. Der Lärm im Großherzogthum Baden gegen die Uebereinkunft ist in den großen Staatenverhältnissen eine winzige Begebenheit; aber sie hat dennoch ihre Bedeutung, denn sie war das Vorzeichen einer größeren Bewegung in Deutschland.

Möge das schöne Land am Oberrhein nicht wieder der Herd des Unheils werden! — Die Räthe des Großherzogs haben noch Möglichkeiten und Mittel; — möge Gottes Gnade zu dem guten Willen ihnen auch die Einsicht verleihen!

Anhang.

Im großherzogl. badischen Regierungsblatt Nro. LX. vom 16. December 1859 ist die Uebereinkunft in der Ursprache und in amtlicher Uebersetzung verkündet worden; — wir fügen die letztere an.

Friedrich, von Gottes Gnaden Großherzog von Baden, Herzog von Zähringen.

Wir haben Uns bewogen gefunden, zur Regelung der Angelegenheiten der katholischen Kirche in Unserem Großherzogthum mit dem päpstlichen Stuhle Verhandlungen pflegen zu lassen, und es ist unter dem 28. Juni d. J. eine Vereinbarung zu Stande gekommen, welcher Wir, in Anbetracht, daß die durch sie der katholischen Kirche eingeräumte größere Selbstständigkeit in der Leitung ihrer Angelegenheiten Unser unveräußerliches oberstbhoheitliches Schutz- und Aufsichtsrecht nicht beeinträchtigt, unter dem Vorbehalt der ständischen Zustimmung zur Aenderung der der Vereinbarung entgegenstehenden Gesetzesbestimmungen Unsere höchste Genehmigung ertheilt haben.

Nachdem die Bulle, mit welcher nach der getroffenen Verabredung die abgeschlossene Convention als das Hauptstück der gesammten Vereinbarung verkündigt werden soll, unter dem 10. October d. J. von dem päpstlichen Stuhle erlassen worden ist, bringen Wir diese Bulle, die mit den Worten „Aeterni Pastoris vicaria" beginnt und die erwähnte Convention genau und vollständig enthält, hiermit zur allgemeinen Kenntniß.

Die betheiligten Ministerien sind, jedes in seinem Geschäftskreise, mit der Einleitung und Anordnung des Vollzugs beauftragt.

Gegeben zu Karlsruhe in Unserem Staatsministerium, den 5. December 1859.

Friedrich.

von Meysenbug. von Stengel.

Auf Seiner Königlichen Hoheit höchsten Befehl:
Schunggart.

Pius, Bischof,

Diener der Diener Gottes,

zum immerwährenden Gedächtniß.

Die Verwaltung, welche Uns an Statt des ewigen Hirten hier auf Erden, sicherlich nicht nach Unserem Verdienste, aber nach dem unaussprechlichen Rathschlusse der göttlichen Vorsehung übertragen ist, erfordert, daß Wir alle Unsere Erwägungen und Bemühungen unabläßig der Aufgabe widmen, das Wohl der gesammten Heerde des Herrn und den Nutzen der katholischen Kirche überall zu fördern. Wir haben deßhalb Unsere apostolischen Sorgen und Gedanken mit allem Eifer den Kirchenprovinzen des Oberrheins zugewendet, damit dort Unsere heiligste Religion immer weiteres Wachsthum erlangen und von Tag zu Tag gedeihlicher und glücklicher wirken und blühen möge. Obgleich nämlich Unsere Vorgänger, verehrungswürdigen Andenkens, insbesondere Pius VII. in seiner apostolischen Bulle vom 17. September 1821, beginnend: „Provida solersque" und Leo XII. durch eine andere Bulle vom 3. April 1827, anfangend: „Ad dominici gregis custodiam" für die kirchlichen Angelegenheiten jener Provinzen und für das geistliche Wohl der dortigen Gläubigen sorgfältige Vorkehr zu treffen sich bestrebten, haben Wir doch wohl erkannt, daß Wir wegen veränderter Zeitverhältnisse andere Rathschlüsse fassen müssen, theils um die Wohlfahrt jener Gläubigen mehr zu fördern, theils um die Schwierigkeiten zu beseitigen, die hauptsächlich in der neuesten Zeit sich erhoben hatten. Es gereichte Uns daher zur größten Freude, als der durchlauchtigste und erhabenste Königliche Fürst Friedrich, Großherzog von Baden, von Uns verlangte, daß Wir die kirchlichen Angelegenheiten in seinem Großherzogthum ordnen möchten. Demzufolge haben Wir den Wünschen Seiner Königlichen Hoheit, die schon lange auch Unsere innigsten Wünsche waren, bereitwilligst nachkommend, ohne jeglichen Verzug mit diesem erhabensten Fürsten, eine Uebereinkunft schließen zu sollen geglaubt. Und an dieses hochwichtige Werk alsbald Hand anlegend, haben Wir Unseren geliebten Sohn Johann Cardinal-Priester Brunelli, ausgezeichnet durch Frömmigkeit, Gelehrsamkeit und Klugheit, ausgewählt und mit den nöthigen Vollmachten versehen, um mit dem geliebten Sohne

Carl Brunner, Großherzoglichem Staatsrath, der zu diesem Zweck von seinem erhabensten Fürsten abgesandt worden war, die ganze Sache sorgfältig zu verhandeln. Nachdem aber der genannte Cardinal von Uns zum Bischof von Osimo und Cingoli ernannt worden war, haben Wir an seiner Statt Unseren geliebten Sohn Carl August Cardinal-Priester von Reisach, hervorragend durch Frömmigkeit, Gelehrsamkeit und Klugheit, mit den geeigneten Instructionen und Vollmachten versehen, damit er die begonnene Verhandlung dieser hochwichtigen Angelegenheit mit dem genannten Karl Brunner eifrig fortsetze und abschließe. Da aber dieser starb, wurden an seine Stelle von dem erhabensten Großherzog von Baden der edle Herr Freiherr Christian Gustav von Berckheim, bevollmächtigter Minister und außerordentlicher Gesandter bei diesem heiligen Stuhle, und der geliebte Sohn Franz Carl Roßhirt, beider Rechte Doctor und Rath am obersten Gerichtshofe des Großherzogthums Baden, als Bevollmächtigte ernannt, um mit Unserem geliebten Sohne dem Cardinal von Reisach das unternommene so wichtige Werk zum Ende zu führen. Und da Wir die ausgezeichnete Gerechtigkeit, Billigkeit und Hochherzigkeit des erhabensten Fürsten, des Großherzogs von Baden, und Seine wohlwollenden Gesinnungen gegen Seine katholischen Unterthanen wohl kannten, so hofften Wir mit fester Zuversicht, daß mit Gottes Hülfe diese wichtige Angelegenheit den gewünschten Ausgang nehmen werde. Und Wir freuen Uns lebhaft, daß diese Unsere Hoffnung nicht vergeblich war. Nach einer langen und sorgfältigen Berathung nämlich, wie die Wichtigkeit der Sache sie erforderte, wurde die Vereinbarung in mehreren Artikeln abgefaßt und von Unseren ehrwürdigen Brüdern den Cardinälen der für außerordentliche kirchliche Angelegenheiten eingesetzten Congregation geprüft, mit dem durchlauchtigsten und erhabensten Königlichen Fürsten Friedrich Großherzog von Baden eingegangen und zum gewünschten Ausgange geführt. Nachdem die Artikel dieser Vereinbarung sowohl von Unserem als von den Großherzoglichen Bevollmächtigten am 28. Juni d. J. unterzeichnet und von Uns sorgfältigst erwogen waren, glaubten Wir eben diese Vereinbarung mit Unserer höchsten Auctorität bestätigen zu sollen, und Wir haben das Vertrauen, daß sie mit Gottes Segen zur größten Wohlfahrt der Seelen und zum Besten der katholischen Kirche gereichen werde.

Diese Vereinbarung lautet, wie folgt:

Vereinbarung

zwischen

Seiner Heiligkeit Papst Pius IX.

und

Seiner Königlichen Hoheit Friedrich, Großherzog von Baden.

Im Namen der allerheiligsten und untheilbaren Dreifaltigkeit.

Seine Heiligkeit Papst Pius IX. und Seine Königliche Hoheit Friedrich, Großherzog von Baden, haben, um die Angelegenheiten der römisch-katholischen Kirche im Großherzogthum Baden zu ordnen, zu Ihren Bevollmächtigten ernannt, nämlich Seine Heiligkeit der Papst Seine Eminenz den Herrn Carl August von Reisach, Cardinal-Priester der heiligen römischen Kirche vom Titel der heiligen Anastasia.

Seine Königliche Hoheit der Großherzog von Baden den edlen Herrn Christian Gustav Freiherrn von Berckheim, Allerhöchst Ihren außerordentlichen Gesandten und bevollmächtigten Minister beim heiligen Stuhle, und den Herrn Franz Carl Roßhirt, beider Rechte Doctor, Allerhöchst Ihren Oberhofgerichtsrath.

Diese Bevollmächtigten sind, nachdem sie ihre authentischen Bevollmächtigungs-Urkunden ausgewechselt und richtig befunden hatten, über nachstehende Artikel übereingekommen:

Erster Artikel.

In Betreff der Besetzung des Erzbischöflichen Stuhles von Freiburg, der Canonicate und Präbenden an der Domkirche bleibt es lediglich bei dem mit dem heiligen Stuhle vereinbarten Verfahren.

Zweiter Artikel.

Der Erzbischof wird, bevor er die Leitung seiner Kirche übernimmt, vor Seiner Königlichen Hoheit den Eid der Treue in folgenden Worten ablegen:

„Ich schwöre und gelobe auf Gottes heiliges Evangelium, wie es einem Bischofe geziemt, Euerer Königlichen Hoheit und Allerhöchst Ihren Nachfolgern Gehorsam und Treue. Ingleichen schwöre und gelobe ich, an keinem Verkehre oder Anschlage, welcher die öffentliche Ruhe gefährdet, Theil zu nehmen, und weder inner- noch außerhalb der Grenzen des Großherzogthums irgend eine verdächtige Verbindung zu unterhalten; sollte ich aber in Erfahrung bringen, daß dem Staate irgend eine Gefahr drohe, zur Abwendung derselben Nichts zu unterlassen."

Dritter Artikel.

Die Großherzogliche Regierung wird, sobald es die Verhältnisse gestatten, für die reale Dotation des Erzbisthums Sorge tragen.

Vierter Artikel.

Zur Leitung seiner Erzdiöcese wird der Erzbischof die Freiheit haben, alles dasjenige zu üben, was demselben in Kraft seines kirchlichen Hirtenamtes laut Erklärung oder Verfügung der heiligen Kirchengesetze nach der gegenwärtigen vom heiligen Stuhle gutgeheißenen Disciplin der Kirche gebührt, und insbesondere:

1. alle Pfründen, mit Ausnahme jener, welche einem rechtmäßig erworbenen Patronatsrechte unterliegen, zu verleihen;
2. seinen Generalvicar und die außerordentlichen Mitglieder des Ordinariats zu wählen und zu ernennen, so wie die Landdecane zu bestätigen;
3. die Prüfungen für die Aufnahme in das Seminar und für die Zulassung zu Seelsorgerstellen anzuordnen, auszuschreiben und zu leiten;
4. den Clerikern die heiligen Weihen nicht nur auf die bestehenden canonischen, sondern auch auf den Tischtitel zu ertheilen;
5. nach Vorschrift der Kirchengesetze alles dasjenige anzuordnen und zu bestimmen, was den Gottesdienst, die kirchlichen Feierlichkeiten und die heiligen Handlungen, so wie jene Religionsübungen betrifft, durch welche der fromme Sinn der Gläubigen gepflegt und bestärkt werden soll;
6. in seinem Kirchensprengel vom heiligen Stuhle genehmigte religiöse Orden oder Congregationen beiderlei Geschlechtes einzuführen, jedoch in jedem einzelnen Falle im Einvernehmen mit der Großherzoglichen Regierung;
7. Diöcesan- sowie Provincial-Synoden einzuberufen und abzuhalten.

Fünfter Artikel.

Ueber alle kirchlichen Rechtsfälle, welche den Glauben, die Sacramente, die geistlichen Verrichtungen und die mit dem geistlichen Amte verbundenen Pflichten und Rechte betreffen, hat der Gerichtshof des Erzbischofs nach Vorschrift der Kirchengesetze und nach den Bestimmungen des Conciles von Trient zu erkennen. Somit wird derselbe auch über Ehesachen entscheiden, jedoch bleibt das Urtheil über die bürgerlichen Wirkungen der Ehe dem weltlichen Gerichte überlassen.

Der Erzbischof wird unbehindert den Wandel der Geistlichen überwachen und gegen diejenigen, welche in Folge ihres Betragens oder aus irgend einem anderen Grunde der Ahndung würdig befunden werden, in seinem Gerichte nach Vorschrift der Kirchengesetze Strafen verhängen, wobei jedoch der canonische Recurs gewahrt bleibt.

Es steht dem Erzbischofe zu, gegen Laien, welche sich Uebertretungen kirchlicher Satzungen zu Schulden kommen lassen, die kirchlichen Censuren in Anwendung zu bringen.

Wenn gleich über das Patronatsrecht das kirchliche Gericht zu entscheiden hat, so gibt doch der heilige Stuhl seine Einwilligung, daß, wenn es sich um ein Laienpatronat handelt, die weltlichen Gerichte über die damit in Verbindung stehenden civilrechtlichen Ansprüche und Lasten sprechen können, so wie über die Nachfolge in diesem Patronate, der Streit mag zwischen den wahren und angeblichen Patronen, oder zwischen den Geistlichen, welche von diesen Patronen für die Pfründe bezeichnet wurden, geführt werden.

Mit Rücksicht auf die Zeitverhältnisse gibt der heilige Stuhl seine Zustimmung, daß die rein weltlichen Rechtssachen der Geistlichen, wie die Sachen, welche Verträge, Schulden, Erbschaften betreffen, von dem weltlichen Gerichte verhandelt und entschieden werden.

Eben so willigt der heilige Stuhl dazu ein, daß Streitigkeiten über civilrechtliche Ansprüche und Lasten der Kirchen und Pfründen, über Zehnten und über Kirchenbaulast von dem weltlichen Gerichte abgeurtheilt werden.

In gleicher Rücksicht ist der heilige Stuhl nicht entgegen, daß die Cleriker wegen Verbrechen und Vergehen, welche gegen die Strafgesetze des Großherzogthums verstoßen, vor das weltliche Gericht gestellt werden; jedoch liegt es diesem ob, hievon den Erzbischof ohne Verzug in Kenntniß zu setzen. Wenn das gegen einen Geistlichen gefällte Urtheil auf Tod oder auf Freiheitsstrafe von mehr als fünf Jahren lautet, so wird man jedesmal dem Erzbischofe die Gerichtsverhandlungen mittheilen und ihm möglich machen, den Schuldigen behufs der Entscheidung über die zu verhängende Kirchenstrafe zu hören. Dasselbe wird auf Verlangen des Erzbischofes auch dann geschehen, wenn auf eine geringere Strafe erkannt worden ist.

Sechster Artikel.

In kirchlichen Angelegenheiten wird der wechselseitige Verkehr des Erzbischofes, des Clerus und des Volkes mit dem heiligen Stuhle frei sein. Ebenso wird der Erzbischof mit seinem Clerus und dem Volke frei verkehren. Daher können die Belehrungen und Verordnungen des Erzbischofes, die Actenstücke der Diöcesansynode, des Provincialconcils und des heiligen Stuhles selbst, die von kirchlichen Angelegenheiten handeln, ohne vorgängige Einsicht und Genehmigung der Großherzoglichen Regierung veröffentlicht werden.

Siebenter Artikel.

Die religiöse Unterweisung und Erziehung der katholischen Jugend in allen öffentlichen und Privat-Schulen wird der Erzbischof, gemäß der ihm eigenen Hirtenpflicht, leiten und überwachen. Er wird deßhalb auch die Katechismen und Religionslehrbücher bestimmen, nach denen der Unterricht zu ertheilen ist.

In den Elementarschulen wird der Religionsunterricht von den Ortsgeistlichen, in anderen Lehranstalten nur von Solchen ertheilt, denen der

Erzbischof Ermächtigung und Sendung dazu verliehen und nicht wieder entzogen hat.

Achter Artikel.

Es wird dem Erzbischof freistehen, ein Seminar nach der Vorschrift des Concils von Trient zu errichten und in dasselbe Jünglinge und Knaben, wie es das Bedürfniß und der Nutzen der Diöcese erheischt, zur Ausbildung aufzunehmen. Der Erzbischof wird hinsichtlich der Einrichtung, Leitung und Verwaltung dieses Seminars, sowie hinsichtlich des in demselben zu ertheilenden Unterrichtes seine Amtsgewalt mit vollem und freiem Rechte üben. Er wird daher auch die Vorsteher und Lehrer ernennen und, so oft er es nothwendig oder zweckdienlich findet, wieder entlassen.

Neunter Artikel.

So lange aber ein Seminar nach erwähnter Vorschrift nicht errichtet ist, willigt der heilige Stuhl, der besonderen Umstände wegen, ein, daß die Candidaten der Theologie inzwischen an der Universität Freiburg studi= ren, und ein theologisches Collegium oder Convict, wie es schon früher bestand, wieder errichtet werde.

Die Leitung und Beaufsichtigung dieses Convictes steht dem Erzbischofe zu. Derselbe wird daher die Hausordnung vorschreiben, die Mitglieder der der öconomischen Verwaltung des Collegiums vorgesetzten Commission, sowie den Vorsteher, die Repetenten und den Deconomen ernennen, deren Amtsführung leiten und kann, wenn er es für nothwendig erachtet, sie ihres Amtes entlassen. Ohne seine Einwilligung soll kein Alumne auf= genommen werden; bereits aufgenommene Alumnen kann er, wenn es nothwendig ist, jeder Zeit entlassen. In dieses Convict kann der Erzbi= schof auch Solche aufnehmen, die er im Hinblick darauf, daß sie sich der geistlichen Laufbahn widmen, an der Universität in den philosophischen Wissenschaften weiter ausgebildet wissen möchte.

Der heilige Stuhl gibt seine Zustimmung, daß der Erzbischof auf die Unterhaltung dieses Convictes jene Summe zu verwenden fortfahre, welche derselbe bisher hierauf aus für das Seminar bestimmten Mitteln zu ver= wenden pflegte, wofern nur aus den allgemeinen kirchlichen und aus ande= ren für den katholischen Religionstheil bestimmten Fonds die bisherigen Be= träge fortan geleistet werden, und wenn sie nicht ausreichen, der nach Ver= ständigung mit dem Erzbischofe für nöthig erachtete Zuschuß gewährt wird.

Die Alumnen dieses Convictes werden, nachdem sie ihre Studien auf der Universität vollendet haben, in das sogenannte Priesterseminar zu St. Peter bei Freiburg aufgenommen werden und daselbst verbleiben, bis sie die Priesterweihe erlangt haben. Der Erzbischof wird dieses Seminar mit vollem und freiem Rechte leiten, wie das nach Vorschrift des Concils von Trient künftig zu errichtende Seminar, von welchem in dem vorigen Artikel die Rede ist.

Zehnter Artikel.

Da die Großherzogliche Regierung behufs einer guten Erziehung der katholischen Jugend einige Convicte an solchen Orten zu errichten beabsichtiget, an welchen bereits für Katholiken bestimmte öffentliche Lyceen oder Gymnasien bestehen, so können inzwischen und so lange Knabenseminare nicht errichtet sind, in jenen Convicten unter anderen Zöglingen auch diejenigen Knaben und Jünglinge aufgenommen werden, welche sich dem geistlichen Stande widmen wollen.

Die Statuten und Vorschriften für diese Convicte sollen im Einvernehmen zwischen der Großherzoglichen Regierung und dem Erzbischofe festgestellt und wenn dieß nöthig fällt, auf gleiche Weise geändert werden.

Die Vorsteher und Repetenten werden, und zwar ebenfalls nur im Einvernehmen mit dem Erzbischofe, aus dem Stande der Geistlichen gewählt werden. Alle Uebrigen, welche bei diesen Convicten einen Dienst bekleiden, müssen Katholiken sein.

Unter die Zöglinge können nur katholische Knaben und Jünglinge aufgenommen werden. Sie haben eine Prüfung zu bestehen, der ein Abgeordneter des Erzbischofs beiwohnen wird. Es wird ferner Niemand ohne des Erzbischofes Einwilligung in das Convict aufgenommen werden, und ebenso kann Niemand in demselben bleiben, dessen Entfernung der Erzbischof für nöthig erachtet.

Alle Lehrerstellen an den betreffenden Gymnasien und Lyceen werden mit Katholiken besetzt werden.

Sollte der Erzbischof dafür halten, daß hinsichtlich der Lehrer und der an den Convicten angestellten Personen oder hinsichtlich des Lehrganges oder der Disciplin Grund zu Ausstellungen vorliege, so wird die Großherzogliche Regierung thunlichst dafür Sorge tragen, daß den Ausstellungen und Wünschen des Erzbischofes Genüge geschehe.

Ferner wird dem Erzbischofe freistehen, alles dasjenige zu ordnen und zu bestimmen, was auf die religiöse Erziehung und Unterweisung der Alumnen im Convicte Bezug hat, und darüber zu wachen, daß in keinem Unterrichtszweige etwas vorkomme, was dem katholischen Glauben und der sittlichen Reinheit zuwiderläuft. Ferner wird es ihm zustehen, diese Convicte zu visitiren, zu deren Prüfungen Bevollmächtigte zu schicken und von den Vorgesetzten periodische Berichte einzufordern.

Eilfter Artikel.

Die katholische theologische Facultät an der Universität Freiburg steht, in Bezug auf das kirchliche Lehramt, unter Leitung und Aufsicht des Erzbischofes. Demnach kann derselbe den Professoren und anderen Lehrern die Ermächtigung und Sendung zu theologischen Lehrvorträgen ertheilen und nach seinem Ermessen wieder entziehen; ihnen das Glaubensbekenntniß abnehmen, auch ihre Hefte und Lehrbücher seiner Prüfung unterwerfen.

Zwölfter Artikel.

Das Vermögen, welches die Kirche als ihr Eigenthum besitzt oder in Zukunft erwerben wird, soll stets unverletzt erhalten werden; es unterliegt dasselbe indessen den öffentlichen Lasten und Abgaben, sowie den allgemeinen Gesetzen des Großherzogthums gleich anderm Eigenthum.

Das Kirchenvermögen wird im Namen der Kirche unter Aufsicht des Erzbischofes von denjenigen verwaltet, welche nach Vorschrift der Kirchengesetze, oder nach dem Herkommen, oder in Folge eines Privilegiums, oder endlich durch eine besondere Bestimmung des Stifters zu solcher Verwaltung berufen sind. Alle Verwalter aber sind gehalten, jährlich dem Erzbischofe oder dessen Bevollmächtigten Rechenschaft über ihre Verwaltung abzulegen, mögen sie auch auf Grund der oben angeführten Titel Anderen gegenüber die gleiche Verpflichtung haben.

Unter den obwaltenden besonderen Umständen und in der Voraussetzung, daß die Staatskasse, wenn es nothwendig ist, zu den allgemeinen und örtlichen Kirchenbedürfnissen Beiträge leistet, soll bei Fortdauer der dermaligen Verhältnisse behufs der Erhaltung des Kirchenvermögens, sowie hinsichtlich der Verwaltung desselben alles dasjenige beobachtet werden, was in den folgenden Artikeln festgesetzt ist.

Dreizehnter Artikel.

Die Güter kirchlicher Stiftungen können ohne Zustimmung der Kirchengewalt weder verkauft oder vertauscht, noch in Emphyteuse gegeben oder mit Pfand- und anderen Lasten beschwert, noch im Vergleichswege veräußert, noch endlich über neun Jahre verpachtet werden; auch können ohne die gleiche Zustimmung die Erträgnisse aus solchen Gütern niemals eine den Stiftungszwecken fremde Bestimmung erhalten.

Der heilige Stuhl williget dazu ein, daß, wenn Kirchengüter veräußert oder mit neuen Lasten belegt, oder wenn ihre Erträgnisse in einer den Stiftungszwecken nicht entsprechenden Weise verwendet werden sollen, hiezu stets die Zustimmung der Großherzoglichen Regierung eingeholt werden müsse.

Vierzehnter Artikel.

Das Vermögen des Erzbischöflichen Tisches, das des Domcapitels, das der Metropolitankirche, sowie das des Seminars wird vom Erzbischofe beziehungsweise dem Domcapitel frei nach Maßgabe der canonischen Satzungen verwaltet werden; in gleicher Weise wird auch alles dasjenige verwaltet werden, was an solchem Vermögen erspart und in Folge der Erledigung des Erzbischöflichen Stuhles sowie anderer Pfründen der Metropolitankirche erübrigt wird, oder was dem betreffenden Vermögen durch neue Stiftungen von Privatpersonen bereits zugefallen ist und künftighin zufallen wird.

Die Grundstücke und ständigen Fonds, welche von der Großherzoglichen Regierung zur Ausstattung der Metropolitankirche bereits hingegeben wurden oder in Zukunft werden hingegeben werden, können ohne Zustimmung der Großherzoglichen Regierung weder veräußert noch irgendwie belastet werden. Nichts steht entgegen, daß die Großherzogliche Regierung von Zeit zu Zeit davon Kenntniß nehmen könne, ob die fraglichen Vermögenstheile in ihrem Bestand erhalten seien.

Fünfzehnter Artikel.

Das Vermögen der sogenannten Landcapitel wird von diesen selbst unter alleiniger Aufsicht des Erzbischofes verwaltet.

Sechszehnter Artikel.

Sämmtliches Vermögen der Kirchenfabriken und anderer kirchlichen Ortsstiftungen kann auch fernerhin durch die hiezu geordneten Commissionen in den einzelnen katholischen Gemeinden auf die im Lande eingeführte bisherige Weise verwaltet werden, wofern nur die Verwaltung im Namen der Kirche geschieht und die Pfarrer, sowie die übrigen Geistlichen das Amt, welches sie in jenen Commissionen zu führen haben, kraft der dem Erzbischofe zustehenden Amtsgewalt und in seinem Auftrage üben.

Außerdem müssen diejenigen, welche von den Katholiken eines jeden einzelnen Ortes in die gedachte Commission gewählt werden, und auch der von dieser Commission selbst zu erwählende Rechner sowohl von der Großherzoglichen Regierung als vom Erzbischofe, beziehungsweise von den Bevollmächtigten Beider, bestätigt sein. Die von ihnen geführte Verwaltung wird von den vom Erzbischofe hiezu aufgestellten Decanen, sowie von den Staatsverwaltungsbehörden gemeinschaftlich beaufsichtigt werden.

Siebenzehnter Artikel.

Das Vermögen der kirchlichen Districtsstiftungen wird von Commissionen verwaltet. Dieselben müssen aus Katholiken bestehen, die zur Hälfte von der Großherzoglichen Regierung, zur Hälfte vom Erzbischofe gewählt werden und die sämmtlich beiden Theilen genehm sein müssen. Der Vorsteher, den eine jede dieser Commissionen haben wird, soll von der betreffenden Commission selbst gewählt werden; der der letzteren unterstehende Rechner muß sowohl von der Großherzoglichen Regierung als von dem Erzbischofe bestätiget sein.

Achtzehnter Artikel.

Außerdem wird eine gemischte Commission gebildet werden, welche im Namen der Kirche die Verwaltung der Intercalarfonds, sowie der übrigen allgemeinen kirchlichen Fonds zu überwachen, und welche zugleich die Oberaufsicht über die Verwaltung sämmtlicher kirchlichen Fonds des Großherzogthums zu führen hat. Diese Commission wird sowohl im Namen des Erzbischofes als der Großherzoglichen Regierung von allen einzelnen Verwaltern sich Rechnung stellen lassen und über eine jede einzelne Verwaltung den geeigneten Bescheid ertheilen. Welche Fonds als allgemeine kirchliche

Fonds zu betrachten seien, wird im gegenseitigen Einverständnisse der Großherzoglichen Regierung und des Erzbischofes festgesetzt werden.

Neunzehnter Artikel.

Jene gemischte Commission wird aus Katholiken bestehen, die zur Hälfte von der Großherzoglichen Regierung, zur Hälfte von dem Erzbischofe gewählt werden und sämmtlich beiden Theilen genehm sein müssen. Die Commission soll einen Vorsteher katholischer Religion haben, und es wird einerseits der Großherzoglichen Regierung, andererseits dem Erzbischofe die Befugniß zustehen, solche Männer in Vorschlag zu bringen, welche von dem einen oder andern Theil zur Führung des fraglichen Amtes für geeignet erachtet werden. Derjenige wird dieses Amt führen, der sowohl von der Großherzoglichen Regierung als vom Erzbischofe im gegenseitigen Einvernehmen gewählt und ernannt werden wird. Von Seiten des Staates wird derselbe Mann zum Vorsteher desjenigen andern Collegiums bestellt werden, welchem die Leitung der katholischen Schulen des Großherzogthums übertragen ist, und welchem zugleich die Aufsicht über die Verwaltung des im Großherzogthum für den katholischen Religionstheil bestimmten Vermögens obliegt.

Die Art und Weise, in welcher die gemischte Commission ihr Amt zu führen hat, wird von der Großherzoglichen Regierung und dem Erzbischofe im gegenseitigen Einvernehmen festgesetzt werden.

Ebenso werden die Verwalter der Intercalarfonds und der andern allgemeinen kirchlichen Fonds, von welchen im Artikel XVIII. die Rede ist, aus Katholiken, im gegenseitigen Einverständniß der Großherzoglichen Regierung und des Erzbischofes gewählt werden.

Zwanzigster Artikel.

Dem Erzbischofe wird es freistehen, von dem Stande der Verwaltung, der Natur und den Lasten einer jeden kirchlichen Stiftung Kenntniß zu nehmen, auch die Urkunden, welche sich auf eine solche Stiftung beziehen, einzusehen, damit nach sorgsamer Erwägung aller einschlägigen Verhältnisse im gegenseitigen Einverständnisse der Großherzoglichen Regierung und des Erzbischofes eine genaue Norm festgestellt werden könne, nach welcher die Verwaltung einer jeden kirchlichen Stiftung zu führen ist und die Einkünfte derselben jährlich zu verwenden sind. Diese Norm muß die gemischte Commission bei Führung ihres Amtes überhaupt, und insbesondere bei Prüfung der Rechnungen stets vor Augen haben und befolgen. Bei Feststellung der in den einzelnen Kirchen für den Cultus zu verwendenden Summen soll auf die Forderungen und Wünsche des Erzbischofes besondere Rücksicht genommen werden, und es soll dann demselben allein zustehen, zu bestimmen, wie die festgesetzten Summen zu verwenden seien, damit der Cultus der Ordnung gemäß eingerichtet und befördert werde. Will der Erzbischof Rentenüberschüsse für außerordentliche Cultusbedürfniſſe verwendet wiſſen, ſo wird er ſich mit der Großherzoglichen Regierung in's Benehmen ſetzen.

Einundzwanzigſter Artikel.

Die Pfründen werden unter Aufſicht der gedachten gemiſchten Commiſſion von ihren Inhabern nach Vorſchrift der Kirchengeſetze verwaltet werden. Sind Pfründen erlediget, ſo wird deren Vermögen von den Kämmerern der Landcapitel, oder ſofern der Erzbiſchof mit der Großherzoglichen Regierung ſich über andere Perſonen einigen ſollte, von dieſen verwaltet, und es werden die Einkünfte einer jeden unbeſetzten Pfründe, welche nach Erfüllung der der letzteren obliegenden Verbindlichkeiten übrig bleiben, dem Intercalarfond einverleibt werden, wenn ſie nicht wegen der an einzelnen Orten beſtehenden beſondern Verhältniſſe zur Vermehrung des Pfründevermögens ſelbſt, oder zu nützlichen oder nothwendigen Verwendungen für die Kirche des betreffenden Ortes zu beſtimmen ſind.

Zweiundzwanzigſter Artikel.

Der Erzbiſchof wird mit allen Großherzoglichen Behörden unmittelbar verkehren.

Dreiundzwanzigſter Artikel.

Verordnungen und Verfügungen, welche mit der gegenwärtigen Vereinbarung im Widerſpruch ſtehen, treten außer Kraft; geſetzliche Beſtimmungen, welche der Vereinbarung entgegenſtehen, werden geändert werden.

Vierundzwanzigſter Artikel.

Sollte ſich in Zukunft über den Inhalt gegenwärtiger Vereinbarung irgend eine Schwierigkeit ergeben, ſo werden Seine Heiligkeit und Seine Königliche Hoheit Sich zu freundſchaftlicher Beilegung der Sache in's Einvernehmen ſetzen.

Die Auswechslung der Ratificationen gegenwärtiger Vereinbarung wird zu Rom binnen zwei Monaten oder, wenn es möglich iſt, auch früher ſtattfinden.

Zu deſſen Beglaubigung haben die vorgenannten Bevollmächtigten dieſe Uebereinkunft unterzeichnet und Jeder ſein Siegel beigedrückt.

Gegeben zu Rom am achtundzwanzigſten Juni im Jahre des Heils eintauſend achthundert neunundfünfzig.

(L. S.) (gez.) Carl Auguſt Cardinal von Reiſach.
(L. S.) (gez.) Chriſtian Guſtav Freiherr von Berckheim.
(L. S.) (gez.) Franz Carl Roßhirt.

Da nun die Gedinge und Verabredungen dieſer Uebereinkunft in allen einzelnen Punkten, Clauſeln, Artikeln und Bedingungen ſowohl von Uns,

als von dem durchlauchtigsten Fürsten Friedrich Großherzog von Baden
gebilligt, bestätigt und ratificirt worden sind und dieser erhabenste Fürst
dringend verlangt hat, daß Wir zu ihrem festeren Bestande das Gewicht
der apostolischen Bekräftigung beifügen und mit feierlicherer Auctorität und
Entschließung dafür eintreten möchten, so wollen Wir im vollen Vertrauen
auf den Herrn, daß er nach seiner Barmherzigkeit diese Unsere Sorgen
und Bemühungen für die Vereinigung der kirchlichen Angelegenheiten im
Großherzogthum Baden mit dem reichsten Segen seiner Gnade begleiten
wolle, nach Unserer sicheren Kenntniß und reiflichen Erwägung, kraft
Unserer vollen apostolischen Gewalt obige Vereinbarungen, Kapitel, Ge=
dinge, Verabredungen und Einräumungen mit Gegenwärtigem billigen,
ratificiren und annehmen und ihnen die Kraft und Wirksamkeit der aposto=
lischen Befestigung und Bekräftigung beilegen, und Wir versprechen und
geloben sowohl in Unserem als in Unserer Nachfolger Namen, daß Alles,
was darin enthalten und versprochen ist, aufrichtig und unverbrüchlich von
Unserer und des heiligen Stuhles Seite erfüllt und gehalten werden wird.
Unseren ehrwürdigen Bruder aber, den Erzbischof in jenem Großherzog=
thum, so wie alle anderen Katholiken, Geistliche sowohl als Laien, die in
jenem Großherzogthum leben, erinnern und ermahnen Wir angelegentlich
und mit allem Nachdruck, daß sie, jeder für seinen Theil, alle vorerwähn=
ten Bestimmungen zum größeren Ruhme Gottes und zur Zierde des christ=
lichen Namens genau beobachten und mit allem Eifer alle ihre Sorgen und
Gedanken stets darauf verwenden, daß die Reinheit der katholischen Lehre,
der Glanz des Gottesdienstes, die Vortrefflichkeit der kirchlichen Disciplin,
die Beobachtung der Kirchengesetze, die Rechtschaffenheit und Ehrbarkeit der
Sitten, die Liebe zur christlichen Frömmigkeit und Tugend und ihre Werke
täglich heller strahlen. Zugleich verordnen Wir, daß dieses gegenwärtige
Schreiben niemals als durch Täuschung oder Verschweigen erschlichen oder
als nichtig oder wegen Mangels Unserer Absicht oder wegen irgend eines
anderen, wenn auch noch so großen unvermutheten Fehlers beanstandet oder
angefochten werden könne, daß vielmehr dasselbe stets fest, gültig und wirk=
sam sein und bleiben und seine vollständigen und ungeschmälerten Wirkun=
gen erlangen und behalten und unverbrüchlich beobachtet werden solle, so
lange die in dem Vertrag ausgedrückten Bedingungen und Verabredungen
gehalten werden. Es sollen nicht entgegenstehen die apostolischen und die
von synodalen, provincialen und allgemeinen Kirchenversammlungen er=
lassenen allgemeinen Verfügungen und Verordnungen, noch Unsere und der

apostolischen Kanzlei Regeln, insbesondere von Aufrechthaltung erworbener Rechte, noch auch die Stiftungen von irgend welchen Kirchen, Capiteln und anderen frommen Stätten, auch wenn sie durch apostolische Bestätigung oder irgend eine andere Bekräftigung verstärkt sind, noch die Privilegien, Indulten und apostolischen Schreiben, die entgegengesetzten Inhalts gewährt, bestätigt oder erneuert worden sind, noch was irgend sonst dagegen sein mag. Dieß alles und jedes Einzelne, dessen Wortlaut Wir als ausgedrückt und wörtlich eingerückt ansehen, setzen Wir, während es sonst in seiner Kraft bleiben soll, lediglich behufs der Wirksamkeit des Voranstehenden besonders und ausdrücklich außer Kraft.

Ueberdieß verfügen und verordnen Wir kraft derselben apostolischen Auctorität, daß, weil es schwierig wäre, gegenwärtiges Schreiben an die einzelnen Orte zu bringen, an welchen ihm Glaube verschafft werden soll, auch den Abdrücken desselben, sofern sie von einem öffentlichen Notar unterzeichnet und mit dem Siegel einer in kirchlicher Würde stehenden Person versehen sind, überall voller Glaube beigemessen werde, gleich als wenn gegenwärtiges Schreiben ausgefolgt oder vorgezeigt würde. Zudem erklären Wir auch für ungültig und nichtig, was irgend Jemand hievon abweichend, vermöge welcher Auctorität es sei, wissentlich oder unwissentlich unternehmen würde.

Keinem Menschen also sei es erlaubt, diese Urkunde über Unsere Einräumung, Billigung, Ratification, Annahme, Zusage, Gelobung, Erinnerung, Ermahnung, Entschließung, Aufhebung, Festsetzung, Verordnung und Willensäußerung zu entkräften oder ihr freventlich entgegenzutreten. Sollte aber Jemand dieß zu unternehmen sich vermessen, so wisse er, daß er dem Zorne des allmächtigen Gottes und seiner heiligen Apostel Petrus und Paulus verfallen werde.

Gegeben zu Rom bei dem heiligen Petrus am 19. Tage des Octobers im Jahre Eintausend achthundert fünfzig und neun nach der Menschwerdung des Herrn, im vierzehnten Jahre Unseres Pontificates.

Marius Card. Mattei Pro-Datarius — V. Card. Macchi.

Visa de Curia *Dominicus Bruti.*

Loco † Plumbi.

J. Cugnonius.

www.ingramcontent.com/pod-product-compliance
Lightning Source LLC
Chambersburg PA
CBHW030546300426
44111CB00009B/871